Pour Emma, ma petite fille,
pour son frère Swann et leur bande de cousins :
Alix, Eliot, Roman, Madi, Anton et Abel.

D. A. R.

Auteur : Dominique-Alice Rouyer
Illustrations : Eva Roussel

Illustrations de couverture : © Elena Barenbaum/Shutterstock, © Olga1818/Shutterstock

Textes p. 21, 35, 36 : Charlotte Grossetête
Textes p. 72, 73, 81, 82, 83, 94, 95, 102, 103, 107, 108, 151, 152, 153, 157, 158, 159, 170, 171, 177, 178, 200, 201, 202, 211, 212, 372, 373 : Anne-Sophie Jouhanneau
Textes p. 5, 18, 22, 23, 32, 46, 47, 62, 63, 66, 71, 72, 74, 76, 82, 95, 97, 102, 103, 140, 141, 152, 158, 159, 160, 161, 224, 226, 227, 238, 239, 240, 241, 242, 243, 246, 277, 306, 338, 352, 353, 358, 359 : Jean-François Patarin et Anne Bordenave.

Direction : Guillaume Arnaud, Guillaume Pô
Direction éditoriale : Emmanuelle Braine Bonnaire
Édition : Charlotte Walckenaer, assistée de Lina Chabrol

Direction artistique : Élisabeth Hebert
Mise en pages : Les PAOistes

Direction de fabrication : Thierry Dubus
Fabrication : Gwendoline da Rocha

© Fleurus, 2017
www.fleuruseditions.com
ISBN : 978-2-2151-3366-7
MDS : 652 663

Le dico des filles

Le seul, l'unique ☆ Édition 2018

FLEURUS

ACNÉ

LE SUPPLICE DU MIROIR

La puberté se traduit parfois par de vilains boutons (ou papules ou pustules) situés essentiellement **sur le visage.**

✰ S'INFORMER

L'acné apparaît en général autour de 13-14 ans, mais toutes les filles n'en sont pas victimes ! Certaines gardent leur peau de bébé, d'autres voient fleurir quelques rares boutons sur le nez ou sur le menton, le plus souvent au moment de leurs règles, ce qui n'a rien à voir avec l'acné. Et puis il y a les malheureuses qui sont couvertes de boutons et qui voudraient casser tous les miroirs !

LA FAUTE AUX HORMONES

D'où vient cette plaie qui annonce votre puberté au monde entier alors que vous ne tenez vraiment pas à une telle publicité ? Les coupables sont les hormones qui, par leur abondance et leur vitalité, déclenchent une production excessive de sébum (une sorte de graisse produite par les glandes sébacées). Le sébum s'accumule sur le visage et obstrue les pores de la peau.

PAS TOUCHE !

Dans un premier temps, cela donne un « comédon » ou point noir. Parfois le comédon s'enflamme et se métamorphose en un beau bouton, parfois même en pustule (bouton rouge avec tête blanche).

Si vous tripotez vos points noirs, vous aurez toutes les chances d'avoir un bouton !

Les boutons que l'on martyrise finissent tout de même par disparaître (pas forcément plus rapidement que si on les avait laissés vivre leur vie) mais peuvent laisser des cicatrices.

LA CHASSE EST OUVERTE !

Si on a quelques boutons, il suffit généralement d'une bonne hygiène et d'une crème antiacnéique pour en venir à bout. Les patchs sont aussi très efficaces. Un pharmacien peut vous conseiller. Si tout votre visage est envahi ou que votre acné est tenace, il ne faut pas hésiter à consulter un dermatologue.

Les traitements sont longs, il faut généralement les suivre pendant toute la puberté et ils doivent s'accompagner d'une bonne hygiène de la peau.

Patience : un traitement n'est efficace que s'il est appliqué strictement !

✰ INFO

LE REMÈDE MIRACLE

Pour les cas les plus graves, il existe un traitement par voie orale (des gélules à prendre tous les jours). Les résultats sont spectaculaires, mais ce traitement doit être suivi au minimum pendant six mois et peut produire des effets secondaires désagréables (dessèchement de la peau et des muqueuses, sensibilité excessive au soleil, migraines). Il faut de plus s'abstenir de relations sexuelles ou prendre une contraception efficace pendant le traitement car il provoque des malformations du fœtus en cas de prise pendant la grossesse. C'est un traitement lourd qui suppose un suivi médical sérieux. Il est réservé aux cas d'acné grave.

✰ COMPRENDRE

C'est d'accord, vous n'aviez pas vraiment besoin de cela :

4

être quasiment défigurée au moment où vous avez tellement envie d'avoir confiance en vous, décidément le monde est mal fait ! Vous dire que beaucoup de vos copines connaissent les mêmes affres ne va pas suffire à vous consoler. Mais quand même, savoir que vous êtes normale et pas un phénomène de foire, c'est déjà ça, non ?

CHEEESE !

Ensuite, il faut considérer la situation avec un maximum d'objectivité. Quelques boutons n'ont jamais caché un joli regard, ni un joli sourire. Quand vous vous regardez dans la glace, c'est sûr, vous ne voyez qu'eux. Mais quand vos copains vous regardent, ils vous voient vous, avec votre sourire, votre nez retroussé, vos bonnes joues, vos blagues et vos grimaces. Sauf, bien sûr, la copine jalouse qui guette la moindre rougeur sur votre nez et qui trouverait n'importe quoi pour vous critiquer ! Alors oubliez-la et oubliez vos boutons. Les autres les oublieront plus facilement. Ne les martyrisez pas trop, même si parfois vous ne pouvez pas vous en empêcher : ils risquent de devenir encore plus vilains. Et patience, vous aurez le dernier mot : ils finiront bien par décrocher !

☆ BONS PLANS

COMMENT CACHER SES BOUTONS ?

– Déposer un peu d'anti-cernes sur les boutons les plus visibles avant de mettre un fond de teint.
– Utiliser des produits de maquillage spécifiques pour les peaux à tendance acnéique : s'ils ne soignent pas l'acné, au moins ils ne l'aggravent pas !

VOIR AUSSI
COMPLEXES, MAQUILLAGE, PUBERTÉ.

VRAI/FAUX

▲ Forcer sur le chocolat et la charcuterie favorise l'acné.
Faux. L'alimentation n'a pas grand-chose à voir avec l'acné mais il est vrai qu'une alimentation équilibrée est importante pour avoir une belle peau.

▲ Le soleil fait disparaître l'acné.
Vrai et faux. Oui, dans un premier temps… mais l'acné reprend de plus belle dès que l'on cesse de s'exposer. D'où la nécessité d'utiliser un écran total.

▲ L'acné est héréditaire.
Vrai. Bien qu'on ne connaisse pas encore précisément les causes de l'acné, on sait qu'il y a des familles « à acné ».

▲ Il faut nettoyer son visage avec un savon desséchant quand on a de l'acné.
Faux. Au contraire, il faut un savon doux, voire surgras, pour ne pas agresser la peau, d'autant plus si vous êtes sous traitement.

▲ La pilule guérit l'acné.
Vrai et faux. Il y a des contraceptifs qui la soignent et d'autres qui l'aggravent. Il faut en parler à son gynécologue.

▲ Avoir des rapports sexuels guérit l'acné.
Faux. Ce n'est d'ailleurs pas l'objectif !

SOS BOUTONS

Vous voilà maquillée, mais — ô misère — un affreux bouton pointe le bout de son vilain nez. Vite, vite ! Mort au bouton !
Mais avec circonspection.

Premiers réflexes

Abstenez-vous d'écraser le coupable entre deux doigts furibonds. Moribond, il contaminerait toute la peau alentour et y fonderait une famille nombreuse avant de rendre l'âme.

Trempez un Coton-Tige dans du produit antiseptique pour la peau ou dans un peu d'alcool. Appliquez juste sur le bouton, sans vous badigeonner tout le visage, surtout si vous êtes déjà toute maquillée !

Gestes de survie

Attrapez au vol votre « stylo magique », un correcteur d'imperfections spécial boutons et cernes (choisi avec soin en magasin, il doit être de la même couleur que votre peau), et camouflez l'intrus sous une couche fine. Ce produit sèche le bouton tout en le dissimulant. Ni vu ni connu !

Édouard sonne à la porte ! Arborez votre sourire le plus chaleureux, vos yeux les plus pétillants, et courez l'accueillir. Votre joie de vivre est le plus efficace des cache-boutons !

RITUEL
BELLE PEAU

La régle d'or : le soir, démaquillage au lait jusqu'à ce que le dernier coton utilisé ne porte plus la moindre trace. Massez-vous, rincez à l'eau tiède et finissez par une lotion rafraîchissante. N'utilisez pas de produits corrosifs (sauf recommandation d'un dermato).

Pas plus que vous, votre peau n'aime être réveillée à l'eau glacée. Le matin, bichonnez-la avec une lotion florale, une eau micellaire ou un spray d'eau thermale. Bien démaquillée la veille, pas de décapage au réveil : exit le savon !

Hydratez, même et surtout si vous avez des boutons ! Choisissez une crème pour peau mixte qui rééquilibrera zones sèches et zones grasses. Évitez les soins abrasifs, vous exacerberiez la sécrétion de sébum. En cas de gros soucis d'acné, prenez rendez-vous chez un dermatologue.

Dès les beaux jours, ne sortez jamais sans vous protéger du soleil. Utilisez une crème de jour ou un fond de teint ayant un bon indice solaire. L'abus de soleil accélère le vieillissement de la peau !

Buvez tout au long de la journée de l'eau ou du thé vert pour éliminer les toxines. N'oubliez pas d'avoir une alimentation saine et équilibrée : les aliments transformés (comme les plats tout prêts) sont à éviter, les fruits et les céréales sont, eux, recommandés.

ADOPTION

LES LIENS DU CŒUR

☆ S'INFORMER

Quand un homme et une femme souhaitent accueillir un enfant abandonné, ils doivent faire une demande d'adoption. C'est une démarche qui prend du temps. Vous connaissez peut-être des parents qui ont attendu longtemps pour adopter un enfant. Certains sont même partis à l'étranger, parce qu'on ne leur confiait pas de bébé en France.

POURQUOI C'EST SI LONG ?

D'abord, il y a des conditions : être marié depuis plus de 2 ans ou avoir tous les deux plus de 28 ans ou être un(e) célibataire de plus de 28 ans. Avant l'adoption, une enquête est menée par les services sociaux (la DDASS*) qui s'assurent que l'enfant sera bien accueilli. Une fois que les futurs parents ont reçu l'accord (on dit l'« agrément ») donné par le Président du Conseil général, sur avis d'une commission d'agrément, ils attendent qu'un enfant leur soit confié, et cela peut prendre des années.
À l'étranger, les délais d'attente sont un peu moins longs

qu'en France mais les règles sont les mêmes : il faut obtenir l'agrément des services français et se plier aussi aux lois du pays d'origine de l'enfant. Une adoption coûte de l'argent, mais attention ! personne n'achète un enfant, même à l'étranger : les frais qu'engagent les parents sont liés à la constitution du dossier (il faut payer l'avocat pour son travail, par exemple).

ADOPTER UN BÉBÉ EN FRANCE

On ne peut pas adopter un bébé tout de suite après sa naissance. Une maman qui souhaite abandonner son enfant dès l'accouchement dispose de deux mois pour confirmer sa décision ou changer d'avis. Pendant ce temps, le bébé est confié soit à une famille d'accueil, soit à une pouponnière gérée par la DDASS. Si la mère maintient sa décision d'abandon, le bébé peut alors être adopté. Le jugement d'adoption est prononcé au bout de six mois.

ET LES GRANDS ALORS ?

On croit toujours que les futurs parents adoptifs ne veulent

que des bébés. Il est vrai que beaucoup préfèrent accueillir un enfant très jeune. Mais cela ne veut pas dire qu'un enfant plus âgé n'intéresse personne ! Vous croyez peut-être qu'il y a plein d'enfants dont personne ne veut dans les centres de la DDASS. En réalité, le plus souvent, ces enfants ne peuvent pas être adoptés.
Un enfant est adoptable jusqu'à l'âge de 15 ans si ses parents ont donné leur consentement, s'ils ont cessé de s'occuper de lui et qu'un jugement a considéré qu'il était abandonné et si l'enfant n'a plus de famille. Ce n'est pas si fréquent. Beaucoup d'enfants vivent dans des centres ou des familles d'accueil parce que leurs parents ne peuvent pas s'occuper d'eux mais espèrent qu'ils pourront un jour revivre ensemble.

UNE NOUVELLE FAMILLE

L'adoption établit un nouveau lien entre l'enfant et sa famille adoptive : l'enfant prend le nom de famille de ses parents adoptifs, son acte de naissance est remplacé par le texte du jugement d'adoption et il peut même changer de prénom.

Ses parents biologiques n'ont plus aucun droit sur lui. Ils peuvent néanmoins faire connaître à tout moment leur identité et accepter qu'elle soit communiquée à l'enfant, à sa majorité, s'il le demande.

NAISSANCE « SOUS X »

Parfois, la mère a voulu garder l'anonymat en accouchant dans le secret : on appelle cette procédure « l'accouchement sous X ». Dans ce cas, l'enfant ne pourra connaître l'identité de sa mère que si elle a décidé de lever le secret. Cette procédure admise par la France est contraire à la Convention internationale des droits de l'enfant de 1989, qui affirme que chaque enfant doit pouvoir connaître ses parents depuis une loi de 2002. Afin de respecter la convention, les mères sont incitées à laisser quelques précisions sur la naissance de leur enfant. Mais la divulgation de ces informations est toujours soumise à l'accord de la mère.

☆ COMPRENDRE

Certains enfants adoptés souffrent de leur situation. Ils peuvent se sentir honteux d'avoir été abandonnés et vouloir le cacher à leurs copains. Mais beaucoup d'autres sont très heureux : ils considèrent leurs parents adoptifs comme leurs vrais parents et se sentent bien dans la famille où ils grandissent.

VOIR AUSSI

FRÈRES ET SŒURS.

AVIS DE TEMPÊTE

Au moment de l'adolescence, la relation avec les parents est souvent orageuse. Beaucoup d'adolescents envoient leurs parents promener et ne sont pas très tendres avec eux. Quand une fille a été adoptée, elle peut même avoir envie de leur jeter à la figure qu'ils ne sont pas ses « vrais » parents. Cela ne veut pas dire pour autant qu'elle ne les aime plus. Comme toutes les adolescentes qui prennent leurs distances avec leurs parents (et qui rêvent presque toutes d'en avoir d'autres !), elle les malmène un peu, peut-être juste un peu plus, et c'est normal. Le temps passant, quand on prend confiance en soi, les relations s'apaisent.

QUI SUIS-JE ?

Au moment de l'adolescence, il n'est pas rare qu'un enfant adopté ait envie d'en savoir plus sur ses origines. Il est normal d'éprouver le besoin de savoir d'où l'on vient avant de se lancer pour de bon dans la grande aventure de la vie. Certains enfants adoptés essaient de retrouver leurs parents biologiques, même s'il n'est pas toujours facile de se confronter à la réalité des faits et des causes d'un abandon. Mais d'autres n'éprouvent pas ce besoin. Cela ne les empêche pas de grandir et de devenir des adultes parfaitement bien dans leur peau !

*DDASS : Direction départementale des affaires sanitaires et sociales.

☆ INFO +

À 18 ans, tout enfant adopté peut demander à connaître ses origines personnelles. Pour cela, il doit en faire la demande par écrit au secrétariat général du Conseil national pour l'accès aux origines personnelles (CNAOP*) ou auprès du président du conseil général du département où il a été recueilli. Il doit joindre une copie intégrale de son acte de naissance (à demander à la mairie de son lieu de naissance) ou, à défaut, une copie du jugement d'adoption et de sa carte d'identité. Avant sa majorité, ce sont les parents adoptifs qui peuvent faire cette demande, ou donner à l'enfant l'autorisation de la faire lui-même. Il est bon, quel que soit l'âge, de se faire accompagner par une personne à laquelle se confier dans ces moments si importants surtout que faire la demande n'implique pas une réponse obligatoire.
www. cnaop.gouv.fr

9

INFO +

Dans les années 1970, près de 10 000 enfants naissaient « sous X » chaque année. En 2011, on estime à 600 par an le nombre d'accouchements sous X en France. En 2002, il y avait en France environ 400 000 personnes nées sous X. Source : Ministère des affaires sociales et de la santé.

★ ADULTE ★

J'SERAI JAMAIS COMME EUX !

L'adjectif << **adulte** >> vient du latin << ad ultima >> qui **veut dire**
<< **qui est parvenu au terme de sa croissance** ou de sa formation >>.
Un adulte, c'est une personne qui a atteint
son plein développement physique, intellectuel et affectif.

☆ S'INFORMER

Contrairement à la plupart des animaux, le petit de l'être humain naît très fragile et met près de 20 ans à devenir adulte. Il y a d'abord le développement physique : vous savez bien, par exemple, qu'il y a un âge où vous aurez atteint votre taille adulte. Un corps adulte est aussi un corps qui a développé tous ses organes et ses fonctions. Les bouleversements que traverse votre corps à la puberté sont destinés à transformer votre corps d'enfant en corps d'adulte, en lui assurant en particulier toutes ses capacités sexuelles.

UNE TÊTE BIEN PLEINE

Un adulte est aussi quelqu'un qui a développé ses capacités intellectuelles. Pendant la puberté, votre cerveau se développe considérablement : vous êtes capable de faire preuve de logique, d'abstraction, de manier des concepts bien plus complexes que lorsque vous étiez petite. Votre scolarité, mais aussi vos lectures, les films que vous voyez, les discussions auxquelles vous participez, tout contribue à développer votre intelligence, vos connaissances et votre capacité de réflexion. Mais est-ce suffisant pour faire de vous une adulte ?

PLUS TARD,
JE FERAI C'QUE J'VEUX !

Ce qui attire sans doute le plus dans le monde des adultes, c'est la liberté : à première vue, un adulte peut faire ce qu'il veut ! Même s'il doit composer avec la réalité, il peut orienter sa vie comme il le souhaite : choisir son domicile, son emploi, son mode de vie, son mari ou sa femme, ses opinions politiques et ses convictions religieuses, etc. Mais ce n'est pas si simple car être adulte, c'est aussi être capable de se débrouiller tout seul et surtout être pleinement responsable de ses actes.

ADULTE
ET RESPONSABLE

La loi fixe l'âge adulte à 18 ans ; on appelle cela la majorité légale. À partir de cet âge, la loi vous reconnaît capable d'exercer pleinement tous vos droits (c'est la majorité civile) et d'être responsable de tous vos actes (c'est la majorité pénale). Concrètement, cela veut dire qu'un adulte a des droits mais aussi des devoirs : devoir de respecter les droits des autres, devoir de répondre de ses actes devant la loi, devoir d'éduquer ses enfants, etc.

☆ COMPRENDRE

D'un côté, vous avez très envie de devenir adulte. De l'autre, cela vous fait sans doute un

10

peu peur. Certainement parce votre regard sur les adultes est ambivalent : vous hésitez entre l'admiration et l'exaspération.

DES GRANDES PERSONNES...

Quand vous étiez petite, vous appeliez les adultes des « grandes personnes », vous les admiriez et les craigniez aussi : elles savaient tout et elles pouvaient tout. Elles vous protégeaient, vous appreniez le monde et la vie, vous ne pouviez pas vous passer d'elles. Vous les enviiez un peu aussi, car elles vous semblaient avoir tous les droits et toutes les libertés.

... AUX ADULTES

À l'adolescence, vous découvrez que les adultes, en particulier vos parents, n'ont pas que des qualités, qu'ils ne savent pas tout, qu'ils sont souvent « englués » dans le quotidien et que certains font parfois des entorses aux grands principes qu'ils défendent.

Vous dites « les adultes » avec une moue désenchantée et souvent vous les trouvez tristes, ennuyeux, sans idéal, attachés à leur confort, harassés par les tâches matérielles et les responsabilités, incapables de rêver… et de vous comprendre !

Surtout, vous leur reprochez d'être trop terre à terre, plus enclins au compromis qu'à la révolte devant ce monde qui vous paraît trop injuste et trop mal fait.

PAS COMME EUX ?

Vous n'avez plus très envie de leur ressembler et, du coup, cela peut vous couper l'envie de grandir. Pourtant, regardez autour de vous : vous connaissez

certainement des adultes qui font des choses passionnantes, qui se battent pour leurs convictions et qui ont gardé l'enthousiasme sans lequel la vie serait bien fade !

COMPROMIS N'EST PAS COMPROMISSION

Si les adultes sont plus mesurés que vous et ne manifestent pas bruyamment leurs révoltes ou leurs convictions, cela ne veut pas dire qu'ils ont renoncé à leurs idéaux. Simplement, ils se sont confrontés à la réalité, ils ont découvert qu'il faut souvent beaucoup de temps et de patience pour faire avancer un peu les choses.

Et surtout, ils ont appris à négocier, à tenir compte des idées des autres, à accepter qu'il faut du temps pour convaincre ou faire évoluer certaines situations. Bref, ils ont appris à faire des compromis, un mot à ne pas confondre avec le mot « compromission ». Un compromis permet de faire un pas vers son idéal, une compromission est un accroc à son idéal qui le remet en cause.

FAIBLES HUMAINS

Les adultes, comme vous, font parfois des erreurs. Ce n'est pas une raison pour les condamner et cesser de leur faire confiance. Grâce à cette expérience qu'ils ont des erreurs et des fautes, ils peuvent vous apprendre beaucoup : vous dire notamment que les erreurs, les échecs ne sont pas inutiles, qu'ils font grandir, car rien n'est jamais perdu et que l'on peut toujours rebondir après un échec.

ADULTE... ET TOUJOURS EN CONSTRUCTION

Le secret des adultes, c'est qu'ils n'ont pas fini de grandir. Certes, ils conduisent leur vie seuls, certains ont beaucoup de connaissances, mais ils continuent d'apprendre toute leur vie : ils se cultivent, ils apprennent aussi beaucoup sur les relations humaines et sur eux-mêmes. Ne croyez

donc pas que vous ne grandirez plus une fois que vous serez adulte. Grandir, ce n'est pas qu'une question de centimètres ou d'hormones : le cœur et l'intelligence peuvent grandir toute la vie. C'est aussi le secret pour rester jeune, toute sa vie !

VOIR AUSSI

PARENTS
RÉVOLTE

12

ALCOOL

MERCI, JE NE BOIS PAS !

☆ S'INFORMER

Peut-être avez-vous déjà bu de l'alcool, sans doute savez-vous qu'il est dangereux d'en abuser. Mais connaissez-vous réellement les effets de l'alcool et leurs conséquences ?

QUE SE PASSE-T-IL QUAND ON BOIT ?

Contrairement aux autres aliments, l'alcool n'est pas digéré. Il va directement dans le sang et se diffuse dans tout le corps. C'est ensuite le foie qui brûle l'alcool, et c'est très long. Il met une heure à éliminer un verre et on ne peut pas gagner de temps. Douche froide, air frais, café, rien n'y fait : il faut attendre !

LE TAUX D'ALCOOLÉMIE, C'EST QUOI ?

C'est la quantité d'alcool dans le sang, exprimée en grammes par litre de sang. En France, ce taux ne doit pas dépasser 0,5 g par litre lorsque l'on conduit, soit 2 verres pour une fille et 3 pour un garçon. L'alcoolémie dépend du poids (si vous êtes mince, votre taux monte plus vite), de la durée de consommation (si vous buvez beaucoup en peu de temps, il sera plus élevé), de l'alimentation (si vous buvez à jeun, il monte plus vite). On peut évaluer l'alcoolémie en fonction de ce que l'on a bu ; mais pour la connaître précisément, on utilise un Alcootest qui mesure l'alcool contenu dans l'air expiré.

DEUX DE TENSION

L'alcool ralentit l'activité du cerveau : on perd sa vigilance et ses réflexes, et surtout on ne s'en aperçoit pas. C'est pour cela qu'il est dangereux de boire avant de prendre le volant ou le guidon de son deux-roues. À long terme, les excès détruisent la santé. La consommation d'alcool engendre toutes sortes de risques : cancers du tube digestif, maladies cardio-vasculaires, troubles nerveux (perte de mémoire, anxiété, dépression) et troubles psychologiques (schizophrénie).

TU T'ES VUE QUAND T'AS BU ?

Vous pensez peut-être qu'à faible dose, l'alcool rend plus gai, plus détendu, moins timide. Mais attention, même consommé en petite quantité, l'alcool peut avoir des conséquences dramatiques : il peut faire perdre conscience du danger, entraîner à avoir des rapports sexuels que l'on aurait refusés dans son état normal ou à prendre des risques inconsidérés. Chaque année, des accidents dramatiques surviennent à cause de paris stupides que les victimes n'ont pas su refuser, parce qu'elles étaient sous l'emprise de l'alcool.

☆ INFO +

MESURER LA QUANTITÉ D'ALCOOL

Que l'on commande un verre de vin, une bière, une coupe de champagne, un porto, un whisky ou un pastis, il y a toujours la même quantité d'alcool car la taille et la forme des verres dans lesquels on sert ces boissons sont conçues de manière à offrir la même densité d'alcool, 10 g. C'est ce qu'on appelle un verre standard ou une unité d'alcool. Une chose est certaine : bière et vin ne sont pas moins dangereux que le whisky.

UN COOLER ?

Il existe aussi des boissons pièges : mélanges de jus de

COMPRENDRE

Si vous appartenez à une famille de « bons vivants » qui aiment les apéritifs et le bon vin, vous avez peut-être du mal à vous représenter l'alcool comme un produit dangereux. Dans notre pays, on oublie (ou on ne veut pas savoir) que l'alcool produit les mêmes effets que toutes les drogues. Même si c'est une drogue légale, il crée une accoutumance et une dépendance. Pour en ressentir les effets, il faut sans cesse augmenter les quantités consommées ; et on en vient vite à ne plus pouvoir s'en passer. C'est pour cela que la loi vous protège en interdisant la vente d'alcool aux moins de 18 ans, tout comme la vente de tabac.

TOUJOURS PLUS !

Mais dans les soirées, alcool et cigarettes circulent presque systématiquement. Vous êtes peut-être tentée de boire alors qu'il n'y a jamais d'alcool à la maison. Souvent ce n'est pas facile de refuser, vous pouvez vous sentir ridicule. Parce que boire de l'alcool, c'est censé prouver que l'on n'est plus une gamine, que l'on « assure ». Celles qui refusent sont prises pour des « petites joueuses » ou des filles coincées. Vous pouvez aussi être un jour tentée de tester vos limites et de voir jusqu'où vous pouvez aller. Vous risquez de découvrir les lendemains qui déchantent : mal de tête, mal de cœur et surtout honte

fruits et d'alcool, on en boit facilement sans même sentir l'alcool et on se retrouve ivre ! Les producteurs de ces « coolers » ou « premix » les ont conçus spécialement pour les jeunes, afin de leur donner le goût de l'alcool à leur insu et de les rendre dépendants.

L'ALCOOL, ÇA COMMENCE TÔT

En France, 77,9 % des 12-19 ans déclarent y avoir déjà goûté. Garçons comme filles font l'expérience de l'ivresse vers 16 ans et demi, mais les garçons sont des consommateurs plus réguliers que les filles : 27,5 % d'entre eux boivent de manière hebdomadaire, contre 15,1 % des filles. (Baromètre santé 2010).

L'ALCOOL, ÇA TUE ÉNORMÉMENT

Sur la route, un tiers des accidents mortels sont dus à l'alcool et les jeunes sont particulièrement touchés. En France, l'alcool cause 49 000 décès par an et empoisonne la vie de 5 millions de personnes.

L'ALCOOL EN FRANCE

Les Français ne sont heureusement pas tous « accros » à l'alcool : 25 % des Français (1 sur 4 !) ne boivent jamais d'alcool. Alors, faites comme eux !

quand une âme charitable vous rapporte ce que vous avez fait ou dit sans même vous en rendre compte ! Contrairement aux idées reçues, une « cuite » n'a rien de glorieux ni de drôle (sauf pour ceux qui en sont témoins… à jeun).

DES DÉGÂTS POUR LA VIE

Cela peut devenir aussi un jeu dangereux : se retrouver en soirée de fin de semaine avec comme unique objectif de boire et de se soûler.
Ce type de consommation sensibilise le cerveau aux effets de l'alcool pour le restant de la vie et favorise ainsi une dépendance future.
Bien sûr, tous les jeunes qui boivent dans les soirées ne deviennent pas forcément alcooliques, mais il n'y a pas de séparation nette entre une consommation excessive occasionnelle et l'installation d'une dépendance. Alors, prenez des jus de fruits !

ÊTRE ALCOOLIQUE, C'EST QUOI ?

On peut devenir alcoolique sans être jamais ivre. Une fille qui boit régulièrement plus de 4 verres d'alcool en soirée, ou plus de 14 par semaine (soit 2 par jour), sans pouvoir s'en passer est en grand danger.

 CONSEILS

SACHEZ DIRE NON !

Attention aux soirées !
- Vérifiez toujours ce que l'on met dans votre verre.
- Apprenez à refuser, ce n'est ni honteux ni impoli. Dites « Désolée, je n'aime pas l'alcool ! » et prenez un jus de fruits.
- Ne buvez que des boissons que vous connaissez.

LE VOLANT OU LA VIE !

- N'acceptez jamais de monter avec un conducteur qui a bu, même s'il assure être en forme.
- Et empêchez-le de prendre le volant, quitte à confisquer ses clés de voiture. Question de vie ou de mort !

VOIR AUSSI

CANNABIS, CIGARETTES, DROGUES.

VRAI/FAUX

▲ Mélangé à du jus de fruits ou du Coca, l'alcool est moins fort.
Faux. Le volume d'alcool reste le même.

▲ L'alcool réchauffe.
Faux. On a d'abord une sensation de chaleur parce que le rythme cardiaque s'accélère, mais cette réaction fait baisser la température du corps.

▲ L'alcool stimule l'activité du cerveau.
Faux. Il excite mais ralentit l'activité du cerveau et émousse les réflexes.

▲ Plus on est mince, plus les effets sont forts.
Vrai. Le taux d'alcoolémie ne dépend pas seulement de la quantité consommée mais aussi du poids du consommateur.

▲ Les femmes sont plus sensibles que les hommes à l'alcool.
Vrai. Aussi bien pour les risques immédiats que pour les risques à long terme.

▲ Il vaut mieux ne pas boire à jeun.
Vrai. Si l'on boit sans manger, l'alcool passe d'un coup dans le sang et les effets sont plus forts.

▲ Il y a des trucs radicaux pour dégriser plus vite.
Faux. Ni le café (même salé !), ni l'air frais, ni la douche ne font baisser l'alcoolémie.

AMOUREUSE

TU CROIS QU'IL VA M'APPELER ?

Être amoureuse, c'est éprouver des sentiments tendres et passionnés pour quelqu'un. On ne sait pas encore si ça va être profond et durable ou léger et éphémère. L'histoire peut devenir un grand amour ou s'évaporer comme un joli rêve.

☆ S'INFORMER

De coup de foudre au sentiment inconscient qui se glisse dans votre cœur et y fait son nid, il y a plein de façons de tomber amoureuse.

LES SYMPTÔMES

Si vous pensez de plus en plus à untel, si vous avez toujours envie d'être avec lui, si votre cœur bat à son passage, si son sourire vous hypnotise, si vous attendez avec crainte et excitation que votre téléphone sonne, ne cherchez plus, vous êtes sûrement atteinte !

UNE BONNE MALADIE...

Profitez-en ! Être amoureuse, c'est génial, vous vous découvrez pleine d'énergie et de ressources insoupçonnées. Et si vous n'osez pas encore vous déclarer à l'heureux élu, c'est un secret agréable à garder au fond de son cœur, en attendant le moment propice !

... MAIS GARE À LA BULLE DE SAVON !

Vous aurez peut-être tendance à croire que l'objet de votre affection n'a aucun défaut et que votre histoire d'amour sera parfaite sous tous points de vue. C'est normal, car l'amour rend un peu aveugle ! La réalité est un peu plus compliquée mais non moins exaltante, car elle se construit à deux, un peu plus profondément chaque jour.

PATIENCE !

Oh que vous hâte d'aimer et d'être aimée ! Mais si vous êtes charmée lorsqu'un joli garçon vous sourit, cela ne veut pas dire que vous êtes amoureuse. Apprenez à distinguer le véritable sentiment du coup de cœur, sinon vous risquez de réduire cet événement rare et merveilleux qu'est de tomber amoureuse en fait banal et sans importance.

☆ INFO

PEUT-ON AIMER DEUX GARÇONS À LA FOIS ?

Cela peut arriver, surtout au moment de l'adolescence quand on a du mal à définir ses sentiments.

Souvent, même si vous êtes attirée par les deux, vous n'êtes vraiment amoureuse que de l'un d'entre eux (ou d'aucun, et c'est pour cela que vous n'arrivez pas à vous décider !). C'est en tout cas une situation délicate, car vous risquez de faire souffrir un de ces garçons. Mieux vaut prendre le temps de bien réfléchir à vos sentiments et vous finirez par les mettre au clair.

LE COUP DE FOUDRE, ÇA EXISTE ?

Quelquefois, le grand amour arrive sans crier gare : on se regarde, c'est comme si on se reconnaissait. On ne peut plus se passer l'un de l'autre.

Parfois, c'est une amitié
qui se métamorphose
en amour à notre insu.
Mais le plus souvent, ça prend
du temps : on apprend
à se connaître, on prend
goût à la présence de l'autre
et les sentiments s'installent
peu à peu, jusqu'au jour
où l'on se rend que l'on est
irrémédiablement amoureuse.

Votre amoureux d'adolescence
n'a rien à voir avec votre
amoureux de maternelle
que vous teniez par
la main. C'est une autre
histoire, pleine d'émotions
inconnues, d'inquiétudes
et d'interrogations. Tout est
mélangé, tendresse, attirance
sexuelle, besoin de séduire,
romantisme, désir d'aventures…

JE M'Y PERDS…
On découvre un monde
nouveau et merveilleux :
il faudra du temps et sans
doute plusieurs rencontres pour
l'explorer. Alors c'est normal
de tâtonner, de se tromper,
de ne pas bien comprendre
ce qu'on ressent, et d'être
impatiente de tout vivre.

C'EST PARTI… POUR LA VIE ?
Certains amours sont faits pour
durer, mais il est impossible
de le savoir à l'avance !
Cela dépend de vous, de lui,
de votre compatibilité et de la
profondeur de vos sentiments.

Alors, en attendant de savoir
si c'est le grand amour, inutile
de brûler les étapes.
Laissez votre histoire
se développer d'elle-même
et ne lui mettez pas la pression.
Laissez-lui le temps de découvrir
ses sentiments, cela lui prendra
peut-être plus de temps
qu'à vous.

CAP SUR L'INCONNU
Être amoureuse, c'est le prélude
à un amour vrai, si on choisit
ensemble de construire
une relation plus profonde, plus
durable. Ce n'est pas forcément
pour tout de suite… Patience,
vous avez tant de choses
à découvrir sur le chemin !

VOIR AUSSI
SORTIR AVEC.

VOIR AUSSI
SORTIR AVEC.

BONS PLANS

▲ **Comment lui faire comprendre ?**
D'abord, regardez-le et parlez-lui ! Ça a l'air évident,
mais il y a plein de filles qui n'osent pas approcher
ni même lever les yeux celui qui leur plaît.
Premier avantage : il saura que vous existez.
Deuxième avantage : vous apprendrez à le connaître,
découvrirez qu'il est un être humain comme vous et pas
aussi inaccessible que vous l'imaginiez.
Troisième avantage : Vous verrez ainsi si vos sentiments
à son égard se confirment, ou pas !

▲ **Et si je me faisais un film ?**
Parfois, on est tellement amoureuse qu'on prend le moindre
geste ou le moindre regard pour une preuve d'amour.
Pour ne pas tomber de haut, il faut essayer de regarder les
choses en face. Difficile, bien sûr ; c'est tellement agréable
de se laisser bercer d'illusions. Demandez à une amie
ce qu'elle voit, elle. Elle sera plus objective que vous !

PETIT AMI... POUR LA VIE ?

1. Avant les cours.

A. Vous vous levez une heure plus tôt que nécessaire pour prendre le temps de vous pomponner au cas où vous le croiseriez.

B. Vous lui envoyez un texto pour lui souhaiter une bonne journée.

C. Vous prenez votre petit déjeuner, pourquoi ?

2. Vous le croisez dans un couloir tandis qu'il parle avec un individu habillé en policier.

A. Vous allez lui demander si tout va bien.

B. Vous lui faites un signe de la main, mais de loin.

C. Vous vous agrippez à son bras, prête à le suivre jusqu'au bagne.

3. Ouf, il ne s'agissait que de son oncle, vous rassure-t-il le lendemain. Vous lui répondez :

A. Je suis contente pour toi.

B. Tu me le présenteras ? Nous pourrions fêter le Nouvel An ensemble.

C. Bah, tu sais, la prison, cela n'aurait pas été si terrible que ça.

4. Mais zut, il ne vous avait pas tout dit. Il est accusé d'avoir volé une rose dans un jardin public, pour vous l'offrir, bien sûr, et le voici condamné à huit ans de prison.

A. Vous filez prendre des leçons de conduite d'hélicoptère pour organiser son évasion par les airs.

B. Vous fouillez votre porte-monnaie afin de voir s'il vous reste assez d'argent pour lui offrir 1 kg d'oranges lorsque vous irez le visiter.

C. Vous lui envoyez une lettre pour le réconforter et lui dire que dans huit ans, bien des choses se seront passées, qu'il sera un autre homme, qu'il ne doit pas s'en faire pour vous, que vous surmonterez sans problème cette épreuve.

5. Erreur judiciaire. Il sort de prison au bout d'une petite heure.

A. Vous faites une syncope de joie.

B. Vous essayez de le joindre par téléphone.

C. Vous finissez le livre qui vous a permis de vous changer les idées et d'oublier les événements de ces dernières journées.

6. Vous vous retrouvez dans un parc. Pas de bol, vous attrapez un rhume.
A. Il attend que vous ne soyez plus contagieuse pour vous proposer une sortie.
B. Il sonne chez vos parents et demande si vous n'avez besoin de rien, s'il peut vous aider.
C. Il passe la journée allongé à vos côtés, quitte à être contaminé.

7. Il vous offre une bague.
A. Ça vous fait plaisir.
B. Ça vous rend folle de joie.
C. Ça vous fait peur.

Et maintenant, comptez vos points.

	1	2	3	4	5	6	7
A	3	2	2	3	3	1	2
B	2	1	3	1	2	2	3
C	1	3	1	2	1	3	1

PROFIL A

Vous avez entre 7 et 11 points
Vous ne vous entendez pas trop mal mais disons qu'après les grandes vacances d'été, vous pourriez sans doute vous croiser à la rentrée sans avoir rien à vous dire. Il n'est peut-être pas nécessaire que votre relation dure jusqu'à ce que vous vous envoyiez des assiettes à la figure.

PROFIL B

Vous avez entre 12 et 16 points
Bonne nouvelle ! Votre amour peut durer. N'oubliez pas d'être parfois un peu déraisonnable afin de ne pas vous installer dans une relation trop plan-plan.

PROFIL C

Vous avez entre 17 et 21 points
Mordus ! Le monde, c'est lui et vous, vous et lui, les autres n'existent pas ou ne sont là que pour contempler votre amour. Si cela continue ainsi, vous pourriez atteindre les noces de platine (soixante ans de mariage). Pensez tout de même un peu à votre entourage, à vos copines, à votre travail. Sinon, achetez un puits… pour vivre d'amour et d'eau fraîche, comme on dit.

✦ ANGOISSE

JE STRESSE, JE FLIPPE, J'ANGOISSE...

L'angoisse, c'est une peur intense dont on ne connaît pas l'objet.
Les symptômes sont d'ailleurs ceux de la peur : difficulté à respirer,
palpitations, vertiges, nausées, maux de ventre, insomnies.

☆ S'INFORMER

Vous avez peut-être déjà eu des bouffées d'angoisse, ces petites crises courtes mais aiguës qui vous serrent le cœur ou vous nouent le ventre, à la veille d'une interro ou quand vous avez fait quelque chose dont vous redoutez les conséquences. Pas très agréable !

Mais quand c'est un malaise permanent, vague et diffus, qui dure des jours, voire des semaines, c'est encore plus difficile à vivre. D'autant qu'on n'en prend pas conscience tout de suite ! Certaines filles sont angoissées sans même s'en rendre compte : elles ne comprennent pas pourquoi elles ont si mal au ventre, vont consulter un médecin et s'étonnent quand il leur demande ce qui peut bien les angoisser à ce point.

COUPS DE FLIPPE

Peur de ne pas réussir une interro, peur d'être mal jugée quand on arrive dans une nouvelle école, impression de ne pas être à la hauteur… la vie de tous les jours offre bien des sources de stress. Normalement, on réagit plutôt bien : une bonne poussée d'adrénaline, on s'adapte et c'est fini.

BONNES RAISONS

Mais vous pouvez aussi avoir de bonnes raisons d'être angoissée : quand on est ou a été victime de violences (agression à l'école, racket, maltraitance), il y a de quoi être angoissée ! Quand on a un petit frère très malade ou des parents qui ne s'entendent pas, il y a aussi de quoi être angoissée. L'angoisse n'est pas seulement le résultat d'une difficulté à s'adapter, elle a, hélas, parfois de bonnes raisons de vous envahir.

☆ COMPRENDRE

L'angoisse est assez fréquente pendant l'adolescence. On est souvent beaucoup plus fragile à ce moment-là de la vie. On a plein de doutes, d'incertitudes sur soi-même, sur les autres ou sur l'avenir.

MON CORPS, CE CAUCHEMAR

Votre corps change et peut vous paraître bizarre, étranger, comme si ce n'était plus vraiment le vôtre. Et quand on se trouve trop petite ou trop grande, que l'on n'aime pas certaines parties de son corps (ses seins, ses fesses, son nez), c'est parfois très angoissant : on voudrait se fondre dans le moule d'un corps parfait pour être aimée, ou au moins acceptée, et on se retrouve seule, face à ses limites, à ses imperfections.

ÊTRE À LA HAUTEUR

Mais vous pouvez aussi être angoissée parce que vous ne savez pas ce que l'avenir vous réserve et que vous vous sentez impuissante.

On vous demande de choisir ce que vous ferez plus tard, alors que vous ne le savez pas, que rien ne vous attire ou que ce que vous aimeriez faire vous paraît inaccessible. Vous avez l'impression que l'on exige beaucoup de vous, alors que vous ne vous sentez pas à la hauteur de ce que les autres attendent de vous.

MAUX DE FAMILLE

Vous pouvez aussi être angoissée parce que vous vivez des situations difficiles dans votre famille, parce que vous êtes en conflit avec vos parents tout en continuant à les aimer, ou encore parce qu'eux-mêmes ne s'entendent pas bien et que vous en souffrez. La perte de quelqu'un que vous aimiez, une amie qui déménage, autant d'événements qui peuvent également susciter votre angoisse ou l'augmenter.

JE BROIE DU NOIR, POURQUOI ?

L'angoisse peut aussi venir d'événements douloureux que vous avez vécus quand vous étiez petite, dont vous ne vous souvenez pas mais que vous avez mal digérés. Ils continuent à faire mal, justement parce que vous êtes plus fragile au moment de l'adolescence.

LE SILENCE ? MAUVAIS RÉFLEXE !

Si vous êtes perpétuellement angoissée, il faut demander à voir un médecin ou un psychologue qui pourra vous aider.
Il ne faut pas rester seule avec une angoisse chronique qui paralyse, ni vous laisser martyriser par les maux physiques qui l'accompagnent. D'autant plus que l'angoisse isole terriblement : on a tendance à se replier sur soi, alors qu'il faudrait en parler, se décharger un peu de ce fardeau, et surtout se faire aider.

VOIR AUSSI

BLUES,
MAL DE VENTRE.

BONS PLANS

▲ Faut que ça sorte !
- Pour aller mieux, il faut faire sortir toutes les petites tensions qui, accumulées, peuvent vous nouer le ventre.
- Les activités physiques permettent de les canaliser : sports de combat ou de détente, mais aussi jogging, piscine,
soirées de danse endiablées, etc.
- Le chant est aussi un excellent moyen pour évacuer le stress : il oblige à bien respirer, à bien se tenir, à sortir ce que l'on a dans le ventre, justement !

▲ Chouchoutez-vous !
Si vous supportez mal le stress, ménagez-vous des moments de solitude où vous pouvez vous ressourcer : moments de rêveries au calme, bain moussant, balade en solitaire, musique douce… À vous de trouver ce qui vous fait du bien.

NO STRESS

Travail scolaire, disputes avec les parents, questions existentielles, difficile de rester zen en toutes circonstances ! Petits conseils pour ne pas se laisser envahir par le stress…

D'abord, faites le tri entre petits et grands soucis. Inutile de vous angoisser pour ce qui n'est pas important ou réalisable le jour même : réussir la pose de votre fond de teint, sauver le monde, etc. Si vous vous sentez débordée par votre emploi du temps, établissez une liste des choses à faire et rayez au fur et à mesure celles que vous aurez réalisées.

Si votre stress vient de relations conflictuelles (parents, copines, profs…), prenez du recul et essayez de cerner le problème. Dans tous les cas, parlez tout simplement avec ces personnes, expliquez-vous et exprimez ce que vous ressentez.

Avant de vous laisser gagner par le stress : inspirez, expirez profondément mais sans forcer. La respiration abdominale est conseillée, en gonflant le ventre. Vous pouvez même crier un grand coup ! En privé, dans un champ ou un jardin, c'est mieux.

Enfin, tâchez d'avoir une bonne hygiène de vie : bien dormir et manger équilibré. Une activité sportive (cela peut être tout simplement de la marche !) vous aidera à vous vider la tête et à rester zen !

SOS
MAL DE VIVRE

Les bleus, on les a parfois à l'âme. Docteur, quel baume appliquer sur la plaie des déprimes ? Quel antidote contre le venin du cafard ? Quel remède contre la brûlure d'un chagrin d'amour ?

Pansement amical

Ne vous enfermez pas dans votre coup de blues. Confiez-vous à votre meilleure amie, voire à plusieurs copines.

• Offrez-vous le soulagement de pleurer (surtout s'il s'agit d'un chagrin d'amour, qu'on ne guérit pas en un jour).

• Mais sachez ensuite accepter un mouchoir pour étancher vos larmes. Si vous semblez inconsolable, vos amies risquent de s'éloigner, impuissantes…

• Laissez-les vous distraire, vous emmener au cinéma, vous entraîner dans leur shopping, vous inviter à une soirée pyjama, même si vous n'avez pas le cœur à rire.

• Acceptez qu'elles vous disent la vérité sur vous-même : vous êtes super ! À l'adolescence, on se dévalorise cruellement. Regardez-vous à travers les yeux des autres !

Déprime ou dépression ?

Un mal de vivre qui s'installe durablement, des attitudes inquiétantes (troubles alimentaires graves, conduites à risque, gestes d'automutilation, pensées suicidaires) : si vous constatez ces symptômes chez une amie, il ne s'agit pas d'un simple coup de blues. Parlez-en à un adulte de confiance ou appelez un numéro d'urgence comme SOS Amitié.
(01 40 09 15 22).

ANOREXIE

QUAND MANGER FAIT MAL

Anorexie et boulimie sont deux troubles du comportement alimentaire.
Anorexie veut dire << perte d'appétit >>. L'anorexie mentale se caractérise
par un **refus de s'alimenter** qui révèle un **problème psychologique complexe.**
La boulimie se traduit par des crises où un **besoin irrépressible de manger**
incite à se gaver de nourriture pour apaiser une angoisse. Une adolescente
peut passer alternativement par des phases d'anorexie et de boulimie.

☆ S'INFORMER

L'ANOREXIE, UNE VÉRITABLE MALADIE

Ses symptômes : des restrictions alimentaires de plus en plus importantes, des vomissements volontaires, une grande perte de poids, des problèmes dentaires (perte de dents parfois irréversible) un arrêt des règles (ou aménorrhée), une excessive activité physique et intellectuelle et un refus de la réalité. Refus de voir sa maigreur : la jeune fille continue à se trouver grosse. Refus de reconnaître qu'elle va mal : elle prétend qu'on s'inquiète de sa santé sans raison. Refus de son corps : elle privilégie l'esprit et se plonge souvent avec une énergie farouche dans le travail. Risque de mourir.

LA VIE EN DANGER

Ce comportement menace gravement la santé et peut laisser des séquelles presque irréversibles : décalcification osseuse (les os deviennent très fragiles), baisse de la fécondité, faiblesses cardiaques, arrêt de la croissance… Surtout, il révèle une difficulté particulière à vivre son adolescence.

COMMENT LA SOIGNER ?

Il faut à la fois un suivi médical, pour éviter des troubles physiques graves, et une prise en charge psychologique. Le but est d'aider la jeune fille à comprendre pourquoi elle réagit ainsi, en en cherchant les causes dans son caractère, son histoire et ses difficultés (avec les adultes, notamment). La guérison est parfois longue car il ne suffit pas de regagner du poids. Il faut aussi apprendre à affronter ses problèmes.

LA BOULIMIE, MANGER À S'EN RENDRE MALADE

La boulimie est souvent moins visible : les boulimiques sont rarement grosses. Pour étouffer leurs idées noires, elles peuvent avaler des quantités effarantes de nourriture (jusqu'à 10 000 calories) avant de se faire vomir. Elles absorbent diurétiques et laxatifs, se soumettent à une pratique sportive intensive ainsi qu'à des régimes draconiens pouvant aller jusqu'à l'anorexie. Cela leur évite de grossir. C'est aussi une manière de se punir d'un comportement dont elles ont honte.

LE CORPS MALMENÉ

Ces crises provoquent parfois des malaises dus à l'excès de nourriture : nausées, douleurs abdominales. Les vomissements volontaires à répétition peuvent aussi endommager l'œsophage, l'estomac ou les reins.

COMMENT LA SOIGNER ?

L'aide des amies ou de la famille ne suffit pas : il faut un suivi médical et psychologique. La guérison est difficile et souvent fragile car il s'agit de se réconcilier avec soi-même et d'apprendre à vivre avec ses angoisses et ses faiblesses.

ANOREXIE-BOULIMIE

Les deux comportements peuvent se conjuguer : quand une adolescente veut maigrir, elle a généralement tendance à s'imposer un régime très strict et des privations très sévères. Quand elle « craque », elle peut être prise de crises de boulimie et se mettre à manger de manière compulsive tout ce qui lui tombe sous la main. Elle va ensuite se faire vomir. Elle ne maigrira pas forcément aussi vite qu'une anorexique, mais elle mettra également sa santé en danger et aura besoin des mêmes soins.

☆ INFO +

L'anorexie touche 30 000 à 40 000 personnes en France, essentiellement des jeunes femmes (95 % des anorexiques sont des filles) entre 12 et 20 ans. Dans 5 % des cas, l'anorexie conduit à la mort. La boulimie atteint aussi principalement les filles (15 filles pour 1 garçon).

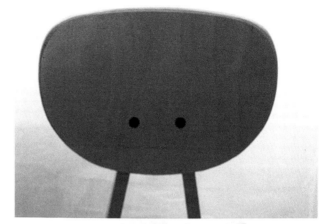

☆ COMPRENDRE

Anorexie et boulimie traduisent souvent des angoisses liées à l'adolescence.

LE DIKTAT DE LA MINCEUR

Au début, l'anorexie est souvent une réaction contre la peur de grossir. À l'adolescence, on quitte son corps longiligne de petite fille, on prend forcément des formes, et cela peut conduire à se sentir « grosse ». En même temps, les difficultés à vivre peuvent conduire à se consoler par un désir plus fort de manger, de se faire des petits plaisirs, de grignoter dès que l'on est triste. Ajoutons à cela la pression de la société qui veut faire croire que seules les femmes maigres sont belles… Il y a de quoi être déboussolée !

TOUT CONTRÔLER

L'anorexique va réagir violemment en se privant gravement de nourriture, voire en cessant de s'alimenter. Elle va avoir ainsi l'impression de se reprendre en main, de se mettre à vraiment contrôler toute sa vie, et surtout de maîtriser ce corps qu'elle n'aime pas.

MON CORPS, CE BOULET

Elle est prête à mettre sa vie en danger pour mater cet objet encombrant. Elle ne veut pas se soumettre comme les autres aux contraintes physiques. Pour elle, les besoins matériels, la nourriture, mais aussi les désirs sexuels sont impurs et il faut s'en libérer. Ce refus du corps exprime souvent un manque de confiance en soi, la peur de ne pas être aimée, en tout cas pas avec ce corps que l'on n'aime pas.

LA FAUTE AUX PARENTS ?

On a beaucoup culpabilisé les parents en leur faisant porter la responsabilité de l'anorexie de leur fille. En réalité, on ne sait pas vraiment dire pourquoi une fille plus qu'une autre va devenir anorexique. Toutes les filles vivent ces moments de rejet de leur corps, ce désir de maigrir et d'être à l'image de la femme que la publicité nous montre. Toutes rencontrent des difficultés de relations avec leurs parents pendant l'adolescence. Et pourtant, seules quelques-unes sont atteintes d'anorexie. Aujourd'hui on essaie plutôt d'associer les parents au traitement de la maladie, pour qu'ils puissent aider leur fille.

J'ME DÉGOÛTE !

La boulimique vit aussi une grande détresse. Ce qui la distingue de l'anorexique, c'est sa culpabilité : l'absorption de nourriture, généralement solitaire, crée un dégoût de soi dont elle ne peut pas parler. Elle vit avec cette honte secrète, alors que l'anorexique est plutôt fière de contrôler sa faim et son corps. Dans 50 % des cas, la boulimie s'accompagne d'ailleurs d'un état dépressif.

VOIR AUSSI

COMPLEXES, KILOS, LOOK, RÉGIME.

26

CONSEILS

▲ Comment ne pas tomber dans le piège ?

- Ne vous comparez pas sans cesse aux filles des magazines : elles sont souvent trop maigres et malmènent leur corps pour se plier aux diktats de la mode. Les mannequins, en particulier, prennent des risques inconsidérés avec leur santé en cherchant à être toujours plus minces et il est arrivé qu'un jeune mannequin en meure. Sachez aussi que les photos de magazines sont retouchées, pour gommer les rondeurs des hanches jugées excessives, par exemple.
- Vous voulez mincir ? Consultez un médecin. Il prescrit un régime équilibré, raisonnable, et il aide à le suivre. Évitez le cercle vicieux des régimes tellement stricts qu'on craque. On se bourre alors d'aliments interdits, puis on reprend un régime encore plus strict pour craquer à nouveau.
- Surtout, pas de honte si vous sentez un jour que vous ne maîtrisez plus votre comportement alimentaire : c'est courant, beaucoup de filles rencontrent ce problème et s'en sortent, à condition de ne pas rester seules. Parlez-en à une personne de confiance qui saura vous orienter vers une aide professionnelle.

▲ Comment aider une amie en détresse ?

- Quand on a une amie anorexique, c'est important de l'entourer de son amitié, mais en faisant bien attention à ne pas entrer dans sa logique.
- Une amie vous dira rarement qu'elle est boulimique ; si elle vous fait cette confidence, il faut l'encourager de toutes vos forces à se faire aider par un médecin ou un psychologue.
- Anorexie et boulimie sont des problèmes trop graves pour être réglés entre amies : vous devez absolument en parler à un adulte (parents, infirmière scolaire ou autre). N'hésitez pas : parler, c'est peut-être sauver une vie.

APPAREIL DENTAIRE

UN SOURIRE POUR LA VIE

☆ S'INFORMER

On peut avoir eu de jolies petites dents de lait bien alignées pendant son enfance et se retrouver avec un sourire moins réussi quand on a ses dents définitives.

C'EST L'ANARCHIE COMPLÈTE !

Incisives trop grandes ou trop espacées qui prennent toute la place, dents qui se chevauchent ou se casent comme elles peuvent, dents du haut ou du bas qui avancent (pour les accros du pouce) : on est loin du sourire de star dont vous rêviez ! En plus, ces changements peuvent causer des déséquilibres entre les deux mâchoires et une mauvaise mastication : c'est très mauvais pour la santé des dents et cela peut rendre difficile la digestion des aliments.

FAUT REDRESSER TOUT ÇA...

Autant de bonnes raisons pour consulter un orthodontiste, dont le métier est de remettre les dents dans la bonne position (*orthos*, en grec, veut dire « droit »). Malheureusement, le miracle passe par le port d'un de ces vilains appareils qui vous font le sourire agressif et vous effraient sans doute un peu.

APPAREIL DENTAIRE, VERSION LIGHT...

Les appareils les plus simples, qui peuvent être prescrits dès l'âge de 8 ans, sont constitués d'un faux palais en métal et en résine sur lequel s'articule un fil de fer qui passe devant les dents. Ils servent à élargir le palais pour que toutes les dents trouvent leur place. Ils sont en général amovibles : on peut les enlever pour manger. Ils sont très discrets, et pas très coûteux.

... LES GRANDS MOYENS

L'autre catégorie, ce sont des appareils fixes qu'on pose pour une durée d'environ deux ans, les fameuses bagues qui vous font le sourire carnassier. On pose des supports sur les molaires du fond avec un ciment spécial. Sur ces supports, on fixe un petit tube. On colle des petits rectangles de métal ou de céramique sur les autres dents (le métal est plus visible que la céramique, mais plus solide et donc préférable pour les sportives). Un ou plusieurs fils métalliques s'emboîtent dans ces rectangles, et viennent se fixer dans les tubes sur les molaires. Il suffit ensuite de serrer ou desserrer le fil pour rapprocher ou éloigner les dents. On peut porter cet appareil dès l'âge de 10-11 ans (même si le plus souvent il est posé vers 12-13 ans) et le garder jusqu'à l'âge de 15-16 ans. Tout dépend des cas et du degré de perfection que vous souhaitez.

MOI, LA NUIT, J'AI DES MOUSTACHES...

Il y a des appareils plus laids, qui heureusement ne se portent que la nuit. On les appelle couramment des « moustaches ». Ils sont composés de deux tiges métalliques qui sortent de la bouche et sont reliées à des élastiques prenant appui sur la nuque. Ces « moustaches » sont destinées à empêcher les molaires de bouger quand elles supportent un appareil à plaquettes.

☆ COMPRENDRE

C'est vrai qu'un appareil dentaire, c'est contraignant et pas très esthétique. Avec tous les autres petits cadeaux de la puberté (l'acné, les petites rondeurs superflues), vous êtes gâtée…

COMPAGNES D'INFORTUNE

Ce n'est quand même pas une raison pour rester sous la couette pendant deux ans ! D'abord, l'appareil ne cache pas les jolies fossettes qui font votre charme lorsque vous souriez, et encore moins la jolie couleur de vos yeux. Ensuite, vous n'êtes pas seule : deux adolescentes sur trois portent un appareil dentaire. Dans votre classe, plus d'une copine partage votre sort.

PLUS ON ATTEND, PLUS C'EST PÉNIBLE…

S'il est assez fréquent de porter un appareil dentaire à 13-14 ans, ça l'est beaucoup moins à 20 ou 30 ans. Imaginez-vous à un entretien d'embauche ou rencontrant l'homme de votre vie avec un sourire barbelé. Alors, autant le faire maintenant et vous débarrasser de ce petit problème au plus vite !

… ET PLUS C'EST CHER !

En plus, à partir de 16 ans, la Sécurité sociale ne rembourse plus les appareils dentaires. Et cela coûte très cher ! Plus de 2 890 € pour un traitement qui dure environ 2 ans. C'est encore plus coûteux (jusqu'à 7 600 €) si l'on veut des bagues transparentes en céramique, ce qui est souvent le cas à cet âge-là, parce qu'un sourire d'acier, c'est encore plus difficile à supporter à 20 ou 30 ans qu'à 13-14 ans… Bref, autant de bonnes raisons d'écouter votre maman et d'aller chez l'orthodontiste !

IL SE FAIT VITE DISCRET !

Convaincue ? Allez, courage, ce n'est qu'un mauvais moment à passer. Et puis, vous verrez : vous allez vite vous y habituer… et sourire à la vie. Au début, ça tire un peu sur les dents, on passe sans arrêt la langue dessus, on ne sait pas comment ouvrir la bouche. Mais au bout de trois jours, c'est fini, il fait partie de vous. Et puis, il faut bien le dire : un appareil dentaire n'a jamais empêché d'avoir un petit copain, ni même de l'embrasser !

TOUT SOURIRE

De petites contraintes pour un grand avenir auquel vous avez le droit de rêver : un sourire parfait. Et cela compte tellement un beau sourire qui vous ouvre les portes des cœurs et de la vie.

VOIR AUSSI
COMPLEXES, LOOK.

28

BONS PLANS

Faites ce que l'on vous dit !

▲ Respectez à la lettre les recommandations de l'orthodontiste. C'est le meilleur moyen d'abréger la corvée ! Si vous n'en faites qu'à votre tête, vous risquez même d'être obligée de recommencer le traitement…

▲ Même si l'appareillage est discret, ce n'est pas une raison pour l'oublier. Brossage régulier des dents au moins deux fois par jour et, attention ! pas d'aliments durs ou collants (caramels, chewing-gums, etc.).

APPRENTISSAGE

J'VEUX TRAVAILLER

L'apprentissage, c'est une manière de **poursuivre sa formation** et de préparer un diplôme tout en travaillant dans une entreprise et en gagnant un salaire.

☆ S'INFORMER

On peut entreprendre cette formation à partir de 16 ans (fin de la scolarité obligatoire), ou à 15 ans si l'on a terminé le premier cycle de l'enseignement secondaire (fin de 3e). La loi de mars 2006 permet de faire un préapprentissage à partir de 14 ans pour découvrir des métiers et s'initier aux activités professionnelles tout en continuant à acquérir les connaissances générales de base.

POUR TOUS LES GOÛTS

Depuis une quinzaine d'années, l'apprentissage a beaucoup évolué. Il prépare désormais à tous les diplômes technologiques et professionnels du secondaire, mais aussi à certains de l'enseignement supérieur. Il concerne traditionnellement les filières de l'artisanat, du commerce, du bâtiment et des travaux publics, et de tous les métiers manuels. Il forme aussi à la vente, à la comptabilité, à la coiffure, à l'hôtellerie, au tourisme, aux services à la personne, à l'environnement, etc. On peut ainsi devenir éducateur sportif, infirmière ou ingénieur en passant par l'apprentissage.

L'ABSTRAIT, TRÈS PEU POUR MOI !

Si les études longues et théoriques vous ennuient ou vous semblent trop difficiles, l'apprentissage vous tend les bras. Mais ne vous précipitez pas, donnez-vous le temps et les moyens de choisir votre futur métier.

SI VOUS Y PRENEZ GOÛT...

Rien ne vous empêche ensuite de reprendre des études à la fin du contrat d'apprentissage. Après un CAP, on peut faire une première et une terminale professionnelles et passer un bac pro.

CONTRAINTES : REGARDEZ-LES EN FACE...

Mais pesez bien le pour et le contre ! Un contrat d'apprentissage, c'est un vrai travail avec en plus des temps de formation, des devoirs à la maison, et seulement 5 semaines de congés par an. Vérifiez aussi que le métier que vous choisissez correspond à vos goûts et à vos compétences, et qu'il offre des débouchés (informez-vous auprès de l'Onisep).

DÉCIDÉE ?

Il faut alors effectuer une pré-inscription dans un centre de formation pour apprentis (CFA). Vous trouverez la liste des CFA de votre région auprès des services académiques de l'Inspection de l'apprentissage, du conseil régional, des chambres consulaires (chambres de commerce, d'industrie, des métiers, d'agriculture). Il est bon de s'y prendre tôt (au printemps pour la rentrée suivante) pour trouver de la place.

À VOUS DE JOUER !

À vous, ensuite, de trouver l'entreprise qui vous prendra comme apprentie. Le CFA ne confirme votre inscription que lorsque vous avez trouvé une embauche ! Mais il vous aide en fournissant souvent une liste d'employeurs. Sinon, vous pouvez faire appel à des gens que vous connaissez, aller au Pôle emploi, répondre aux annonces et envoyer des candidatures spontanées aux entreprises qui vous intéressent. Leurs adresses sont disponibles dans les pages jaunes, ou dans des annuaires spécialisés à consulter en bibliothèque, comme le Kompass. Il existe également des sites Internet consacrés à l'apprentissage où vous pouvez déposer votre demande.

A MOI LA VRAIE VIE !

Une fois votre employeur trouvé, vous signez un contrat qui vous assure un salaire compris entre 25 % et 78 % du Smic, selon votre âge et l'année d'apprentissage. Dans l'entreprise, vous êtes suivie par un maître qui vous transmet son savoir-faire. Au CFA, un formateur vous accompagne dans votre formation théorique et pratique. Celle-ci compte au moins 400 heures (environ une semaine par mois). Un contrat d'apprentissage dure en général 2 ans pour un diplôme du secondaire et 3 ans pour le

supérieur. On peut enchaîner plusieurs contrats.

☆ COMPRENDRE

L'apprentissage a souvent mauvaise réputation. Beaucoup considèrent qu'il est fait pour les élèves incapables de suivre au lycée. Mais c'est faux, puisqu'il donne accès à des formations supérieures. Il y a même des métiers d'art ou d'artisanat accessibles uniquement par cette voie. Certains élèves, qui pourraient réussir brillamment dans le cursus dit « classique », choisissent ces filières-là parce qu'ils ont une véritable passion : les chefs des plus grands restaurants, les coiffeurs des célébrités, les plus prestigieux couturiers, beaucoup de grands sportifs sont passés par l'apprentissage.

L'essentiel, c'est de bien choisir son métier en prenant le temps de s'informer et de réfléchir.

CONTENTE... ET PAYÉE !

Si vous arrivez à faire le bon choix, vous serez certainement bien plus heureuse que certaines copines qui vont poursuivre le lycée sans conviction, sans garantie d'avoir leur bac et sans projet pour la suite. Et puis, l'expérience en entreprise sera un atout quand vous chercherez un emploi : à diplôme égal, les

anciens apprentis trouvent plus facilement du travail que les étudiants classiques.

☆ À SAVOIR

QUELS DIPLÔMES ?

L'éventail est très large.
Un apprenti peut préparer :
- tous les diplômes technologiques et professionnels du secondaire : les CAP, BT (brevet de technicien), BTM (brevets techniques des métiers) et bacs professionnels ;
- les diplômes de l'enseignement supérieur : BTS (brevet de technicien supérieur), DUT (diplôme universitaire de technologie) ;
- certains masters ;
- certaines formations en écoles d'ingénieur après un bac professionnel (ou technologique si vous avez suivi la filière technologique jusque-là).

VOIR AUSSI

ORIENTATION, REDOUBLEMENT.

AUTORITÉ

JE FAIS CE QUE JE VEUX QUAND JE VEUX

L'autorité, c'est la **capacité et le droit de commander**, de prendre des décisions et de se faire obéir **sans utiliser** la contrainte physique ou **la violence**.

L'autorité est souvent considérée comme quelque chose de négatif, qui écrase les gens. C'est pourtant tout le contraire ! L'autorité bien comprise est un service qu'on rend aux autres parce qu'on en a la mission : mission d'éducation, de protection, etc. Cette mission donne le droit de se faire obéir… au risque de ne pas être apprécié. C'est arrivé plus d'une fois à vos parents, vos profs ou votre proviseur !

L'AUTORITÉ DES PARENTS

L'autorité que vos parents ont sur vous est définie dans le code civil. Elle consiste à vous « protéger dans [votre] sécurité, [votre] santé et [votre] moralité. Ils ont à [votre] égard droit et devoir de garde, de surveillance et d'éducation ». Ils gardent cette mission jusqu'à votre majorité. Autrement dit, vos parents exercent leur autorité pour votre bien, pour vous guider dans la vie jusqu'à ce que vous soyez capable de vous débrouiller seule !

LE PROVISEUR

Lui aussi tient son autorité d'une mission. Celle d'organiser la vie du lycée de manière à ce que tout le monde puisse y faire ce pour quoi il est là : pour les élèves se former et se préparer à la vie professionnelle, pour les professeurs enseigner. À lui de faire appliquer les règles obligeant chacun à respecter les droits des autres.

LA POLICE

Même chose, elle a une mission. Elle est là pour faire appliquer les lois, instaurées démocratiquement, en empêchant les uns de nuire aux autres. C'est dans ce but qu'elle a autorité pour arrêter un voleur de scooter, un garçon qui agresse une fille dans la rue, etc.

LE CONTRAIRE DE LA DICTATURE !

Ceux qui ont une autorité doivent rendre compte de leurs actes. C'est tout le contraire de la dictature, où le chef peut prendre n'importe quelle décision arbitraire, simplement parce qu'il est le plus fort. Vos parents n'ont pas le droit de prendre leur autorité comme prétexte pour vous maltraiter. Le proviseur n'a pas le droit de punir arbitrairement les élèves qui ne lui plaisent pas. La police doit justifier l'arrestation d'une personne ou la relâcher.

ON EN A OU ON N'EN A PAS !

Mais l'autorité n'est pas seulement une mission. C'est aussi une qualité. On parle alors d'autorité « naturelle ». Il y a des gens qui en ont, et d'autres pas. Dans une bande par exemple, il y a toujours un chef, celui auquel tous les membres reconnaissent le droit de « commander » parce qu'il a des qualités particulières. Il y a des profs que leurs élèves ne chahutent jamais, même s'ils ne sont pas très sévères. Ils sont tellement passionnants qu'on les écoute et qu'on les respecte. Ces exemples montrent que l'autorité est aussi une affaire de caractère, de contact humain. Il ne suffit pas d'en être investi par la loi. Pour exercer son autorité, il faut être respecté, écouté, admiré.

☆ COMPRENDRE

À l'adolescence, on a plutôt envie d'envoyer promener l'autorité. Vous vous sentez mûre, vous voulez être libre. Bien sûr, les conseils sont toujours les bienvenus lorsque vous hésitez sur ce que vous devez faire. Mais vous ne voyez pas pourquoi vous obéiriez toujours, alors que vous n'êtes pas forcément d'accord ! Et c'est bien ! C'est en exerçant votre esprit critique, en affirmant vos opinions que vous construisez votre identité.

DÉBOUSSOLÉE ?

Mais c'est aussi en trouvant des limites à ses désirs que l'on grandit. Quand on peut tout faire, tout avoir sans rencontrer d'opposition, on perd le nord et on se demande pourquoi, après tout, on a fait telle chose plutôt qu'une autre. Regardez comment se passent les cours quand l'un de vos profs

manque de fermeté. Vous en profitez pour chahuter ; mais au fond vous savez bien que vous y perdez parce que vous n'apprenez rien. Pire : vous êtes la première à mépriser le prof qui ne sait pas s'imposer.

AU SECOURS ! MES PARENTS DÉMISSIONNENT…

Quand vos parents, épuisés par votre contestation, battent en retraite, vous êtes contente d'avoir gagné, mais vous vous trouvez devant un problème. À vous désormais de savoir ce qu'il faut faire ; vous ne pouvez plus compter sur personne pour vous éviter les erreurs.

Au contraire, quand ils vous interdisent de sortir le soir à mobylette parce qu'ils ont peur d'un accident, cela vous énerve, mais cela vous montre qu'ils se soucient de vous. Et leur prudence vous évitera peut-être de faire connaissance avec les ambulances du Samu !

AUTORITÉ OUTREPASSÉE, DANGER !

L'autorité a des limites : quand on les dépasse, elle n'est plus légitime. Il y a mille manières

d'abuser de son autorité : punir ou interdire tout et tout le temps, jouer sur la peur de la sanction pour obtenir la soumission, faire du chantage pour amener à la délation… Dans ces cas-là, il faut réagir. Aucune autorité ne doit vous contraindre à faire une chose que vous savez dangereuse, mauvaise, illégale ou immorale. Le reste du temps, n'oubliez pas cette équation surprenante : autorité = service. Et quand vous avez envie de ruer dans les brancards, souvenez-vous que ce n'est pas facile non plus, pour ceux qui ont autorité sur vous… de vous rendre ce service !

VOIR AUSSI

CONFIANCE, LOI, MALTRAITANCE, RESPONSABILITÉ, RÉVOLTE, SANCTION.

CONSEIL

Mon prof abuse de son autorité…
Il n'y a pas de raison de se laisser faire ! Mais attention : soyez sûre de votre fait avant d'en parler. La sanction qu'il vous a infligée, le travail qu'il vous a donné sont-ils vraiment arbitraires ? Commencez par en discuter avec lui. Et si le dialogue est impossible, parlez-en… à celui qui a autorité sur lui, le proviseur, et à vos parents.

ADULTE Baby-sitting AMOUREUSE

★ BABY-SITTING ★

PREMIER JOB !

☆ S'INFORMER

Vous vous sentez à l'aise avec les enfants, vous voulez gagner un peu d'argent ?

Dès 14 ou 15 ans, vous pouvez vous lancer dans l'aventure du baby-sitting.

Au début, évitez peut-être de garder les nourrissons car c'est un peu « technique » si vous n'avez pas encore d'expérience.

CE SOIR, JE SUIS DE GARDE !

Il y a plusieurs sortes de baby-sitting. Le plus courant, c'est la garde occasionnelle le soir, pour permettre aux parents de sortir ; vous pouvez avoir à donner le bain et le repas, ou seulement surveiller des enfants qui dorment déjà. En général, si vous n'êtes pas chez des voisins, les parents doivent vous raccompagner chez vous à la fin de la soirée ou vous offrir un taxi. Vous pouvez aussi faire du baby-sitting l'après-midi, pour le shopping de la maman, un goûter d'anniversaire ou un mariage.

34

BABY-SITTER LONGUE DURÉE

Il y a des parents qui prennent une baby-sitter un ou plusieurs soirs par semaine pour aller chercher les enfants à l'école, leur faire faire leurs devoirs et les garder jusqu'à leur retour du travail.

C'est un engagement plus contraignant car il faut être disponible les jours dits et s'engager sur plusieurs mois, voire une année scolaire !

C'est important pour des parents de compter sur une personne de confiance, qui connaît bien leur enfant. Dans ce cas, ils peuvent même faire appel à vous le temps d'un week-end ou pendant les vacances scolaires.

TROUVER DES « CLIENTS »

Tentée ? Lancez-vous dans une recherche d'emploi… La première de votre vie, sans doute ! Le plus simple, c'est de faire le tour de vos relations :

voisins, amis de vos parents… Vous pouvez aussi mettre des petites annonces chez le boulanger, au supermarché de votre quartier ou encore à l'école.

SURFEZ… AVEC PRUDENCE !

Il existe sur Internet des sites bien faits qui reçoivent les demandes et les offres, et mettent en relation parents et baby-sitters. Dans ce cas, soyez prudente tant que vous ne connaissez pas votre « employeur ». Laissez ses coordonnées à vos parents quand vous partez faire un baby-sitting. N'hésitez pas à les appeler en cas de problème (tant que vous êtes mineure, ils sont responsables de vous et de vos actes). Signalez ensuite ce problème à l'organisme qui vous a fourni l'adresse.

☆ INFO +

COMBIEN DEMANDER ?

Entendez-vous toujours sur le prix avant de vous engager.

Les tarifs sont variables.
Ils tournent en général autour
de 7 € de l'heure, un peu plus
élevés à Paris qu'en province.
Ils dépendent du service rendu.
Garder des enfants dans la
journée en les faisant déjeuner,
travailler et jouer demande
plus de travail que les garder
la nuit. Il est légitime d'être
mieux payée ! Même chose si
vous gardez plusieurs enfants
de familles différentes. Pour
la garde en soirée, les tarifs
augmentent après minuit.

☆ COMPRENDRE

Vous avez de la chance : le
baby-sitting, c'est pour vous,
les filles ! Les parents s'adressent
plus volontiers à vous qu'à vos
copains, parce qu'ils pensent que
les filles sont plus douées pour
s'occuper des enfants. Cela dit,
les garçons peuvent aussi être
appréciés. Alors, n'hésitez pas
à recommander un ami quand
vous n'êtes pas libre : lui aussi
sera sûrement content de gagner
un peu d'argent…

LES P'TITS BOUTS,
J'ADORE !
Bien sûr, il ne s'agit pas
seulement de gagner de l'argent.
Il faut aimer s'occuper d'enfants,
sinon le baby-sitting peut vite
devenir un enfer (pour vous
et pour eux) ! Pensez aussi à
la fréquence et à la durée des
gardes : à vous de choisir le type
d'engagement que vous êtes
prête à assumer en fonction de
votre âge, du temps dont vous
disposez et de vos envies.
ÉVITEZ L'OVERDOSE !
Il faut préserver du temps
pour faire vos devoirs et
vous détendre. Si vous gardez
des enfants le soir et qu'ils
dorment bien, cela peut vous
permettre de travailler. Mais
attention au manque de
sommeil ! Et réfléchissez avant
de renoncer à la musique ou
au sport pour le baby-sitting.
Bref, n'en faites pas trop !

Associez-vous éventuellement
avec 2 ou 3 copines, pour
garder des soirées libres sans
être obligée de dire non aux
clients fidèles. En téléphonant à
l'une d'entre vous, ils sont sûrs
d'avoir quelqu'un ; et vous, vous
êtes sûre d'éviter l'overdose de
baby-sitting !
CHECK-LIST INDISPENSABLE
Garder des enfants, c'est
une grande responsabilité :
n'hésitez pas à bien vous faire
expliquer ce qu'on attend de

vous, quitte à prendre des notes. Posez plein de questions aux parents sur les habitudes de leurs enfants : ce qu'ils mangent, à quelle heure ils doivent se coucher, s'ils ont un doudou, etc. Découvrez le plaisir de raconter des histoires. Cela pourra vous servir plus tard !

☆ CONSEIL

SAVOIR DIRE NON

Même si vous adorez les enfants que vous gardez, si les parents sont sympathiques, n'hésitez pas à mettre des limites si vous trouvez que les parents vous demandent trop de travail ou rentrent trop tard à chaque garde.

☆ SAVOIR-VIVRE

- Ne dévalisez pas le réfrigérateur. Si l'on vous a permis de vous servir, cela ne sous-entend pas qu'il faut le vider !
- N'utilisez pas les appareils de la famille (téléphone, télévision, ordinateur) sans avoir demandé l'autorisation. N'oubliez pas qu'aujourd'hui, tout le monde reçoit une facture téléphonique détaillée…
- Ne plantez pas les enfants devant la télévision pour avoir la paix : c'est vous que les parents paient, pas la télé !
- Soyez discrète : n'ouvrez pas les placards, les tiroirs ; ne

touchez pas aux produits de beauté de la maman, n'essayez pas ses affaires. (D'ailleurs, une maîtresse de maison sent ces choses-là, même si vous remettez tout en place !)

BONS PLANS

Les réflexes sécurité avec un petit enfant

▲ Tenez-le bien quand il est sur la table à langer.

▲ Attachez-le quand il est dans sa chaise haute ou sa poussette.

▲ Vérifiez la température de l'eau du bain avec un thermomètre avant de l'y plonger. Ne le laissez jamais seul dans le bain, même s'il vous semble assez âgé.

▲ Faites couler quelques gouttes de lait sur l'intérieur de votre poignet avant de lui donner son biberon (attention aux micro-ondes qui chauffent très vite les biberons !).

▲ Tournez les poignées de casserole vers l'intérieur de la plaque chauffante.

▲ Ne laissez pas de récipients pleins de liquide chaud ni d'objets coupants au bord d'une table.

▲ Fermez le placard des produits d'entretien.

▲ Ne le laissez pas jouer au soleil sans chapeau.

▲ Gare aux fenêtres, balcons et escaliers !

▲ Attention en fermant les portes : n'y coincez pas un petit doigt.

▲ Si vous n'entendez plus de bruit, méfiance : les grosses bêtises se trament souvent en silence !

▲ Faites-vous une liste de numéros utiles : portables des parents, voisins, médecin de famille, pompiers, Samu, police, centre antipoison.

SOS
ENFANTS À GARDER

Vous sonnez pour la première fois chez une famille
dont vous gardez les enfants, et quatre petites têtes blondes
vous accueillent en vous regardant bizarrement.
Pas de panique ! Vous allez vous en sortir !

Choisissez des plats simples adorés des enfants : pâtes-œuf à la coque, purée-jambon sont des valeurs sûres.

Quand les parents sont là...

• D'abord, un regard et un sourire aux parents, accompagnés d'une poignée de main ferme, le tout assorti d'un « bonjour, madame, bonjour, monsieur » audible. Les parents seront rassurés, les petits verront que vous avez l'approbation parentale.
• Dès qu'on vous présente aux enfants, penchez-vous à leur hauteur. Demandez-leur leur âge et le nom de la poupée, de l'ours ou du camion qu'ils serrent dans leurs bras !
• Si les parents n'ont pas fini de se préparer, proposez aux enfants une histoire

ou un jeu. De quoi conquérir le cœur des plus farouches.
• Faites-vous indiquer toutes les consignes. N'hésitez pas à poser des questions, surtout concernant le « rituel » du coucher. Faut-il laisser le couloir allumé ? Y a-t-il un doudou ? Et un dernier biberon de lait avant d'aller au lit ?

Quand les parents sont partis...

• Après le départ des parents, si les enfants ont le temps de jouer, découvrez leurs jeux et livres cultes. Ils seront fiers de vous les montrer, surtout si vous vous exclamez d'admiration de temps à autre.

• Vous pouvez aussi leur proposer les jeux préférés de votre enfance : mikado, un, deux, trois, soleil, Badaboum, cris des animaux ! Évitez malgré tout les jeux où les enfants s'agitent beaucoup, comme les chats perchés et autres batailles d'oreillers (même si un simple mikado peut virer à la course-poursuite dans la maison !). Enfants énervés, passage du marchand de sable retardé !

• À l'heure indiquée par les parents, aiguillez diplomatiquement les enfants vers leur lit grâce à une histoire et/ou à des chansons.

• Ne vous faites pas trop avoir ! Au bout de dix histoires, vous avez le droit de dire stop !

• N'oubliez pas de suggérer un passage par la case toilettes, surtout si les enfants sont petits.

À éviter

• L'attitude « Filez au lit les mômes, j'ai hâte de regarder mon DVD ».

• Les gronderies (vous n'avez aucun rôle éducatif !).

• Les attitudes passives si un enfant se met en danger (doigts qui s'approchent d'une prise électrique, équilibriste qui grimpe à la fenêtre). Le « non » doit être gentil mais ferme !

• Les gros mots (ils en apprendront assez sans votre apport personnel !).

• Le mépris des consignes pour se faire aduler (allumer la télé interdite, dépasser d'une heure le moment du coucher).

• La bande-son de votre DVD si forte qu'elle réveille les enfants (ou couvre leurs cris en cas de cauchemar).

BAZAR
Blues
BONHEUR

BAZAR

TU VOIS PAS QUE C'EST RANGÉ !

Le bazar ou le désordre, c'est le manque d'ordre. Évident ?
Tout le monde n'a pas la même définition de l'ordre.
Par exemple, la vôtre n'a rien à voir avec celle de votre mère,
qui vous demande de ranger alors que vous ne voyez vraiment pas
où est le problème !

✩ S'INFORMER

Le désordre est souvent l'un des principaux sujets de conflit avec ses parents. Le problème, c'est que ranger, cela prend des heures ; en plus, vous n'êtes pas sûre que cela serve à quelque chose, étant donné qu'il faut toujours recommencer. Sans compter que, comme tout le monde, vous vous retrouvez très bien dans votre aimable fouillis. Vous avez presque l'impression que vous perdriez vos repères si vous vous mettiez en tête de ranger avec un zèle excessif !

QUAND LES OBJETS VOUS JOUENT DES TOURS

Pourtant, il n'est pas certain qu'un « ordre » trop fantaisiste ne fasse pas perdre du temps, de l'énergie et… du calme. Rien de plus pénible que de ne pas remettre la main sur votre livre de géographie quand vous êtes en retard. Ou de ne dénicher qu'une seule chaussette au moment de vous habiller. Quant au CD que vous avez emprunté à une copine et que vous ne retrouvez pas, quelle excuse inventer pour qu'elle ne s'impatiente pas ? Et comment porter ce joli petit haut tout froissé parce qu'il était roulé en boule sur la chaise qui sert de penderie improvisée ?

ASPHYXIE !

Le désordre, c'est aussi cette odeur écœurante que vous détectez un jour en entrant dans votre chambre. D'où peut-elle provenir ? Vous cherchez… et tombez, effarée, sur la brique de lait entamée qui traîne depuis trois jours sous votre bureau. Quand ce n'est pas le parfum qui se dégage de la cage du hamster, ou le fumet du linge sale, qui ne se décide pas à migrer tout seul vers le panier de la salle de bains.

L'ASPIRATEUR, MISSION IMPOSSIBLE

Bref, le désordre n'a pas que des avantages. Sans compter que ce n'est pas très gentil de laisser un tel capharnaüm à celle qui va faire le ménage. À moins évidemment de prendre tout en charge vous-même, du sol au plafond en passant par les carreaux… Mais y tenez-vous vraiment ?

✩ COMPRENDRE

À 13, 14 ou 15 ans, le désordre a tendance à prendre des proportions inégalées ! Chez certaines, il sévit depuis l'âge des caisses de jouets. Ce qui est surprenant, c'est qu'il s'installe

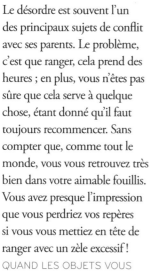

40

même chez celles qui avaient pourtant pris l'habitude de ranger leur chambre et de porter leur linge au sale.

AU-DESSUS DE TOUT ÇA ?

Comme si vous vouliez dire que maintenant vous êtes libre, que toutes ces contraintes sont bonnes pour les petites. Le désordre devient une déclaration d'indépendance à l'intention des parents : « Laissez-moi tranquille avec ces chaussettes qui traînent ou ce verre de jus d'orange qui moisit sur la table de nuit, il y a des choses nettement plus importantes ! »

UN MINIMUM VITAL

C'est vrai que désormais vous n'êtes plus une enfant et que vous êtes responsable de vos affaires. C'est vrai qu'il y a des activités plus palpitantes que plier, déplacer, trier, classer, jeter. Même vos parents sont sûrement d'accord sur ce point. Ce qu'ils essaient de dire lorsqu'ils réclament une séance de rangement, c'est qu'il est bon de cultiver un peu d'ordre. Évidemment, il n'est pas question que votre chambre ressemble à celle d'un moine ou d'un militaire. Il est simplement préférable qu'on y voie clair et qu'on y respire bien. C'est une question d'hygiène physique et mentale.

ORDONNÉE, PAS MANIAQUE !

Mais attention dans le domaine du rangement, la perfection ne fait pas le bonheur. Ne pas supporter le moindre grain de poussière et frôler la crise de nerfs parce qu'un visiteur distrait a osé déplacer un livre sur les rayons de l'étagère, peut aussi être le signe que l'on ne va pas très bien ! Alors, joyeux désordre, mais pas trop quand même !

VOIR AUSSI
CHAMBRE À SOI.

41

BONS PLANS

▲ Trucs et astuces
- Remettez chaque chose à sa place après usage. Le désordre s'accumule moins vite !
- Que chaque objet ait une place définie dans votre chambre. Cela évite d'avoir à déloger une chose pour en ranger une autre.
- Si vous avez la flemme de ranger dans l'armoire les vêtements que vous avez essayés et qui ne sont pas sales, rien de tel qu'un grand portemanteau.

- On n'a rien inventé de mieux que le réfrigérateur pour les denrées périssables…
- Le lit fait, c'est plus sympa quand on rentre énervée par une longue journée de classe. Pas de mauvaise foi : il suffit de rabattre la couette.
- Faites-vous un plan de bataille : évacuation régulière du linge sale, petite remise en ordre le mercredi, grands moyens le samedi. Rassurez-vous : cela ne vous empêchera pas de faire la grasse matinée !

▲ Pour les désordonnées impénitentes
Préservez au moins les documents importants (papiers d'identité, carnet de santé, convocations aux examens, diplômes éventuels, billets de train, etc.). Une grande boîte suffira à vous éviter bien des sueurs froides (le matin du brevet ou du bac, par exemple…).

BEAU-PÈRE BELLE-MÈRE

D'ABORD, T'ES PAS MON PÈRE !

☆ S'INFORMER

Autrefois, on mourait souvent jeune. Il y avait donc beaucoup de familles recomposées : veufs et veuves se remariaient, les orphelins étant pris en charge par leur beau-parent. Rappelez-vous Cendrillon ou Blanche-Neige ! Elles avaient une belle-mère, appelée leur marâtre ; et comme celle-ci n'était guère sympathique, vous en avez conclu que c'était un terme péjoratif. Mais pas du tout ! Marâtre veut simplement dire « seconde femme », en latin. Preuve que le remariage ne date pas d'aujourd'hui !

AUJOURD'HUI, LE DIVORCE

De nos jours, les décès prématurés sont heureusement rares. Mais le phénomène des familles recomposées est plus actuel que jamais : les couples se séparent beaucoup plus souvent, et il arrive que l'un des conjoints reforme un autre couple, avec ou sans mariage. Le nouveau venu, la nouvelle venue sont communément appelés « beau-père », « belle-mère » sans que cela qualifie le moins du monde leur apparence !

☆ INFO +

En France, en 2011, 1,5 millions d'enfants vivaient en famille recomposées.
Source : Insee 2013

☆ COMPRENDRE

Le divorce des parents, quel que soit l'âge que l'on a, est toujours une épreuve. L'arrivée d'un beau-père ou d'une belle-mère n'est pas toujours facile à vivre non plus. Même si le divorce de vos parents ne date pas de la veille, vous n'êtes pas ou n'avez pas été forcément dans de bonnes dispositions pour accueillir celui ou celle qui fait d'abord figure d'intrus. Vous avez pris l'habitude de vivre seule avec chacun des parents, en trouvant un équilibre ; ce nouveau bouleversement dans la vie de votre famille peut raviver une blessure ancienne. Et c'est quelquefois plus difficile si le nouveau venu arrive avec des enfants.

POUR QUI SE PREND-IL ?

Bien sûr, ce n'est pas évident pour lui non plus. Il (ou elle) entre dans votre histoire familiale, avec sa propre histoire, ses habitudes, ses manières de vivre qui peuvent très bien ne pas plaire à tout le monde. Se pose très vite la question délicate de l'autorité. Comment allez-vous accepter que ce beau-parent, même s'il est discret et bienveillant, se mêle de l'éducation que vous recevez ? Ou seulement qu'il intervienne dans les questions toutes bêtes de la vie quotidienne ? À votre âge, alors que vous êtes

42

justement en pleine révolution dans votre tête et que vous avez besoin de plus de liberté et d'autonomie, vous n'êtes pas forcément prête à tolérer les remarques d'un « étranger » !

SANS MÉNAGEMENTS

Vous avez sans doute envie de prendre vos distances avec vos parents, pour vous affirmer et trouver votre identité. Avouez-le : les pauvres sont un peu le punching-ball sur lequel vous exercez vos forces et votre envie de contestation. Alors, votre beau-père ou votre belle-mère peut devenir la cible idéale et risque fort d'encaisser des coups particulièrement rudes !

DE LA LUTTE À L'ESTIME

Mais voilà : désormais, il ou elle fait partie de la maison. Et c'est votre mère, votre père qui a décidé de lui en ouvrir les portes. Dans ces conditions, tout le monde a intérêt à créer des rapports acceptables. Cela n'interdit pas les altercations ! Le conflit n'est pas un mal : c'est comme cela que deux personnes s'apprivoisent, font connaissance l'une avec l'autre… et aussi que vous apprenez à vous connaître mieux vous-même. Il est normal que les débuts soient difficiles, mais si vous jouez franc-jeu, vous pouvez finir par respecter et apprécier réellement votre beau-père ou votre belle-mère. Sans que cela enlève quoi que ce soit à l'affection que vous portez à vos deux parents !

VOIR AUSSI

AUTORITÉ, CONFIANCE, DIVORCE, FRÈRES ET SŒURS, MÈRE, PÈRE.

43

CONSEILS

Quelle attitude adopter ?

▲ Mettez toutes les chances de votre côté : même si c'est difficile, essayez d'accueillir le nouveau venu de manière neutre, pour vous donner le temps de le découvrir.

▲ Comme au moment du divorce, évitez de vous mêler des affaires de vos parents : en particulier, de ce que votre père peut penser de votre beau-père, ou votre mère de votre belle-mère. Ce qui compte, c'est la relation que vous allez établir vous-même.

▲ Ne vous braquez pas sur les questions d'autorité : quand un problème se pose, essayez d'en parler sans agressivité, et de mettre les choses au point avec votre parent et votre beau-parent. Évitez de mêler votre autre parent à cette histoire : il ou elle aura du mal à rester objectif, s'inquiétera peut-être inutilement sans pouvoir faire grand-chose !

▲ Ne négligez pas le côté positif de la situation : cela peut être une véritable chance d'avoir près de vous un adulte avec lequel vous pouvez nouer une relation de confiance différente d'une relation filiale.

BLUES

C'EST LA DÉPRIME !

Le mot << blues >> désigne à l'origine un chant au rythme lent et répétitif, par lequel les populations noires américaines qui travaillaient dans les champs de coton exprimaient leur tristesse et leur misère. Le mot est passé dans le langage courant pour dire que l'on est déprimé.

✰ S'INFORMER

Blues, déprime, cafard, bourdon, spleen : tous ces mots sont là pour dire que l'on broie du noir… plus ou moins noir.

COUP DE CAFARD

C'est cette tristesse qui surgit un beau matin : le réveil est difficile, vous n'avez envie de rien, et surtout pas d'aller en cours. Parfois, cela passe dès que vous retrouvez vos copines ou que vous avez quelque chose d'agréable à faire. Mais cela peut durer jusqu'au soir ; vous vous endormez le cœur serré, en espérant que « cela ira mieux demain », et souvent c'est le cas.

LA VIE EN GRIS

La déprime, c'est plus profond. On l'appelle aussi le spleen. Ce mot anglais a fait fortune grâce à Baudelaire qui en parle comme un « ciel bas et lourd [qui] pèse comme un couvercle sur l'esprit gémissant ». La déprime, c'est une vaste grisaille

qui peut ternir votre vie. Vous n'avez goût à rien, même pas aux choses que vous adorez d'habitude. Vous pleurez pour un oui ou pour un non, vous avez peur sans savoir pourquoi, vous vous trouvez affreuse, nulle et bête. Vous n'avez qu'une envie, vous enfermer dans votre coquille.

LE TROU NOIR

C'est un état à prendre au sérieux parce que si la déprime s'installe durablement, elle peut finir en dépression. La dépression, c'est une véritable maladie qui se soigne. Il y a des professionnels, psychiatres ou psychologues, spécialisés dans le traitement de cette maladie. Ils peuvent prescrire des médicaments dans les cas les plus graves.

SIGNE DISTINCTIF

C'est à sa durée que l'on reconnaît une véritable

dépression ; vous pouvez faire des « microdéprimes » qui lui ressemblent, mais ne durent que quelques jours. La dépression, c'est un mal-être qui peut aller jusqu'à avoir envie de mourir. Beaucoup d'adolescentes se plaignent d'être déprimées mais moins de 10 % d'entre elles – un peu plus que les garçons – font une vraie dépression nerveuse.

UN MAL MYSTÉRIEUX

Les spécialistes ne savent pas très bien ce qui provoque une dépression. Certains parlent d'un dysfonctionnement du système nerveux qui pourrait être héréditaire ; d'autres l'attribuent à des choses mal vécues pendant l'enfance, qui restent dans l'inconscient et qui continuent à faire souffrir.

✰ COMPRENDRE

Des petits coups de blues, on en traverse souvent à votre âge (et

44

même plus tard !). Ils ne sont pas très graves mais très difficiles à vivre sur le moment. Une déception amoureuse et vous voilà désespérée, persuadée que personne ne vous aimera jamais, que vous finirez votre vie toute seule. Une note calamiteuse alors que vous aviez travaillé, et vous imaginez que vous êtes nulle et incapable de réussir.

MORT AU CAFARD !

Pourtant, même si vous êtes réellement très malheureuse sur le coup, vous arrivez à reprendre le dessus au bout de quelques jours : la vie continue, vous vous reprenez à espérer plein de choses. Bref, vous avez pris cette sale bête de cafard entre le pouce et l'index pour le balancer par-dessus votre épaule, et vous voilà de nouveau pleine d'appétit pour la vie !

S'IL RÉSISTE...

Mais parfois le cafard s'installe sans que vous sachiez trop pourquoi et il est plus difficile de le chasser. Certaines d'entre vous étaient des petites filles très gaies, pleines d'entrain et ne comprennent pas elles-mêmes pourquoi elles sont devenues si sombres.

... PAS DE PANIQUE, C'EST NORMAL !

D'abord, ce n'est pas facile de devenir une adulte : votre corps change, pas forcément comme vous le voudriez ; vous avez envie de devenir indépendante, mais en même temps vous avez besoin de vos parents et vous avez peur de les décevoir. Vous êtes aussi à l'âge des grands rêves et il y a parfois de quoi vous sentir impuissante, pleine de rage ou de désespoir, quand vous croyez n'être pas à la hauteur ou incomprise.

LES NERFS À FLEUR DE PEAU

Du coup, vous êtes parfois triste, angoissée, sensible à l'excès. Mais cela ne veut pas dire pour autant que vous allez faire une dépression ! Cela montre seulement que vous êtes fragile et que ces grandes transformations ne peuvent pas se faire facilement, sans larmes et sans douleur. À votre âge, il est normal de changer souvent d'humeur, de passer du blues à l'euphorie (et inversement). Les coups de cafard à répétition ne sont pas forcément graves.

SE FAIRE AIDER

En revanche, si vous sentez que vous vous enfoncez dans un état durable de tristesse et d'inertie, il devient nécessaire d'appeler des adultes à la rescousse. Vos parents, une amie plus âgée que vous ou un médecin avec qui vous avez un bon contact. Ne craignez pas de passer pour la fille qui s'écoute, il n'y a pas de honte à avoir. L'important, c'est de tout faire pour que cela s'arrange : vous avez tant de belles choses à vivre !

☆ CONSEILS

POUR AIDER UNE AMIE QUI DÉPRIME

- Simple coup de cafard ? Changez-lui les idées (cinéma, balade, shopping, etc.) et secouez-la un peu.
- Si c'est une vraie dépression, prudence ! Incitez-la à en parler à un adulte. Revenez à la charge jusqu'à ce qu'elle se décide à se soigner.
- Et restez présente, même si elle n'est pas très drôle ! Elle va avoir besoin d'être entourée : la dépression, cela se soigne, mais cela prend beaucoup de temps.

VOIR AUSSI

ENNUI, FATIGUE, SUICIDE.

45

BONS PLANS

▲ Soignez votre look : se faire belle, porter des couleurs vives, sentir qu'on peut être aimée, autant d'antidotes efficaces contre les idées noires !

▲ Faites-vous plaisir, au moins une fois par jour. Pensez à tout ce qui sera agréable dans la semaine et le mois qui viennent (le bon film qui passe tel jour à la télé, la soirée de Mélanie, les vacances qui arrivent).

▲ Ne vous regardez pas trop le nombril : c'est le meilleur moyen de croire qu'on est la plus malheureuse du monde !

PRENDRE LE
TAUREAU
PAR LES CORNES...
... OU PAS

BON.
JE CROIS QU'IL EST VITAL
DE TE FAIRE SORTIR
DE CETTE CHAMBRE.

♪ Hello from the otheer ♪ Siiiiide

« COUÉ-CE QU'ELLE DIT ? »

Vous connaissez peut-être la méthode Coué, du nom d'un psychologue qui l'inventa au XXe siècle. Il s'agit de pratiquer l'autosuggestion en vous convainquant vous-même de vos qualités et de vos capacités à atteindre le bonheur. On y croit ou pas, mais en tout cas, ça ne coûte rien d'essayer. Comment fait-on ? On se répète en boucle des phrases positives. Lesquelles ? Pour commencer votre cure, en voici quelques-unes. Essayez !

« Je vais bien, tout va bien. » Classique, efficace, même si c'est un peu facile. Pour le coup, celui qui l'a inventée ne s'est pas foulé !

« Mon père est formidable. Ma mère est formidable. Je suis formidable. » Très bon pour l'ambiance familiale.

« Je suis belle et bien peignée. » Pour que ce soit vraiment crédible à vos yeux, n'essayez pas cette phrase au saut du lit mais après un passage à la salle de bains et un coup de brosse.

« Je sens bon et je suis musclée. » Évidemment, pour en être vraiment persuadée, passez sous la douche après votre cours de sport.

« Intelligente, brillante et cultivée, ma moyenne va exploser. » Pas de commentaires parce que tout est vrai. Il faudra tout de même travailler un peu pour que la seconde partie de la phrase se réalise, n'est-ce pas ?

47

★ BONHEUR

C'EST QUAND LE BONHEUR ?

Nous aspirons tous au bonheur, mais personne ne le définit de la même façon, puisqu'il dépend des rêves de chacun.

☆ S'INFORMER

Que faut-il pour être heureux ? Amour, gloire et beauté, dit le titre d'une série ! Argent aussi, sans doute : le dicton affirme qu'il ne fait pas le bonheur, mais lorsqu'il est rare, on est malheureux ! Santé bien sûr, cette santé qui fait partie des vœux annuels. Et encore tout ce qui va avec la réussite : talent, pouvoir, reconnaissance des autres. Mais combien de personnes qui ont tout cela sont en réalité bien malheureuses ! On peut être bien portante, riche, aimée, célèbre, et se sentir très malheureuse ! Et l'on peut vivre modestement, être malade même, et rayonner.

UN HEUREUX HASARD ?

Même quand on est très heureuse, il y a souvent une ombre au tableau. Ne serait-ce que la peur de perdre ce bonheur ! On le voudrait éternel… mais on n'arrive pas à étouffer cette petite voix intérieure qui murmure parfois que tout cela est bien fragile. Sans parler de la mauvaise conscience que donne le bonheur, cette chance folle qui tient souvent au hasard, alors que tant de gens souffrent dans le monde…

UN RÊVE ?

Alors, qu'est-ce que ce bonheur que l'on cherche si fort : un idéal inaccessible, un mirage ? Non, plutôt une disposition à accueillir l'instant, une confiance dans la vie. Concrètement, cela peut être les fous rires avec les copines, le match de volley où vous vous donnez à fond, le concert où vous êtes des milliers à vibrer d'émotion ensemble, la joie des parents quand ils sont fiers de vous…

CHACUN LE SIEN

Le bonheur, c'est un peu comme un puzzle : chaque fois que vous posez un morceau, vous devinez un peu mieux ce que cela pourrait représenter. Et la grande merveille de ce puzzle, c'est qu'il est différent pour chacun. Votre bonheur n'est pas fait des mêmes événements, visages ou histoires que celui de vos copines.

☆ COMPRENDRE

D'un côté, les rêves de bonheur que chantent les médias, de l'autre, le monde plein de malheurs et d'injustices… Difficile de trouver son chemin dans tout cela ! Comment vivre bien pour être heureuse ?

PLUS TARD…

Vous avez peut-être l'impression d'être au grand tournant de votre vie. C'est vrai que vous êtes à l'âge où vous avez votre avenir entre les mains, sans trop savoir encore qu'en faire. Pas étonnant que vous ayez peur à l'idée de choisir, de vous engager dans des études pour lesquelles vous ne seriez pas faite, dans une histoire d'amour malheureuse… bref, de rater votre vie !

DÈS MAINTENANT

Bien sûr, préparer l'avenir, c'est vous donner des chances d'être heureuse. Mais l'erreur serait de vous gâcher la vie en ne pensant qu'à ce « plus tard » mystérieux. De croire que le bonheur est un rêve au futur, un parcours d'obstacles, une question d'objets à conquérir ou d'étapes à parcourir. Parce que le bonheur, c'est pour maintenant. En ce moment, vous vivez peut-être des choses un peu difficiles, mais vous êtes aussi à l'âge de grands bonheurs. L'âge des premières fois : premières réussites, premiers défis relevés, premières grandes émotions partagées. L'âge des envies sans limites, des projets un peu fous, de l'énergie et de la générosité sans bornes !

TOUT PRÈS

Regardez bien, souvent, le bonheur est tout près de nous.

Avec ceux que nous aimons et qui nous aiment, ceux qui nous apprennent des choses sur nous-même et sur la vie, et même avec ceux qui nous empoisonnent l'existence ! Il est en nous et avec les autres. Bref, le bonheur, c'est une drôle d'histoire, pas facile à écrire. Mais passionnante. Comme la vie.

☆ INFO +

POURVU QUE ÇA DURE !

Le vrai bonheur, c'est celui qui ne finit pas. À vue humaine, c'est impossible, mais du côté de Dieu ? L'espérance que portent les grandes religions, c'est la promesse que Dieu fait à l'humanité : un bonheur qui n'aura pas de fin, un bonheur parfait qui se prolongera au-delà de la vie terrestre, dans l'éternité. Cela ne veut pas dire qu'il faut se contenter d'espérer et se

résigner à souffrir en attendant ! Au contraire, croire au bonheur éternel, c'est se rendre capable d'être heureux dès aujourd'hui. Parce que le reflet du bonheur promis éclaire la vie de tous les jours et donne envie de tout faire pour être heureux et rendre les autres heureux.

VOIR AUSSI

AMOUREUSE, IDENTITÉ, LIBERTÉ.

49

BONS PLANS

On dit qu'il y a des gens doués pour le bonheur et d'autres non. Sévère, mais pas tout à fait faux ! Alors, comment être « douée » pour le bonheur ?
▲ Apprendre à regarder le bon côté des choses : voir le verre à moitié plein et pas à moitié vide !
▲ Chercher à développer ses qualités au lieu de se lamenter sur ses défauts.
▲ Se dire qu'on est responsable de son bonheur, et que l'on ne va pas subir les choses, mais s'efforcer d'être pleine d'énergie tous les jours.
▲ Avoir une attitude positive vis-à-vis des autres : se réjouir de leur bonheur, de leur intelligence, de leur beauté, de leurs qualités, c'est un peu en bénéficier… plutôt que d'en prendre ombrage !

BONNE HUMEUR

MOI, RÂLEUSE ?

L'humeur, c'est la disposition d'esprit dans laquelle on est.
Elle peut être permanente : il y a des tempéraments gais,
d'autres mélancoliques ou colériques. Elle peut aussi être passagère :
il y a des jours avec, et des jours sans !

☆ S'INFORMER

Dans les bons jours, on se sent bien, on a le pas léger, la voix gaie, le sourire aux lèvres. La vie est belle ! On se sent en paix avec soi-même, prête à faire profiter la terre entière du rayon de soleil qu'on a dans le cœur.

MAUVAISE PIOCHE

Parfois, avec ou sans raison, le soleil se voile, les nuages s'accumulent. Gare à celui qui croise notre chemin, il risque de prendre une douche froide ! À moins d'être traité avec un royal mépris. Souvent, on ne sait même pas pourquoi on lui inflige ça. On s'en veut un peu, surtout s'il n'a rien fait ! Mais, manque de chance pour lui, plus on s'en veut, plus on le malmène. Après tout, il n'avait qu'à ne pas se trouver au mauvais endroit, au mauvais moment.

ODIEUSE, MOI ?

Quand on est de mauvaise humeur, on a l'impression détestable de changer de personnalité. Plus on est odieuse, plus on se trouve insupportable et plus on devient odieuse : c'est le cercle vicieux. Il n'y a pas à dire, la bonne humeur, c'est quand même ce qu'il y a de plus confortable, pour soi comme pour son entourage. C'est vraiment l'humeur dans laquelle on se reconnaît, celle où l'on est sympa, détendue, naturelle, énergique aussi. Bref, où l'on est soi-même.

☆ COMPRENDRE

Au moment de l'adolescence, la bonne humeur est souvent aux abonnés absents. La vie paraît compliquée, l'avenir angoissant, il y a des jours où l'on est persuadée que l'on « n'y arrivera pas ». Pourquoi les parents nous rebattent-ils les oreilles à longueur de journée avec ce que l'on a à faire, ou avec notre caractère, alors qu'ils ne comprennent rien à nos problèmes ? Bref, on ne compte plus les raisons de se lever du pied gauche… et de le faire savoir bruyamment.

LE PIÈGE

En plus, beaucoup de gens imaginent que pour se faire respecter dans la vie, il faut avoir un caractère bien trempé, un sale caractère, quoi ! De là à penser que la bonne humeur est une preuve de faiblesse, il n'y a qu'un pas. Alors, râler, lancer des remarques assassines qui clouent les autres sur place peut devenir une mauvaise habitude, et un piège dans lequel on a vite fait de s'enfermer.

COMMENT FONT-ELLES ?

Pourtant, certaines filles y résistent bien. Elles ne sont pas épargnées par l'énervement, elles peuvent parfois être cassantes (nul n'est parfait) mais elles savent faire bonne figure et garder le sourire la plupart du temps. Elles sont d'ailleurs les premières à en bénéficier : elles rayonnent, elles ont plein d'amis, du succès, tout simplement.

UNE PREUVE DE CARACTÈRE

Si elles rayonnent autant, c'est bien parce qu'elles ont du caractère, voire même un sacré tempérament. Parce qu'elles sont capables de refuser de se plier à la mode des visages fermés, des prétendus « sacrés caractères », des râleuses en tout genre.

Alors, allez-y : montrez que vous n'êtes pas n'importe qui, que vous pouvez contrôler votre humeur et rester zen. Avec un peu d'entraînement, la bonne humeur, ça s'attrape, ça s'installe et ça reste ! Si vous faites cet effort, vous serez contente de vous… et il n'y aura plus grand-chose pour vous mettre de mauvaise humeur.

VOIR AUSSI
BLUES.

51

BONS PLANS

Contrôlez-vous !

▲ La bonne humeur, c'est une preuve de maîtrise de soi, mais aussi un signe de respect pour les autres. Vous n'avez pas le droit de les tyranniser avec vos accès d'exaspération : la plupart du temps, ils n'y sont pour rien.

▲ Les jours de mauvaise humeur, contrôlez votre façon de parler. Si c'est au-dessus de vos forces, évitez le contact avec les autres tant que vous restez prête à mordre plutôt qu'à sourire !

★ BOUQUINS ★

TU LIS QUOI EN CE MOMENT ?

☆ S'INFORMER

Il y a celles que lire ennuie et qui ne tiennent pas en place avec un livre dans les mains et puis celles qui lisent depuis toujours, qui « dévorent ». Pour elles, rien à voir avec un devoir scolaire ! La lecture, c'est une passion : impossible pour les accros d'envisager un été sans bouquins !

MAIS QUE LIRE ?

Pour découvrir le plaisir de lire, il n'y a pas qu'un seul chemin. On peut lire des BD, des magazines, des nouvelles ou des romans, des essais, de la poésie, etc. Lire les grands classiques ou, au contraire, vouloir connaître les derniers romans qui sortent, s'intéresser à la littérature d'un pays ou aux récits de voyages, lire tout un auteur quand on a aimé son premier ouvrage. Bref, il faut tout goûter, tout essayer pour savoir ce qu'on aime et se laisser prendre au jeu.

☆ COMPRENDRE

Lire implique de bien vouloir s'arrêter un peu pour s'évader du réel. C'est se laisser prendre par la main pour vivre une histoire qui n'est pas la sienne. C'est quitter le quotidien pour entrer dans un autre monde. Et parfois on y entre si bien que l'on ne peut se résoudre à poser son livre, il mobilise tout notre temps : on ne répond plus aux questions tellement il nous absorbe, et quand on doit, de temps en temps, le quitter (c'est l'heure du dîner !), on a vraiment du mal à redescendre sur terre.

LECTURE IMPOSÉE

Évidemment, vous trouvez peut-être que votre professeur de français ne vous propose jamais des livres aussi captivants. Qu'il vous impose toujours des bouquins poussiéreux, vieillots, des œuvres de musée, ennuyeuses et momifiées : quelle corvée ! Ces livres-là, vous vous en débarrassez au plus vite ou au dernier moment, en les parcourant à toute allure, en comptant sur la fée Internet, les copines ou un bon vieux « Profil d'une œuvre » !

PAS SI MAL !

Pourtant, si vous vous y mettez avec bonne volonté, sans préjugés, vous n'êtes pas à l'abri d'une bonne surprise ! La langue est parfois un peu difficile à apprivoiser et à apprécier au début. Mais une fois franchi le seuil des 30 premières pages, bien souvent on se laisse prendre par le récit, le style, et l'on finit par s'attacher à l'histoire, à ces personnages qui ne parlent pas forcément comme nous, mais qui tombent éperdument amoureux, souffrent, sont jaloux, espèrent, bref éprouvent sous nos yeux des sentiments qui n'ont pas d'âge.

ÇA ME SOULE !

Il arrive, malgré la meilleure volonté du monde, que l'on n'accroche pas à un livre. Si c'est un livre imposé, il va falloir le finir, vaille que vaille. Sinon, tant pis ! Posez-le. Vous avez le droit de ne pas aimer le style ou l'histoire. Peut-être pourrez-vous le reprendre dans quelques années. En matière de littérature, tous les goûts sont dans la nature et ils évoluent dans le temps. Vous pouvez détester Balzac maintenant, avec ses descriptions à n'en plus

finir, et l'adorer dans 3 ou 4 ans parce que vous trouverez que son style est génial et qu'il n'a pas son pareil pour décrire les sentiments humains.

TOUS LES GOÛTS SONT PERMIS

La lecture doit d'abord être un plaisir. Vous n'êtes pas obligée de ne lire que les classiques dont on parle en cours ! Vous pouvez avoir vos propres goûts, préférer certains genres. Policiers, contes, science-fiction, romans d'aventures ou d'amour, tout se lit !

ACCRO !

C'est en vous donnant le droit de lire ce que vous aimez, de ne pas finir un livre ou, au contraire, de le lire plusieurs fois que vous tomberez dans la potion magique de la lecture. Essayez ! Et bientôt, vous serez vous aussi une lectrice acharnée, qui relit cent fois certains passages, pour ressentir la même émotion, ou qui se presse pour savoir la fin de l'histoire, en ayant tout de même un petit pincement au cœur quand la dernière page est tournée.

☆ BONS PLANS

Les livres coûtent cher mais il y a des moyens de satisfaire à peu de frais votre soif de lecture.
- Les bibliothèques : bibliothèque scolaire, municipale, peut-être aussi celle des entreprises où travaillent vos parents.
- Les copines : organisez des échanges. Excellent moyen de partager ses découvertes, ses bonheurs de lecture, et de trouver des idées. Simplement… n'oubliez pas qu'un livre prêté est fait pour être rendu !

CONSEIL

Il est très difficile de donner des conseils de lecture. Par définition, à chacun ses goûts.
Ce que vous pouvez faire, c'est demander à vos parents ou à votre professeur de français de vous conseiller : a priori, ils vous connaissent bien, ils devraient trouver votre bonheur.
Vous pouvez demander aussi à un libraire ou un bibliothécaire. Si vous leur indiquez vos livres, vos genres préférés, ils vous orienteront vers de nouvelles découvertes !

BREVET

PREMIER EXAM !

Le brevet des collèges, ou DNB, de son nom complet << **diplôme national du brevet** >> est un **examen national** qu'on passe en fin de 3e. Il existe une série << collège >>, une série << technologique >> et une série << professionnelle >>.

☆ S'INFORMER

Le brevet, c'est ce qui vous fera découvrir comment se passe un examen. D'abord, vous allez recevoir une convocation par la poste. Elle vous indiquera le lieu où se dérouleront les épreuves : on ne passe pas toujours un examen dans son propre établissement. Le jour de l'examen, la liste des candidats sera affichée à l'entrée de chaque salle. Vous présenterez votre convocation et votre carte d'identité pour rejoindre votre place ; dans la salle, votre nom sera inscrit sur la table que vous devez occuper.

CORRECTION ANONYME

Vous trouverez à votre place des copies d'examen. Vous y écrirez votre nom dans le coin droit. Une fois le cache collé, la correction sera anonyme. Vous aurez également droit à des feuilles de brouillon de couleurs différentes d'une table à l'autre, pour permettre au surveillant de repérer facilement celui qui

tricherait en les passant à son voisin.

PAS DE TRICHE !

L'usage d'une calculatrice ou de documents n'est autorisé que si c'est indiqué sur votre convocation. Attention ! Si vous trichez lors d'un examen, vous encourez une lourde sanction : 5 ans d'interdiction de passer un quelconque examen (y compris le permis de conduire).

LE COMPTE EST BON

Avec la réforme de 2017, vous avez trois épreuves au brevet : deux épreuves écrites (une qui porte sur les mathématiques et désormais les sciences technologiques ; et une autre qui porte sur le français, l'histoire et la géographie) ; ainsi qu'une épreuve orale. On fait également une moyenne avec les notes obtenues pendant l'année de 3e dans toutes les matières, excepté l'histoire-géographie. Vos connaissances

du « socle commun » (c'est-à-dire des acquis obligatoires) sont évaluées par les professeurs lors du dernier conseil de classe. Il faut obtenir une moyenne d'au moins 10 sur 20 pour être reçu. Si vous redoublez, ce sont les notes de l'année de redoublement qui sont prises en compte. Vous pouvez aussi obtenir une mention, comme au lycée, utile pour obtenir une bourse d'études.

☆ INFO

LE BREVET, À QUOI ÇA SERT ?

On n'a pas besoin du brevet pour entrer en seconde, et inversement : on peut le réussir et redoubler quand même. C'est le conseil de classe qui décide du passage. Mais le diplôme du brevet pourra vous être demandé pour vous inscrire à certains concours de la fonction publique ou pour postuler à certains emplois, si vous n'avez pas le baccalauréat. Et puis, près

54

de 87 % des élèves l'obtiennent alors vous avez toutes vos chances !

Source : Ministère de l'Éducation Nationale

Premier examen ! C'est votre baptême du feu, votre coup d'essai pour le bac. Le brevet vous apprend à réviser, à gérer votre stress. C'est l'occasion de faire l'expérience de nouvelles émotions : attendre les résultats, et laisser éclater sa joie et sa fierté de savoir qu'on est admise.

LA PREMIÈRE FOIS

Si vous faites des études, vous connaîtrez d'autres moments comme celui-là, et sans doute aussi des moments moins gais, quand vous serez recalée. Mais la première fois a un goût spécial, celui de la nouveauté ! Cela fait grandir, vous ne serez plus tout à fait pareille après.

FIN D'UN CYCLE !

Et puis, c'est la fin de vos années collège. Vous entrez dans une autre période de votre vie, celle qui va faire de vous une adulte. C'est passionnant ! Cela se fête bien sûr, avec vos copains et copines, c'est un moyen de tourner ensemble la page du collège, d'autant plus si vous ne prenez pas tous les mêmes orientations pour l'année suivante.

VOIR AUSSI

DEVOIRS, ÉTUDES, ORIENTATION.

CONSEILS

▲ Avant le jour J
- L'important, pour vous préparer, c'est d'abord de bien apprendre vos cours toute l'année.
- Faites-vous un planning de révisions à partir des vacances de printemps. Le gros morceau pour la mémoire, c'est l'histoire et la géographie : répartissez vos révisions chapitre par chapitre jusqu'à la dernière semaine avant l'examen.
- Pour le français et les maths, c'est l'entraînement qui compte : prenez des annales, faites des exercices de maths et des sujets de français, et étudiez à fond les corrigés.

▲ Le jour J…
- Au moment de partir passer les épreuves, vérifiez (plutôt deux fois qu'une) que vous avez votre carte d'identité et votre convocation. Quand on est stressée, on est parfois distraite…
- En arrivant devant l'établissement, ne vous laissez pas impressionner par les autres candidats qui parlent de leurs révisions. Qui sait s'ils ne bluffent pas pour se rassurer ?

CANNABIS

DROGUE QUAND MÊME !

Le cannabis est une plante **cultivée depuis très longtemps en Orient**,
où l'on utilise ses fibres **pour faire des cordages et des tissus**
(c'est le chanvre indien), et sa résine pour **calmer la douleur**.
Il a été introduit en Europe au XIXe siècle par les soldats de Napoléon.

☆ S'INFORMER

Le cannabis se présente sous trois formes :
- l'herbe ou marijuana (feuilles, tiges et fleurs séchées),
- la résine ou haschich (qu'on appelle aussi « shit ») : ce sont des plaques compressées ou des barrettes vertes, jaunes ou brunes qui contiennent souvent d'autres produits plus ou moins toxiques (henné, cirage, paraffine),
- l'huile, plus concentrée et plus rare.

L'herbe, le haschich et l'huile se fument généralement mélangés avec du tabac (sous forme de cigarette roulée qu'on appelle souvent « joint »). L'huile peut aussi être utilisée pour la préparation de gâteaux.

JE PLANE...

Le cannabis contient un principe actif (le tétrahydrocannabinol ou THC) qui agit directement sur le cerveau. Il produit un sentiment de détente, d'apaisement et même d'euphorie, et une légère somnolence. À fortes doses, il perturbe la perception du temps et de l'espace, brouille la mémoire immédiate, et plonge dans une sorte de léthargie. Or le taux de THC contenu dans le haschich, forme la plus courante du cannabis, est aujourd'hui dix fois plus important que dans les produits de 1970 et cinq fois plus que dans ceux de 1990. Autant dire qu'un joint est actuellement extrêmement toxique : plutôt que de détendre, il anesthésie.

LES YEUX ROUGES ET LA GORGE SÈCHE

Les effets physiques du cannabis ? Une accélération du pouls, une diminution de la salivation et un gonflement des vaisseaux sanguins (d'où les yeux rouges des fumeurs). Comme le cannabis est presque toujours consommé avec du tabac, les principaux risques pour la santé sont les mêmes que ceux de la cigarette : affections respiratoires et cardiaques, cancers.

DÉPENDANCE ?

En général, les experts sont d'accord pour dire que l'usage de cannabis ne crée pas, au sens strict, de dépendance physique, mais qu'une consommation régulière entraîne une dépendance psychique. Qu'elle soit physique ou psychique, il s'agit toujours de dépendance. L'usage de cannabis entraîne des difficultés de concentration qui nuisent au travail scolaire, un repli sur soi et des troubles psychologiques qui peuvent aller de la simple anxiété au sentiment de persécution, et même jusqu'au dédoublement de la personnalité. On se demande aussi s'il ne favorise pas la manifestation d'une maladie psychique très grave, la schizophrénie.

LA FUITE

Le cannabis est souvent un moyen d'esquiver les difficultés en se maintenant dans une douce léthargie. Il est particulièrement dangereux quand on en consomme seule pour se détendre et fuir un monde qui semble angoissant ou ennuyeux. Les conséquences sont alors dramatiques : arrêt des études parce que l'on ne parvient plus à se concentrer et que l'on n'a plus la volonté de les suivre, comportement asocial (on croit être la seule à comprendre le sens du monde), fuite de la réalité, dépression.

INTERDIT PAR LA LOI

Le cannabis fait partie des substances psychoactives interdites en France par la loi du 31 décembre 1970. Depuis des années, un débat se poursuit sur la dépénalisation, c'est-à-dire la suppression des sanctions pour usage de cannabis (c'est différent de la légalisation, qui en autoriserait la vente). Le simple usage de cannabis est actuellement passible d'une peine d'emprisonnement pouvant aller jusqu'à un an et d'une amende (jusqu'à 3 800 €). Par ailleurs, depuis la loi du 3 février 2003, toute personne conduisant sous l'effet de substances psychoactives encourt une peine de 2 ans de prison et une amende de 4 500 €.

☆ INFO +

DÉPÉNALISATION : LES ENJEUX DU DÉBAT

Les partisans de la dépénalisation font valoir que le cannabis est une drogue douce. Ils soulignent que le tabac et surtout l'alcool, deux drogues parfaitement légales, sont plus toxiques et créent une plus forte dépendance.
Les adversaires de la dépénalisation, eux, craignent que cette mesure incite à la consommation d'une drogue qui est potentiellement dangereuse. On peut rétorquer aux premiers que la comparaison avec le tabac a ses limites. Le tabac est certes une drogue aussi toxique que le cannabis, mais il ne fait pas perdre le contact avec la réalité. Quant à l'alcool, il vaudrait mieux en réduire la consommation plutôt qu'aggraver les choses en autorisant aussi la consommation de cannabis. Aux seconds, on peut répondre que la dépénalisation aurait au moins l'avantage d'éviter aux jeunes fumeurs le contact avec des dealers, qui risquent de les faire passer à des drogues encore plus dangereuses. Certains soulignent aussi que maintenir des lois qui ne sont pas respectées contribue au mépris de la loi en général. Dans les pays de l'Union européenne, l'application des lois contre le cannabis tend à s'assouplir pour les simples usagers. Sept pays ont déjà choisi la dépénalisation, avec des résultats différents : aux Pays-Bas, la consommation a tendance à diminuer, en particulier chez les plus jeunes, alors qu'elle augmente en Espagne.

☆ COMPRENDRE

Le cannabis est sans doute la première offre de drogue que l'on vous fera. Dans les soirées, au lycée, dans les bandes de copains, on voit couramment circuler un joint. C'est parfois difficile de résister à la tentation d'essayer. Les « bonnes » raisons ne manquent pas : curiosité, attrait pour ce qui est interdit ou tout simplement peur de passer pour une fille coincée et de se faire exclure.

DANGEREUX ?

Inutile de vous mentir : ce n'est pas parce que l'on tire une fois sur un joint que l'on devient toxicomane, ni même parce que l'on fume occasionnellement en soirée. Mais ce n'est pas simplement la peur de finir avec une seringue dans le bras qui doit vous faire réfléchir et vous dissuader de fumer du cannabis !

MANQUE DE CHARME

Évidemment, si vous avez envie de passer vos soirées ou vos après-midi avachie dans un canapé, les yeux rouges, la bouche pâteuse et les idées courtes, vous auriez tort de vous priver de ce grand moment de socialisation. Fumer du cannabis en groupe, c'est prouvé, cela soude : comme on n'arrive pas à aligner trois idées, les conversations sont rarement percutantes.

Et même si tous les fumeurs de cannabis n'en sont pas là, il faut bien l'avouer : on s'ennuie un peu avec eux, parce qu'ils ont du mal à se bouger et qu'ils préfèrent parler des effets de leur shit plutôt que d'avoir des activités plus passionnantes.

RENTREZ EN RÉSISTANCE

Ce programme ne vous tente pas ? Vous n'avez pas envie de faire comme tout le monde ? Vous avez bien raison. Rien ne vous oblige à suivre la masse des adolescents qui fument occasionnellement voire régulièrement du shit. Vous valez mieux que ça. Avez-vous envie de vivre les plus beaux moments de votre vie derrière un nuage de fumée ? Vous qui réclamez à cor et à cri (et vous avez raison !) des relations authentiques, qui condamnez le mensonge et l'hypocrisie, soyez lucide : le cannabis est une drogue qui déforme la perception de la réalité, qui empêche d'avoir de vraies relations avec les autres. Quand on fume du cannabis, on n'est pas dans son état normal :

BONS PLANS

▲ Spécial timides
On vous passe un joint en soirée, et vous ne savez pas comment le refuser sans avoir l'air ridicule ou coincée ? Passez-le à votre voisin, sans commentaire, l'air détaché et sûr de vous. Si on vous questionne, n'ayez pas honte de ne pas faire comme les autres, au contraire : soyez-en fière !

▲ Spécial curieuses
Ça vous tente ? Regardez donc votre copain Jérémie, d'ordinaire si marrant : qu'il est beau, les yeux rouges et l'air niais ! En plus, cela fait une heure qu'il bloque devant la pile de CD parce que, choisir un disque, c'est devenu un enjeu crucial pour la suite de son existence !

c'est un peu comme si l'on regardait ses amis, ses proches et tous les événements qui surviennent derrière une vitre déformante. Difficile dans ces conditions de les apprécier pour ce qu'ils sont vraiment…

☆ CONSEIL

AMI EN DANGER

Les garçons sont souvent plus touchés par le cannabis que les filles. Vous sentez qu'un ami perd pied et fume de plus en plus, surtout seul ? Ne le laissez pas faire, sous prétexte qu'il est grand et que fumer un joint n'a jamais tué personne. Dites-lui que cela vous inquiète, essayez de le faire réagir, proposez-lui des sorties, d'autres centres d'intérêt. Dites-lui que la vie est trop courte pour la vivre à

moitié. Et parlez-en à un adulte de confiance, qui pourra vous conseiller et vous aider à sortir votre ami de cette impasse.

VOIR AUSSI

ALCOOL,
CIGARETTE,
DROGUE.

CARESSE
Chagrin d'amour
CHEVEUX

CHAGRIN D'AMOUR

J'EN AIMERAI JAMAIS UN AUTRE...

☆ S'INFORMER

Vous l'aimez toujours et il ne vous aime plus. Il l'a dit, c'est fini et cela fait très mal.

POURQUOI ?

Un chagrin d'amour, cela vous remue de fond en comble, vous ne savez plus où vous en êtes. Au milieu des larmes et de la désolation, les questions ne cessent de tourner : pourquoi cette rupture ? Qu'est-ce que j'ai fait pour mériter cela ? Vous vous dites : « S'il ne m'aime plus, c'est que je n'étais pas assez bien pour lui. » Vous en venez même à vous demander si un garçon pourra vraiment vous aimer un jour ! Bref, vous vous sentez vaguement coupable, sans intérêt, sans valeur, et surtout très malheureuse.

PLUS RIEN NE COMPTE

Et ce manque qui emplit le cœur, ce sentiment d'abandon, de solitude, comme si plus personne n'existait sauf celui qui justement ne veut plus de vous. « Un seul être vous manque, et tout est dépeuplé ! » écrivait le poète Lamartine. Il a très bien exprimé ce qu'on a tant de mal à démêler dans son cœur : ce mélange de larmes, de rage, de honte et de souvenirs douloureux, tous ces bons moments vécus ensemble qui reviennent sans cesse à l'esprit, tous ces rêves auxquels on croyait si fort et qui s'écroulent, ne laissant que des regrets.

☆ COMPRENDRE

Bien sûr, dans la tourmente et la souffrance d'un vrai chagrin d'amour, cela ne vous console pas de savoir que cette expérience douloureuse arrive à beaucoup d'autres. Qu'importe le reste du monde quand on a le sentiment que sa vie s'est arrêtée ? Pourtant, il faudra bien un jour faire le premier pas pour vous en sortir, même si vous n'en avez pas envie tout de suite.

JE NE VEUX PAS L'OUBLIER !

Vous enfermer dans votre douleur, la ressasser en vous rappelant tous les moments heureux, parcourir sans vous lasser les moindres détails de cette belle histoire qui finit mal, c'est encore aimer, même si cet amour se meurt de ne plus être partagé. Alors, il va falloir en faire le deuil et, pour cela, cesser de vous torturer : pleurez, pleurez autant que vous le voulez, mais ne restez pas seule. Parlez-en avec votre meilleure amie, changez-vous les idées avec vos copines ; il y en a sûrement qui ont vécu cela et qui peuvent vous guider sur le chemin de la guérison. Parce que, oui, on guérit d'un chagrin d'amour, il faut du temps mais on finit par y arriver.

PLUS GRANDE, PLUS FORTE, POUR UN NOUVEL AMOUR

Reste à surmonter le désir de ne plus jamais revivre une telle histoire, de ne plus jamais aimer parce qu'on ne veut plus souffrir. Pourtant, il ne

☆ CONSEIL

NE JETEZ PAS TOUT,
TOUT DE SUITE

Lettres, photos, cadeaux…
vous êtes partagée entre l'envie
de tout jeter, voire de tout
brûler rageusement, et celle de
vous bercer de souvenirs en les
gardant près de vous. Mieux
vaut les mettre de côté, loin des
yeux et des mains, et faire un
tri plus tard, quand vous serez
apaisée : il est bon de prendre
vos distances pour l'instant,
mais vous pourriez regretter
un jour de n'avoir rien gardé
du tout.

faut pas regretter d'avoir vécu
cette histoire, d'avoir beaucoup
aimé, beaucoup donné. Ce
chagrin d'amour, qui vous a
tant amoindrie, vous fait grandir
aussi : il vous rend plus mûre,
plus forte… Quand votre cœur
ne sera plus aussi meurtri, il
pourra à nouveau battre pour
un autre, pour celui qui en
pansera les dernières plaies.
Alors, osons le dire, même si
vous ne voulez pas l'entendre
pour le moment : ce chagrin
d'amour, ce n'est pas la fin de
tout, c'est aussi ce qui vous
prépare à une nouvelle histoire
d'amour.

AVEC LE TEMPS

Évitez d'errer comme une âme
en peine sur les lieux où vous
avez vécu vos plus belles heures.
Mieux vaut accepter que ce soit
du passé, et vous donner les
moyens d'oublier.
Laissez faire le temps, faites-
en un allié. Laissez-le s'écouler

comme vos larmes : il vous
aidera peu à peu à être en paix
avec vous-même et avec votre
histoire. Et surtout ne vous
jetez pas, par dépit ou tristesse,
sur le premier venu ! Ce serait
dommage d'être encore plus
blessée et de croire encore moins
à l'amour.

VOIR AUSSI
AMOUREUSE,
ROMPRE.

CONSEIL

Quand c'est votre amie qui pleure son amoureux

Lorsqu'une amie traverse un vrai chagrin d'amour, l'important,
c'est de l'écouter, de passer du temps avec elle et d'essayer
de lui changer les idées. Mais il faut le faire avec beaucoup
de délicatesse, ce qui n'est pas toujours facile parce que
vous ne mesurez pas toujours sa souffrance. Surtout, ne prenez
pas ce chagrin d'amour à la légère. N'essayez pas la manière
forte qui consisterait à l'écœurer de celui qu'elle aime
en le dévalorisant : ne lui dressez pas la liste de ses défauts,
de ses bassesses ou de ses trahisons envers elle.
Elle n'est pas prête à l'entendre puisqu'elle l'aime encore !
Cela ne peut que la faire souffrir davantage.

«IL M'A QUITTÉE»
4 CONSEILS POUR S'EN REMETTRE

Difficile d'oublier l'être qui a eu le mauvais goût de vous quitter, surtout parce que vous, vous l'aimiez… Une fois épuisées vos boîtes de mouchoirs, testez ce programme de remise en forme pour petit cœur brisé.

Le ménage. Commencez par ranger les photos où vous posez tous les deux, beaux, bronzés et souriants. Puis rangez l'écharpe qu'il vous a prêtée et qui sent encore son parfum, les lettres qu'il vous a écrites, la bague qu'il vous a offerte… au fond d'une boîte, loin de votre vue.

Refaites-vous une santé… Parce que les peines de cœur, ça n'attaque pas que le moral. Vous ne mangez plus, vous dormez mal, donc vous êtes fatiguée. Votre corps tout entier devient fragile. Mangez le plus équilibré possible, faites du sport si vous avez besoin de vous défouler. Sortez au moins de votre chambre vous aérer, même si vous devez porter des lunettes noires en plein novembre pour cacher vos yeux embués de larmes.

… et une beauté ! Bichonnez-vous ! Un coup de blush sur les pommettes, une touche d'anticernes : l'objectif est de ne plus découvrir une triste figure lorsque vous croisez un miroir. N'hésitez pas à vous refaire une nouvelle tête en prenant rendez-vous chez le coiffeur. Se sentir belle, c'est le début de la guérison.

Faites-vous plaisir ! Si vous êtes « fringues », offrez-vous celle qui vous narguait dans la devanture. Plongez-vous dans le dernier tome de cette saga qui vous tient en haleine. Prenez plaisir à faire des projets (vacances, soirées entre copines…) qui vous feront penser à demain.

CHAGRIN D'AMOUR, LES MAUVAIS REMÈDES

Toutes les filles, même aussi géniales que vous, ont déjà été quittées. En bonnes copines, elles vous conseilleraient de ne pas vous laisser gagner par la rancœur, et donc de ne pas tester les trois idioties suivantes… Non ! Vous ne feriez pas ça, quand même…

JE VEUX MON MARC DARCYYYYY !!

JE VEUX DIRE QUE JE VOUS AIME BIEN, TELLE QUE VOUS ÊTES.

Le harceler, par textos, lettres, e-mails, téléphone ou n'importe quel autre moyen.

Lorsqu'il vous a quittée, aussi douloureux et difficile à accepter que cela vous semble, il ne vous supportait plus. Par conséquent, si vous l'envahissez, il restera sur l'opinion négative qu'il avait de vous au moment de sa décision et vous ne lui laissez même pas la possibilité de regretter.

Faire de sa nouvelle petite copine votre amie.

Quitte à trouver une nouvelle copine, choisissez-en plutôt une qui ne vous a pas encore fait de vacheries !

Le voir à tout prix.

Et par tous les moyens, en vous rendant près de chez lui, en rôdant dans les lieux qu'il fréquente, en utilisant vos amis communs pour organiser une rencontre. Vous raviverez chaque fois votre douleur. Le voir heureux sans vous, ou pire avec une nouvelle copine, bonjour la déprime !

CHAMBRE À SOI

FRAPPEZ AVANT D'ENTRER !

Dans la maison, **votre chambre est un territoire**
sur lequel vous régnez en maître, contrairement aux autres pièces
que vous partagez avec toute la famille.

☆ S'INFORMER

Une chambre rien qu'à vous, vous pouvez l'installer et la décorer à votre guise, avec des photos ou des textes, des plantes ou des fleurs et même, il faut bien le dire, avec votre joyeux bazar qui peut aller de la moquette portemanteau au lit artistiquement défait. Bref, votre chambre est le reflet de votre personnalité : romantique ou délurée, déco minimaliste ou bric-à-brac pittoresque, lumières tamisées ou spots multicolores, musique douce ou techno.
Là, personne ne choisit à votre place, personne n'entre sans votre permission, et personne (ou presque !) n'exige que vous rangiez. La plus petite mansarde sous les toits devient ainsi votre empire !

COLOCATION FORCÉE

Partager sa chambre avec une (ou plusieurs) sœur(s), ce n'est pas toujours très drôle, même si l'entente est bonne et qu'il y a souvent de franches parties de rigolade ! Une chambre à deux, c'est forcément moins intime qu'une chambre à soi, et il y a des moments où l'on a besoin de solitude. Sans compter que l'on n'a pas toujours le même âge, ni les mêmes goûts que sa colocataire !

☆ BON PLAN
SPÉCIAL CHAMBRE PARTAGÉE

- Faites-vous votre petit coin bien à vous. Tout le monde en a besoin : installez votre armoire ou vos étagères de façon à délimiter votre territoire, ou mettez une tenture, un voilage (moins étouffant et tout aussi efficace !) ou un paravent entre les deux espaces. Personnalisez-le à votre goût, avec des lumières (spots ou petites lampes) ou une couleur particulière (en mettant du tissu sur le mur, par exemple).
- Respectez votre sœur, elle vous respectera : mettez un casque si vous voulez écouter de la musique et qu'elle a besoin de calme, ne touchez pas à ses affaires, laissez-lui le droit d'être seule de temps en temps quand c'est nécessaire. Entendez-vous sur le rangement : ce qui vous paraît inacceptable ne l'est pas forcément pour elle, et inversement.
Si vous faites attention l'une à l'autre, la cohabitation sera plus douce !

☆ COMPRENDRE

Quelle chance d'avoir une chambre à soi ! Celles qui n'en ont pas en rêvent… C'est le refuge, l'oasis ou le bunker où vous pouvez fuir le monde quand il est trop dur, vous détendre loin des autres, et même crier, pleurer, taper des pieds et des poings… pour reprendre votre calme. Vous y travaillez, vous y bâtissez vos projets d'avenir…

L'ANTRE DES RÊVES

C'est là encore que vous rêvez, que vous avez toutes les audaces. Vous écrivez vos espoirs les plus fous dans votre journal, vous dessinez, vous lisez, bref vous vous occupez de vous ! Dans votre chambre, vous pouvez vous retrouver seule, rentrer en vous-même, faire le point sans fard et sans bluff.

À d'autres moments, votre chambre devient le salon où vous recevez vos amies et leurs confidences, où vous riez de bon cœur de vous-même – et plus souvent des autres ! – loin des oreilles indiscrètes.

RESPECT !

Votre chambre, c'est un peu votre maison, en attendant d'en avoir une pour de vrai. Vous êtes en droit d'exiger que votre intimité soit respectée, que l'on frappe avant d'entrer, que l'on n'y pénètre pas en votre absence et que votre mère ne l'occupe pas régulièrement sous prétexte de ranger.

NI ROBINSON, NI VENDREDI

N'oubliez jamais, cependant, que vous n'habitez pas une île déserte au milieu du Pacifique, mais l'une des pièces de la maison familiale. Vos parents ont le droit d'être reçus chez vous de temps à autre ! Et celui de refuser que votre petit royaume devienne une sorte d'antichambre de la poubelle, sous prétexte de souveraineté et de liberté absolue.

SAVOIR EN SORTIR

Votre chambre ne doit pas non plus être le moyen de rester toujours invisible. Barricadez-vous dedans lorsque vous en avez besoin. Mais sachez aussi en sortir pour partager la vie familiale… ou en ouvrir la porte à tel ou tel membre de la famille, pour bavarder au calme loin du brouhaha de la maison. Vous pouvez goûter dans votre chambre sans oublier que les repas de famille existent et ne sont pas seulement une corvée mise au point pour vous faire perdre du temps. Vous pouvez lire dans votre chambre, mais aussi ailleurs ; écouter seule de la musique, ou la partager avec vos frères et sœurs dans le salon ; méditer pensivement dans votre chambre et, soudain, aller prendre part à la conversation passionnée dont vous captez des bribes venant de la cuisine !

☆ BONS PLANS

Faites respecter votre intimité :
- inscrivez sur la porte :
« Frappez avant d'entrer. »
- trouvez-vous un coin secret qui ferme à clé.
- quand vous voulez être seule, accrochez sur votre porte une pancarte « Ne pas déranger ».
- découvrez plein d'idées et de conseils malins dans le guide déco : *My Home*, Fleurus.

VOIR AUSSI

BAZAR, FRÈRES ET SŒURS, SOLITUDE.

NE DERANGER QU'EN CAS D'APPEL DE KARL LAGARFIELD !!!…

65

SAVOIR-VIVRE

▲ Veillez à ne pas mettre la musique trop fort ou trop tard.
▲ Assurez un minimum de nettoyage pour éviter que de mauvaises odeurs ne se propagent ou que de charmantes petites bêtes n'envahissent le salon.
▲ Éteignez les lumières et la musique quand vous partez.
▲ Le respect, c'est réciproque : si vous respectez le coin secret des autres, ils respecteront le vôtre.

UNE CHAMBRE
(PRESQUE !) NICKEL

Quoi ? Votre tanière ressemble à une friperie, à la caverne
d'un fennec qui se serait battu avec un putois ? Mais non…
À votre baguette magique, voici quelques astuces pour
transformer votre repaire en véritable chambre de jeune fille !

Adoptez la couette. Le matin, tirez-la énergiquement, deux ou trois coups pour lisser les plis. Ou laissez un peu de bouffant pour que les objets qui encombrent votre lit (chaussettes, livre de chevet, assiette à dessert, doudous, chat, etc.) soient invisibles…

Ouvrez la fenêtre. Ce n'est pas long et cela atténuera les odeurs de vieux linge et de poussière. Si l'on vous fait remarquer que tout de même le parfum de votre chambre n'est pas fameux, accusez la pollution atmosphérique.

Faites glisser tous les objets répandus par terre sous votre lit. Un sol dégagé donne déjà l'impression que l'endroit est rangé. Vos visiteurs n'ont pas à se mettre à quatre pattes ni à renifler sous votre matelas, sauf si ce sont des malotrus qui ne pourront dans ce cas faire de publicité à votre supercherie sans dénoncer leur propre infamie.

Trouvez des boîtes de rangement dans lesquelles vous empilerez tout ce qui encombre vos étagères et votre bureau. Et voilà, tout est propre et bien rangé !

NB : nous vous informons que ces conseils n'ont pas obtenu la « Certification intergénérationelle » qui garantit considération et félicitations parentales. Nous déclinons toute responsabilité en cas d'incidents qui pourraient survenir si vous les suivez, même scrupuleusement.

CHEVEUX

J'VEUX CHANGER DE TÊTE !

Bouclés ou raides, fins ou épais, gras ou secs, mous ou drus… Il y a toutes sortes de cheveux. Mais ils ont tous la même nature : ils sont faits, comme les ongles, d'une protéine appelée kératine. Quant à leur couleur, elle dépend de quelques grains de mélanine.

Dans toutes les chevelures, il y a deux sortes de mélanine : selon leurs proportions, elles peuvent donner toutes les nuances de brun, de blond ou de roux.

DU FIL À RETORDRE

Parure naturelle, oui… Mais parure embarrassante, avec ses défauts trop visibles. Entre les pellicules, les pointes fourchues, les cheveux gras, cassants ou ternes, il y a parfois de quoi regretter le temps où l'on portait des perruques !

CHEVEUX ADOLESCENTS

À l'adolescence, votre corps subit des changements hormonaux dont les cheveux, comme la peau, risquent de faire les frais. Cheveux gras, mous, incoiffables vont vous désespérer. Patience ! ce n'est qu'un mauvais moment à passer : la structure des cheveux évoluant avec l'âge, vous allez probablement vous retrouver avec des cheveux en meilleure forme dans quelques années. Mais cela ne vous console pas forcément quand vous regardez vos mèches pendouiller tristement ou se coller dès le lendemain d'un shampooing. Pas de panique vous avez dès maintenant quelques armes.

NE LES AFFAMEZ PAS !

Le traitement commence à table ! Les cheveux sont les premiers à faire les frais des régimes déséquilibrés. Vous mangez équilibré, et malgré tout vos cheveux sont fatigués ? Procurez-vous des shampooings fortifiants, faites-vous un masque ou une crème régulièrement après chaque shampooing.

Si cela ne suffit pas, vous pouvez aussi consulter un dermatologue qui vous donnera un traitement bien adapté à votre problème. Attention toutefois à ne pas trop les laver ! Au maximum tous les deux jours, et s'ils sont vraiment trop gras, pensez au shampoing sec !

TEINTURES, PRUDENCE !

Si vous n'aimez pas la couleur de vos cheveux ou que vous avez envie de changer de tête, vous serez peut-être tentée par la coloration. Mais prudence ! Une coloration abîme les cheveux et puis, certaines couleurs sont franchement vulgaires ! Ménagez vos cheveux et préférez des shampoings qui donnent juste des reflets et s'atténuent au bout de quelques semaines. Ces produits sont sans danger pour les cheveux. Pour devenir blonde ou rousse quand on est châtaine ou brune, il faut une vraie couleur avec ammoniaque et produits oxydants qui assèchent le cheveu. Le résultat est permanent. Pour l'éliminer, il faut attendre que les cheveux repoussent, et qu'on puisse les couper !

68

On est rarement contente de ses cheveux. Il faut apprendre à faire avec ceux que vous avez ! Cela ne veut pas dire que vous devez vous résigner s'ils ont des défauts particuliers. Tous les coiffeurs vous le diront : « Il n'y a pas de problème, il n'y a que des solutions ! » Les cheveux, c'est comme le reste du corps. Pour être beaux, ils n'attendent qu'un effort de votre part. Il faut bien les traiter et tirer parti de leur nature pour les mettre en valeur.

LA COIFFURE QUI VOUS VA

Vous avez les cheveux très raides ou très frisés ? On peut friser les cheveux raides, mais à la longue ils risquent de s'abîmer et de devenir cassants. Quant à défriser ses boucles, c'est rarement réussi et en plus les frisettes reviennent en courant avec la pluie. Mieux vaut chercher une coiffure qui tienne compte de la nature de vos cheveux et de la forme de votre visage.

LA GÉOMÉTRIE APPLIQUÉE AUX CHEVEUX !

Vous avez un visage ovale ou triangulaire ? Petite veinarde : vous pouvez pratiquement tout vous permettre. Un visage rond ? Surtout, pas de coupe trop courte sous peine de ressembler à… une boule ! Optez pour un carré qui allonge ou une frange raide. Les visages longs sont desservis par des cheveux longs et raides :

préférez une coupe courte et dynamique. Adoucissez un visage carré par une frange légère et une coupe dégradée.

COUP DE BLUES ? VITE, CHEZ LE COIFFEUR !

Il y a des jours où, quand vous vous regardez dans la glace, vous avez envie de retourner vous coucher ? Rassurez-vous, toutes les filles sont pareilles, et cela ne change pas avec l'âge ! Un des remèdes miracles, c'est le petit tour chez le coiffeur qui est là pour vous faire belle, mais aussi vous dorloter en vous racontant plein d'histoires complètement futiles : de quoi vous remonter le moral en deux temps trois mouvements !

Si vous ne savez pas trop quelle coiffure choisir, c'est le coiffeur qui vous conseillera en fonction de votre visage, de votre type de cheveux, de votre habileté à vous coiffer et de votre mode de vie : si vous êtes une grande nageuse, par exemple, mieux vaut choisir une coiffure qui vous permettra d'être impeccable même en piquant une tête dans la piscine trois fois par semaine.

☆ CONSEIL

LES SECRETS D'UN SHAMPOING RÉUSSI

D'abord, choisissez un bon shampoing adapté à la nature de vos cheveux. Attention aux idées reçues : ce n'est pas parce que vous avez les cheveux ternes qu'ils sont forcément gras ! Pour le savoir, demandez à un coiffeur : il faut lui montrer vos cheveux au moins deux jours après un shampoing, sinon il ne peut rien voir ! Ils sont effectivement gras ? Utilisez un shampoing qui absorbe l'excès de sébum (shampoing à l'argile, en particulier). Secs ? Misez sur une crème nourrissante, un concentré en vitamines et lipides. Fins ? Optez pour des produits à base de protéines de blé et d'avoine pour les rendre plus épais. Des pellicules ? Utilisez un shampoing antipelliculaire doux qui assainit le cuir chevelu. Enfin, faites un bon rinçage (il faut sentir ses cheveux crisser sous les doigts) : mal rincés, les cheveux sont toujours ternes.

☆ BONS PLANS

COIFFURE D'UN SOIR

Pour un soir, vous pouvez maquiller vos cheveux sans risque : il existe toutes sortes de produits en spray qui permettent de colorer des mèches, de poser des paillettes ou des gels pour se sculpter une coiffure originale. Un shampoing suffit pour les enlever.

TROUVER LE COIFFEUR DE VOS RÊVES

- Ne changez pas tout le temps de coiffeur : comment voulez-vous qu'il vous connaisse du premier coup ?
- Forcez-vous à lui dire ce que vous n'aimez pas, plutôt que d'opiner du chef en n'en pensant pas moins. Vous avez le droit d'avoir des idées qui ne sont pas les siennes, quitte à être un peu ferme au début.
- Optez quand vous le pouvez pour les chaînes de coiffeurs pas très chères. Leur clientèle est plus jeune, donc leurs coupes plus modernes ! Mais demandez à avoir toujours le même coiffeur.

70

VRAI/FAUX

▲ Les cheveux poussent indéfiniment.
Faux. Un cheveu pousse de 1 à 1,5 cm par mois mais a une durée de vie limitée. C'est pour cela que vos cheveux dépassent rarement une certaine longueur, malgré vos efforts !

▲ La calvitie, c'est un problème d'homme.
Vrai. La perte de cheveux est due à l'action d'hormones mâles, les androgènes, sur les follicules pileux. Or les œstrogènes, hormones femelles très nombreuses chez la femme, combattent l'effet des androgènes.

▲ Les cheveux, c'est fragile.
Vrai et faux. Un cheveu peut supporter un poids de 100 g. Théoriquement, une chevelure moyenne pourrait porter 12 t ! Mais, sans casser, le cheveu peut vite s'écailler. Porter des dreadlocks vous condamne à couper vos cheveux après !

▲ Un shampoing quotidien abîme et graisse les cheveux.
Faux. Il vaut mieux laver ses cheveux tous les jours avec un shampoing très doux plutôt que de laisser son cuir chevelu étouffer sous l'excès de sébum.

CHEVEUX EN DANGER

Secs, abîmés ou trop raplaplas…
Ils ne sont jamais comme dans nos rêves.
Pourtant, quelle que soit leur nature,
ils ont leur soin spécifique !

Vous rêvez d'une crinière de Barbie, hélas, vos cheveux sont plats.
Vous pouvez utiliser les shampoings et après-shampoings volumateurs. En appoint, un shampoing sec à vaporiser sur l'ensemble de votre crinière leur apportera de la texture.

Horreur ! Toutes ces fourches ! Une fois qu'elles sont là, pas d'autre solution que de les couper. Pour éviter ou retarder leur réapparition, on y va mollo sur les colorations, les séchages prolongés, les UV, l'utilisation de pinces lissantes. Et puis, une fois par mois, offrez à vos cheveux un masque nourrissant.

Ces pellicules échouées sur vos épaules, vous aimeriez les faire disparaître ? Vous pouvez utiliser un shampoing antipelliculaire : appliquez sans frotter sur le cuir chevelu, laissez agir quelques minutes et rincez.
Si le problème persiste, prenez rendez-vous chez le dermato. Lui seul pourra vous prescrire les produits pour les traiter durablement.

Vos cheveux ont tendance à regraisser rapidement. La cause : le sébum, essentiel pour nourrir les cheveux mais gênant en cas de surproduction, comme cela arrive souvent à l'adolescence. La solution : utilisez des shampoings doux (mais pas ceux pour bébé) sans trop frotter votre cuir chevelu, cela favoriserait la production de ce damné sébum. Une fois par mois, appliquez un masque pour cheveux à l'argile.

LE FOULARD
EN 4 TENDANCES !

Gipsy style

Posez au ras des cheveux un grand foulard rectangulaire, genre chèche. Nouez les deux pans sur votre nuque et puis… c'est tout ! Vous pouvez laisser vos cheveux se mêler à ces deux bandes de tissu.

Dolce vita

Pliez en deux et en triangle un grand carré de soie. Tendez un des côtés sur votre front, à la naissance de vos cheveux, et envoyez une pointe derrière, évidemment. Ramenez les deux autres pointes autour de votre cou puis nouez devant. *Que bella ragazza !*

Hippie chic

Commencez façon « gipsy style ». Puis torsadez ensemble les deux pans du foulard jusqu'à ce que votre tête soit enserrée et vos cheveux bien masqués (si vous avez les cheveux longs, relevez-les avant). Avec le tissu entortillé, formez une sorte de chignon-rosace sur votre nuque en torsadant encore et bloquez les extrémités sous le tissu.

Hollywood

Comme pour le « *dolce vita* », utilisez un grand carré de soie. Mais au lieu d'entourer votre cou, nouez sous le menton avec une belle rosette. Pour ajouter du mystère, cachez-vous derrière de grandes lunettes noires. « C'est qui, déjà, cette star ? »

LES POTIONS

« BELLES CRINIÈRES »

DIY*

UN MASQUE NOURRISSANT

Mélangez un jaune d'œuf, trois cuillerées à soupe de crème fraîche et deux cuillerées à soupe d'huile d'olive. Appliquez – même pas obligée de goûter –, puis laissez agir trente minutes. Ensuite, enroulez vos cheveux dans une serviette humide et chaude jusqu'à ce qu'elle refroidisse. N'oubliez pas de les rincer puis de les laver. Une belle chevelure avec des traces de crème ou un parfum d'olive, c'est moyen.

UN MASQUE PURIFIANT

Ah, la pollution ! Vos cheveux auraient bien besoin d'un petit soin pour se débarrasser des vilaines particules et autres poussières. Facile : mélangez trois cuillerées à soupe d'argile verte (que vous trouverez facilement au rayon « cosmétique ») diluée avec un mélange eau et vinaigre ou le jus d'un demi-citron. Laissez agir dix minutes, rincez puis lavez-vous les cheveux. Vous voyez, ils vont mieux.

73

DEVRIEZ-VOUS CHANGER DE COUPE DE CHEVEUX ?

MISS JECOUPETOUT OU MISS JEGARDETOUT ?

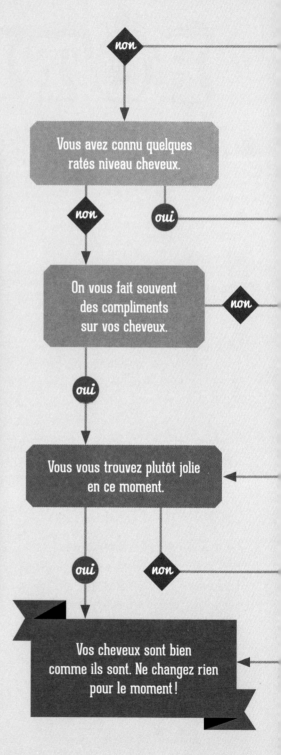

non

Vous avez connu quelques ratés niveau cheveux.

non   oui

On vous fait souvent des compliments sur vos cheveux.

non

oui

Vous vous trouvez plutôt jolie en ce moment.

oui   non

Vos cheveux sont bien comme ils sont. Ne changez rien pour le moment !

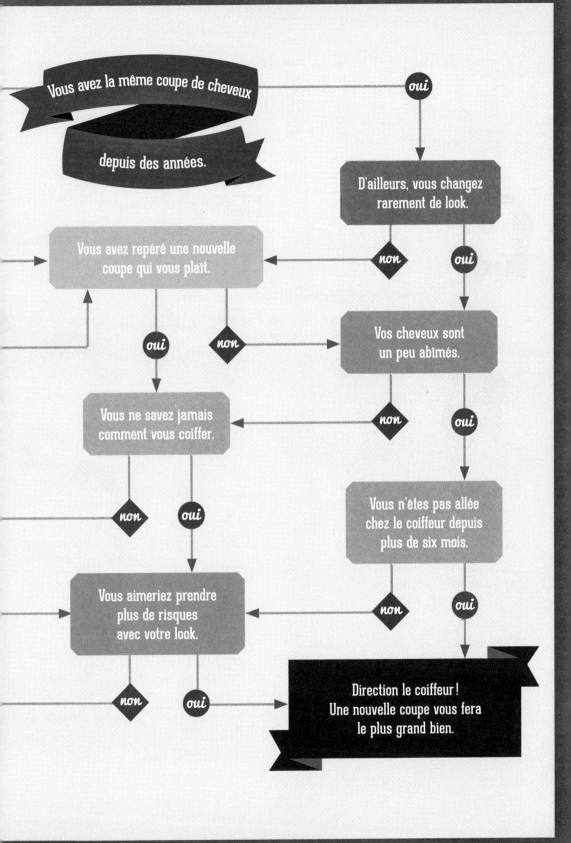

UNE BROSSE UN CHEVEU

Pour réussir à dompter vos cheveux
et selon les effets recherchés,
choisissez la bonne brosse !

Pour donner du volume, utilisez une brosse ronde en poils naturels qui apporte du gonflant et du mouvement aux cheveux mi-longs.

Pour donner du punch aux cheveux fins, traquez une brosse en poils naturels de petit format pour crêper légèrement et apporter du gonflant.

Pour vous détendre, adoptez une brosse à picots qui masse le cuir chevelu et qu'on peut utiliser même sous la douche. Pas trop longtemps quand même, sous la douche…

Pour démêler et lustrer, choisissez une brosse ovale bien large, en poils mixtes et bien espacés qui massent et démêlent en même temps. Si vous êtes tombée dans un pot de colle, ça ne suffira pas : coupez !

Pour le brushing, sortez une brosse ronde fine en céramique, cette matière qui en chauffant sous le sèche-cheveux va accentuer l'effet volumateur. Si les lois de la physique vous embrouillent, tentez les bigoudis !

CIGARETTE

NE COMMENCEZ PAS !

Importé d'Amérique par Christophe Colomb, le tabac est une plante
de la famille des solanacées (comme la pomme de terre, la tomate et le pétunia),
cultivée pour ses feuilles. En France, on a commencé par le priser
(on le reniflait), le chiquer (on le mâchait) ou le fumer dans une pipe.
Les cigarettes ne sont apparues qu'au XIXᵉ siècle.

☆ S'INFORMER

La cigarette contient plusieurs substances dangereuses : arsenic, ammoniac, acétone et aussi nicotine, goudron et monoxyde de carbone, qui le sont encore plus.

Le monoxyde de carbone est un gaz particulièrement toxique qui prend la place de l'oxygène dans l'organisme. Il est donc très mauvais pour le cœur et les poumons et génère des maladies cardio-vasculaires. Le goudron, lui, est responsable des cancers : il crée des tumeurs sur le trajet de la fumée (bouche, œsophage, poumons), mais aussi à distance (vessie et, pour les femmes, col de l'utérus).

NICOTINE = DÉPENDANCE !

Il s'agit de la substance la plus nocive : non contente d'accélérer le rythme cardiaque, de rétrécir les petits vaisseaux sanguins et donc de provoquer des maladies cardio vasculaires ou de l'hypertension, elle crée une dépendance et une accoutumance. Il devient de plus en plus difficile de s'en priver, on passe de 3 cigarettes par jour à 10 puis à 20, sans même s'en rendre compte !

EN MANQUE

La dépendance liée au tabac est à la fois physique et psychologique. Un fumeur privé de sa dose de nicotine devient irritable, nerveux, se sent mal, a des difficultés de concentration ; il est en « manque ». En plus, psychologiquement, il a besoin du plaisir, de la détente que lui procure sa cigarette.

DANGER SPÉCIAL FILLES

Pour les filles, le tabac est particulièrement toxique. Il peut rendre les règles plus douloureuses, irrégulières, et diminuer la fertilité. Il provoque des cancers de l'utérus. L'association tabac-pilule contraceptive est vivement déconseillée, car elle favorise la formation de caillots de sang et multiplie les risques d'accidents cardio vasculaires.

Pour les femmes enceintes, fumer fait courir des risques graves au bébé qui peut naître trop tôt, être plus fragile et souffrir d'insuffisances respiratoires.

UNE HALEINE DE CENDRIER

Enfin, sachez que le tabac s'attaque aussi à votre beauté ! Quand on fume, la peau et les cheveux deviennent ternes, les rides apparaissent plus vite, les dents jaunissent et on dégage une odeur de tabac froid peu attirante. Quant à l'haleine d'une fumeuse, n'en parlons pas !

☆ INFO +

LE TABAC TUE

Dans le monde, le tabac tue une personne toutes les 4 secondes. En France, 73 000 décès par an sont dus aux maladies provoquées par le tabac, la plus meurtrière étant le cancer du poumon.

☆ COMPRENDRE

On fume souvent sa première cigarette dans une soirée ou à la sortie des cours. On essaie pour voir, par curiosité… et on ne trouve pas forcément cela bon ! Puis vient la deuxième, pour faire comme les autres, appartenir au groupe. On trouve cela sympa, la cigarette entre copains, à la pause, au café, en soirée ! Fumer donne une contenance, du courage pour aborder les autres. On se sent « grande », adulte, libre. Alors, de cigarette en cigarette, on s'habitue. Pire, on ne peut bientôt plus s'en passer, même si l'on sait très bien que le tabac met la santé en danger.

NE COMMENCEZ PAS !

C'est pourtant un piège qui a vite fait de se refermer sur l'apprenti fumeur. Les statistiques le disent : environ la moitié de ceux qui essaient la cigarette deviennent des fumeurs réguliers en un an. Ceux qui osent ne pas fumer sont donc gagnants. Alors, ne vous laissez pas entraîner par les copains : vous n'avez pas besoin de la cigarette pour devenir adulte, ni pour vous faire respecter. Au contraire, une fille qui ne fume pas étonne par sa force de caractère. Les autres vont s'interroger. Peut-être même leur ferez-vous envie… et leur donnerez-vous l'idée de s'arrêter.

TROP TARD ?

Vous avez commencé ? Eh bien non, il n'est pas trop tard pour vous arrêter ! La première chose pour y parvenir est de le décider. Ensuite, tout dépend de votre niveau de dépendance. Contre la dépendance physique, il existe des médicaments : parlez-en à votre médecin. Mais le plus difficile est de vaincre la dépendance psychologique.

PRÉPARATION PSYCHOLOGIQUE

Pour cela, il faut se préparer. Choisissez une date propice (pas en pleine révision du bac). Trouvez une copine qui veut aussi s'arrêter : à deux, c'est plus stimulant. Et pensez à tous les plaisirs que vous allez retrouver : mieux sentir le goût des aliments et les bonnes odeurs ; retrouver du souffle ; faire des économies !

JE NE VEUX PAS GROSSIR

Quand on fume, on est souvent un peu en dessous de son poids d'équilibre. Vous risquez donc de prendre 2 ou 3 kg en arrêtant, mais pas plus avec un peu de vigilance… et un peu plus de sport. Si vous avez vraiment peur de trop grossir, parlez-en à votre médecin. Et puis, mieux vaut vivre avec 2 kg de plus que de mourir d'un cancer des poumons, non ?

☆ INFO +
CE QUE DIT LA LOI

En France, depuis 1991, la loi Évin interdit de fumer dans l'ensemble des locaux à usage collectif, clos ou ouverts. Les écoles, lycées, universités sont donc soumis à la même règle : interdiction de fumer en dehors des lieux prévus à cet effet.

La loi interdit la vente de tabac aux mineurs de moins de 18 ans. Cette loi comprend aussi tout un ensemble de mesures visant à lutter contre le tabagisme des jeunes : interdiction de vendre des paquets de moins de 19 cigarettes, interdiction de faire de la publicité en faveur du papier à cigarettes, obligation pour les écoles d'informer les jeunes sur les méfaits du tabagisme, etc.

Le 16 novembre 2006, le gouvernement a adopté un décret interdisant de fumer dans tous les lieux publics (hôpitaux, administrations, écoles, collèges, lycées, entreprises, etc.). Cette loi a pris effet le 1er février 2007 dans les lieux publics, et le 1er février 2008 dans les cafés, les restaurants et les boîtes de nuits. Dans les entreprises privées, les dirigeants peuvent installer une salle fumeurs hermétiquement close. Dans les lycées et collèges, la cigarette est interdite jusque dans la cour. Pourquoi cette loi ? Parce qu'un fumeur fait fumer ceux qui l'entourent même sans leur offrir une cigarette ; on appelle cela du tabagisme passif. Le fumeur passif absorbe la fumée et « profite » d'une partie des substances toxiques. Vivre près d'un fumeur revient à fumer soi-même plusieurs cigarettes par jour.

☆ MAUVAIS PLANS

- « Demain, j'arrête. » Il vaut mieux fixer une vraie date ! À force de reculer, votre décision va s'étioler. Pourquoi ne pas décider d'arrêter… aujourd'hui ?
- « Je contrôle parfaitement ma consommation. » Aujourd'hui peut-être, mais demain ? La cigarette est une drogue : vous aurez vite fait de devenir dépendante.
- « J'ai arrêté, mais je m'autorise une cigarette. » Autant dire que vous acceptez la rechute. Une ancienne fumeuse n'en a jamais vraiment fini avec la cigarette, un peu comme un ancien alcoolique avec l'alcool. Souvenez-vous du mal que vous avez eu à arrêter. Ce serait si bête de gâcher tant d'efforts !

VOIR AUSSI
ALCOOL, DROGUE.

79

VRAI/FAUX

▲ Fumer des blondes ou des light est moins dangereux.
Faux. On en fume plus pour avoir autant de nicotine et on absorbe la même dose de goudron. De plus, les light peuvent entraîner des affections particulières à la périphérie du poumon car on inhale plus profondément la fumée.

▲ Fumer moins de 3 cigarettes par jour ne crée pas de dépendance.
Faux. La dépendance ne dépend pas du nombre de cigarettes fumées.

▲ Il y a des personnes qui ne pourront jamais arrêter de fumer.
Faux. Même si beaucoup d'anciens fumeurs craquent et reprennent la cigarette, même s'il faut souvent s'y reprendre à plusieurs fois avant d'arrêter définitivement, chaque rechute augmente les chances de réussir à la tentative suivante !

▲ Arrêter de fumer redonne du goût.
Vrai. Aux aliments… et à la vie. Pour le prix de 2 paquets, vous vous offrez le cinéma et le pop-corn ! Pour 5 paquets, 2 CD. Pour une cartouche, un petit pull sympa. Faites le compte de ce que vous pourriez vous offrir au bout d'un an !

★ COMPLEXES ★

J'ME TROUVE MOCHE !

On dit qu'une personne a des complexes quand elle n'est **pas satisfaite** de ce qu'elle est, de sa personnalité ou de son physique.

☆ S'INFORMER

Il y a celles qui sont complexées parce qu'elles ont un grand nez, pas assez ou trop de poitrine, parce qu'elles se trouvent trop grosses ou trop maigres. Et puis, il y a celles qui se croient moins intelligentes que leurs copines, moins drôles, moins séduisantes. On appelle cela des complexes d'infériorité, parce qu'ils conduisent à se trouver toujours moins bien que les autres. Certaines ont le défaut inverse et jugent que toutes leurs copines (sauf une ou deux amies peut-être) sont nulles, ou en tout cas moins bien qu'elles. Elles font un complexe de supériorité, et ce n'est pas forcément plus facile à vivre !

OBSÉDÉE

Il y a beaucoup de degrés dans les complexes. Une fille peut être consciente d'avoir des petits défauts et s'en plaindre de temps en temps, sans que cela l'empêche de vivre, d'être spontanée et naturelle. À défauts égaux, une autre réagira beaucoup plus mal. Un passant dont le regard s'attarde sur son visage, et la voilà le cœur en déroute : une fois de plus la preuve est faite qu'on ne voit d'elle que ses oreilles décollées.

PARALYSÉE

Un sourire discret du prof pendant son exposé, et elle perd ses moyens : c'est sûr, ce qu'elle dit est ridicule, comme d'habitude. Elle se croit stupide parce qu'elle n'est pas très à l'aise à l'oral. Et elle se retrouve paralysée par la timidité, rougissant et bafouillant, alors que le prof souriait peut-être en constatant ses progrès ou en pensant à sa soirée de la veille !

☆ COMPRENDRE

À l'adolescence, il y a de nombreuses raisons de se faire du souci à propos de son apparence : acné, petites rondeurs superflues, lunettes, appareil dentaire, on les accumule ! On ne se sent pas bien dans son corps ; il y a des jours où l'on aurait franchement envie de devenir transparente.

TROP NULLE

Et s'il n'y avait que le physique… Mais il y a tout le reste : l'impression de ne pas avoir assez de connaissances ou de mémoire, celle encore plus douloureuse de manquer de personnalité ou de projets d'avenir, d'être tragiquement dépourvue de goût, de mal s'exprimer en public. « Parlez plus fort et articulez », serinent les profs sur tous les tons…

TOI AUSSI ?!

Pourtant, regardez autour de vous et faites un petit sondage auprès de vos copines. Chacune d'elles se juge durement… même celles que vous enviez et avec qui vous échangeriez volontiers corps et esprit ! Tout le monde a des complexes parce que personne n'est parfait, ni physiquement ni intellectuellement.

VIVRE AVEC

Eh oui ! il va falloir apprendre à vivre avec votre grand nez, votre poitrine un peu trop généreuse ou toute petite, avec votre timidité et votre peur de parler devant les autres. Bien sûr, il y a des choses plus ou moins importantes, plus ou moins faciles à accepter, et puis certaines qui peuvent être transformées.

POUR TOUJOURS ? NON !

Quand vous aurez grandi, que votre silhouette sera plus équilibrée, que vous n'aurez plus d'acné et que vous aurez trouvé une jolie coiffure, vous prendrez de l'assurance. Alors vos petits défauts, ceux que vous ne pouvez pas modifier, auront moins d'importance à vos yeux.

PRENDRE CONFIANCE EN SOI

Quand vous prenez confiance en vous, vous supportez mieux vos imperfections. Et très souvent, elles s'arrangent ; sinon, vous apprendrez à les masquer avec un peu d'habileté. Et puis, il faut le dire : contrairement à ce que l'on croit dur comme fer, elles sautent rarement aux yeux, parce que les complexes sont souvent dans votre tête ! Et vos copines seraient probablement bien surprises de savoir que vous avez honte de votre nez ou que vous vous trouvez « énorme ».

SE FAIRE AIDER

Quelquefois, on ne s'en sort pas toute seule. Les défauts deviennent des obsessions qui vous empoisonnent la vie.

Si vous passez votre temps à vous désespérer devant le miroir, si vous n'osez même plus sortir en jupe, vous avez peut-être besoin de l'aide d'un psychologue pour dédramatiser et découvrir que vous êtes bien comme tout le monde, avec vos défauts, vos qualités… et vos complexes !

VOIR AUSSI
CORPS, TIMIDITÉ.

TEST

Êtes-vous complexée ?
Répondez par oui ou non aux affirmations suivantes :

1. On vous a déjà fait remarquer votre tendance à vous tenir voûtée, le cou rentré dans les épaules.
2. Lorsque vous passez devant un miroir, vous évitez soigneusement d'y jeter un coup d'œil.
3. Le matin, au moment de vous habiller, ce sont toujours de grands pulls informes qui vous tombent sous la main.
4. Vous examinez toutes les filles que vous croisez dans la rue pour comparer vos fesses, votre poitrine, votre nez.
5. Une invitation à la piscine vous met au supplice (il va falloir vous mettre en maillot de bain).
6. Vous avez définitivement renoncé à vous maquiller, parce que cela ne sert à rien.
7. Un gros bouton sur le nez, vous renoncez à une soirée pour rester chez vous.
8. Vos copines sont toutes plus belles et intelligentes que vous.
9. Les mannequins ignorent ce que c'est qu'un complexe.
10. Si quelqu'un vous dit que vous êtes jolie, c'est forcément un menteur ou un flatteur.

▲ Moins de 5 oui. Vous êtes comme tout le monde, vos complexes ne vous empêchent pas de vivre.
▲ Plus de 6 oui. Apprenez à dédramatiser !
▲ 9 à 10 oui. Il faut vous faire aider, vous ne pouvez pas continuer à vous empoisonner la vie.

MAIS NON,
Y A RIEN QUI CLOCHE !

Voici des astuces pour oublier ou détourner en atouts
ces prétendus défauts qui vous minent le moral.

Vous n'avez pas de poitrine, ou plutôt elle ne vous semble pas, à vous, assez... grosse. Quelle chance ! Vous pouvez oser les tee-shirts échancrés, faire dépasser votre brassière en dentelle sans être vulgaire, porter un débardeur blanc comme personne. Si vous n'assumez toujours pas, misez sur un décolleté dans le dos !

Vos fesses sont bien rondes. Détournez l'attention avec un haut sexy sur un pantalon chino ou un short coupé dans un jean *boyfriend* qui camoufle ces rondeurs que vous pensez disgracieuses. Pour parachever le tout, prenez de la hauteur pour allonger votre silhouette : aux talons, citoyenne !

Vous avez le cheveu filasse. La mode capillaire est votre alliée ! Et même pas besoin de savoir se coiffer pour réussir ces sculptures de cheveux ultratendance que sont la tresse mohair (tout ébouriffée), la natte *loose* (à peine serrée) ou le chignon romantique (avec des mèches qui dépassent).

Vous n'aimez pas vos pieds. Vous n'allez pas les faire couper, donc bichonnez-les ! Poncez, hydratez, vernissez. En été, prenez le temps de choisir des sandales qui les mettent en valeur. *A priori*, oubliez les tongs.

ÊTES-VOUS COMPLEXÉE ?

1. **Quand vous regardez les filles qui posent dans les magazines, vous vous dites :**

A. Que la vie est bien injuste.

B. Que vous n'avez strictement rien à leur envier.

C. Qu'elles sont très belles, mais que les photos sont aussi très retouchées sur ordinateur.

2. **Vous trouvez vos amies :**

A. Mignonnes et pleines de charme, comme vous !

B. Beaucoup plus belles que vous.

C. Carrément moins belles que vous.

3. **Dans les cabines d'essayage des magasins :**

A. Vous vous demandez toujours si le miroir n'est pas déformant.

B. Vous hésitez toujours : la jupe ? Le jean ? La robe ? Ou les trois ?

C. Telle une princesse, vous prenez tout votre temps et refusez systématiquement l'aide des vendeuses.

4. **Quand vous vous regardez dans le miroir le matin, vous vous dites souvent :**

A. « J'ai une sale tête. »

B. « Miroir, mon beau miroir, dis-moi qui est la plus belle ! »

C. « Un soupçon de blush et je serai présentable ! »

5. **Lorsque vous devez prendre la parole en public...**

A. Vous êtes complètement tétanisée.

B. Vous êtes parfaitement à l'aise.

C. Vous êtes intimidée, mais vous maîtrisez bien ce stress.

6. **Plus tard, lorsque vous vous projetez dans votre vie future...**

A. Vous ne savez pas de quoi demain sera fait mais vous ferez tout pour être heureuse.

B. Vous avez tout réussi : carrière, mari, enfants, tout le monde envie votre vie.

C. Vous évitez de faire des projets fous : vos rêves ont si peu de chance de se réaliser.

83

7. Dans les vestiaires avant le cours de sport...

A. Vous vous contorsionnez pour vous mettre en tenue sans que personne puisse voir vos bourrelets (imaginaires).

B. Vous vous changez rapidement.

C. Vous prenez tout votre temps pour vous changer afin que toutes les autres filles puissent admirer votre corps de rêve.

8. Quand vous avez une mauvaise note, vous vous dites :

A. « Pfff, le prof note beaucoup trop durement ! »

B. « Je suis vraiment nulle, je ne ferai jamais rien de ma vie. »

C. « Il faut absolument que je fasse mieux la prochaine fois. »

9. Quand un beau garçon vous adresse la parole...

A. Vous bafouillez, bégayez, vous êtes persuadée qu'il va vous trouver stupide.

B. Vous dégainez l'arme fatale : votre regard de braise et votre voix suave.

C. Vous tentez, malgré le trac, de vous montrer sous votre meilleur jour.

10. Lors d'une discussion à laquelle vous ne comprenez pas grand-chose...

A. Vous préférez vous taire. Et si vous pouviez disparaître sous terre, ce serait encore mieux !

B. Vous faites semblant de savoir de quoi il est question.

C. Vous écoutez attentivement et essayez de participer un peu.

84

Et maintenant, comptez vos points en vous aidant du tableau ci-dessous.

	1	2	3	4	5	6	7	8	9	10
A	2	2	3	3	1	2	1	1	2	2
B	1	1	1	2	2	1	2	2	3	1
C	3	3	2	1	3	3	3	3	1	3

Si vous avez entre 24 et 30 points, votre profil est le A.

Si vous avez entre 17 et 23 points, votre profil est le B.

Si vous avez entre 10 et 16 points, votre profil est le C.

PROFIL A

« Mon nez est trop gros », « Je suis nulle en cours »…

Vous avez tendance à vous focaliser uniquement sur ce qui ne vous plaît pas chez vous, et donc à développer des complexes qui vous gâchent la vie. Soyez plus indulgente avec vous-même : quand vous réaliserez que vous êtes une fille formidable, votre vie sera transformée !

PROFIL B

Vous avez des complexes, mais vous savez vivre avec.

Bien sûr, il y a certains matins où rien ne va et il y a des choses que vous aimeriez bien changer chez vous. Mais après tout, vous vous dites qu'aucune fille n'est parfaite. Vous êtes sur la bonne voie et parions qu'un jour, vous serez Miss Biendansmapeau !

PROFIL C

Les complexes ? Vous savez à peine ce que c'est !

Vous vous trouvez parfaite telle que vous êtes et vous savez très bien vous mettre en valeur. Vous vous sentez bien dans votre peau, à l'aise en toute circonstance… parfois même un peu trop ! Attention à ne pas devenir prétentieuse ou hautaine, ce sont de vilains défauts…

★ CONFIANCE ★

J'SUIS PLUS UN BÉBÉ !

C'est un **sentiment de sécurité** que vous éprouvez **à l'égard de quelqu'un** quand vous savez que cette personne est honnête, qu'elle ne cherche ni à vous tromper ni à vous faire du mal. Vous pouvez vous fier à elle.

☆ S'INFORMER

La confiance, c'est un tabouret à trois pieds. Ces pieds portent chacun un nom : respect, honnêteté, vérité. En d'autres termes, pour pouvoir nouer une relation de confiance avec une personne, il faut qu'elle vous respecte, que vous soyez sûre de son honnêteté, de sa franchise et aussi de sa bienveillance à votre égard. Et vice versa ! Chacun doit se montrer digne de la confiance de l'autre.

À TESTER AVANT USAGE !

Quand vous êtes sûre de ces trois pieds, vous pouvez vous asseoir sans vous poser de questions : la confiance est un siège aussi solide que confortable ! En revanche, si un seul des pieds flanche un peu... gare à la chute ! La précaution élémentaire, avant d'accorder votre confiance à quelqu'un, c'est donc de vérifier que les trois pieds existent bien et qu'ils sont solides pour éviter de vous retrouver par terre.

LA CONFIANCE, C'EST LA VIE !

En famille, vous avez besoin de vous fier à vos parents, à vos frères et sœurs comme de savoir qu'ils se fient à vous. Vous aimez aussi pouvoir faire confiance à vos amies, à vos professeurs. Un jour, il sera essentiel de donner votre confiance au jeune homme avec qui vous choisirez de construire un grand amour, et il sera essentiel de recevoir la sienne. Plus tard aussi, vous apprécierez de vous sentir en confiance avec les personnes avec qui vous travaillerez. La confiance, c'est la liberté, c'est la vie !

☆ COMPRENDRE

La confiance fait avancer celui qui la reçoit comme celui qui la donne et vous avez raison de réclamer cette confiance à vos parents. Il faut qu'ils vous l'accordent pour que vous puissiez prendre des responsabilités et faire vos preuves.

FAIS TES PREUVES D'ABORD !

Mais parfois, vous vous sentez prise dans un cercle vicieux. Vous réclamez leur confiance et ils exigent que vous fassiez vos preuves d'abord. Bien sûr, la confiance se mérite ; mais il est vrai que s'ils refusent de croire en vous au départ, vous aurez du mal à montrer que vous en êtes digne. La confiance doit s'établir progressivement et mutuellement : aidez-les à vous faire confiance, comme eux doivent vous aider à prendre des responsabilités et à les assumer jusqu'au bout.

JE FAIS CE QUE JE DIS

Très concrètement, faites toujours ce que vous dites. Vous dites que vous rentrerez à minuit, faites-le. Vous dites que vous rapporterez du pain, faites-le. Vous dites que vous emmenez votre petit frère essayer ses patins neufs, faites-le. Vous dites que vous gérerez sérieusement votre argent de poche, faites-le. Si vous remplissez vos petits contrats, vous gagnerez vite des points dans la confiance de vos parents et ils auront envie de vous en confier de plus grands !

UN CERCLE VERTUEUX

Tout cela revient à leur montrer que les pieds « honnêteté » et « vérité » du tabouret tiennent bon ; et si, en prime, vos parents sont sûrs de votre respect, ils n'hésiteront plus à s'asseoir ! Ils vous laisseront libre de vos loisirs, ils vous donneront plus volontiers la permission de sortir, ils ne mettront pas votre parole en doute…

DES ACTES, PAS DES PAROLES

Et vous, comment pouvez-vous être sûre que vous n'accordez pas votre confiance à une personne qui ne la mérite pas ? Faites-lui faire ses preuves aussi. Voyez si elle vous respecte. Vous le sentirez vite.

Quand elle vous dit quelque chose, vérifiez qu'elle le fait vraiment. Demandez des

actes, et pas seulement des mots. Les grandes promesses, les serments éblouissants, c'est facile à faire et c'est souvent sans suite. Il y a des gens particulièrement doués pour vous payer de mots en estimant que ça suffit largement !

PRUDENCE, MAIS PAS MÉFIANCE !

C'est important de réfléchir, d'être prudente avant d'accorder sa confiance. Mais attention ! ne tombez pas non plus dans l'excès inverse, en vous méfiant de tout et de tout le monde. Sinon, vous allez perdre confiance en ce qu'il y a de plus beau, la vie !

☆ INFO +

ET LA CONFIANCE EN SOI ?

C'est une forme particulière et indispensable de la confiance. Comment avoir confiance dans les autres, croire qu'ils nous aiment et veulent notre bien quand on n'a pas une grande estime de soi ? Il vous arrive sûrement de douter de vos propres qualités, de vous croire incapable de telle ou telle chose. C'est assez normal à votre âge. Vous verrez : le temps arrange bien ce petit handicap. Le temps… et les autres ! C'est grâce à vos amis, à votre famille, à tous ceux qui vous aiment et qui sont convaincus que vous êtes une fille « extra » que vous allez finir par le croire et le devenir pleinement. Alors, confiance !

VOIR AUSSI

MEILLEURE AMIE, RESPONSABILITÉ.

87

BONS PLANS

▲ Le baby-sitting, une garantie de confiance
Le baby-sitting est un moyen hors pair de montrer que vous êtes digne de confiance.
Si vos premières gardes se passent bien, que vous êtes appréciée par les enfants et leurs parents, vous risquez de crouler sous les demandes : effet boule de neige garanti ! Et vos parents seront édifiés de voir qu'on s'arrache leur fille !

▲ Entretenir la confiance avec ses copains
- Sachez garder un secret.
- Ne critiquez pas une copine derrière son dos. Les gens qui s'abstiennent de médisances sont toujours respectés et on leur fait spontanément confiance !

CONSCIENCE

UN PETIT JIMINY CRICKET DANS LA TÊTE...

Vous l'avez sûrement déjà entendue, cette petite voix intérieure
qui se permet de donner son avis sur ce que vous devriez faire, qui prétend
connaître le bien et le mal, et vous incite à choisir le bien.

✩ S'INFORMER

Même si elle ne se promène pas à côté de vous comme le petit Jiminy Cricket qui poursuit Pinocchio pour l'empêcher de faire des bêtises, votre conscience existe !
Nous avons tous cette petite bête-là dans la tête. Impossible de s'en débarrasser facilement, même quand elle dérange. D'où vient-elle ? Certains pensent que nous l'avons en nous depuis toujours, d'autres qu'elle vient de l'éducation que nous avons reçue. Ce qui est sûr, c'est que nous avons appris à reconnaître ce qui était bien, dans des choses très concrètes (être polie, se tenir correctement à table) ou plus profondes (ne pas mentir, respecter les autres). Nous avons intégré tout cela, et c'est devenu cette drôle de petite voix qui veut intervenir dans tous les choix que nous faisons. Elle est parfois discrète, parfois bruyante, selon notre envie de l'écouter ou de la faire taire.

LIBÉREZ JIMINY !

Cette petite voix a pris la place que vous avez voulu lui donner. Question de caractère : quand vous tenez à réfléchir à ce que vous faites, vous l'invitez à se faire entendre. Évidemment, si vous foncez sans réfléchir, parce que vous croyez tout savoir, le pauvre Jiminy n'a plus qu'à se taire dans son coin !

✩ COMPRENDRE

Votre conscience ne vous empêche pas de faire ce que vous voulez, au contraire : elle est là pour vous faire réfléchir et trouver des solutions. C'est un guide qui vous aide à faire bon usage de votre liberté. Un peu comme une boussole, elle est là pour vous aider à vous diriger, mais le pilote, c'est vous !

UNE BOUSSOLE POUR LES GRANDS CHOIX

C'est justement parce que vous êtes libre que vous avez besoin d'une conscience ; sans elle, vous auriez vite des problèmes d'orientation ! La conscience, c'est ce qui vous aide à faire des choix, petits et grands. Plus ils sont grands, plus vous en avez besoin.

PAS DE RECETTE

Ne cherchez pas un mode d'emploi qu'il vous suffirait de suivre sans vous poser de questions. C'est plutôt un dialogue intérieur. Elle est là pour vous rappeler quelques principes simples. À chacun de les appliquer dans des situations qui sont souvent complexes.

BIEN SÛR, JIMINY !

Quelquefois, la question est vite réglée : votre conscience a parlé, vous l'avez écoutée, tout va bien, vous pouvez avoir « bonne conscience ». Vous trouvez un portefeuille bourré de billets dans la rue. « Il ne t'appartient pas », dit votre conscience ; et vous êtes bien d'accord ! Vous le rapportez à l'adresse indiquée dans le portefeuille, sans même compter l'argent.

LA FERME, SALE CRIQUET !

Mais cela peut aussi se passer autrement. Vous savez très bien ce que vous devez faire ; seulement, voilà, vous n'en avez pas envie. Ces billets sont tentants ! Qu'est-ce qui vous empêche de vous servir avant de glisser le portefeuille dans la boîte aux lettres de son propriétaire ? Ni vu ni connu ! « Il ne t'appartient pas », chuchote votre conscience… mais ce serait trop bête de ne pas en profiter ! Vous avez bien envie de la faire taire.

LA VENGEANCE DE JIMINY

En général, elle ne se laisse pas faire. Ces billets pèsent lourd dans la poche. Ils traînent avec eux une sorte de malaise. Vous avez honte. L'envie de dépenser cet argent disparaît et, même si vous le faites, cette affaire reste un mauvais souvenir. Vous n'êtes vraiment pas fière de vous. Votre conscience se venge d'avoir été bâillonnée ; elle vous rend la vie dure et vous prive du plaisir de cet argent mal acquis. Vous avez « mauvaise conscience ».

VOYONS, JIMINY, DÉCIDE-MOI !

Souvent, c'est beaucoup moins simple. Il n'y a pas le bien d'un côté et le mal de l'autre ; c'est plus mélangé, vous ne savez pas trop comment vous y retrouver. Et là, justement, silence radio ! Votre conscience, si maligne d'habitude, hésite. Vous avez été témoin d'un vol au lycée, mais vous connaissez bien le voleur et vous savez qu'il a une vie difficile : faut-il le dénoncer ?

PLUS FORT, J'ENTENDS RIEN !

Difficile de démêler cela toute seule, même quand vous voulez sincèrement bien faire. Vous pouvez être prise entre deux feux, faire mal à l'un ou à l'autre, mentir à l'un ou à l'autre, et vous sentir piégée. Dans ces cas-là, mieux vaut en parler. Bien sûr, personne ne peut remplacer cette voix intérieure que vous voudriez entendre plus clairement. Mais les avis extérieurs peuvent vous aider à l'écouter. Il faudra parfois vous contenter de faire le mieux possible… ou le moins mal. C'est cela, la vraie conscience.

QUAND JIMINY DÉMISSIONNE

En tout cas, une chose est sûre : mieux vaut accepter le dialogue avec sa conscience et s'entraîner à tendre l'oreille, même quand elle parle sans prendre de gants ! Si vous la faites taire systématiquement, parce que c'est plus facile et que cela vous permet de faire ce que vous voulez, il ne faut pas vous étonner de perdre vos repères et de faire n'importe quoi. Tricher en classe, par exemple, peut arriver. Mais si vous n'écoutez pas les reproches de votre conscience, cela deviendra une habitude, et c'est dangereux. D'abord, vous ne saurez jamais ce que vous valez vraiment, et puis vous risquez de vous laisser entraîner à tricher toujours, même ailleurs qu'en classe, et de ne plus pouvoir vous arrêter.

VOIR AUSSI

HONNÊTETÉ.

89

CONSEIL

Au boulot, Jiminy !

Une conscience, cela s'entretient. Bien nourrie, vitaminée, entraînée, c'est une athlète de la réflexion. Mais quand elle est anémiée, famélique, sa voix est si faible qu'on n'y prête pas garde. Comment l'entretenir ? D'abord, en la faisant travailler régulièrement.

Ensuite, en la nourrissant. Comment ? C'est tout simple : essayez de ressembler à ceux que vous admirez, qui font des choses bien, qui sont exigeants, dans la vie, bien sûr, mais même dans les livres. Vous trouvez ça « moralo » ? Et alors, vous voulez être une fille bien, oui ou non ? À vous de choisir, parlez-en avec Jiminy !

CONTRACEPTION

UN BÉBÉ ? PAS MAINTENANT !

La contraception, c'est l'ensemble des moyens qui empêchent
un rapport sexuel de provoquer une grossesse, en rendant impossible
la rencontre de l'ovule et d'un spermatozoïde.

Il existe différentes méthodes contraceptives, plus ou moins efficaces, plus ou moins faciles à utiliser.

LA PILULE, EFFICACITÉ MAXIMUM !

La pilule est un contraceptif oral qui se présente sous forme de comprimés. Pendant le cycle menstruel, le corps de la femme se prépare à l'éventualité d'une grossesse. Sous l'effet complexe d'hormones, l'ovaire libère un ovule et la muqueuse utérine se développe pour accueillir l'ovule fécondé.
Les comprimés contiennent des hormones de synthèse qui viennent modifier l'action naturelle des hormones fabriquées par le corps de la femme. Le cycle d'une femme sous pilule n'est pas un cycle « naturel » : il n'y a pas d'ovulation et la muqueuse utérine ne se développe presque pas. Une grossesse n'est donc pas possible.

TOUS LES JOURS

Si on prend sa pilule à heure fixe, sans oublier un seul jour, elle est efficace à presque 100 %. On commence la première plaquette le premier jour des règles, qui est le premier jour du cycle. Généralement, on doit la prendre tous les jours pendant 21 jours puis on arrête pendant 7 jours avant de recommencer. Pendant les jours d'arrêt, on a des saignements qui ressemblent aux règles, souvent moins abondants que les règles. C'est normal puisqu'il n'y a pas d'ovule et peu de muqueuse utérine à évacuer.
Il existe des pilules qui se prennent en continu avec 21 jours de « vraies » pilules suivis de 7 jours de placebo (c'est-à-dire sans effet). Cela permet d'enchaîner les plaquettes sans oublier les reprises.

EN CAS D'OUBLI

Si on a oublié et qu'on s'en aperçoit au bout de quelques heures, on peut encore réparer l'erreur en la prenant aussitôt. Au-delà de 12 heures, on n'est plus protégée, il faut mettre un préservatif à chaque rapport sexuel, tout en continuant à prendre la pilule tous les jours jusqu'à la fin de la plaquette. Attention, le délai est beaucoup plus court pour les micropilules souvent prescrites aux jeunes filles, parce qu'elles contiennent moins d'hormones : après 3 heures de retard, c'est trop tard ! Petite astuce pour ne pas oublier sa pilule : mettre une alerte sur son téléphone portable.

Depuis l'invention de la pilule dans les années 1960, la recherche a fait beaucoup de progrès et il existe maintenant des pilules minidosées qui sont bien moins fortes que celles que vos aînées avalaient.

90

La pilule, même minidosée, reste un médicament que l'on n'avale pas à la légère. D'ailleurs, si vous voulez la prendre, vous devez voir un médecin ou un gynécologue et faire des analyses de sang car elle peut être dangereuse chez certaines personnes. Il est aussi fortement déconseillé de fumer quand on prend la pilule car l'association pilule et tabac multiplie considérablement les risques de maladies cardio-vasculaires.

LES AUTRES MOYENS DE CONTRACEPTION

Le DIU
(dispositif intra-utérin)
Anciennement appelé stérilet, c'est un petit objet en cuivre que le médecin place dans l'utérus. Il empêche la fécondation de l'ovule par le spermatozoïde. Les ions du cuivre se diffusent dans l'utérus et le vagin et détruisent les spermatozoïdes. Cette méthode, peu coûteuse et de longue durée (le DIU est efficace pendant 2 ; 5 ou 10 ans, selon le type utilisé), est souvent recommandée pour celles qui ne peuvent pas prendre la pilule pour des raisons médicales.

Le diaphragme : pas facile !
C'est une rondelle de latex qu'il faut placer profondément dans le vagin pour obstruer l'entrée de l'utérus. Son but est d'empêcher un spermatozoïde de rencontrer l'ovule. Il doit être posé avant un rapport sexuel, gardé quelques heures après et s'accompagner

d'une crème spermicide (qui tue les spermatozoïdes). C'est une méthode difficile à utiliser, surtout pour une jeune fille qui ne connaît pas encore très bien son corps.

Méthodes « naturelles » : trop risqué !
Ces méthodes sont dites « naturelles » car elles consistent à s'abstenir de tout rapport sexuel au moment de l'ovulation (et même un peu avant, puisque les spermatozoïdes vivent jusqu'à 5 jours). Il faut alors pouvoir être certaine du moment de l'ovulation, ce qui est difficile, surtout pour une jeune fille aux cycles irréguliers. Elles s'adressent donc uniquement aux couples adultes qui sont ouverts à l'accueil d'un enfant, en cas de mauvais calcul.

Retrait : ne jamais s'y fier !
Le retrait du garçon (sortir le pénis du vagin avant l'éjaculation) suppose une maîtrise qu'un adolescent n'a pas forcément. D'autre part, la pénétration sans éjaculation peut être fécondante : une fois en érection, le pénis du garçon laisse s'écouler un liquide lubrifiant qui va faciliter la pénétration. Ce liquide peut contenir des spermatozoïdes, donc entraîner une grossesse. Par ailleurs, une éjaculation hors du vagin mais près de la vulve peut aussi être fécondante : le corps de la fille produit aussi un liquide lubrifiant sous l'effet du désir puis du plaisir,

dans le but de faciliter le parcours des spermatozoïdes dans le vagin. Pour toutes ces raisons, la méthode du retrait n'est absolument pas fiable et ne devrait pas être utilisée pour éviter une grossesse.

Le préservatif
C'est un étui en latex qui se place sur le pénis en érection. Le garçon doit se retirer aussitôt après l'éjaculation. C'est la seule méthode qui protège des infections sexuellement transmissibles et du sida, mais il n'est pas fiable à 100 %.

Si vous avez eu un rapport sexuel et que vous avez peur d'être enceinte, vous pouvez peut-être éviter une grossesse en prenant la « pilule du lendemain », dans les 72 heures après le rapport sexuel. Depuis une loi de novembre 2000, les mineures peuvent l'obtenir sans en informer leurs parents. L'infirmière du lycée peut l'administrer à une élève en s'assurant qu'elle sera ensuite suivie médicalement et psychologiquement. Pour être efficace, cette pilule contient une dose très élevée d'hormones qui, en cas de grossesse, provoque un avortement précoce. Cette pilule n'est pas une méthode contraceptive et elle est à réserver aux cas d'urgence.

VRAI/FAUX SUR LA PILULE

▲ La pilule est efficace dès le premier jour
Vrai. Elle est efficace immédiatement, si l'on commence bien la plaquette dès le premier jour des règles et qu'on la prend correctement (tous les jours à heure fixe) pendant 21 jours.

▲ La pilule fait grossir
Faux. Les pilules actuelles, moins fortement dosées que les premières, ne font pas grossir.

▲ La pilule est cancérigène
Faux. Il n'y a pas plus de cancers chez les femmes qui la prennent que chez les autres.

▲ La pilule rend stérile.
Faux. Une femme qui a pris la pilule pendant des années pourra attendre un bébé tout à fait normalement. Mais comme la pilule modifie le cycle menstruel, il est possible que celui-ci mette quelques mois avant de reprendre son rythme naturel.

▲ La pilule protège des infections sexuellement transmissibles
Faux. Aucun moyen contraceptif autre que le préservatif ne peut vous protéger des IST ou du sida.

▲ La pilule sert à réguler les cycles
Vrai. Un médecin peut la prescrire comme traitement à une jeune fille qui n'a pas de cycles réguliers ou a des règles très douloureuses.

☆ INFO

ANONYME ET GRATUITE

Les mineures peuvent utiliser des contraceptifs sans l'autorisation de leurs parents. Elles peuvent aussi bénéficier d'une consultation anonyme et gratuite dans un centre de planification familiale. La plupart des contraceptifs oraux, le DIU et le diaphragme sont remboursés par la Sécurité sociale.

☆ COMPRENDRE

Utiliser une méthode contraceptive efficace est une question de responsabilité quand on a décidé d'avoir des rapports sexuels sans pouvoir ou vouloir assumer une grossesse. N'oubliez pas que l'on peut très bien tomber enceinte dès le premier rapport sexuel. Cela n'arrive pas qu'aux autres ! Choisissez (avec votre médecin ou votre gynécologue) la méthode de contraception qui vous convient le mieux, et prenez-la sérieusement.

UNE AFFAIRE DE FILLES ?

Les garçons devraient se sentir autant concernés que les filles, car il s'agit aussi de leur responsabilité. Ils doivent comprendre comment cela fonctionne, se soucier de l'efficacité de la contraception et de votre santé. La contraception, c'est mieux quand on la vit à deux.

☆ CONSEILS

LES DÉMARCHES POSSIBLES

Si vous ne voulez ou ne pouvez pas vous tourner vers votre mère (ou un autre adulte de confiance) pour parler de contraception, sachez que vous avez d'autres recours à votre disposition. Vous pouvez :
- consulter un médecin généraliste ou un gynécologue ;
- vous adresser à un centre de planification familiale, à un dispensaire municipal ou à certains hôpitaux.

☆ MAUVAIS PLANS

Ne prenez pas le risque d'avoir un rapport sexuel non protégé en vous disant que vous pourrez toujours prendre la pilule du lendemain. Elle n'est à utiliser qu'en dernier recours, pour parer à une absence de méthode contraceptive ! N'oubliez pas que les cycles de fécondité d'une adolescente sont souvent irréguliers et qu'un rien (émotion, stress, changement de climat) peut les dérégler : aucune période n'est sans risque (pas même les règles). Enfin, ne sous-estimez pas votre fécondité. Elle est deux fois plus importante que celle d'une femme de 35 ans !

VOIR AUSSI

AVORTEMENT, FÉCONDITÉ, GROSSESSE PRÉCOCE, GYNÉCOLOGUE, IST, PREMIER RAPPORT SEXUEL, PRÉSERVATIF, RÈGLES.

COPAINS

VIVE LES GARÇONS !

Littéralement, les copains, ce sont ceux qui mangent le même pain.
Copain vient de deux mots latins, qu'on retrouve aussi dans << compagnon >> :
cum qui veut dire << avec >>, et panis qui veut dire << pain >>.
C'est un mot apparu au milieu du XIXᵉ siècle, un vieux mot
que des générations d'adolescents continuent de faire vivre.

☆ S'INFORMER

Vous les croisez tous les jours, au lycée, à la piscine, au ciné et en soirée. Ils sont vos copains, vous riez, vous chahutez ensemble. Il arrive même que certains soient de vrais amis à qui vous pouvez confier vos secrets et vos soucis. Et pourtant, ils vous semblent parfois étranges, ces garçons, pas romantiques pour deux sous, un peu balourds et vantards… parfois franchement débiles ! Voici un petit mode d'emploi de vos chers copains.

EUX AUSSI

Il n'y a pas seulement les filles qui sont bouleversées par les transformations de l'adolescence. Pour les garçons aussi, c'est le grand chambardement. Comme vous, les filles, ils voient leur corps changer et pas forcément comme ils le voudraient : grands pieds, grand nez (chez un garçon, ces parties du corps grandissent parfois plus vite que le reste), ils se trouvent trop maigres et rêvent de beaux pectoraux. Barbe et moustaches leur font découvrir le feu du rasoir. Leur voix passe des aigus les plus extrêmes aux graves les plus mâles, pour votre plus grande joie, mesdemoiselles.

LA PUBERTÉ DES GARÇONS

Les transformations les plus importantes sont les moins visibles. Testicules et pénis augmentent de volume. Contrairement aux filles qui possèdent leur capital d'ovules dès la naissance, la production de spermatozoïdes commence chez les garçons à la puberté. Ils deviennent alors capables d'être pères.

DES SITUATIONS GÊNANTES

Surtout, ils découvrent le nouveau fonctionnement de leur corps. Sous l'influence de l'hormone mâle qu'on appelle testostérone, ils ont de nombreuses érections, souvent la nuit ; elles peuvent se terminer par une éjaculation (expulsion de sperme). Ces érections sont généralement spontanées et parfois fort embarrassantes.

☆ COMPRENDRE

Toutes ces nouveautés ne sont pas faciles à vivre pour les garçons de votre âge, mais ils n'en parlent pas et surtout pas à leurs copines ! Pour leur défense, il faut dire qu'on leur a souvent mis dans la tête, dès leur plus jeune âge, qu'un garçon doit toujours être fort et « assurer », en particulier dans le domaine de l'amour et de la sexualité.

FAUT QUE JE SOIS UN HOMME !

Alors, ils se demandent s'ils vont être à la hauteur et se

posent plein de questions :
est-ce qu'il faut avoir un grand
pénis pour être un homme et
plaire aux filles ? Est-ce que je
vais pouvoir avoir une érection
au bon moment ? Est-ce que
je vais savoir me maîtriser et ne
pas éjaculer trop vite ? En plus,
alors que, chez les filles, on a
longtemps valorisé la virginité,
pour les garçons, c'est plutôt
l'expérience qui est bien vue ;
et justement, c'est ce qui leur
manque le plus !

LE MASQUE DU GROS DUR

Mais oui, mesdemoiselles, les
garçons ont souvent peur de
vous… et d'eux-mêmes ! Peur
de ne pas savoir s'y prendre, et
peut-être aussi d'être pris pour
des mauviettes s'ils n'assurent
pas avec les filles. Alors, pour
se donner du courage, ou
simplement une contenance,
certains jouent les gros durs
et sont brutaux, agressifs ou
grivois. C'est leur manière
d'évacuer leurs angoisses et
les tensions qu'ils subissent.

LES COPAINS D'ABORD

Vous trouvez qu'ils ne
s'intéressent guère aux études,
qu'ils ne lisent pas beaucoup
et qu'ils vous assomment avec
le foot et leurs autres copains ?
C'est que l'amitié est très
importante pour eux, à tel
point qu'ils peuvent préférer
une vraie amitié de garçons
aux relations amoureuses
avec les filles. Pour eux,
« filles » veut souvent dire
« bavardages », « chichis » et
« pleurnicheries »… ce qui

ne les empêche pas d'avoir
de bonnes copines.

GROS DUR AU CŒUR TENDRE

Mais si vous avez de vrais
copains et que vous vous
respectez mutuellement, vous
aurez sans doute l'occasion de
vous apercevoir que, sous leurs
airs de gros durs, les garçons
ont les mêmes rêves que vous :
rencontrer l'âme sœur, être
appréciés et aimés. Ils peuvent
être désemparés, inquiets ou
tristes quand ils ne se sentent
pas reconnus et acceptés, et
surtout ils peuvent rêver d'une
fille sans oser le lui dire.

☆ CONSEILS

LA BONNE COPINE

Pour avoir de bons copains…
il faut savoir être une bonne
copine :
- savoir se passionner pour le
foot ou pour une partie de
basket ou de volley ;
- aimer jouer aux cartes ou aux
jeux vidéo ;
- mais ne pas se laisser aller à la
grossièreté ou à la vulgarité et
remettre à leur place ceux qui
font des plaisanteries grivoises ;
- ne pas tolérer les gestes
obscènes ;
- être franche et simple ;
- ne pas jouer à la séduction ;
- savoir reconnaître la déprime
sous les grands airs des gros
durs ;
- respecter les secrets qu'on vous
confie ;
- ne pas chercher à savoir ce qu'il
n'a pas envie de vous dire ;

- ne pas colporter de ragots, cela
ne les intéresse pas ;
- aimer rire, chahuter,
bouger, faire du sport et rêver
d'aventures extraordinaires !

☆ À SAVOIR

TOMBER AMOUREUSE D'UN COPAIN

Tous les bons copains ne
deviennent pas des amoureux,
mais il peut arriver que l'un
d'entre eux prenne doucement
une autre place dans votre cœur.
Si ce sentiment est partagé,
vous le saurez très vite. C'est
alors une belle histoire qui
commence. Sinon, il n'y a pas
de honte à avoir, il vous reste
à oublier ce copain et à prendre
vos distances le temps que votre
cœur s'en remette.
En revanche, si un bon copain
vous fait une déclaration
d'amour et qu'elle vous laisse
froide, c'est à vous de remettre
les choses à leur place avec
délicatesse et discrétion, mais
avec clarté pour ne pas le faire
trop souffrir.

VOIR AUSSI

SORTIR AVEC.

TOUT FAUX!
4 IDÉES REÇUES SUR LES GARÇONS

Les garçons ne pensent qu'à ça ! Mais non, les garçons ne sont pas préoccupés par le sexe vingt-quatre heures sur vingt-quatre et ils ne vous voient pas forcément comme une proie. Ils s'intéressent aussi au foot, au rugby, aux jeux vidéo, aux scooters…

Les mecs sont insensibles. La preuve, ils ne pleurent pas, ne sont pas romantiques, n'aiment que les films de guerre et d'action. C'est parfois vrai lorsqu'ils reproduisent le vieux modèle du mâle, fort, résistant aux souffrances, etc. Sachez trouver ceux qui croient qu'ils peuvent être romantiques sans qu'on les prenne pour des mauviettes.

Les hommes n'aiment que les filles canon. Comme les filles regardent les garçons plutôt mignons, les garçons ne détourneront pas les yeux s'ils croisent une belle fille. Mais ils préféreront sans doute passer leurs vacances (ou leur vie) avec une fille drôle, intelligente et, comme vous, pas moche pour autant.

Pour eux, c'est les copains d'abord. Si vous pensez cela, il est possible que vous lui en demandiez trop, à votre chéri. Jalouse ou fusionnelle, en voulant l'éloigner de ses amis, vous risquez d'en faire un amoureux un peu aigri. Ou pire, de le faire fuir !

95

COMPRENEZ-VOUS LES GARÇONS ?

1. Arthur vous avoue qu'il n'est pas prêt à se lancer dans une histoire d'amour.

   A. Vous pensez que vous attendrez le temps qu'il faut.

   B. Vous l'oubliez. Si vous lui plaisiez vraiment, ce ne serait pas un problème.

   C. Vous essayez de le persuader du contraire.

2. Il est moins affectueux avec vous quand ses copains sont là.
   Vous pensez que...

   A. Les garçons n'aiment pas toujours les grands déballages d'affection.

   B. Vous feriez mieux de lui prendre la main plus discrètement.

   C. Il faut que vous vous montriez encore plus câline envers lui.

3. Vos copines veulent faire du shopping alors que Lucas doit passer l'après-midi avec votre bande.

   A. Vous lui proposez d'emmener sa console de jeu pour qu'il ne s'ennuie pas.

   B. Super ! Ce sera chouette d'avoir un avis masculin !

   C. Pas question ! Vous trouvez une activité plus neutre pour que tout le monde passe un bon moment.

4. On dit que les garçons préfèrent courir après les filles plutôt que le contraire. Qu'en pensez-vous ?

   A. Faux ! Ils adorent quand les filles font le premier pas.

   B. C'est assez vrai. Les garçons aiment bien maîtriser la situation.

   C. Cela dépend des garçons.

5. À votre tour de passer une après-midi avec ses copains...

   A. Vous participez sans peine à la conversation.

   B. Vous vous creusez la tête pour trouver des questions à leur poser.

   C. Vous êtes là pour Lucas, après tout. Ce n'est pas grave si vous ne parlez pas, si ?

6. Il vous avoue trouver Jennifer Lawrence vraiment sexy.

   A. Le mufle ! Comment ose-t-il ?

   B. Et vous, c'est Robert Pattinson que vous trouvez canon.

   C. Hmmm, vous ne lui ressemblez pas du tout et vous demandez s'il y a anguille sous roche.

7. Arthur vous parle tout le temps du jeu vidéo auquel il est accro.

A. Vous retenez au moins le nom du jeu vidéo en question.

B. Vous faites de votre mieux pour ne pas bailler.

C. Vous vous dites que les jeux vidéo pour lui, c'est comme le shopping pour vous, un passe-temps amusant.

Alors, quel est votre profil ?

	1	2	3	4	5	6	7
A	2	3	2	1	3	1	2
B	3	2	1	3	2	3	1
C	1	1	3	2	1	2	3

Si vous avez entre **17 et 21 points**, votre profil est le **A**.
Si vous avez entre **12 et 16 points**, votre profil est le **B**.
Si vous avez entre **7 et 11 points**, votre profil est le **C**.

PROFIL A

Les garçons ne sont pas vraiment un mystère pour vous ! Vous comprenez leur façon de s'exprimer et surtout, vous avez bien saisi la chose la plus importante : que les garçons et les filles sont différents et que l'on ne peut pas attendre qu'ils se comportent comme nous. Maintenant, il ne vous reste plus qu'à leur donner un coup de main et à les aider à percer cette grande énigme que sont les filles !

PROFIL B

D'une manière générale, vous comprenez plutôt bien les garçons. Certes, leur comportement vous fait parfois lever un sourcil, mais vous êtes prête à les accepter tels qu'ils sont. Vous savez qu'il est important de garder l'esprit ouvert et aimeriez apprendre à les connaître un peu mieux. Et puis, vous pouvez vous réjouir du fait que vous en savez sans doute plus sur eux qu'ils n'en savent sur les filles !

PROFIL C

Les garçons présentent quelques mystères pour vous mais tout n'est pas perdu ! Vous auriez besoin d'un décodeur ou de passer plus de temps à observer ces personnes étranges que l'on appelle « garçons ». Essayez tout d'abord de vous faire quelques copains pour étudier la gent masculine de plus près. Vous verrez, ils ne sont pas si compliqués et difficiles à déchiffrer que cela !

QUAND UN GARÇON VOUS DIT...

« Je trouve cette fille très intelligente. »

Comprendre :

« Ouaouh, le canon ! Chérie, ne t'éloigne pas trop et arrête de regarder le maître-nageur sinon je l'accoste [le canon] pour lui offrir un lait-fraise. »

« Qu'est-ce qui peut bien te séduire chez un tel jeune homme ? »

Comprendre :

« J'ai la haine que tu sortes avec ce sale type. Quitte-le et sors donc plutôt avec moi ! »

« Je crois que l'on devrait faire un bilan. Je pars deux mois en vacances. On se rappelle et on voit ce que l'on décide ensuite. »

Comprendre :

« Je te quitte mais si je me sens trop seul à mon retour… » Aaaah, le goujat !

« Quand ton amie part-elle en vacances ? »

Comprendre :

« Elle est collante, ta copine. On ne peut jamais être tout seuls, il faut toujours qu'elle gâche les moments où je suis avec toi. »

« Ton père et ta mère sont super. Tes frères et sœurs, géniaux, et j'aimerais bien rencontrer tes grands-parents. »

Comprendre :

« Je suis raide dingue de ta pomme et au taquet pour faire tout, tout, tout… pour toi. »

98

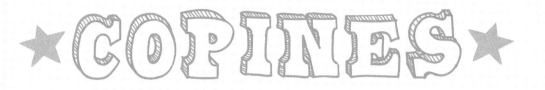

JAMAIS SANS MES COPINES

Les copines, vous les voyez tous les jours, et vous vous téléphonez aussi plusieurs fois par jour ! Vous avez les **mêmes goûts**, les **mêmes soucis**, les **mêmes fous rires**, les **mêmes angoisses**... et les **mêmes copains** !

☆ S'INFORMER

Avec les copines, c'est la bonne ambiance. Goûts, activités, projets, vous avez un tas de choses en commun. Vous aimez vous retrouver tous les jours, voire plusieurs fois par jour, en semaine comme en week-end. Cinéma ou shopping, café ou patinoire, bahut ou loisirs, vous vivez tout ça ensemble ! Jamais blasée, vous en redemandez sans cesse. La preuve : ce sont toujours les mêmes têtes qui défilent à la maison.

LA FAMILLE AU PARFUM

Et même si vous n'invitez pas souvent vos copines chez vous, vous aimez en parler. Toute la famille connaît leurs prénoms, leurs caractères, leurs histoires d'amour et leurs projets d'avenir. Votre mère vous demande parfois des nouvelles de Victoria, qui a des relations un peu tendues avec ses parents, ou encore de Julie, qu'elle a particulièrement remarquée.

ÇA BOUGE DANS LA BANDE

Un groupe de copines, ça évolue. Il y a le « noyau dur » de la bande, les piliers du groupe, celles que vous connaissez depuis la maternelle, avec qui vous avez fait les quatre cents coups et qui vous rappellent qu'à 4 ans votre amoureux s'appelait Quentin. Et il y a les autres, celles qui sont arrivées en milieu de parcours scolaire et qui sont entrées dans la ronde. Ce ne sont pas forcément les moins « accros » ! Et tout cela fait un joli cocktail qui se bonifie au fil des années. Il peut vous arriver d'être d'humeur massacrante en famille : votre agressivité fond comme neige au soleil dès que vous partez les retrouver...

ON FAIT BLOC

La bande de copines, c'est un merveilleux cocon pour se protéger de la dureté du monde extérieur. Seule, vous seriez sûrement plus fragile, plus sensible aux critiques des autres. Avec les copines, vous vous sentez en confiance.

99

☆ COMPRENDRE

La bande des copines, c'est un peu comme une autre famille, celle que l'on se choisit. Avec elles, vous êtes bien, vous pouvez tout partager, des inquiétudes aux fous rires.

EXPÉRIENCES DE FILLES

C'est avec elles aussi que vous parlez de vos émotions amoureuses, avec elles que vous échangez les bons plans pour acheter vêtements et produits de beauté, et les bonnes adresses de baby-sitting pour se faire de l'argent de poche.
C'est avec elles que vous tenterez les expériences les plus folles... et les plus risquées : la coloration miracle qui vous laissera les cheveux orange ou le masque de beauté qui couvrira votre visage

de plaques rouges, le bon plan qui transformera votre jean neuf en patchwork !

JOYEUSES FOFOLLES

Avec elles aussi, vous vous laissez aller à faire les folles : soirées pyjama, shopping, toutes les occasions sont bonnes pour se retrouver entre filles. Avec les copines, on se raconte les histoires d'amour des uns et des autres, on évalue le charme des copains, on critique, on « ragote » et on oublie les kilos en trop, les devoirs et les parents exigeants.

GARE AUX TRAHISONS

Ce monde de rêve peut parfois devenir un monde cruel où l'envie, la jalousie, le mensonge et les ragots peuvent creuser secrètement leurs galeries. Les copines ne vous veulent pas forcément toutes du bien, et il vous arrivera de pleurer si l'une d'entre elles vous a trahie, a raconté vos secrets aux garçons, ou pire, a organisé une sortie sans vous inviter. Il vous faudra savoir prendre vos distances si la blessure est trop forte. Mais souvent, ce n'est qu'un mauvais moment à passer : une fois les colères et les rancœurs apaisées, la bande repart de plus belle pour de nouvelles aventures !

☆ CONSEILS

LIBERTÉ, LIBERTÉ CHÉRIE !

Les copines, c'est super, mais ce ne sont pas elles qui doivent décider de tout pour vous !
- Vous n'êtes pas obligée de vous habiller comme elles, d'aimer la même musique qu'elles, de penser comme elles.
- Quand elles font des choses qui vous déplaisent, vous avez le droit et même le devoir de ne pas les suivre. Si vous trouvez que votre bande de copines est sur la mauvaise pente, c'est important de le dire. Et si elles ne veulent rien savoir, de s'éloigner. C'est sûrement difficile, car les copines, ça aide à vivre et l'on ne sait pas comment s'en passer, mais vous trouverez vite d'autres copines, plus en accord avec votre façon de penser... et tout aussi sympas !
- Évitez de mettre vos copines dans le secret de vos amours, car l'amour est quelque chose de personnel et d'intime qui ne concerne que vous et le garçon que vous aimez. Les copines peuvent trahir votre secret et provoquer des catastrophes en croyant bien faire. Ne racontez pas à vos copines vos exploits amoureux si vous ne voulez pas que toute le monde les connaisse et que cela vexe votre amoureux.

VOIR AUSSI

IDENTITÉ, LIBERTÉ, MEILLEURE AMIE, SOLITUDE.

COPAINS
Conscience
COPINES

AVEC LES AMIES
TOUT EST PERMIS...
ou presque !

Essayer de nouvelles recettes. Pas de stress ! Vous savez que si vous ratez, elles ne vous en voudront pas et qu'elles se contenteront en guise de dîner du paquet de chips qui traîne dans le placard. Évidemment, vous risquez de vous faire gentiment chambrer jusqu'à la fin de votre vie sur votre clafoutis qui n'a jamais levé.

Porter votre vieux pyjama. Barbapapa, devant vos amies, vous y avez droit. Une journée en sweat Bambi aussi, parce qu'elles ne vous jugent pas sur votre apparence. Si vous décidez de sortir, par respect pour vous-même et pour qu'elles n'aient pas trop honte en public, il serait tout de même préférable de vous changer !

Changer de programme. Vous aviez prévu un après-midi DVD entre copines mais, juste avant de partir, un certain Malo – qui vous plaît et elles le savent – vous propose une sortie. Elles ne seront pas fâchées que vous les abandonniez, sauf si, bien entendu, vous multipliez les lapins ! Faut pas abuser, hein !

« ELLE N'A PAS PU ME FAIRE ÇA ! »

5 TRAHISONS IMPARDONNABLES ENTRE COPINES

Manger le dernier chocolat de la boîte. Généralement, si une remarque réprobatrice est faite, la coupable s'exclame, la bouche encore pleine : « Ah bé echkouze-moi, ch'avais pas vu qu'il en rechtait plou. »

Acheter la robe dont vous rêviez et que vous aviez essayée en sa compagnie. « Elle te va trop bien », vous avait-elle dit. Dommage, vous n'aviez pas assez d'argent pour vous l'offrir ce jour-là.

Dévoiler une confidence. Vous aviez des vues sur un garçon mais vous ne vous sentiez pas prête, vous le lui avez dit et à présent tout le monde le sait. Y compris lui. La honte pour vous et la tombe pour elle !

Cafter. Oui, vous avez par extrême sympathie laissé Martin vous effleurer la bouche du bout de l'index pour faire sauter une miette qui vous défigurait. Mais Chloé, votre copine et accessoirement sa petite amie, n'avait pas du tout besoin de le savoir !

Sortir avec votre ex. Elle a osé. À la rigueur, c'est acceptable si c'est vous qui avez rompu. Sinon, qu'elle sache que même l'exil ne suffirait pas à châtier un tel crime.

CONNAISSEZ-VOUS LES CODES DE L'AMITIÉ ?

1. Alors que vous êtes sur le point de vous coucher, Charlotte vous envoie le message suivant : « Urgent, besoin de parler. T'es dispo ? »

A. Vous répondez le lendemain matin : « Oups, désolée, je viens juste de voir ton message. »

B. Vous l'appelez et lui dites : « OK ma belle, tu as 5 minutes pour tout me dire, je suis é-pui-sée ! »

C. Vous l'appelez tout de suite et la consolez pendant 1 heure.

2. Chloé et toi craquez toutes les deux pour le même garçon. Pour vous sortir de ce problème...

A. Vous proposez de tirer à pile ou face. Celle qui perd doit l'oublier.

B. Chloé est plus éprise que vous, alors vous lui laissez le champ libre.

C. Que la meilleure gagne ! Tous les coups sont permis pour le séduire.

3. En sortant de la cantine, vous vous apercevez que Charlotte a un bout de salade coincé entre les dents.

A. Vous prévenez toute la bande. Trop drôle !

B. Vous lui faites signe discrètement et lui prêtez votre miroir de poche.

C. Vous ne savez pas quoi lui dire. Vous avez peur de la vexer.

4. Clic ! Photo entre copines lors d'une super soirée. Le cliché vous met en valeur mais Zoé tire une drôle de tête...

A. Vous la postez quand même sur Facebook.

B. Vous demandez l'accord de Zoé avant de la poster.

C. Vous l'effacez. Il y aura d'autres belles photos de vous deux !

5. Le petit copain de Charlotte flirte gentiment avec vous...

A. Vous racontez tout à Charlotte, au risque de lui faire de la peine.

B. Vous ramènez la conversation sur Charlotte et vantez les qualités de votre super amie.

C. Vous ne pouvez pas vous empêcher d'être flattée.

6. Après-midi devoirs chez Sarah. Elle quitte la pièce un moment, vous laissant seule avec son ordinateur et sa boîte mail ouverte.

A. Brûlée par la curiosité, vous cliquez dessus avant de vous raviser illico.

B. C'est plus fort que vous : vous regardez combien de messages elle a échangés avec son amoureux.

C. Vous continuez à travailler sur votre exposé en son absence.

7. Vous êtes-vous déjà disputée avec une amie?

A. Non, pas vraiment, ou alors pour une broutille.

B. Oui, et votre amitié n'a plus jamais été la même.

C. Oui, mais vous vous êtes vite réconciliées.

Alors, quel est votre profil ?

	1	2	3	4	5	6	7
A	1	2	1	1	2	3	2
B	2	3	3	2	3	1	1
C	3	1	2	3	1	2	3

Si vous avez entre 18 et 21 points, votre profil est le A.

Si vous avez entre 13 et 17 points, votre profil est le B.

Si vous avez entre 6 et 12 points, votre profil est le C.

PROFIL A

Vous avez 20/20 en amitié! Vous connaissez les codes par cœur, suivez les règles et vos copines doivent être ravies de pouvoir compter sur vous à ce point. L'important, maintenant, est de savoir si cela est réciproque. Vos amies seraient-elles prêtes à se plier en quatre pour vous? Si vous n'en êtes pas sûre, n'hésitez pas à leur faire passer ce test!

PROFIL B

Vous connaissez plutôt bien les codes de l'amitié, même si vous ne les suivez pas toujours à la lettre. Vous faites de votre mieux pour être une bonne amie, pour être fiable et sincère, mais la théorie n'est pas toujours facile à mettre en pratique. Cela dit, vous en connaissez déjà beaucoup sur l'amitié si vous acceptez que ni vous ni elles n'êtes parfaites. Et sachez que vous pouvez toujours vous rattraper lorsque vous ne vous êtes pas comportée comme la meilleure amie du monde!

PROFIL C

Ah bon, il y a des règles à respecter en amitié? Vous n'étiez pas au courant! Peut-être que vous ne tenez pas assez à cette amie pour la soutenir et être honnête envers elle, mais pensez un peu à ce que vous ressentiriez si les rôles étaient inversés. Imagine qu'elle vous tourne le dos quand vous avez besoin d'elle ou qu'elle flirte avec l'objet de votre affection... Non seulement l'amitié est à double sens, mais c'est une relation censée vous enrichir l'une l'autre!

CORPS

CORPS DE RÊVE OU PUR ESPRIT ?

Dans notre culture occidentale, on a l'habitude d'opposer le corps et l'esprit (voire l'âme) et de considérer que les êtres humains ont un corps comme tous les animaux et que leur originalité, c'est d'avoir un esprit qui leur permet de penser. Le corps serait donc la **partie visible, matérielle, physique de l'homme,** organisée de manière à perpétuer la vie.

☆ S'INFORMER

Alors que, petite fille, vous n'y aviez peut-être jamais pensé, la puberté est là pour vous rappeler, parfois durement, que vous êtes affectée d'un corps que vous n'avez pas vraiment choisi et que vous ne pouvez pas non plus transformer à votre guise.

QUEL BOULET !

À la puberté, le corps se transforme pour devenir adulte et cela ne se fait pas toujours dans l'harmonie et la joie. Vous vous regardez dans la glace et vous trouvez vos seins trop gros ou trop petits, vos fesses ou vos cuisses trop imposantes ou maigrichonnes. Votre nez ou vos oreilles n'ont pas toujours l'heur de vous plaire non plus ! Bref, vous regardez ce nouveau corps avec étonnement ou agacement, persuadée que ce n'est pas vous

telle que vous vous voyez (ou vous rêvez !) dans votre tête.

ALTER EGO

Pourtant vous n'avez guère le choix, c'est lui qui vous accompagne, qui vous permet d'entrer en communication avec les autres, qui vous procure quelques plaisirs et quelques douleurs aussi. Même si vous ne l'avez pas choisi, il est là et il ne vous quittera pas de toute la vie.

PETIT CORPS MALADE

Dès que vous êtes malade, vous vous apercevez très vite de l'importance de votre corps : des maux de tête empêchent de réfléchir ou de bien faire ses devoirs. Des maux de ventre vous laissent pliée en deux sur votre lit, enroulée autour de votre douleur. Quand c'est une maladie plus grave, ce n'est

pas uniquement le corps qui souffre, c'est toute la vie qui est bouleversée, la façon de voir le monde, d'apprécier un rayon de soleil ou un sourire, de s'adresser aux gens.

BLEUS À L'ÂME

Bien plus, vous savez bien que les bleus de l'âme font mal au corps. Vous êtes inquiète, angoissée ? Bonjour les maux de ventre, les battements de cœur, les nausées ! Vous vivez quelque chose de douloureux, la fin d'un amour, la séparation de vos parents, un deuil, vous pouvez en perdre l'appétit, avoir des maux de ventre ou de tête et même tomber vraiment malade.

VOTRE CORPS, C'EST VOUS

Bref, vous n'êtes pas un animal qui vit seulement au rythme de son corps et cherche à satisfaire ses exigences. Vous n'êtes pas un pur esprit qui peut s'abstraire de son corps et vivre sans se soucier de ses besoins naturels. Mais vous n'êtes pas non plus la simple addition d'un esprit et d'un corps. Votre corps, c'est votre façon de vous exprimer, d'appréhender le monde, de communiquer avec les autres, de vous souvenir, d'aimer, de vivre. Bref, votre corps, c'est vous !

☆ COMPRENDRE

Notre société développe un tel culte du corps qu'on en vient à croire qu'il ne doit y avoir qu'un seul modèle de corps : jeune, mince, musclé et bronzé. Le corps n'a pas le droit de vieillir et seuls ceux qui ont un beau corps peuvent prétendre à l'amour et au bonheur.

NON AU MODÈLE UNIQUE

Au moment où votre corps d'adulte se construit, attention à ne pas tomber dans le piège de vouloir ressembler à ce modèle tel qu'il est exhibé dans les publicités et les magazines. Gym, régime, mode, maquillage, certaines font tout pour rendre leur corps conforme à ce modèle. À moins que vous ne décidiez de faire tout le contraire en refusant de prendre soin de votre corps : jeans et gros pull informe toute l'année, ongles rongés, cheveux « au naturel » pour oublier ce corps qui ne vous plaît pas. Pourtant, entre culte du corps et refus du corps, il y a un difficile équilibre à trouver et c'est important d'y réfléchir…

UN CORPS POUR VIVRE

Votre corps, c'est votre principale richesse, votre capital, vous n'en avez qu'un et il va vous accompagner toute votre vie. Si vous prenez soin de lui, il sera votre ami. Avec un corps sain, on a de l'énergie, de la vitalité, de l'imagination, on vit pleinement et on profite de la vie. Si vous le malmenez, si vous fumez, vous droguez, faites des régimes absurdes ou vous faites vomir pour garder la ligne, vous pouvez mettre fin à votre vie plus vite que prévu.

UN CORPS BIEN À SOI

Votre corps vous appartient et il n'appartient qu'à vous. Personne n'a le droit d'y toucher, de le manipuler sans votre consentement. Celui qui le ferait commettrait un abus de pouvoir ou un viol. De même, les secrets de votre corps… sont des secrets, et vous n'avez pas à les exposer aux yeux de tous. Cette réserve s'appelle la pudeur, qui veut qu'à votre âge vous ne vous promeniez pas toute nue dans la maison familiale et n'exposiez pas votre corps au regard des autres. Cela veut dire aussi que vous ne racontez pas sur la place publique, ni même à vos copines, vos petits soucis intimes, les petits maux de votre corps, pas plus que vous ne raconterez par le menu votre « première fois » le moment venu.

UN CORPS POUR COMMUNIQUER

Votre corps est aussi votre moyen de communication avec les autres. C'est même ce qu'ils voient en premier. C'est par votre look, votre regard, votre sourire (pas forcément votre acné ou vos rondeurs !) qu'ils vous découvrent et se font une première idée de vous. D'où l'importance de soigner votre corps pour qu'il ait belle allure ! C'est d'ailleurs moins une question de canons de beauté que d'hygiène : bien coiffée, avec des vêtements propres et repassés, des ongles soignés… et un sourire, vous avez plus de chance de réussir votre entrée en matière qu'avec un corps de mannequin pas très net !

UN CORPS POUR AIMER ET ÊTRE AIMÉE

C'est aussi avec son corps, à travers son corps que l'on aime et que l'on ressent l'amour de l'autre. D'ailleurs, quand on est amoureuse, on est d'abord inquiète de savoir si on va être acceptée avec tous les défauts de son corps. Dans ces moments-là, on voudrait tellement avoir un corps de rêve… et on n'a que le sien ! Mais savez-vous que ce que vous considérez comme un horrible défaut va sans doute attendrir un jour votre amoureux et le conquérir ? Ce nez en trompette qui vous semble si ridicule ou ces bonnes grosses joues qui rappellent trop à votre goût la petite fille que vous avez été, c'est peut-être cela qui va l'émouvoir et le faire fondre.

Quand un amour est partagé, toutes les angoisses s'envolent

comme par magie. On se trouve belle, vivante, on fait la paix avec son corps. Quand on exprime cet amour par des baisers, des caresses, puis, quand on est prête, par des relations sexuelles, on découvre alors que c'est merveilleux d'avoir un corps qui sait vibrer et chanter ce que l'on ressent. Mais pour cela, il faut grandir, mûrir, prendre son temps, car des relations sexuelles prématurées et malheureuses peuvent vous faire détester ce corps, ou vous amener à le considérer comme un étranger que l'on peut mépriser. Alors, prenez soin de ce corps sans lequel vous n'existez pas !

POUR ÊTRE BIEN DANS SON CORPS

Il n'y a pas de recette miracle, juste quatre ingrédients qui s'appellent :
- une alimentation saine et équilibrée ;
- une hygiène rigoureuse jusqu'au bout des ongles ;
- un peu de sport ;
- de bonnes nuits de sommeil.

108

VOIR AUSSI

INCESTE, LOOK, PUBERTÉ, PUDEUR, VIOL.

> HMM, CE QUE J'AIME C'EST MA BOUCHE ET MES HANCHES !

> MOI C'EST MON VENTRE

> MOI, J'AIME MES PETITS SEINS !

> ET MOI, MES CHEVEUX ET MES TÂCHES ROUSSEURS !

INFO +

Mutilations et scarifications
Quand on ne va pas bien dans sa tête, il arrive que l'on s'en prenne à son corps comme pour se venger. Mutilations, scarifications sont des pratiques qui traitent le corps comme un objet, qui en cherchent les limites. Ce peut être aussi un moyen de se faire entendre, de faire savoir son mal-être ou sa souffrance intérieure. Dans tous les cas, celles qui en arrivent à maltraiter leur corps de la sorte ont besoin d'aide de la part de professionnels. Si l'une de vos amies se laisse prendre à ce jeu dangereux, il faut en parler à vos parents ou à un adulte en qui vous avez confiance.

QUE PENSEZ-VOUS
DE VOTRE CORPS ?

Vous évitez de penser à vos défauts.

Et préférez vous concentrer sur vos points forts.

D'ailleurs, vous savez exactement quelle partie de votre visage mettre en valeur.

Vous essayez de manger sainement.

Mais vous ne comptez pas les calories.

Vous faites régulièrement du sport.

Et aimez bouger d'une manière générale.

Vous prenez plaisir à choisir votre tenue le matin.

Et vous privilégiez les looks dans lesquels vous vous sentez bien.

Vous aimez prendre soin de votre peau.

Vous n'êtes pas d'accord avec le principe selon lequel on devrait « cacher » ses rondeurs.

Mais vous savez vous habiller selon votre morphologie.

Vous évitez de comparer votre poids à celui de vos copines.

Avant un cours de sport, vous vous changez devant les autres sans problème.

Et, à la plage, vous vous sentez à l'aise en maillot de bain.

Vous vous trouvez plutôt jolie. ⎯⎯⎯⎯⎯⎯⎯⎯⎯⎯⎯⎯⎯

Et il vous arrive de le dire à voix haute. ⎯⎯⎯⎯⎯⎯⎯⎯⎯⎯

Vous avez confiance en vous. ⎯⎯⎯⎯⎯⎯⎯⎯⎯⎯⎯⎯⎯⎯

Et vous pensez que vous pouvez plaire aux garçons. ⎯⎯⎯⎯⎯

Vous trouvez les mannequins un peu trop maigres. ⎯⎯⎯⎯⎯⎯

Et vous n'avez pas envie de leur ressembler. ⎯⎯⎯⎯⎯⎯⎯⎯

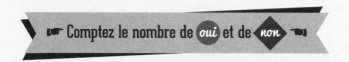

Si vous avez moins de 6 réponses affirmatives

Votre corps et vous, ce n'est pas toujours une grande histoire d'amour. Il y a plusieurs petites choses qui vous déplaisent chez vous et vous avez du mal à vous apprécier telle que vous êtes. Commencez par prendre soin de votre corps — il le mérite ! — et par reconnaître vos qualités. Peau nette, jolis yeux, longues jambes… mieux vaut vous concentrer là-dessus que sur ce que vous ne pouvez pas changer.

Si vous avez entre 7 et 13 réponses affirmatives

Vous êtes plutôt bien dans votre peau, même si vous avez quelques petits complexes. Pas facile de s'accepter telle que l'on est et de ne pas se comparer aux autres ! Mais si vous vous occupez de vous, en faisant du sport, en mangeant sainement et en trouvant une routine beauté qui vous convient, vous vous sentirez vite bien mieux dans votre corps et dans votre tête.

Si vous avez 14 réponses affirmatives ou plus

Vous êtes à l'aise dans votre corps, et vous vous appréciez telle que vous êtes. Vous ne vous focalisez pas trop sur vos défauts et vous suivez naturellement une hygiène de vie qui vous permet de vous sentir bien. Vous connaissez vos atouts, et vous vous trouvez plutôt jolie. D'ailleurs, l'image positive que vous avez de vous se voit bien. Si vous, vous vous aimez, les autres suivront !

CRITIQUES

ELLE FAIT RIEN QUE CRITIQUER...

Le terme << critique >> vient d'un mot grec qui veut dire juger.
La critique, c'est effectivement un jugement, et pas forcément défavorable,
comme on le croit souvent : un critique littéraire, dont le métier est de juger
les livres, peut faire une excellente << critique >> !

✿ S'INFORMER

Critiquer, ce n'est pas seulement dire du mal de quelqu'un, même si c'est la première idée qui vous vient à l'esprit quand vous entendez le mot « critique » ! En fait, une critique n'est pas forcément négative. Quand quelqu'un vous demande ce que vous avez pensé d'un film, d'un livre ou encore du dernier album que vous avez écouté, vous faites une critique : vous dites ce qui vous a plu, si vous conseillez de le voir, de le lire ou de l'acheter. Ce peut être une critique très mesurée : vous pesez le pour, le contre ; ou passionnée : vous avez « a-do-ré » ou, au contraire, vous détestez !

ESPRIT CRITIQUE

Être capable de juger une œuvre selon des critères précis et pas seulement par des réactions épidermiques, c'est important.

Vous faites alors marcher votre « esprit critique ». Il ne vous sert pas uniquement pour les films, les livres ou la musique, mais dans toute votre vie. Exercer votre esprit critique, c'est refuser de croire tout et n'importe quoi et prendre du recul par rapport à ce que vous voyez, ce que vous entendez. Vous êtes alors capable de dire si vous approuvez ou non un acte ou une idée, en fonction des valeurs auxquelles vous adhérez. Bref, vous refusez ainsi que les autres pensent à votre place !

✿ COMPRENDRE

En ce moment, vous formez votre esprit critique. Plus question de prendre tout ce qu'on vous dit pour argent comptant : vous n'êtes plus une petite fille ! Tout passe aux rayons X de votre jugement : ce que vos parents disent, ce que

vos profs enseignent, ce que les médias affirment. Avouez-le : vous avez même tendance à tout critiquer dans tous les sens ! C'est normal : vous développez votre sens du jugement, et vous prenez du recul par rapport à beaucoup de choses !

CRITIQUE QUI CONSTRUIT, CRITIQUE QUI DÉTRUIT

Seulement, voilà, vous n'exercez pas toujours votre esprit critique de manière constructive… Vous êtes même tentée de l'exercer de manière destructrice en prenant les autres pour cible ! Parfois, sans forcément vouloir faire de mal à ceux que vous visez, vous vous en donnez à cœur joie. Tout le monde y passe : les parents, les profs, mais aussi les copines, avec leurs vêtements ringards ou leur attitude « débile ». Sans compter les gens que vous voyez à la télé, hommes politiques, artistes, etc.

C'est tellement grisant de faire rire les autres par la seule force d'une pique bien envoyée… et les filles sont particulièrement championnes à ce jeu-là !

DANGER, RAGOTS

Parfois, on se laisse aussi aller à critiquer tout et n'importe quoi, et surtout n'importe qui. Vous avez entendu des ragots sur une personne, vous ne prenez pas le temps de vérifier et vous vous embarquez dans une aventure de très mauvais goût : faire circuler la rumeur, généralement malveillante, qui de bouche à oreille va faire le tour des copines. C'est souvent d'ailleurs une rumeur qui a trait à la vie privée de votre cible et c'est même là le côté croustillant de l'affaire. Vous oubliez que la personne concernée va en souffrir et que les dégâts peuvent être sérieux, parfois irréparables. Certaines filles mettent des années à s'en remettre et ont beaucoup de mal à reprendre confiance en elles.

DUR DE SE TAIRE !

Il faut du courage pour ne pas céder à ce goût de la critique systématique, qui devient presque un jeu entre copines. Difficile, quand une ou deux amies commencent à critiquer quelqu'un, de ne pas entrer dans la danse à votre tour. Sans compter que critiquer, vous moquer de quelqu'un, raconter n'importe quoi sur son compte permet de vous mettre en valeur, de développer une complicité entre « ragoteuses », de vous

sentir bien dans la bande de copines !

FAITES BARRAGE !

Vous faites preuve de beaucoup plus de caractère quand vous refusez de tomber dans le piège de la critique facile et que vous cherchez à défendre ceux que l'on attaque injustement, au lieu de passer votre temps à « casser » tout le monde ! En plus, il y a des choses beaucoup plus intéressantes à se raconter que les ragots minables que certaines font profession de transmettre (ou même d'inventer). Alors, mieux vaut fermer vos oreilles aux calomnies, garder votre langue des malveillances… et employer plutôt votre sens critique à vous ouvrir l'esprit !

VOIR AUSSI

HYPOCRISIE,
JALOUSIE,
SUSCEPTIBILITÉ.

112

CONSEILS

Refusez la critique facile !

▲ La critique, c'est un peu lâche. Parler derrière le dos des gens, c'est comme faire un procès sans que l'accusé, absent, puisse se défendre.

▲ La critique, c'est caricatural. Vous ne voyez que les défauts de l'accusé, vous oubliez ses qualités… or il en a, comme tout le monde.

▲ La critique, c'est injuste. Vous vous permettez de tout dire sur l'accusé, mais vous n'admettriez pas la réciproque !

Victime de ragots ?

▲ Se rappeler que les ragots naissent souvent de la jalousie. Un ragoteur ne perdra jamais son temps à colporter des rumeurs sur les gens inintéressants ! En un sens, ces ragots vous honorent. Restez digne, gardez la tête haute !

▲ Opposer un démenti formel, si c'est intenable et que cela peut vraiment vous causer du tort. Vous pouvez faire passer les informations véridiques par le bouche à oreille, à la manière des ragots (bref, les tuer sur leur propre terrain), via vos bonnes copines.

CRITIQUES
Déléguée de classe
DÉSIR

DÉLÉGUÉE DE CLASSE

ILS M'ONT FAIT CONFIANCE !

Les délégués sont les élèves chargés, pour l'année scolaire,
de représenter leur classe auprès des profs pendant le conseil de classe,
qui se réunit chaque trimestre, et au cours d'éventuels conseils de discipline.

✩ S'INFORMER

À chaque rentrée et dans chaque classe, au collège comme au lycée, les élèves doivent élire deux délégués. Tous les élèves peuvent être candidats. C'est généralement le prof principal qui organise l'élection. Il recueille les noms des différents candidats et organise un vote à bulletin secret après une présentation du projet des candidats.

TRAIT D'UNION

Les délégués sont le trait d'union entre les profs et les élèves. Ils transmettent les informations entendues dans les réunions avec les enseignants. Si un élève rencontre un problème particulier, les délégués peuvent demander un entretien avec le prof concerné. Lors du conseil de classe, ils donnent leur point de vuc sur la vie de la classe, sur les difficultés que rencontrent les élèves dans leur travail. Ils sont chargés de défendre les élèves et d'éclairer les profs dans leurs décisions. Lors d'un conseil de discipline, il leur revient de plaider la cause de l'élève. Comme ils ont le même âge, parfois les mêmes soucis, ils peuvent être plus à même que des adultes d'expliquer pourquoi un élève a commis un acte ou adopté une attitude qui peuvent être sanctionnés.

VIE SCOLAIRE, UN RÔLE À JOUER

L'ensemble des délégués d'un établissement se retrouvent dans la conférence des délégués de classe. Le proviseur peut demander l'avis de la conférence sur toutes les questions concernant la vie scolaire. Pour exercer leurs responsabilités, les représentants des élèves peuvent être aidés par les conseillers principaux d'éducation. Il existe aussi des stages de formation, utiles surtout pour les représentants au conseil d'administration ou au conseil de la vie lycéenne.

✩ COMPRENDRE

L'élection des délégués, c'est le moyen d'apprendre ce que veut dire être citoyenne et faire fonctionner la démocratie. Si vous êtes élue vous-même, c'est la première responsabilité importante que vous prendrez dans votre établissement scolaire. Cette mission que les élèves vous confient vous confère des devoirs. À vous d'être digne de la confiance qu'ils ont placée en vous et de mériter le respect des profs.

LES INGRÉDIENTS DE LA CONFIANCE

Pour cela, il n'y a pas de secret : il faut être une élève sérieuse, posée, capable d'écouter à la fois les élèves et les profs. Vous devez donc être attentive à la vie de la classe, aux soucis de chaque élève, savoir prendre des décisions, parler en public… et accepter de prendre un peu de temps sur vos loisirs pour cela. Tout le monde n'en a pas forcément l'envie ou les capacités. Il faut être motivée et persévérer toute l'année ! Si vous vous présentez pour être déléguée, c'est que vous êtes prête à tenir votre engagement jusqu'au bout.

QUI M'AIME ME SUIVE

Le but n'est pas de se faire élire Miss 3e 2. Une élection n'est pas un applaudimètre pour savoir si vous êtes populaire dans la classe. C'est un service que l'on accepte de rendre aux autres ! Être délégué n'est pas réservé aux top models de la classe, et vous pouvez vous présenter même si vous êtes timide. Et si vous devez choisir entre le plus beau garçon de la classe et une fille discrète, réfléchissez avant de vous prononcer pour le charmeur. Il s'agit de voter utile !

EN CAMPAGNE !

Si cette responsabilité vous tente, lancez-vous quand le professeur demande des candidats. N'ayez pas peur de passer pour une orgueilleuse, ni de subir une « défaite » : si vous voulez vous occuper des autres, il faut y aller ! Si vous n'êtes pas élue, il n'y a aucune honte. Vous trouverez d'autres moyens de rendre service dans votre classe.

LA FEUILLE DE ROUTE DU DÉLÉGUÉ

- Écouter les autres.
- Savoir prendre la parole.
- Mériter la confiance et le respect des profs et des élèves.
- Avoir le souci de faire participer tout le monde à la vie de la classe.
- Avoir des idées pour améliorer la vie quotidienne des élèves.
- Rester modeste : le délégué est un élève comme les autres !

BONS PLANS

Quelques pistes pour voter :

▲ Ne votez pas forcément pour votre copine si vous pensez qu'il y a un meilleur candidat. Ne votez pas forcément comme elle non plus !

▲ Commencez déjà par éliminer ceux qui n'ont aucune idée intéressante pour la vie de la classe, ceux qui se présentent pour le seul plaisir d'être élus, les girouettes qui changent toujours d'avis, ceux qui s'écrasent devant les profs ou au contraire ceux qui parlent à tort et à travers. Ils pourraient desservir les élèves.

▲ Le vote est personnel et secret : vous n'êtes pas obligée de dire pour qui vous avez voté.

DÉMÉNAGER

PARTIR, C'EST MOURIR UN PEU...

✭ S'INFORMER

Il y a toutes sortes de raisons de déménager, des bonnes et des moins bonnes, ou du moins des heureuses et des malheureuses.

VIVE LE CHANGEMENT !

Vous pouvez être contente de déménager parce que vous vous rapprochez d'une grand-mère bien-aimée, de cousins ou d'amies d'enfance ; que vous vous installez dans une région que vous aimez. Vous pouvez aussi être contente de quitter la ville pour vivre à la campagne, ou au contraire de fuir un trou perdu ! Vous pouvez aussi vous réjouir car votre maison sera plus grande et que vous aurez enfin votre chambre !

J'VEUX PAS PARTIR

Vous pouvez aussi avoir le cœur serré si votre famille déménage à cause de problèmes d'argent, parce que vos parents se séparent ou, encore plus grave, en raison d'un décès. Dans tous ces cas, le déménagement peut augmenter votre peine ou votre inquiétude. Il peut aussi vous aider à prendre le dessus, à vous bagarrer avec les problèmes matériels en attendant d'être capable d'affronter la cause douloureuse de ce changement.

À VOS CARTONS

Quoi qu'il en soit, il va falloir vous y mettre. Car même si le gros du travail pour organiser le déménagement revient à vos parents, c'est aussi votre affaire. Ranger, trier, nettoyer, tout cela a du bon : les regrets et la nostalgie sont tenus à distance et ne vous submergent pas…

✭ COMPRENDRE

Déménager, c'est un peu changer de vie, aller vers quelque chose qu'on ne connaît pas. C'est normal d'avoir un peu d'appréhension.

DIRE AU REVOIR

Pour le vivre le mieux possible, il faut essayer de ne pas trop brusquer les choses, de respecter des étapes. D'abord, prenez le temps de faire vos adieux, de réunir les amies que vous quittez, de faire des projets pour vous revoir. Faites le tour aussi des lieux que vous avez aimés, prenez des photos. Faites-vous un petit bagage de souvenirs et de projets.

GARDER, JETER

Pour cela, il est important de trier vos affaires, de garder certains souvenirs, mais aussi de savoir se séparer d'autres pour matérialiser votre départ. On n'emmène jamais toute sa vie avec soi et jeter des objets, c'est une façon de regarder vers l'avant et de laisser le passé… dans le passé. Mais attention ! n'allez pas trop vite, vous ferez un second tri quand vous serez dans votre nouvelle vie !

EN ROUTE VERS LE FUTUR

Si c'est possible, partez à la découverte de votre nouvel environnement : visitez votre nouveau logement, votre future chambre, votre nouveau collège ou lycée, faites le tour du quartier pour repérer ce qui vous intéresse, allez à la mairie ou à l'office du tourisme pour connaître la ville, les activités à votre disposition. Bref, commencez à vous mettre dans la peau d'un nouvel habitant ! Souvent d'ailleurs les communes organisent un accueil des nouveaux habitants au moment de la rentrée des classes et,

dans les villes, des associations se chargent toute l'année de l'accueil des nouveaux.

SE FAIRE
DE NOUVELLES COPINES

Le plus difficile pour vous, c'est sans doute de quitter vos copines et de ne pas trop savoir comment en trouver d'autres. Si vous déménagez en début d'année, c'est facile. Il y a fort à parier pour que vous ne soyez pas la seule « nouvelle », il y a eu aussi des départs à la fin de l'année : les groupes vont se réorganiser, vous avez toutes les chances de vous intégrer ! Déménager en cours d'année demande une plus grande capacité d'adaptation. D'abord au niveau des cours, car d'un établissement à l'autre, il peut y avoir des différences : certains professeurs peuvent avoir davantage avancé dans le programme ou ne pas avoir les mêmes méthodes. Mais ils sauront vous aider à reprendre le fil du cours et les élèves auront vite fait de vous initier à leurs exigences. Ce sera même une bonne occasion de faire connaissance et d'entrer dans une bande de copines !

☆ CONSEIL

GARDER DES LIENS AVEC
SES ANCIENNES COPINES

Ce n'est pas parce que vous n'habitez plus près de chez elles et que vous n'allez plus en classe ensemble que tout ce que vous avez partagé va disparaître. Il se peut même que l'éloignement crée de nouveaux liens ou une nouvelle manière de vivre vos amitiés.
- Les mails, les SMS sont les premiers outils pour continuer à partager les événements de sa vie et pour bavarder de tout et de rien.
- Les anniversaires se souhaitent aussi par mails et par SMS.
- On peut s'envoyer des photos, des vidéos et même commencer un Blog sur sa nouvelle vie pour le faire connaître facilement à toutes ses anciennes copines.
- Les vacances sont de bonnes occasions de se revoir et de retrouver le bonheur d'être ensemble.

117

VOIR AUSSI
COPINES, TIMIDITÉ.

BON PLAN

Où trouver des copines ?

Il n'y a pas que l'école pour se faire de nouvelles copines. Il y a d'abord le voisinage, les filles et les garçons qui prennent le bus avec vous pour aller en classe, la piscine ou la patinoire, le centre de loisirs, le cinéma, la fille de la boulangère ou le fils du marchand de journaux. Bref, les occasions ne manquent pas.
Si vous vous sentez seule, ne vous découragez pas et prenez l'initiative : inscrivez-vous à une activité qui vous plaît (sport, dessin, musique, aumônerie…). C'est le meilleur moyen de rencontrer de nouvelles têtes… qui, en plus, auront des goûts communs avec vous.

DÉSIR

QUAND LE CORPS S'EMBALLE...

Le désir est une émotion violente et spontanée qui vous attire vers une autre personne.

☆ S'INFORMER

Le désir s'exprime par une multitude de sensations physiques, des plus discrètes aux plus violentes. Ce peut être un doux fourmillement tout le long du corps, une impression un peu bizarre au creux du ventre (parfois même un coup subit), ou tout simplement le rouge qui monte aux joues, quand on est en présence d'une personne attirante… Et puis, il y a les expressions plus violentes et manifestes du désir sexuel.

DES MANIFESTATIONS PARFOIS TRÈS GÊNANTES

Pour l'homme, c'est très visible. Le pénis augmente de volume et se durcit ; on appelle cela une érection. Si c'est plus discret chez la femme, c'est pourtant très réel : la pointe des seins se dresse, tout le sexe devient sensible et humide, le clitoris se durcit, les lèvres gonflent, le vagin se détend et s'ouvre, comme dans l'attente d'un rapport sexuel.

CES ÉMOTIONS QU'ON VOUDRAIT TAIRE

Au moment de l'adolescence, ces sensations jusqu'alors inconnues peuvent être très troublantes, même si elles ne se manifestent pas tous les quatre matins ! Certaines filles se sentent gênées, et même honteuses de ces réactions qu'elles ne maîtrisent et ne comprennent pas toujours.

JE SUIS AMOUREUSE, JE CROIS…

C'est pour cela que beaucoup de filles ne font pas forcément le lien entre leur « coup de cœur » et une forme de désir. Pourtant, il ne faut pas s'y tromper : dans l'attirance soudaine que l'on ressent pour un garçon, entrent tout autant en jeu les battements du cœur (on n'est pas des bêtes !) que l'émotion des sens (parce que l'on n'est pas de purs esprits non plus).

☆ COMPRENDRE

Pendant longtemps, le désir a été nié ou caché comme quelque chose de malsain. Pourtant, c'est quelque chose de très naturel, qui pousse l'être humain vers la vie et vers les autres ; cela n'a rien de sale ni de honteux. Simplement, il faut apprendre à vivre avec ces émotions fortes sans qu'elles vous mènent par le bout du nez !

ATTENTION À LA CONFUSION DES GENRES !

Le danger est de confondre désir et amour. Il vous est peut-être déjà arrivé d'être attirée par un garçon que vous connaissiez à peine, voire que vous aviez simplement croisé ! Vous n'étiez attirée ni par ses qualités, ni par son intelligence, vous n'aviez pas encore eu le temps de les découvrir ! Simplement, sans que vous sachiez vraiment pourquoi, il vous plaisait. Cela ne veut pas forcément dire que vous l'aimiez, encore moins qu'il fallait vous jeter dans ses bras tout de suite ! Le désir, c'est le langage du corps. L'amour, c'est une autre histoire, où le cœur et l'intelligence entrent aussi en jeu.

DÉSIR OU TENDRESSE ?

Il y a longtemps, les Grecs avaient déjà compris que l'amour se nourrit et s'enrichit aussi bien du désir que du sentiment amoureux. Ils avaient d'ailleurs deux figures pour symboliser l'amour : Éros (devenu Cupidon en latin) et Agapé.

Éros, c'est l'amour-désir. On le représente sous les traits d'un petit dieu espiègle qui lance des flèches pour allumer le désir chez les gens ! Agapé, c'est l'amour-tendresse, l'amour généreux, celui du cœur qui se centre sur l'autre, qui cherche à donner avant de recevoir.

JAMAIS L'UN SANS L'AUTRE

Attention ! l'un n'exclut pas l'autre. Au contraire !
Les deux sont essentiels. Le désir, c'est important. C'est ce qui pousse une fille et un garçon l'un vers l'autre pour se découvrir et construire une relation plus réfléchie, où ils apprennent à se connaître et à s'aimer.

ÉROS + AGAPÉ

Au cœur même du plus beau et du plus grand des amours, le désir continue à faire son œuvre. L'amour n'est pas un sentiment désincarné qui serait devenu beau et pur parce qu'il n'y a plus de désir ! Un garçon et une

fille, un homme et une femme, qui s'aiment vraiment ont envie et besoin de se toucher, de s'embrasser, de se caresser, ils ont envie de ne faire plus qu'un. Bref : le grand amour, c'est Éros et Agapé qui s'associent, c'est le cœur et le corps qui ne font qu'un. Et cet amour-là, c'est le bonheur !

AGAPÉ, CE GRAND TIMIDE

Mais attention, si vous vous contentez de satisfaire le désir de votre corps, vous avez toutes les chances d'oublier en chemin celui de votre cœur, parce qu'il est plus discret, moins évident et sans doute moins facile à comprendre et à combler. C'est aussi pour cela que le plaisir du cœur rend vraiment heureux et qu'il n'est pas éphémère comme celui du corps…

DU CALME, ÉROS !

Le désir, c'est bien, c'est bon, comme la sève qui monte dans les arbres au printemps, c'est la vie. Mais sa pulsion est tellement forte, quand on est jeune et inexpérimentée, que cela risque de tout balayer. Attention à ne pas tomber dans le panneau et à ne pas laisser Éros prendre toute la place. Tout ce que vous ressentez n'est pas forcément de l'amour !

ON REPREND SES ESPRITS !

À votre âge, c'est normal de tomber amoureuse, et même d'être troublée par des désirs dont vous ne soupçonniez pas l'existence, il y a quelques mois encore ! Cela ne veut pas dire

qu'il faut vous y soumettre. Vous pouvez toujours vous donner le temps de reprendre vos esprits ! Après tout, si c'est vraiment l'amour, vous aurez bien l'occasion de vous en apercevoir !

VOIR AUSSI

AMOUREUSE,
PREMIER RAPPORT SEXUEL,
SEXE.

119

DEUIL

JE NE PEUX PAS VIVRE SANS LUI...

Le deuil signifie deux choses : **la perte d'une personne aimée et le temps qui suit son décès**, période douloureuse où il faut apprendre à vivre sans elle.

☆ S'INFORMER

Toutes les civilisations ont inventé des rites pour aider à surmonter la souffrance due à la mort d'une personne aimée. Dans beaucoup de sociétés, on observe un temps de deuil d'une durée déterminée, avec un costume particulier et un retrait de la vie sociale (pas de sorties, pas de fêtes, voire dans certaines sociétés une vraie coupure d'avec le monde).

UN PASSAGE DOULOUREUX

Jusqu'à la Première Guerre mondiale, en France, on distinguait des périodes dans le deuil : le grand deuil au début, où l'on s'habillait tout en noir, puis le petit deuil suivi du demi-deuil, qui imposaient une liste de couleurs et de vêtements autorisés. Aujourd'hui, ces manifestations extérieures ont pratiquement disparu, mais on évite toujours de porter des couleurs vives lors d'un enterrement. Mais, si les signes extérieurs ont disparu, le deuil reste une période plus ou moins longue pendant laquelle on apprend à accepter la mort de la personne aimée ; et l'absence de rites traditionnels ne facilite pas forcément ce passage douloureux.

☆ COMPRENDRE

La mort d'un être aimé, père, mère, frère, sœur, ami ou grand parent, est toujours un choc violent, une rupture dans la vie : il y aura désormais un avant et un après. C'est vrai même si une maladie grave laissait prévoir cette mort depuis longtemps.

LE TEMPS DES LARMES

D'abord, on ne veut pas y croire, cela paraît incompréhensible. Ensuite, on est submergée par la douleur. On pleure, on a mal, souvent même physiquement, parce que le corps aussi refuse cette séparation. Tout paraît pénible et difficile, même des choses quotidiennes comme s'habiller, manger, dormir. Comme si le fil de la vie était rompu aussi pour ceux qui restent.

LE REFUS DU DÉPART

On a tendance à se replier sur soi. À vouloir oublier la réalité pour revenir au temps où la personne aimée était encore là. À ressasser tout ce que l'on a vécu avec elle, comme si c'était un moyen de lui redonner vie. On la fait exister en soi pour oublier qu'elle n'est plus là, qu'elle ne le sera plus jamais. C'est parfois si fort que l'on peut se laisser aller à croire qu'elle est partie en voyage, qu'elle reviendra un jour.

TROP TARD

Pourtant, quand elle était en vie, l'entente n'était pas parfaite. Disputes, critiques, colères injustes, bouderies, il y a eu bien des occasions de mal

120

se conduire. Mais justement, la mort empêche désormais d'effacer cela ; et on peut se sentir malheureuse de ne pas avoir été plus délicate, de ne pas lui avoir demandé pardon quand il le fallait. Ce sentiment s'ajoute à une autre culpabilité plus inconsciente, celle de jouir encore de la vie alors que l'autre en est privé.

LE TRAVAIL DE DEUIL

Il faut du temps pour accepter l'absence, pour passer de la colère, du chagrin au souvenir plus serein. Cette lente transformation intérieure, appelée « travail de deuil », n'est pas un effort conscient. C'est lâcher doucement la main de celle ou celui qui est parti, apprendre à marcher seule pour revenir dans le monde des vivants.

UN PILIER EN MOINS

À l'adolescence, c'est une épreuve particulièrement difficile. Parce que c'est l'âge où vous êtes en train de vous lancer dans la vie, un âge crucial où vous avez particulièrement besoin d'être soutenue. Perdre brutalement quelqu'un de proche quand on est adolescente, c'est être privée d'un appui dont on avait besoin pour grandir, quitter l'enfance et devenir adulte. Si cela vous arrive, vous pouvez avoir l'impression que tout lâche en même temps, avant d'avoir eu le temps de prendre des forces pour vous débrouiller seule avec les difficultés de la vie.

DIRE ET PLEURER L'ABSENCE

L'important, c'est de pouvoir parler. Évoquer la personne disparue avec ceux qui l'ont connue, partager les souvenirs, les moments de bonheur et la douleur de la séparation. Mais parfois, on n'ose pas parler avec des gens trop proches : on a tous tellement mal ! Il est bon alors de trouver une personne qui a un peu plus de recul ; quelqu'un que l'on aime, qui est plus fort pour écouter, devant qui l'on peut se laisser aller à pleurer. Quelqu'un aussi qui peut ouvrir la porte de l'avenir, dire que la vie n'est pas finie.

RÉAPPRENDRE À VIVRE

Et surtout, il ne faut pas croire qu'accepter la mort d'une personne aimée, être heureuse de vivre alors qu'elle est morte, c'est la trahir. Cela n'empêche pas de garder dans son cœur tout ce que l'on a vécu avec elle, cette histoire qui nous a fait grandir, cette relation qui a tellement contribué à faire de nous ce que l'on est aujourd'hui. En réapprenant à vivre, à rire, à faire des projets, à aimer aussi, on fait vivre le trésor que nous a laissé celui ou celle qui est parti.

VOIR AUSSI

MORT, SUICIDE.

CONSEILS

▲ Se donner du temps, se donner le droit de pleurer, d'avoir mal et même d'être malade.

▲ Parler de lui ou d'elle, dire ce qu'on ressent.

▲ On peut aussi lui écrire une lettre d'adieu.

▲ Aider à préparer une belle cérémonie d'adieu, où chacun pourra dire sa douleur et son amour avec des objets, de la musique, des poèmes.

▲ Se faire un coin dans sa chambre avec quelques objets symbolisant le défunt et accepter peu à peu l'absence.

▲ Aller se recueillir au cimetière, en posant un bouquet de fleurs sur sa tombe, signe qu'on ne l'oublie pas.

▲ Si on est croyante, prier et essayer de mieux comprendre ce que sa religion dit de l'espérance après la mort.

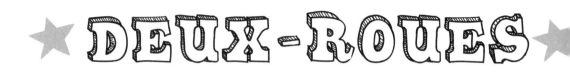

DEUX-ROUES

J'VEUX UN SCOOT !

Les deux-roues, c'est une dénomination très vaste :
ça va de la patinette à la moto !

✩ S'INFORMER

La loi n'impose pas les mêmes contraintes aux utilisateurs des différents deux-roues : les précautions obligatoires dépendent bien sûr des risques encourus.

DEUX POIDS, DEUX MESURES

Pour le vélo, pas d'obligation légale de permis, de casque, ni d'assurance. Cela dit, il est préférable (et pas ridicule du tout !) de porter un casque et d'envisager une assurance spécifique : à partir du moment où vous circulez sur la chaussée, vous pouvez avoir un accident. Vous pouvez conduire une Mobylette ou un scooter dès l'âge de 14 ans. À deux conditions : que ce soit une cylindrée inférieure à 50 cm^3 et que vous soyez titulaire du brevet de sécurité routière. Casque et assurance sont obligatoires.

BREVET DE SÉCURITÉ ROUTIÈRE

Ce brevet se compose d'une partie théorique et d'une partie pratique. La partie théorique, que doivent passer tous les élèves de 5e, c'est l'attestation scolaire de sécurité routière. Elle permet de s'assurer que les jeunes connaissent les règles générales de sécurité routière et sont capables d'analyser les dangers qu'ils peuvent rencontrer en circulant sur la voie publique, qu'ils soient à pied ou à deux-roues. Cette attestation est délivrée par l'Éducation nationale. Ensuite, pour avoir le brevet, il faut passer la partie pratique, à savoir trois heures de circulation sous le contrôle d'un accompagnateur agréé. À partir de 16 ans, si vous êtes titulaire d'un permis A1, vous pouvez conduire un deux-roues de plus de 50 cm^3 et de moins de 125 cm^3. Pour les plus grosses cylindrées, il faut passer un permis moto.

✩ INFO +

LE COÛT D'UN DEUX-ROUES

Ce n'est pas donné ! Pour une cylindrée de moins de 50 cm3, il faut compter entre 1 300 et 2 500 €. 150 € par an pour une assurance minimale et de 50 à 100 € pour le casque, absolument obligatoire. Sans compter l'essence (2,5 litres pour 100 Km), l'huile, les réparations… et les contraventions. Jusqu'à 135 € si on a « oublié » son casque, 135 € pour des pneus lisses ou sous-gonflés, 68 € si l'on roule de nuit les feux éteints (et même de jour pour les gros cylindres).

✩ COMPRENDRE

Le deux-roues, c'est la liberté, le rêve… et quelquefois le sujet de conflit par excellence avec les parents.

BOTTES DE SEPT LIEUES, VERSION MODERNE

La Mobylette ou le scooter, ça change la vie. Vous pouvez aller voir vos copines à tout moment sans dépendre de vos parents. Plus besoin non plus de supplier que l'on vous véhicule pour aller faire du shopping ou vous rendre au cours de danse, sans compter la joie d'épater la galerie des copains et des copines !

PREMIER COUP DE STARTER

C'est aussi le signe que l'on a confiance en vous, en vous laissant vous lancer dans la jungle de la circulation routière. C'est un premier pas vers le monde adulte, le début de votre indépendance. Vous vous souviendrez longtemps de votre première Mobylette, du moment où les parents ont cédé, inquiets et pleins de bonne volonté, et de la famille réunie pour vous regarder démarrer votre rutilant deux-roues…

LA CARROSSERIE, C'EST VOUS

Toute à votre joie et à votre insouciance, vous n'avez peut-être pas vraiment conscience du bien-fondé de l'inquiétude de vos parents. Pourtant, les accidents de deux-roues sont l'une des causes principales de mortalité chez les jeunes.
N'oubliez pas que vous êtes bien moins protégée sur un scooter ou une Mobylette que dans une voiture : logique, en cas de choc, c'est vous qui tenez lieu de carrosserie ! Chaque fois que vos parents ne vous verront pas rentrer à l'heure prévue, ils ne pourront pas s'empêcher d'y penser.

ALLÔ, J'ARRIVE !

Alors, la meilleure façon de les remercier de leur confiance, c'est d'être prudente : portez toujours votre casque, ne conduisez jamais si vous êtes fatiguée ou après avoir bu (ne buvez pas du tout, c'est encore mieux), ne roulez pas trop vite, respectez bien le code de la route. Et soyez sympa : passez un petit coup de fil à vos parents chaque fois que vous pensez être en retard…

☆ INFO +

LES ACCIDENTS

Parmi les cyclomotoristes de 15 à 17 ans, on compte près de 45 tués et 4 300 blessés par an. Plus d'un jeune cyclomotoriste tué sur 10 ne portaient pas de casque.
La moitié des accidents mortels impliquant un cyclomoteur se produisent la nuit.

☆ CONSEILS

LE CASQUE, VOTRE BOUCLIER

- Le casque, c'est vital. Et pas n'importe quel casque ! Si 95 % des cyclomotoristes en portent, on constate que 50 % des blessures graves touchent quand même la tête. Pourquoi ? Parce que certains accidentés portaient des casques non homologués (c'est-à-dire non soumis aux normes élémentaires de sécurité).
- Pour être efficace, un casque doit être correctement attaché : ne l'enfilez pas à la va-vite !

VOIR AUSSI

CONFIANCE, PARENTS, RESPONSABILITÉ.

BONS PLANS

Quand vous prenez la route
▲ Vérifiez les pneus, les freins, la chaîne, le niveau d'huile. Assurez-vous que votre phare fonctionne.
▲ En cas de pluie, doublez vos distances de sécurité, roulez moins vite. N'oubliez pas que les autres véhicules ont, comme vous, plus de mal à freiner. Attention aux bandes de signalisation collées au sol (passages piétons, lignes de marquage), aux plaques d'égouts, aux rails de tram, etc. : l'eau les transforme en patinoire !
▲ Dès qu'il fait mauvais, pensez à mettre vos affaires précieuses dans un sac plastique. Ça vous évitera d'avoir recours aux services du fer à repasser pour remettre en forme vos papiers trempés !

123

DEVOIRS
Deux-roues
DÉMÉNAGER

DEVOIRS

J'ARRIVE PAS À M'Y METTRE !

Pas moyen d'y couper : les devoirs, ça revient tous les jours ! Face à cette réalité implacable, il y a deux solutions. La prendre avec philosophie et vous organiser pour que ça ne vous empoisonne pas l'existence. Ou choisir la politique de l'autruche, mais bonjour les nuits blanches ou les dimanches soir déprimants !

UN TEMPS POUR SOUFFLER

Certaines filles préfèrent s'y mettre dès la sortie des cours, pour avoir fini plus vite. Mais vous avez peut-être besoin d'un petit temps de décompression. Goûter devant la télé, coup de fil à une amie : l'important, c'est de vous changer les idées. Une heure suffit largement : après, vous n'aurez plus le courage de vous y remettre !

LES SPÉCIALISTES DE LA DERNIÈRE MINUTE

Vous préférez peut-être travailler après le dîner. Vous n'avez d'ailleurs pas forcément le choix, pour peu que l'entraînement de sport tombe à la sortie des cours ! À éviter cependant quand vous avez beaucoup de travail, à moins que vous n'aimiez mettre votre réveil à 6 heures du matin pour boucler un devoir…

DOUBLE AGENDA

Le mieux, c'est de vous faire une organisation sur la semaine, une sorte d'emploi du temps bis qui indique quel jour vous ferez votre devoir de maths, vous réviserez l'anglais, etc., en y intégrant vos autres activités. Un emploi du temps souple, bien sûr, à moduler en cas d'événement important (la sortie à ne pas manquer !).

LE CADRE

Reste bien sûr à s'y mettre. Le cadre de travail est essentiel : on travaille mal dans le bruit et le désordre. Mieux vaut vous enfermer dans votre chambre ou un endroit au calme, vous installer devant un bureau rangé et bien éclairé. Relisez les cours de la journée et assurez-vous que vous avez compris les exercices faits en cours. Sinon, programmez de les refaire le mercredi ou pendant le week-end. Faites les exercices rapides et gardez les plus longs pour le mercredi ou le week-end.

PETITE PAUSE ?

Pour ne pas musarder, fixez-vous une durée à ne pas dépasser. Cela évite d'être mobilisée toute la soirée. Vous pouvez aussi morceler votre temps de travail : une heure pour les maths, puis une courte pause (le temps de votre single préféré). Cela motive pour attaquer la suite !

MUSIQUE OU SILENCE ?

Travailler en musique, pourquoi pas ? Certaines finissent par ne plus l'entendre et s'aperçoivent qu'elles ont besoin d'une pause quand elles y font de nouveau attention. D'autres ont besoin de silence pour se concentrer. À vous de trouver votre méthode.

mentalement en interro.
Une mémoire auditive ?
Répétez tout haut vos leçons
pour vous souvenir de la
musique des mots le moment
venu ou enregistrez-les sur votre
smartphone pour les réécouter.

D'accord : il y a des soirs où
c'est franchement un crève-cœur
de faire vos devoirs quand vous
avez envie de rêvasser, de passer
du temps à parler de tout et
de rien avec une amie, ou
de regarder la télé. De quoi
regarder de travers les bonnes
âmes qui ont la fâcheuse idée
de vous dire que les études,
c'est le bon temps, alors
qu'elles ont leurs soirées et leur
week-end libres, sans l'angoisse
de l'interro du lendemain !

UN TEMPS POUR TOUT

Seulement, voilà, elles sont
aussi passées par là, elles ont
d'autres soucis et surtout
beaucoup moins de vacances
que vous ! Et puis, qui vous
dit qu'elles ne regrettent pas
sincèrement ce temps passé
à former leur intelligence et
à forger leur esprit critique ?

MUSCLEZ
VOTRE CERVEAU !

Les devoirs ne servent pas
seulement à passer de classe
en classe, à décrocher le bac
et à obtenir des diplômes.
Ils vous aident à devenir plus

AVEC OU SANS LES COPINES ?

Les amies, c'est parfois très
efficace pour se motiver : on
n'ose pas lever le nez quand
on voit les autres concentrés !
Essayez donc de travailler
ensemble… mais cela oblige à
une grande discipline pour ne
pas partir sur un autre sujet !
Même exigence pour les coups
de fil « SOS » pour terminer
un devoir : difficile parfois de
ne pas dévier sur les histoires de
l'une ou de l'autre !

MÉMOIRE VISUELLE,
MÉMOIRE AUDITIVE

On n'a pas toutes la même
mémoire. Les unes ont une
mémoire visuelle : elles se
rappellent la page où est écrit
le cours. D'autres ont une
mémoire auditive : pour se
souvenir, elles entendent dans
leur tête la voix du professeur.
Vous avez une mémoire
visuelle ? Prenez des notes, faites
des fiches que vous reverrez

intelligente, à engranger des connaissances que vous n'aurez plus le temps d'acquérir quand vous travaillerez.

C'est pour cela que faire vos devoirs, c'est votre « travail » et la rémunération, c'est une intelligence plus performante, un savoir approfondi (et la conscience tranquille !).

AU BOULOT !

Alors, haut les cœurs, il faut y aller ! Détrompez-vous : ce n'est pas toujours ennuyeux. Vous allez même découvrir des tas de choses passionnantes. N'hésitez pas, quand un sujet vous plaît, à aller plus loin que ce que l'on vous demande : cherchez des informations complémentaires, lisez un livre sur le sujet ou faites des recherches dans le CDI de votre établissement ou sur Internet. Mais même si une matière vous ennuie, il faut, au minimum, assimiler chaque cours. Sinon, vous allez patauger au cours suivant… ou, pire, l'année suivante. Ce serait dommage de redoubler une année par simple paresse. Alors courage !

VOIR AUSSI

BREVET, ÉTUDES, ORIENTATION, REDOUBLEMENT.

VOIR AUSSI

BREVET, ÉTUDES, ORIENTATION, REDOUBLEMENT.

BONS PLANS

Spécial bosseuses de dernière minute

On a beau vous dire de vous y prendre à l'avance, rien n'y fait et vous galérez toujours à apprendre des tonnes de leçons la veille des contrôles importants. Sans forcément apprendre à l'avance, il y a des petits trucs pas fatigants qui font la différence (utiles du collège à la fac !) :

▲ Soyez attentive en cours : la moitié du travail est faite (surtout si votre mémoire est auditive). Cela implique de ne jamais sécher ou buller, et de ne pas se contenter de photocopier les cours des autres. En plus, bien prendre ses notes, c'est rentabiliser le temps passé en classe !

▲ Le soir, reprenez vos notes. Soulignez les titres, encadrez ce qui est important. Relisez-les une ou deux fois attentivement. Cela vous prendra 10 minutes maximum pour chaque cours et la veille du jour J, tout rentrera bien plus vite.

DIEU

TU CROIS EN DIEU, TOI ?

Dieu, c'est un mot qui existe pratiquement dans toutes les langues,
mais il a des significations différentes suivant les cultures et les religions.
Et surtout suivant la manière dont on l'écrit !

☆ S'INFORMER

Les dieux avec un « d » minuscule, ce sont des puissances qui sont supposées intervenir sur la destinée des hommes. Pensez aux dieux et aux déesses des Grecs et des Romains ! Ils ressemblaient aux hommes et n'avaient pas toujours bon caractère ; alors, pour se les concilier et recevoir d'eux des bienfaits, il fallait leur offrir des sacrifices. Aujourd'hui, plus personne ne vénère les dieux grecs ou romains, mais il existe des religions en Afrique et en Asie qui honorent des divinités traditionnelles.

L'UNIQUE

Quand on écrit Dieu avec un « D » majuscule, c'est radicalement différent. Il s'agit alors d'un Dieu unique, créateur de toute chose, tout-puissant, infini et éternel. Contrairement aux dieux multiples, que nous pouvons facilement nous représenter parce qu'ils ressemblent à des hommes, avec chacun leur beauté, leur laideur, leurs qualités et leurs défauts, un tel Dieu est difficilement représentable ! Pourquoi ? Parce que nous avons un esprit limité, et que tous ces « grands » mots : tout-puissant, infini, éternel, voire parfait, nous dépassent.

MAIS QUI DONC EST DIEU ?

C'est la question impressionnante à laquelle essaient de répondre les trois religions qu'on appelle « monothéistes » parce qu'elles croient en un seul Dieu. Ces religions sont, dans l'ordre où elles sont apparues : le judaïsme, le christianisme et l'islam. Elles disent que Dieu est le créateur de l'univers et de l'homme ; il est extérieur au monde (on dit qu'il est « transcendant »). Il n'est pas quelque chose, une puissance, une force ; il est quelqu'un, quelqu'un qui se fait connaître aux hommes (on dit qu'il se « révèle »), et qui leur donne des moyens d'entrer en relation avec lui.

SA PAROLE DANS DES LIVRES

Cette révélation que Dieu fait de lui-même, cette parole de Dieu, chacune de ces trois religions la retrouve dans des écrits différents. Les juifs lisent ce qu'ils appellent la Bible (biblia veut dire livre) ; les chrétiens se réfèrent aussi à la Bible, mais à la Bible juive ils ont ajouté d'autres livres et en particulier les 4 évangiles qui racontent l'histoire de Jésus Christ, qu'ils reconnaissent comme le Fils de Dieu. Les musulmans ont reçu de Dieu le Coran par l'intermédiaire de son prophète Mahomet.

☆ COMPRENDRE

Croyez-vous en Dieu ? Vous vous posez peut-être la question, vos copines vous la posent ou se la posent. Pour y répondre, vous pouvez vous demander si Dieu existe. Mais cette question est abstraite. Personne ne peut y donner une réponse certaine ! Depuis toujours, les hommes cherchent des preuves de l'existence de Dieu. Mais le mystère de Dieu reste entier.

CROIRE EN DIEU, QU'EST-CE QUE ÇA CHANGE ?

Ceux qui croient en Dieu considèrent que cela change leur vie, cela lui donne un sens et oriente leur manière de choisir leur vie et de la vivre. Ils ont envie de connaître ce Dieu et d'entrer en relation avec lui par la prière par exemple. Ils veulent aussi vivre conformément à ce que leur religion prescrit et qui leur a été transmis par tous ceux qui depuis le début de son histoire ont vécu et raconté ce que leur Dieu dit aux hommes.

AU NOM DE DIEU

Au cours de l'histoire et encore aujourd'hui, les religions se sont combattues et beaucoup de guerre et de violences ont été commises au nom de Dieu de sorte que les religions ont mauvaise presse. Mais beaucoup de croyants appartenant à différentes religions sont d'accord aujourd'hui pour dire que leur Dieu ne réclame pas de violences et que ce sont les hommes qui utilisent le nom de Dieu pour légitimer leurs propres violences.

REPRÉSENTATIONS DE DIEU

Chaque religion a sa représentation de Dieu et même chaque croyant a ses propres mots et ses propres images pour parler du dieu auquel il croit. Ces représentations sont inspirées par l'histoire, la culture et la société dans lesquelles ils vivent. Les artistes de toutes les époques et de toutes les religions ont eux-mêmes produit leurs propres représentations de Dieu. Qu'on soit ou non croyant on est souvent émerveillé par les chefs-d'œuvre que leur foi en leur Dieu leur a inspirés.

VOIR AUSSI

RELIGION.

INFO +

Quelques définitions

▲ Un athée, c'est quelqu'un qui ne croit pas en Dieu. Pour lui, Dieu est une pure invention des hommes : la vie humaine est apparue par hasard sur la terre, et l'homme disparaît totalement après sa mort.

▲ Un agnostique ne veut pas se prononcer : peut-être que Dieu existe, peut-être pas ! Pour lui, la question mérite d'être posée, mais on ne peut pas y répondre avec certitude.

▲ Un croyant, c'est quelqu'un qui a la conviction intime que Dieu existe, même si l'on ne peut pas le prouver rationnellement.

DIVORCE

J'AI DEUX FAMILLES...

Le divorce, c'est la **dissolution du mariage civil**, qui se fait **par un jugement.**

☆ S'INFORMER

Depuis le 1er janvier 2017, la loi a simplifié les procédures de divorce dans l'espoir de les rendre plus rapides et moins conflictuelles.

QUAND LES DEUX ÉPOUX SE METTENT D'ACCORD

S'ils sont d'accord sur tout (garde des enfants, partage des biens, etc.), la procédure dite de « consentement mutuel » peut s'appliquer. Ils choisissent un avocat (ils peuvent choisir le même) et proposent au juge une convention qui règle la garde des enfants et les problèmes d'argent. S'il reste des points de désaccord entre eux, ce sera au juge de trancher.

POUR ALTÉRATION DÉFINITIVE DU LIEN CONJUGAL

Il est possible quand les époux vivent séparés depuis au moins 2 ans. L'un d'eux peut aussi le demander quand l'autre est atteint d'une maladie mentale grave. Dans ce cas, même divorcé, il continue à lui devoir assistance.

DIVORCE POUR FAUTE

Il intervient quand l'un des conjoints reproche à l'autre une violation grave des devoirs et obligations du mariage (violences conjugales, par exemple.)

UNE LONGUE PROCÉDURE

Une procédure par consentement mutuel dure moins de 6 mois. Quand les époux ont des sujets de désaccord (garde des enfants, argent…), c'est souvent beaucoup plus long, entre 12 et 18 mois.

ET LES ENFANTS ?

En général, les deux parents gardent l'autorité parentale, même si la garde est attribuée à l'un (la mère dans 76 % des cas), tandis que l'autre a un droit de visite (souvent un week-end sur deux et la moitié des vacances scolaires).
Pour éviter une trop grande séparation, 15 % des parents choisissent la garde alternée : les enfants vivent tantôt chez l'un, tantôt chez l'autre (une semaine sur deux par exemple).
Source : INSEE

LEUR MOT À DIRE

Le juge peut consulter les enfants avant de prendre une décision sur leur lieu de vie. S'il ne le fait pas, ils peuvent demander à être entendus. À quel âge ? « Dès qu'ils sont capables de discernement », précise l'article 12 de la Convention internationale des droits de l'enfant. En pratique, seuls les adolescents ont recours à cette possibilité. L'entretien a lieu sans les parents, à huis clos (c'est-à-dire en privé). L'enfant peut demander l'appui d'une personne de son choix, et même d'un avocat, qu'il n'a pas à payer.

☆ INFO +

QUAND LES PARENTS NE SONT PAS MARIÉS

La séparation du couple peut intervenir sans passage devant un juge mais l'un des deux membres du couples peut saisir le juge aux affaires familiales en cas de désaccord sur les modalités de la séparation (garde des enfants, partage des biens, etc.) La séparation est moins complexe et moins coûteuse mais elle reste un moment difficile pour les adultes et les enfants.

☆ COMPRENDRE

Un divorce, c'est toujours douloureux. Pour les adultes, c'est l'aveu d'un échec, la fin d'un amour. Ils s'étaient cru capables de s'aimer pour toujours, et puis c'est fini. Quant aux enfants, ils gardent souvent au fond d'eux-mêmes la nostalgie d'une famille unie.

UNE NOUVELLE VIE

Garde alternée, visites régulières au parent chez qui ils n'habitent pas, le rythme de la vie des enfants est changé par un divorce. Mais, passé un temps d'adaptation, les enfants s'habituent à cette nouvelle situation et y trouvent même parfois la sérénité qu'ils avaient perdue lorsqu'ils vivaient avec deux parents qui ne s'entendaient plus.

MA FAUTE ?

Il arrive que les enfants éprouvent un sentiment de culpabilité : si le couple de mes parents n'a pas marché, c'est peut-être de ma faute ? On dit souvent que les enfants sont le ciment d'un couple : un enfant qui voit ses parents divorcer peut se demander, même inconsciemment, s'il n'est pas responsable de cette crise. Bien sûr, la réponse est non. Un enfant peut créer des tensions entre ses parents s'ils ne sont pas d'accord sur la manière de l'éduquer, mais jamais il ne les mènera devant le juge.

PAS D'AMOUR HEUREUX ?

Les divorces peuvent survenir alors que les enfants sont déjà adolescents. Ce n'est pas la même chose parce qu'on est moins dépendant de ses parents pour la vie quotidienne, mais c'est aussi douloureux que lorsque l'on est enfant. Cela vous fait mal, vous chamboule et fait surgir des tonnes de questions sans réponses. C'est donc vrai que l'amour peut ne pas durer toute la vie ? Alors, à quoi bon se lancer soi-même ? À l'âge où l'on se pose de grandes questions sur ce que l'on va faire de sa vie, il faut avouer qu'un divorce n'est pas très encourageant.

CE N'EST PAS UNE FATALITÉ

Pourtant, aucun divorce ne doit faire désespérer de l'amour. Bien sûr, c'est affreux de voir tous ces couples séparés. Mais il n'y a ni norme, ni fatalité, les statistiques qui font état de chiffres inquiétants concernant le nombre de divorces ne vous empêcheront pas de prendre votre vie en main et de vous battre pour réussir votre couple !

VOIR AUSSI

BEAU-PÈRE / BELLE-MÈRE, MÈRE, PÈRE.

131

CONSEIL

Un père à mi-temps

Si vos parents sont divorcés et que vous vivez, comme la plupart des enfants dans ce cas, chez votre mère, ce n'est peut-être pas évident de communiquer avec un père que vous ne voyez pas souvent. Pour un père divorcé, les week-ends avec une petite fille, c'est facile : entre le zoo, les glaces et le patin à roulettes, il y a plein de choses à faire ! Mais quand elle grandit, il est souvent désemparé devant une jeune fille qu'il ne comprend pas toujours, d'autant plus qu'il n'a pas la mère de la demoiselle comme décodeur ! Si c'est votre cas, soyez indulgente avec lui. Patiente, aussi : quand vous aurez 18 ou 20 ans, vous aurez certainement une relation beaucoup plus simple et complice avec lui.

DROGUE

LA DROGUE, C'EST L'ENFER !

Les scientifiques regroupent sous le nom de **drogues** différentes substances dites << psychoactives >>, c'est-à-dire qui **modifient le fonctionnement du cerveau et la personnalité.** Ces substances créent une accoutumance et une dépendance, à la fois physiques et psychologiques.

☆ S'INFORMER

La loi du 31 décembre 1970 punit la production, la détention et l'usage de stupéfiants (cannabis, cocaïne, crack, ecstasy, LSD, héroïne…) par des sanctions allant de 76 à 76 000 € d'amende et de 1 à 20 ans de prison.

DURE OU DOUCE

Drogue dure ou douce, la science ne sait pas ce que cela veut dire. Les scientifiques définissent trois grandes catégories de drogues, en fonction de leur action sur le système nerveux : les dépresseurs, les perturbateurs et les stimulants.

LES DÉPRESSEURS DU SYSTÈME NERVEUX

Les effets

Les dépresseurs peuvent être des produits autorisés par la loi mais détournés de leur usage (certains médicaments par exemple) ou des produits interdits comme l'opium ou l'héroïne. Ces drogues ralentissent l'activité du cerveau et produisent, dans un premier temps, un sentiment de bien-être, d'apaisement pouvant aller jusqu'à l'euphorie. Dans le cas précis de l'héroïne, on appelle « flash » le sentiment intense de plaisir que les toxicomanes ressentent lors de la première prise et qu'ils cherchent à retrouver à tout prix, en augmentant et en rapprochant les doses, au risque d'en mourir (par « overdose », un excès de produit que le corps ne peut pas supporter et qui provoque une crise cardiaque).

Les conséquences

Quand la dépendance physique s'installe, et dans le cas de l'héroïne cela peut être dès la première prise, la personne souffre du manque dès que les effets du produit se sont dissipés : son corps réclame la drogue, son esprit est obsédé, son énergie mobilisée par la recherche du produit. Dans le cas de l'opium et de l'héroïne, les crises de manque sont insupportables : crises d'angoisse, crampes abdominales provoquant vomissements et diarrhées, vertiges, tremblements, sueurs froides, hallucinations…
La dépendance psychologique, elle aussi, est très forte. Un ancien toxicomane garde souvent le souvenir du plaisir que lui donnait la drogue. Par ailleurs, le mal-être qui l'avait amené à se droguer n'a pas disparu et c'est souvent cela qui est le plus difficile à surmonter.

LES PERTURBATEURS DU SYSTÈME NERVEUX

Les médecins classent dans cette catégorie diverses substances interdites par la loi comme le cannabis, les champignons hallucinogènes, le LSD (encore appelé acide) et l'ecstasy. Il faut y ajouter les colles et les solvants.

Les effets

On appelle ces drogues « hallucinogènes », car leur action sur le cerveau modifie la perception de la réalité, au point de provoquer des hallucinations (modification des perceptions, de la notion du temps et de l'espace, distorsion des images et des couleurs, confusion entre les images et les sons). C'est la perte de la notion du temps dans l'ivresse cannabique, ou encore le « voyage psychédélique » du LSD.

Les conséquences

Les conséquences de la prise de certaines substances hallucinogènes (LSD ou acide, ecstasy) peuvent être dramatiques dès la première prise. Cela n'a rien à voir avec la prétendue « qualité » du produit. Ces drogues peuvent causer des lésions irréversibles au cerveau, entraînant des accidents psychiatriques extrêmement graves, comme la schizophrénie, sans que l'on sache pourquoi cela arrive à une personne et pas à une autre. Des cas de maladie d'Alzheimer précoce (25 ans), consécutifs à la prise d'acide, ont aussi été recensés : le cerveau des victimes avait été en quelque sorte « carbonisé » par l'acide.

Le « bad trip »

Le LSD peut provoquer des hallucinations très dangereuses : le « voyage psychédélique » a

parfois entraîné des personnes à se jeter par la fenêtre, non par désespoir, mais parce qu'elles pensaient pouvoir voler ! D'autres ont éprouvé des crises d'angoisse avec des bouffées délirantes aux conséquences tout aussi dramatiques (boire de l'eau de Javel pour tuer les vers imaginaires qui rongeaient leur ventre, par exemple). Ce que les initiés nomment le « bad trip » a parfois des conséquences mortelles.

Il ne faut pas oublier non plus le « retour d'acide » : les molécules d'acide peuvent rester inactives dans le cerveau pendant six mois et se mettre à agir à n'importe quel moment… Imaginez ce qui peut se passer quand ce « retour d'acide » arrive au conducteur d'une voiture… Contrairement à des idées reçues, les champignons hallucinogènes ne sont pas moins dangereux que les autres drogues, et ils peuvent avoir les mêmes effets dramatiques que le LSD.

L'ecstasy

Enfin, l'ecstasy, qui agit à la fois comme hallucinogène et comme stimulant, est aussi très dangereuse : en supprimant la sensation de fatigue ou de malaise, cette drogue a conduit des jeunes consommateurs de rave party à la mort. Les victimes dansaient depuis des heures sans manger ni boire parce qu'elles n'en ressentaient pas le besoin : elles souffraient pourtant d'une déshydratation intense faisant monter leur température corporelle à plus de 43 °C.

LES STIMULANTS
DU SYSTÈME NERVEUX

Les effets

Ces drogues suppriment la sensation de fatigue et de faim et, dans un premier temps, stimulent l'activité intellectuelle. C'est le cas des amphétamines (notamment des coupe-faim), de la cocaïne et du crack.
À l'exception du crack (très peu cher et extrêmement dangereux) qui fait des ravages dans les

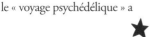

PRODUITS	CATÉGORIES	COMPOSITION-PRÉSENTATION	EFFETS IMMÉDIATS	EFFETS INDÉSIRABLES DANGERS
CANNABIS	Perturbateur du système nerveux central.	Issu d'une plante, le chanvre indien. Se présente sous 3 formes : l'herbe ou marijuana, le haschich ou shit, l'huile (peu répandue).	Détente, relaxation, euphorie. Modification de la perception du temps. Parfois sentiment de persécution, anxiété.	Ralentissement des réflexes, pertes de mémoire, difficultés de concentration. Dépendance physique faible. Risque de dépendance psychologique.
COCAÏNE	Stimulant du système nerveux central.	Extraite d'une plante, la feuille de coca. Se présente sous la forme d'une poudre blanche. Généralement inhalée, elle peut s'injecter. Souvent mélangée à d'autres produits.	Excitation intense, disparition de la sensation de fatigue, coupe-faim ; puis crampes musculaires, état d'épuisement, frissons, dépression.	Détérioration des cloisons nasales, accidents cardiaques, overdose, accidents psychiatriques. Dépendance psychique forte.
CRACK	Stimulant du système nerveux central.	Mélange de cocaïne, de bicarbonate de soude et d'ammoniaque. Se présente sous forme de petits cailloux dont on inhale la fumée après les avoir chauffés.	Excitation, effets plus intenses que la cocaïne, car arrive plus vite au cerveau. Puis hallucinations, comportements violents, états suicidaires.	Graves altérations des voies respiratoires, arrêts respiratoires ou cardiaques, dommages neurologiques. Dépendance physique et psychique très forte.
ECSTASY	Perturbateur du système nerveux central.	Substance chimique souvent mélangée à des amphétamines, de la caféine, de l'amidon ou de la lessive. Se présente sous forme de comprimés colorés ornés d'un motif.	Stimulation, résistance à la fatigue et au sommeil, exacerbation de sensations, délires. Puis, les jours suivants, épuisement et grosse déprime.	Troubles cardiaques, toxicité au niveau du foie, dégradation des cellules nerveuses, troubles psychiques sévères et durables. Dépendance psychique grave.
LSD (encore appelé acide)	Perturbateur du système nerveux central.	Substance provenant d'un champignon hallucinatoire : l'ergot du seigle. Se présente sous forme d'un buvard, de «micropointe» (comme une mine de crayon) ou d'un liquide.	Modifications sensorielles, hallucinations, fous rires, délires. Puis angoisses, crises de panique, bouffées délirantes, risque de « bad trip ».	Accidents psychiatriques graves et durables, parfois dès la première prise.
HÉROÏNE	Dépresseur du système nerveux central.	Substance naturelle issue du pavot. Se présente sous forme de poudre blanche ou brune. S'injecte. Peut être sniffée.	Sensation immédiate d'extase qu'on appelle «flash», puis sensation d'euphorie et somnolence. Parfois nausées et vertiges.	Contamination par les seringues usagées : Sida, hépatites. Overdose. Dépendance physique et psychique très forte.

milieux défavorisés, ces drogues sont plus souvent utilisées dans les milieux artistiques ou intellectuels : ceux qui les consomment recherchent leur effet stimulant immédiat pour être plus performants, plus brillants. Depuis peu, les prix de la cocaïne ont baissé et cette drogue se répand, notamment chez les jeunes.

Les conséquences

Quand les effets des amphétamines ou de la cocaïne sont dissipés, les consommateurs entrent dans une phase de dépression. Ils sont épuisés et ont l'impression de ne plus réussir à penser. La multiplication des prises peut entraîner des crises de tachycardie (le cœur se met à battre trop vite) et des accidents cardiaques.

Les conséquences du crack sont autrement tragiques.

Ce produit, élaboré à partir de la cocaïne retraitée de façon chimique, tire son nom du craquement sonore qu'il produit en chauffant (c'est une drogue que l'on fume). Ses effets sont bien plus intenses que ceux de la cocaïne : excitation euphorique, sentiment de puissance, hallucinations. 1 à 3 prises suffisent pour être dépendant. Le surdosage entraîne souvent la mort par crise cardiaque.

☆ INFO +

DÉPENDANCE, ACCOUTUMANCE

La dépendance, c'est le fait de ne plus pouvoir se passer de la drogue. Quand on n'en a pas, on est en état de manque. L'accoutumance, c'est le fait d'être obligé de prendre de plus en plus de drogue pour obtenir le même effet.

☆ COMPRENDRE

Même si l'adolescence est un moment de la vie où l'on a particulièrement envie d'exercer sa liberté, de tester ses limites et, pour certaines, de braver des interdits, il y a une expérience à éviter absolument : celle de la drogue.

L'ENFER !

Vous êtes effrayée par les effets du crack ou de l'héroïne ? Vous avez raison. Sous l'emprise de la drogue, on vit une véritable descente en enfer. Une journée de consommation d'héroïne, c'est au moins 150 voire 300 €. Et pas de répit possible. Pour ne pas être en manque, les drogués sont prêts à tout : se prostituer, ou commettre des agressions.

TOUTES DANGEREUSES !

Mais il n'y a pas seulement l'héroïne ou le crack qui sont dangereux. Acide et ecstasy sont à la mode dans certains milieux branchés qui refusent d'en voir les vrais dangers. Si on vous en propose un jour, dites non ! Il n'y a pas de « bon » ou de « mauvais » acide qui tienne.

Vous ne pouvez pas savoir si vous ferez partie ou non des malchanceux qui ont eu le cerveau bouilli, fondu, dès la première prise.

TU VAS VOIR, C'EST SUPER...

N'acceptez jamais ce qu'un « ami » sympa pourrait vous donner pour vous détendre ou vous éclater. C'est toujours le début de l'enfer. La drogue ne résout jamais les problèmes, elle les aggrave.

LA VIE EN ROSE

Et puis, si vous décidez de réussir votre vie, d'avoir des projets d'avenir, des amis bien choisis, vous n'aurez pas besoin de poudre blanche ou de pilules colorées pour voir la vie en rose. Vous n'aurez pas besoin de stimulants, de calmants ou d'hallucinogènes pour changer la réalité… parce que cette réalité, vous l'aimerez. Ce sera la vraie vie, la vôtre, celle que vous êtes en train de construire.

☆ À LIRE

Deux témoignages (véridiques et effrayants) de jeunes filles droguées :
- *Moi, Christiane F, 13 ans, droguée, prostituée,* Folio.
- *L'Herbe bleue, Journal intime d'une jeune droguée,* Pocket.

VOIR AUSSI

ALCOOL, CANNABIS.

DROIT

C'EST MON DROIT...

Un droit est la **faculté de faire** ou de dire quelque chose,
de disposer d'une chose ou **d'exiger** quelque chose de quelqu'un.
Cette faculté est garantie par la loi, pour tous, dans un souci
d'égalité et de justice.

☆ S'INFORMER

Les droits fondamentaux des hommes et des femmes ont été inscrits dans les lois au cours de l'histoire. La France a joué un rôle particulier dans ce processus, en rédigeant en 1789 la Déclaration des droits de l'homme et du citoyen, qui a inspiré beaucoup de pays.

LES DROITS À L'ÉCHELLE DU MONDE

Après la Seconde Guerre mondiale, l'Organisation des Nations unies (ONU) a repris les principes de la Déclaration des droits de l'homme de 1789 pour élaborer une Charte internationale des droits de l'homme, proclamée le 10 décembre 1948. Quels sont ces droits ? Droit à la vie et à la liberté, droit de vivre dans des conditions décentes, ou encore de ne pas être inquiété pour ses opinions politiques et religieuses. Elle interdit aussi la torture et les traitements dégradants.

DES PROGRÈS, DES LACUNES

Depuis 1948, plus de 170 pays ont signé la charte de l'ONU. Hélas, les violations des droits de l'homme restent pourtant nombreuses dans le monde.

MÊME LES ENFANTS ?

En 1989, la communauté internationale a essayé de définir les droits des enfants. Ratifiée par 191 pays, la Convention internationale des droits de l'enfant définit des règles visant à les protéger : droit d'être nourris et logés décemment, droit à l'éducation, droit de ne pas travailler trop jeunes, de vivre avec leurs parents, de ne pas subir de mauvais traitements, etc. En 2003, le 12 juin a été déclaré Journée mondiale contre le travail des enfants.

JAMAIS SANS DEVOIRS

Les lois édictent également des devoirs qui accompagnent ces droits : devoir de respecter les droits d'autrui, devoir pour les parents de bien traiter leurs enfants, devoir pour les citoyens de contribuer à la vie commune en payant des impôts…

☆ COMPRENDRE

Avant 18 ans, vous ne jouissez pas encore de tous les droits d'un adulte… mais vous n'en avez pas non plus tous les devoirs ! C'est à l'âge de la majorité que vous les recevrez : droit de vote, mais aussi droit de passer votre permis, d'agir sans le consentement de vos parents, etc. Mais à votre âge, vous avez déjà pas mal de droits, petits et grands.

LES DROITS, ON AIME CA !

Quand on vous dit : « Tu as le droit de… », vous êtes plutôt contente, et vous vous empressez (légitimement !) d'en profiter. Le droit de sortir jusqu'à minuit, le droit de donner votre avis sur un tas de choses, le droit de conduire un scooter… Avoir des droits, c'est sympa ! On regrette seulement de ne pas en avoir davantage !

MAIS CE N'EST PAS GRATUIT

Pourtant, les droits ne sont pas gratuits. Ils ne tombent pas du ciel. Vous n'êtes pas l'heureuse gagnante d'une tombola des droits ! Mais, direz-vous, je ne les ai jamais achetés. Ils me sont donnés, c'est justement cela qui est appréciable… Alors, comment cela, pas gratuits ?

CELA SE PAIE EN DEVOIRS, PAS EN EUROS !

Eh oui ! Il se trouve qu'en échange de ces droits, vous donnez une contrepartie. Pas en pièces sonnantes et trébuchantes, bien sûr, sauf quand il s'agit d'acheter le droit d'entrer à la piscine ou au cinéma. Tous les autres droits, vous les payez… en devoirs. Par exemple, le droit de sortir tard le soir implique le devoir de respecter l'heure de retour convenue, et aussi celui d'être prudente pendant la soirée, pour justifier la confiance que vous font vos parents.

LES DEVOIRS…

Il y a aussi tout ce que vos parents vous demandent de faire : travailler en classe, aider à la maison, rendre service, etc. Pourquoi toutes ces obligations alors qu'il y a des choses beaucoup plus agréables à faire dans la vie ? Parce que derrière tout cela il y a quelque chose de très important : le droit pour chacun au bonheur, à la liberté et au respect. Faire votre devoir, c'est vous acquitter de plein de petits devoirs qui permettent de mieux vivre ensemble.

… ET VOTRE DEVOIR

C'est aussi construire votre bonheur. Car le devoir n'a pas que le goût amer de la contrainte ! Au contraire… Avez-vous déjà pensé à ce que vous vous devez à vous-même ? Développer vos qualités, devenir quelqu'un de bien, réussir votre vie… Ce ne sont pas des devoirs imposés de l'extérieur, c'est ce que vous devez à votre propre exigence. Visez haut, voyez grand, rêvez large ! Vous êtes à l'âge extraordinaire où vous pouvez avoir toutes les ambitions, croire en tous vos rêves. Ces devoirs que vous vous donnez à vous-même sont un formidable moteur pour vous dépasser et faire que ces rêves deviennent réalité !

VOIR AUSSI

ÉGALITÉ, LIBERTÉ, LOI, RESPONSABILITÉ.

137

BON PLAN

Votre municipalité vous donne la parole !
Dans de nombreuses communes, il existe des conseils municipaux de jeunes qui donnent leur avis sur de nombreux sujets : terrains de sports, loisirs, mais aussi solidarité entre les habitants, transports, sécurité routière, etc.
Élire des représentants, contrôler ce qu'ils font, apprendre à débattre, à prendre des décisions… C'est l'occasion de se familiariser avec le fonctionnement de la démocratie. C'est aussi l'occasion de découvrir concrètement comment on fait respecter des droits, comment ils peuvent être mis en péril et comment il faut les défendre.
Cette formule existe peut-être chez vous ! Renseignez-vous auprès de l'Association nationale des conseils municipaux d'enfants et de jeunes (Anacej) : voir la liste des numéros utiles en fin d'ouvrage.

ÉCOLOGIE

ATTENTION, URGENCE PLANÉTAIRE !

La planète va mal, et le tableau que nous en offrent les médias fait souvent froid dans le dos. Pourtant, il vaut mieux le regarder en face : de nos jours, l'écologie n'est plus une idéologie facultative pour amoureux de la nature. Elle est devenue une question de survie pour la planète tout entière et ses habitants.

C'est le réchauffement climatique qui a vraiment commencé à bousculer les individus et les politiques, et a remis en cause des comportements individuels et collectifs.

RÉCHAUFFEMENT CLIMATIQUE

Il se traduit par l'augmentation de la température moyenne des océans et de l'atmosphère. Cela est dû en grande partie aux émissions de gaz carbonique (CO_2) produites par les activités humaines (industrie, chauffage, transports, etc.). Les conséquences sont énormes : fonte des glaciers et de la banquise, hausse du niveau des mers et diminution des terres habitables et cultivables.

MESURES INSUFFISANTES

La plupart des pays du monde ont compris la gravité de la situation et ont commencé à prendre des mesures en signant le protocole de Kyoto, entré en vigueur en 2005. Insuffisant, il devait être révisé en 2009 au sommet de Copenhague, mais celui-ci n'a hélas eu que de maigres résultats. L'Accord de Paris est le premier accord universel portant sur le sujet. Adopté en 2015, après la conférence de Paris sur le Climat (COP21), il prévoit de contenir le réchauffement climatique en obligeant les pays à soumettre régulièrement leurs objectifs de réduction d'émission de gaz à effet de serre.

RESSOURCES LIMITÉES ET INÉGALITÉS

Ce n'est pas le seul problème écologique. La population mondiale (environ 7,43 milliards aujourd'hui, probablement 9 en 2050) augmente beaucoup plus vite que les ressources agricoles et énergétiques. De plus, le mode de vie des pays riches produit pollution, déchets, consommation excessive d'eau, d'énergie, etc. Or 80 % des ressources naturelles de la planète sont consommées par 20 % de la population mondiale pendant que plus des trois quarts de l'humanité n'ont pas d'accès à l'eau potable, manque de nourriture et des moyens de vivre décemment.

Sources : Nations Unies

DÉVELOPPEMENT DURABLE

L'idée d'un développement respectueux de la planète et de ses limites et plus égalitaire, le développement durable, né à la fin des années 1980, recueille aujourd'hui un large accord. Encore faut-il prendre les moyens de le mettre en œuvre, ce qui suppose à la fois une volonté des gouvernements et une véritable révolution dans les mentalités et les comportements individuels.

GRENELLE DE L'ENVIRONNEMENT

Cette vaste concertation lancée en 2007 par le gouvernement français a abouti à un ensemble de lois votées en octobre 2008 et février 2009. Elles comportent notamment des mesures pour lutter contre le changement climatique, pour mieux protéger la biodiversité et les milieux naturels, et pour mieux prévenir les risques sur l'environnement et la santé. Cependant, la catastrophe de Fukushima en mars 2011, cette centrale nucléaire endommagée par un tsunami, rendent les choix encore plus difficiles car l'énergie nucléaire, qui ne produit pas de CO2, pose des problèmes de sécurité.

L'écologie concerne tous les pays et tous leurs habitants, et chacun d'entre nous a sa petite contribution à apporter. C'est d'ailleurs une formidable occasion d'inventer des modes de vie plus responsables, plus conviviaux, où l'on gaspille moins et où l'on partage davantage.

GASPILLAGE ET DÉCHETS

Nous avons été habitués à consommer sans modération, à renouveler nos équipements et à jeter sans souci les anciens : je change mon portable tous les ans, je veux un mp3 plus perfectionné. On achète en grande surface des produits aux emballages multiples (charcuterie, crayons ou gomme sous blister, etc.). On produit ainsi quantité de déchets dont le traitement est source de pollution. À nous maintenant de dédaigner les packagings encombrants et polluants, de trier nos déchets et d'apprendre à recycler les objets.

DES FRAISES EN HIVER ?

C'est aussi apprendre à vivre davantage selon les rythmes de la nature : manger des produits de saison plutôt que des produits du bout du monde dont le transport consomme de grandes quantités d'énergie. C'est également privilégier le commerce équitable en achetant les produits de petits producteurs qui s'engagent dans une agriculture soucieuse de l'environnement.

LA NATURE ET L'HOMME

C'est évidemment protéger la nature, la faune et la flore, en particulier les espèces menacées par la pollution ou la surexploitation. L'homme fait partie de la nature et, s'il veut bien vivre et continuer à se développer, il a intérêt à préserver ce milieu naturel qui est le sien.

139

DES GESTES POUR LA PLANÈTE

▲ Économiser l'eau, en prenant des douches (courtes) plutôt que des bains, en ne laissant pas couler l'eau quand on se brosse les dents, etc.

▲ Privilégier les produits simples sans emballage polluant, comme le savon plutôt que le gel douche.

▲ Éteindre la lumière quand on quitte une pièce, ne pas laisser la télévision et les ordinateurs en veille nuit et jour.

▲ Éviter d'acheter des produits alimentaires en portions individuelles.

▲ Prendre les transports en commun, opter pour le covoiturage ou son vélo plutôt que pour la voiture ou le scooter.

▲ Ne pas laisser le chauffage allumé si on quitte sa chambre pour la journée.

▲ Donner les objets usagés à des associations qui les recyclent.

▲ Économiser le papier en utilisant son imprimante avec modération.

▲ Vous trouverez d'autres idées sur un site très riche et ludique : http://www.fondation-nicolas-hulot.org/gestes/gestes.php

GREEN
ATTITUDES

Achetez local. Ce n'est pas par chauvinisme ou parce que les produits étrangers sont forcément moins bons, mais choisir des producteurs locaux, quand c'est possible, diminue l'énergie consommée pour le transport des marchandises et donc la pollution.

Marchez et faites du vélo. Meilleurs pour votre santé et votre porte-monnaie, ces moyens de locomotion présentent l'avantage d'avoir un impact quasi nul sur la pollution et les ressources (bon, même s'il faut bien tout de même fabriquer les chaussures, les selles et les pneus…).

Chinez, faites les puces et vendez vos vieux habits dans les vide-greniers. C'est-à-dire qu'on recycle les vêtements, en gagnant un peu d'argent ou en en économisant. D'accord, ce n'est pas possible pour toute votre garde-robe. Pour les culottes et les chaussettes, vous avez droit au neuf ! En coton bio, bien sûr !

Réparez ou faites réparer tout ce que vous pouvez. Oubliez qu'un objet est inutile parce qu'un nouveau modèle (qui sera désuet lui aussi dans trois mois) vient de sortir. Pensez que votre vieux poste de radio qui fonctionne toujours va devenir un collector super-branché. Dans trente ans, d'accord…

ÉCO-GESTES

Pour l'avenir de notre petite planète,
faites un geste en adoptant au quotidien ces quelques trucs
destinés à réduire votre impact sur l'environnement.

Bien sûr, **éteignez les lumières** lorsque vous quittez une pièce. Mais débranchez également tous vos appareils électriques qui sont en veille (chaîne hi-fi, boîtier Internet, ordinateur, téléviseur, etc.), au moins la nuit.

Coupez l'eau lors du lavage des dents et préférez les douches (courtes) aux bains. Lorsque vous nettoyez des légumes, recyclez l'eau utilisée pour arroser plantes et jardin.

Côté cuisine, couvrez casseroles et poêles lorsque c'est possible pour réduire le temps de réchauffage ou accélérer l'ébullition. Utilisez le plus possible la Cocotte-Minute pour réduire votre consommation d'énergie. Bannissez au maximum les appareils électriques.

Triez vos déchets en fonction des dispositions prises par votre commune. Si vous ne disposez pas de bacs de tri, utilisez au moins ceux pour les piles, les ampoules, les appareils électroménagers usagés, obligatoires chez les vendeurs de ce type de produits, ou rendez-vous dans une déchetterie.

ÉGALITÉ

ELLE EN A PLUS QUE MOI !

« Tous les hommes sont égaux, mais certains sont plus égaux que d'autres », disait Coluche. Une boutade qui montre combien l'égalité est complexe !

☆ S'INFORMER

L'article 1er de la Déclaration des droits de l'homme de 1789 proclame : « Tous les hommes naissent et demeurent libres et égaux en droits. » Cela veut dire que tous, indépendamment des différences physiques, intellectuelles et sociales, ont la même valeur et méritent le même respect.

L'IDÉE QUI A CHANGÉ LE MONDE

L'égalité est une idée très ancienne et pourtant extrêmement fragile car elle est toujours remise en cause dans les faits. Elle nous vient du début de notre ère, lorsque le christianisme a affirmé que tous les hommes étaient des frères, également aimés de Dieu. Une véritable audace révolutionnaire ! Les peuples de l'Antiquité avaient une conception hiérarchique du monde : chacun devait rester à sa place, l'esclave et l'étranger n'ayant pas les droits des citoyens. Les premiers chrétiens ont été persécutés parce qu'ils prônaient l'égalité et la mettaient en pratique.

DES PROGRÈS À FAIRE

Malheureusement, c'est une idée qui a été souvent trahie, en particulier dans des sociétés qui ont instauré des privilèges. C'est pourtant cette idée qui a inspiré la Déclaration des droits de l'homme de 1789. Aujourd'hui admise dans les sociétés démocratiques, elle a encore de sérieux progrès à faire dans beaucoup de pays.

DANS LES FAITS...

Des inégalités, vous en côtoyez tous les jours. Votre copine Amélie a des parents bien plus riches que les vôtres ; la famille de Léa a souvent du mal à joindre les deux bouts. On naît beau ou laid, plus ou moins intelligent, dans un pays où la vie est plus ou moins facile, dans une famille heureuse ou déchirée. Bref, tout le monde n'a pas les mêmes atouts au départ. Et les différences se creusent au cours de la vie, selon l'éducation qu'on reçoit et les événements qui peuvent survenir (accidents, handicaps, etc.).

☆ COMPRENDRE

Comme tout le monde, il vous arrive de râler parce que d'autres ont plus de chance que vous. L'égalité des droits, vous l'avez devant la loi. Mais il y a toujours des choses qui vous manquent, alors que d'autres les ont. Vous n'avez peut-être pas assez d'argent pour partir en voyage à l'étranger, alors que d'autres filles peuvent se le permettre. Mais, parmi vos amies, il y en a qui en ont encore moins que vous, et cela vous révolte aussi.

JUSTE ET GÉNÉREUSE

L'égalité est une idée juste et généreuse. Juste, parce qu'elle rappelle que tous les hommes ont les mêmes droits : droit de penser et d'agir librement, de pouvoir se nourrir, se loger, élever des enfants, se cultiver, se distraire, etc. Généreuse, parce qu'elle pousse à se soucier de ceux qui n'ont pas ces droits.

L'ÉGALITÉ PAR LA FORCE

Le communisme a rêvé d'une société où l'égalité serait parfaite. Mais il a voulu l'imposer à tous par la violence en s'emparant des biens des plus riches pour les donner aux défavorisés : il a manqué son but et fait des millions de morts en supprimant les libertés.

L'ÉGALITÉ IMPOSSIBLE

Le libéralisme pense au contraire que l'on ne peut pas abolir toutes les inégalités économiques et sociales, parce qu'elles sont causées par les inégalités naturelles. Pour les libéraux, la société doit donner à tous la liberté de s'enrichir. Le meilleur gagnera beaucoup plus que les autres, mais comme les richesses créées seront très importantes, tout le monde aura sa part. Néanmoins les inégalités sont là dès la naissance ; et même s'ils sont très intelligents, ceux qui n'ont pas les moyens de faire des études, ou de les faire dans de bonnes conditions, n'ont pas les mêmes chances de réussir que ceux qui n'ont pas de souci d'argent.

L'ÉGALITÉ SANS COMPÉTITION ?

Alors ? Il n'y a pas de solution miracle, mais un juste milieu à trouver. Ne rien faire pour favoriser l'égalité, c'est maintenir les inégalités de naissance. Mais l'imposer coûte que coûte, c'est prendre le risque de tuer tout dynamisme, toute créativité. À quoi bon se donner du mal pour développer ses talents, si l'on n'en tire aucun bénéfice ? Imaginez qu'aux jeux Olympiques, on décide de donner des médailles à tous les sportifs : cela n'aurait plus de sens.

A CHANCES ÉGALES

La compétition est une bonne chose, parce qu'elle oblige chacun à donner le meilleur de soi-même. Mais elle n'est juste que si tous les athlètes – filles ou garçons – ont eu les mêmes moyens de s'entraîner et si même le dernier reçoit de quoi vivre dignement.

✿ INFO +

ÉGALITÉ = TOUS PAREILS ?

C'est important de vouloir que tout le monde ait les mêmes droits et les mêmes chances pour réussir sa vie. Mais attention ! cela ne veut pas dire que tout le monde doit être pareil. Vous avez le droit d'avoir des idées, des goûts différents de ceux des autres, et même des ambitions plus hautes. Vous avez aussi le droit de réussir mieux que vos amies, sans vous sentir coupable : tout le monde a le droit d'être exceptionnel !

143

VOIR AUSSI

DROIT, LIBERTÉ, SEXISME.

CONSEILS

Pour promouvoir l'égalité à votre échelle

▲ N'entrez jamais dans la logique du racisme, de la xénophobie, de tous ces discours qui affirment que certains sont supérieurs à d'autres.

▲ L'inégalité se compense par le partage. Invitez la copine qui n'a pas d'ordinateur à utiliser le vôtre, proposez à l'amie qui ne peut pas partir en vacances de partir avec vous, etc.

▲ Vous avez parfois l'impression de n'avoir pas reçu autant que d'autres ? C'est la vie ! Cultivez ce que vous avez de mieux, sans vous lamenter sur vos défauts et vos faiblesses !

▲ L'inégalité crée aussi la complémentarité et la solidarité. Si l'une de vos copines a un don exceptionnel pour le piano, par exemple, quel bonheur pour elle de vous en faire profiter, et pour vous de l'écouter ! Alors, au lieu de vous jalouser les unes les autres, réjouissez-vous quand ces inégalités vous permettent de donner et de recevoir !

ÉGOÏSME

ET MOI, ET MOI, ET MOI...

Égoïsme vient du latin ego, qui veut dire << moi >>. C'est une **attitude qui consiste à penser d'abord à soi**, à faire passer systématiquement ses désirs, son plaisir, son intérêt avant ceux des autres.

☆ S'INFORMER

« L'égoïste fait de son propre bonheur la loi de ceux qui l'entourent », dit le philosophe Alain. Rien de plus vrai : quand on est égoïste, on part du principe que les autres sont là pour nous rendre service (un service à sens unique, bien sûr !). On aime beaucoup telle fille… parce qu'elle est bonne en maths et que c'est pratique de se faire aider dans ses devoirs. On ne s'adresse à ses parents d'un ton aimable… que lorsque l'on a un projet de vacances en tête, et qu'il faut bien trouver des sponsors pour le financer ! Dans les conversations, on ne parle que de soi, sans écouter ce que les interlocuteurs ont à dire. Bref, les autres sont intéressants… lorsqu'ils sont utiles !

ÉGOÏSTE, MOI ?!

L'égoïsme, on le remarque très rarement chez soi. Alors que chez les autres, il saute immédiatement aux yeux ! Quand on a un comportement égoïste envers quelqu'un, on imagine lui demander un « service » ; quand les autres osent avoir le même comportement, on les accuse de nous « exploiter » ! Pourtant, des réflexes d'égoïste, nous en avons tous.

NI VU, NI CONNU

Il vous est peut-être déjà arrivé, par exemple, de vous intéresser subitement à un camarade de classe à qui vous n'aviez jamais pensé, parce que vous venez d'apprendre qu'il a un graveur et qu'il pourrait bien vous copier quelques CD. Ou alors d'aller au cinéma avec les copains en imposant le film (même avec finesse), sans vous préoccuper de ce que les autres aimeraient voir… Ce sont encore des formes d'égoïsme.

☆ COMPRENDRE

L'égoïsme, c'est humain. Nous avons tous envie de réussir notre vie, de trouver le bonheur : quoi de plus légitime ? Et quand nous pensons à tous les coups de pouce que les autres peuvent nous donner, c'est tentant de les utiliser un peu. Et nous avons vite fait d'oublier qu'ils ont aussi leurs rêves de bonheur, leur sensibilité, leur histoire et… le droit de ne pas être traités comme des instruments.

CARAPACE

Mais l'égoïsme, c'est souvent aussi une façon d'exprimer ses peurs : peur de manquer de quelque chose, peur du monde, de la vie qui paraît difficile, des autres qui sont différents et parfois égoïstes eux aussi ; peur de ne pas être soi-même si on leur cède, de ne plus être respectée. Cette espèce de sentiment d'insécurité provoque un repli sur soi. Nous nous fabriquons une carapace, nous cherchons à nous donner la première place, pour nous sentir plus sûres de nous.

REMÈDE DE CHOC

L'égoïsme, cela arrive à tout le monde. Mais heureusement, il y a quelque chose d'autre qui est aussi très humain et qui sauve de l'égoïsme : c'est son contraire, la générosité. Nous avons toutes et tous une aspiration au partage, une envie de faire attention aux autres, de les aider.

GÉNÉROSITÉ CACHÉE

La générosité se manifeste peut-être moins spontanément que l'égoïsme. Elle se laisse souvent intimider ou étouffer par de bons raisonnements… égoïstes. Qu'est-ce que l'on va penser de moi si je suis trop gentille ? Qu'est-ce qui va me rester pour acheter le pull de mes rêves, si je donne de l'argent à cette femme qui me tend la main ? Pourquoi est-ce que j'aiderais ma sœur à faire ses devoirs, alors que j'ai envie de regarder la télé ?

LE PLAISIR D'AIMER

Pourtant, il y a des moments où l'on n'écoute que son cœur. Et vous savez par expérience que l'on ne les regrette jamais. Au contraire, ce sont d'excellents souvenirs. Vous pouvez être fière de vous être comportée comme quelqu'un de bien, qui écoute les autres, qui les aime pour de vrai ; fière d'être sortie de votre coquille, de vos petites préoccupations personnelles ; heureuse aussi de recevoir des remerciements, de constater que vous avez vraiment fait plaisir à quelqu'un, que vous lui avez réellement rendu service.

ENGAGEZ LE COMBAT !

Alors ? Alors, l'essentiel, c'est de cultiver votre générosité, pour qu'elle intimide à son tour vos tendances égoïstes. Vous êtes assoiffée de justice, de partage, de fraternité ? L'individualisme vous scandalise ? Battez-vous au quotidien… y compris avec vous-même : « Tu n'as pas honte de ne penser qu'à toi ? Tu oses encore te regarder dans la glace après avoir refusé un service si simple ? » Que votre générosité naturelle soit un peu agressive vis-à-vis de votre égoïsme, pour qu'ils luttent tous les deux… et que la meilleure gagne !

145

BONS PLANS

Pour ne pas vivre en égoïste

▲ Toujours prendre le temps avant de refuser de rendre un service : la première réaction peut être vive, et on le regrette après !

▲ Il n'y a pas uniquement l'argent qui se partage. Ce n'est pas parce que vous ne pouvez pas inviter une copine à boire un café que vous êtes égoïste : votre temps, votre bonne humeur, vos compétences sont bien plus précieux !

▲ De temps en temps, faites un petit exercice : mettez-vous à la place de chaque personne que vous rencontrez : copine, voisin, parent et même prof ! Imaginez ce qui lui ferait plaisir et faites-le !

▲ Faites-en l'expérience : on préfère toujours recevoir que donner, mais on a presque toujours plus de joie à donner qu'à recevoir.

★ ENGUEULADE ★

PRISE DE TÊTE !

On pourrait dire « dispute », mais cela n'exprimerait pas aussi bien les cris, voire les injures, qui retentissent dans le mot « engueulade » (plus familier, mais tout à fait autorisé : on le trouve dans le dictionnaire !). L'engueulade, c'est le **clash** qui fait du bruit, qui énerve, qui fait même pleurer et qui mobilise parfois la famille entière, quand tout le monde s'en mêle.

✿ S'INFORMER

Les sujets de conflits ne manquent pas lorsque l'on vit sur un même territoire et que l'on utilise les mêmes objets. Surtout quand on grandit et que chacun a ses exigences et ses habitudes. Il y a le frère qui ne rince jamais sa baignoire, la petite sœur qui fouille toujours dans votre tiroir ou votre sac. Il y a (encore) le frère qui prend un malin plaisir à rester sur Internet alors que vous avez un besoin urgent de discuter avec votre copine sur Facebook.

CES SUJETS QUI FÂCHENT

Avec les parents, c'est autre chose. Le genre de votre mère, c'est plutôt de vous demander de mettre le couvert juste à l'heure de votre feuilleton préféré. Quant à votre père, il a le chic pour s'informer de vos dernières notes en plein milieu du repas. Sans parler des désaccords politiques qui l'opposent à votre frère aîné : cela vire à l'engueulade un soir sur deux. Car le pire, c'est quand cela se répète régulièrement, comme si personne ne pouvait l'empêcher. Vous avez peut-être l'impression qu'à la maison, « ça gueule tout le temps ».

AU SECOURS, LES PARENTS S'ENGUEULENT !

Dans un couple, il est normal de ne pas être toujours d'accord et que cela produise des conflits. D'autant qu'élever des enfants ensemble, c'est tout un programme, et un beau sujet de controverses. Quand on est la cause d'une crise entre ses parents, on se sent malheureuse et souvent coupable. Mais on perçoit bien si, sous l'engueulade, il y a de l'amour ou si la situation est plus grave. De manière générale, c'est vrai pour tous les membres de la famille : comme vous les connaissez par cœur (ou presque !), vous décodez assez bien l'affection contenue dans l'éruption volcanique !

✿ COMPRENDRE

On pourrait croire qu'il y a les familles où l'on s'entend bien et celles où l'on s'engueule. Mais c'est plus compliqué que cela. Il y a des familles où l'on ne s'engueule pas parce que l'on ne se parle pas beaucoup : chacun vit sa vie dans son coin et on ne dit rien quand ça ne va pas. Inversement, quand on s'engueule en famille, ce n'est pas forcément parce que l'on ne s'entend pas ou que l'on ne s'aime pas.

PARTAGER, C'EST PARFOIS ENRAGER !

Simplement, vivre ensemble, c'est toujours difficile : il faut partager l'espace, partager le temps. On n'a pas tous le même rythme ni les mêmes envies au même moment.

Et c'est particulièrement vrai en famille, parce que vous ne vous êtes pas choisis, mais que vous avez une longue histoire ensemble, des liens souvent très forts, et plein de sujets de conflits.

VASE QUI DÉBORDE NE CASSE PAS

Quand les choses ne vont pas, il vaut mieux en parler. Pas forcément en explosant ! Mais il y a des familles très « soupe au lait ». On a de la voix et de la personnalité, si bien que les conflits donnent lieu à de belles engueulades. Ce n'est pas forcément une mauvaise chose, tant que l'on sait éviter la violence, physique bien sûr, et même verbale, parce que certains mots blessent pour longtemps. Le problème, c'est quand cela devient une habitude, un rite, et que l'on ne sait plus se parler autrement qu'en criant.

Si vous croyez que c'est vraiment ce qui se passe chez vous, parlez-en à une personne extérieure. Même si cela n'arrange pas tout, cela aide de se décharger de ce genre de tension !

CONSEILS
Éviter ou dédramatiser les engueulades

▲ Elles ont souvent lieu au cours des repas, parce que c'est là que la famille se retrouve, que l'on a parfois à se dire des choses qui fâchent, ou que tout le monde veut parler en même temps. On peut y penser à l'avance, et ne pas aborder les sujets difficiles à table !

▲ On gagne parfois à rire au milieu d'une engueulade : l'humour décrispe et permet ensuite de reprendre les choses plus calmement.

▲ Attention aux mots qui font mal : dans le feu de l'action, c'est vite fait de dire des tas d'horreurs que l'on ne pense pas vraiment. Seulement voilà, les mots sont sortis, et on les oublie difficilement ! Quand la pression monte, respirez à fond, pensez à l'« après-engueulade », et interrogez-vous : voulez-vous vraiment faire mal, là, maintenant, avec ces mots-là ?

147

NOTA BENE
Les bonnes engueulades font souvent les bons souvenirs… quand on s'aime.

VOIR AUSSI
VIOLENCE.

ENNUI

J'SAIS PAS QUOI FAIRE !

Malheureusement, il est sans doute inutile de vous définir ce qu'est l'ennui, parce que, comme tout le monde, vous connaissez cette charmante sensation, vous en faites l'expérience… le moins souvent possible, espérons-le !

☆ S'INFORMER

Il y a plusieurs façons de s'ennuyer. Soit vous tournez en rond parce que vous n'avez rien à faire. Soit vous en avez assez de faire toujours la même chose. Soit vous ne voyez pas le but de ce que vous êtes en train de faire. Vous mordillez votre stylo en pensant : « Mais à quoi cela va-t-il me servir de démontrer que ces deux droites sont parallèles, alors que cela crève les yeux ! » Quelle que soit la cause de l'ennui, les symptômes sont les mêmes : une impression de vide, de lassitude et même parfois de désespoir !

RIEN À FAIRE,
J'PEUX RIEN FAIRE !

Une drôle de faiblesse physique, aussi ! Le livre que vous teniez vous tombe des mains, les objets qui jonchent le sol de votre chambre vous semblent si lourds que vous ne pouvez pas vous résoudre à les ramasser, l'activité sympa que vous avez un temps imaginée vous épuise avant même de l'avoir commencée.

ENVIE DE RIEN…

Il n'y a plus qu'une chose que vous parvenez à faire : vous traîner en gémissant d'ennui comme une malheureuse, de votre chambre au salon, en espérant qu'un miracle vous sorte de cette torpeur. Mais rien à faire, le temps n'avance pas plus vite. Pire encore, devant votre air abattu, votre mère vous prend en pitié et tente de vous occuper… en vous demandant d'étendre le linge : « Puisque tu t'ennuies, viens donc m'aider ! »

DISPARU, VOLATILISÉ !

Heureusement, s'il vous arrive de vous ennuyer ferme, vous n'êtes pas non plus totalement au bord du désespoir. Le lendemain d'un jour d'ennui, vous pouvez être de nouveau pleine d'énergie dès que vous revoyez vos copains de classe. Bref, l'ennui, c'est bien ennuyeux, mais fort heureusement, cela n'a rien à voir avec la déprime !

☆ COMPRENDRE

Quand vous êtes pleine de vie, de désirs et de projets, vous aimeriez que les journées filent comme un TGV. Or voilà, il arrive que votre vie soit plutôt comme un tortillard-qui-s'arrête-à-toutes-les-gares ! Sans parler des moments où il s'arrête carrément en rase campagne. Et vous en êtes réduite à vous morfondre devant un paysage désespérément immobile. Rien à faire en attendant que cela reparte !

VOIR AUSSI
BLUES, SOLITUDE.

CONDAMNÉE À ATTENDRE

À votre âge, les grands rêves se bousculent dans votre tête. Projets d'avenir, rêves d'amour, désir de réussir votre vie… Ce sont des rêves immenses, que vous avez parfois du mal à caser dans les limites de votre vie quotidienne ! Les cours, la routine familiale… Même les loisirs se répètent et se ressemblent. Tout cela vous paraît parfois petit, trop familier et ne colle pas avec vos rêves. Et vous voilà condamnée à attendre l'avenir, en poussant de temps à autre un gros soupir d'ennui.

TOUJOURS LA MÊME CHOSE !

« L'ennui naquit un jour de l'uniformité », a écrit le poète La Motte-Houdar. Autrement dit, quand vous faites toujours la même chose, même quelque chose que vous aimez, cela finit par devenir monotone. Alors, il est normal d'être parfois sans volonté devant la routine de la vie quotidienne, d'être effleurée de temps en temps par l'idée que les journées manquent de sel, de piment, de poivre, enfin d'un on-ne-sait-quoi qui les rendrait moins fades et plus palpitantes !

À MORT, LE TEMPS !

Il est normal aussi de ne plus avoir envie de quoi que ce soit, d'avoir l'impression qu'il vous reste seulement à tuer le temps, parce que vous ne voyez pas ce que vous pourriez faire de vos dix doigts ni surtout des heures qu'il reste jusqu'au dîner ! S'ennuyer, laisser les minutes passer sans rien faire, c'est aussi un moyen d'apprivoiser ce fichu temps qui passe à une vitesse prodigieuse selon vos parents, et à celle d'un escargot selon vous. Même si vous trouvez cela pénible, c'est très fréquent et bien normal à votre âge !

L'ENNUI NE FAIT PAS DE MAL…

Et puis, ces temps de battement où vous ne savez pas trop quoi faire ne sont pas forcément mauvais. Ce sont des moments de vagabondage intérieur qui vous enseignent la patience. Les longues journées d'ennui contre lesquelles vous ne pouvez rien, parce que vous êtes coincée à des kilomètres de toute activité palpitante, peuvent aussi avoir un avantage : celui de vous faire réfléchir à des choses auxquelles vous ne prendriez pas le temps de penser si vous viviez à cent à l'heure !

CONSEIL

Contre l'ennui, on se bouge

Vous pouvez aussi refuser de vous ennuyer, vous secouer et chercher à vous occuper. Il y a plein de choses à faire en dehors des cours et des devoirs, alors ne gâchez pas vos temps de liberté à vous morfondre sans énergie et sans réaction. Cherchez vos talents, ce que vous aimez faire : danse, sport, musique, poterie, des activités où vous pouvez développer votre personnalité, vous exprimer et surtout vous faire plaisir. Sans compter que vous pouvez choisir des loisirs qui se pratiquent à plusieurs et en profiter pour goûter les joies de l'amitié. Enfin n'oubliez pas la lecture ! Un bon roman vous fait oublier le monde, le temps n'existe plus… et l'ennui non plus.

149

ÉTUDES

LES CLÉS DU MÉTIER

Jusqu'à 16 ans, on parle de scolarité. C'est même la **scolarité obligatoire.**
Après, la loi n'oblige plus les parents à envoyer leurs chères têtes blondes
à l'école. Continuer à aller en classe ou s'engager dans une formation
au-delà de 16 ans, c'est donc, au sens strict, faire des études.

☆ S'INFORMER

Vous pouvez choisir des études courtes et opter dès la fin du collège pour une voie professionnelle (CAP ou un bac professionnel après lequel vous pourrez continuer en BTS), ou même, si vous avez de très bons résultats, un bac technologique.

SOLUTION FAC OU PRÉPA

En revanche, si vous voulez faire des études supérieures, vous devez entrer au lycée pour passer un bac général ou technologique. Avec un bac général, vous pouvez aller à l'université, ou choisir une classe préparatoire pour tenter les concours des grandes écoles d'ingénieurs ou de commerce, des instituts d'études politiques (IEP dits « Sciences Po ») ou des écoles normales supérieures. Cette préparation se fait dans certains lycées où vous êtes admis sur dossier. Il faut de très bons résultats scolaires. Si vous ne réussissez pas de concours, vous pouvez toujours bifurquer vers l'université.

L'UNIVERSITÉ

Les universités prennent en priorité les élèves qui viennent d'obtenir le bac. Les autres sont acceptés sur dossier. Vous y préparez d'abord une licence en 3 ans. Vous pouvez ensuite faire un « master 1 » durant une 4ᵉ année, puis choisir soit un « master 2 pro » pour vous préparer à la vie active, soit un « master 2 recherche » pour vous préparer à faire une thèse. La thèse de doctorat se fait normalement en trois ans mais beaucoup prennent un peu plus de temps.

PROF, MOI ?

Après une licence, vous devez continuer deux ans en master éducation, ce qui vous permettra de passer le concours de professeur des écoles ou le CAPES (Certificat d'Aptitude Professionnel à l'Enseignement Secondaire) qui permet d'être prof au collège ou au lycée. Après ce master, vous pouvez poursuivre un an pour préparer l'agrégation.

TECHNO !

Mais l'université s'ouvre de plus en plus aux filières technologiques en proposant des DEUST (diplômes universitaires de sciences et techniques), des MST (maîtrise de sciences et techniques) ou des MSG (maîtrises de sciences de gestion).

MÉDECIN ?

Vous pouvez aussi choisir la fac de médecine, sachant qu'un concours en fin de 1ʳᵉ année opère une sélection très rigoureuse. Toutefois, selon votre classement et votre choix vous pourrez suivre des études scientifiques ou paramédicales.

ABRÉGEONS !

Si, après le bac, vous préférez un cycle plus court, vous pouvez opter pour un brevet de technicien supérieur (BTS), un diplôme universitaire de technologie (DUT) ou un diplôme d'école spécialisée (paramédical, social, juridique, artistique, etc.). Vous pouvez ensuite parfaire votre formation par une licence professionnelle. Les BTS se préparent dans des lycées qui recrutent sur dossier. Les DUT se font dans les instituts universitaires de technologie (IUT), qui recrutent aussi sur dossier, avec souvent des entretiens et/ou des tests écrits.

Quand on vous demande ce que vous voulez faire plus tard, vous êtes sans doute bien en peine de le dire. Pas d'inquiétude : si vous pensez aller jusqu'au bac, vous avez du temps pour vous décider.

PLUS TARD, JE SERAI…

Une fois en terminale, c'est sûr, il faudra vous décider. Mais là encore, pas de panique. Faire des études dans un domaine ne débouche pas sur un seul métier ! Évidemment, quand on fait des études de médecine, c'est pour devenir médecin (mais il y a encore à faire le choix des spécialités). Si vous choisissez de faire des lettres, du droit, des mathématiques, des langues étrangères, vous optez pour une formation générale. C'est au fil des études que vous allez découvrir quel métier vous voulez faire.

UNE BONNE TÊTE
POUR UN BON MÉTIER

Comment ? Tout simplement en laissant les études former votre esprit pour qu'il soit capable de bien penser. Un esprit bien formé peut convenir à des tas de métiers ! Après, c'est une question de goût, de pratique bien sûr, de rencontres aussi. Il y a souvent un déclic quand on rencontre des gens qui exercent des métiers passionnants. N'hésitez pas à les interviewer pour mieux connaître leur métier et surtout ne vous limitez pas aux métiers les plus connus, explorez toutes les voies. Vous découvrirez des métiers rares, dont, peut-être, le vôtre !

BON TEMPS

« Les études, c'est le bon temps ! » Voilà une petite phrase qui a le don de faire enrager les étudiants à la veille des examens ! Pourtant, vos aînés ont raison. Étudier, c'est vraiment une chance pour vous. Et c'est vraiment le bon temps, pas uniquement celui de l'insouciance ! Dans les années qui viennent, vous allez vous intéresser à l'histoire, à la littérature, à l'économie, découvrir les mystères du corps humain ou des pays lointains, apprendre à connaître le monde qui vous entoure et ceux qui l'ont façonné…

Alors, profitez bien de ces années fabuleuses où l'on ne vous demande qu'une chose : apprendre. Après, vous aurez moins de temps… et moins de mémoire aussi !

151

VOIR AUSSI

APPRENTISSSAGE, LYCÉE, ORIENTATION.

> **CONSEIL**
>
> Pas de panique
>
> Vous avez peut-être l'impression que vous ne saurez pas faire votre choix face à toutes ces possibilités.
> Vous craignez peut-être de vous tromper, de vous lancer dans des études longues, de vous retrouver au chômage. On entend partout que les jeunes aujourd'hui ont du mal à entrer dans la vie active, mais sachez que ce sont ceux qui ont fait des études supérieures qui s'en sortent le mieux, même s'ils ne travaillent pas toujours exactement dans la spécialité qu'ils avaient choisie.

QU'EST-CE QUE JE VAIS FAIRE PLUS TARD ?

Vous répondriez bien mannequin ? Encore faut-il mesurer la bonne taille. Ou alors chanteuse ? Mais il faut trouver tous les musiciens qui vous accompagneront dans vos futures tournées ! Si le choix de votre métier vous tracasse, voici quelques conseils.

Poursuivre vos études. Une banalité, mais il est certain que vous aurez un choix de professions plus large que si vous arrêtez tôt vos études.

Ne jamais vous décourager. Résultats en baisse, redoublement : bossez, insistez et n'écoutez jamais ceux qui vous démolissent le moral. Comme dit mémé, « quand on veut, on peut ».

Si vous avez une petite idée, tâchez de rencontrer des personnes qui exercent déjà ce métier. Elles vous donneront des tuyaux pour réussir, vous parleront des meilleures formations, des avantages et inconvénients de leur profession. Un stage pourra confirmer votre envie.

Fréquentez le centre d'orientation de votre lycée et explorez les salons destinés aux futurs étudiants. Vous découvrirez peut-être des métiers dont vous ne soupçonniez même pas l'existence !

Toujours pas d'idée ? D'autres options : rentière, princesse ou reine d'Angleterre… Perdu, la place est prise ! Retour à la case départ !

S'INVESTIR
DANS SON AVENIR

1. Vous réfléchissez à ce que vous aimeriez faire plus tard :

a. Régulièrement.

b. Rarement, vous avez encore tout le temps devant vous !

c. De temps en temps.

2. Et vous en arrivez à la conclusion que :

a. Vous ne savez absolument pas ce que vous voulez faire.

b. Vous savez quel métier vous aimeriez exercer.

c. Vous avez une idée du domaine d'activité qui vous conviendrait.

3. Vous choisissez l'endroit où vous ferez vos études en fonction :

a. De la ville. De préférence une grande ville étudiante qui bouge.

b. De la réputation de l'établissement et de sa spécialisation dans votre domaine.

c. De la disponibilité des options qui vous intéressent.

4. Les épreuves du bac blanc approchent :

a. Vous voyez cela comme un entraînement qui ne compte pas vraiment.

b. Vous révisez comme si c'était l'examen final, pour vous mettre en condition.

c. Vous y accordez autant d'attention qu'aux contrôles trimestriels.

153

5. Il vous arrive de prendre de l'avance sur vos devoirs…

a. Quand vous êtes coincée chez vous un dimanche pluvieux, sans accès à Internet ou à la télé.

b. Dès que vous avez un moment de libre.

c. Quand vous savez que les semaines à venir vont être particulièrement chargées.

6. Sarah vous annonce qu'elle part étudier un an en Angleterre après le lycée pour perfectionner son anglais.

a. C'est une super idée et vous feriez bien de même.

b. Vous ne savez pas si vous seriez capable de partir seule dans un pays étranger.

c. Quelle chanceuse, elle va vraiment s'amuser !

7. Vous avez une moyenne assez basse dans la matière que vous aimez le moins. Vous vous dites…

a. Que même si cela va être dur, vous devriez essayer de vous améliorer.

b. Qu'il est bien normal d'avoir des lacunes dans une ou deux matières.

c. Que vous pouvez toujours réussir encore plus dans votre matière préférée.

8. En classe, vous avez tendance à…

a. Prendre beaucoup de notes.

b. Vous laissez facilement distraire.

c. Poser des questions au professeur pour préciser un point que vous n'avez pas compris.

9. Pour vous, les études supérieures sont l'occasion…

a. De vous former et vous préparer à la vie active.

b. De vous instruire.

c. De retarder votre entrée dans le monde du travail.

10. Le plus important, pour vous, c'est…

a. De profiter de votre jeunesse.

b. D'être indépendante.

c. De mettre toutes les chances de votre côté.

Alors, quel est votre profil ?

	1	2	3	4	5	6	7	8	9	10
A	3	1	1	2	1	3	3	2	3	1
B	1	3	3	3	3	2	2	1	2	2
C	2	2	2	1	2	1	1	3	1	3

Si vous avez entre **24 et 30 points**, votre profil est le **A**.
Si vous avez entre **17 et 23 points**, votre profil est le **B**.
Si vous avez entre **10 et 16 points**, votre profil est le **C**.

Profil A

Vous savez que votre avenir se décide dès maintenant et vous ne perdez pas une occasion de façonner votre chemin. Vous travaillez dur, vous êtes prête à faire quelques sacrifices, et vous savez que tout n'arrivera pas tout seul. En bref, vous avez les yeux rivés sur votre futur et c'est tout à votre honneur, mais n'oubliez pas non plus de profiter de l'instant présent !

Profil B

Vous êtes une bonne élève qui réfléchit à son avenir, mais tout cela vous paraît encore un peu vague. Vous avez parfois du mal à prendre vos devoirs au sérieux et vous ne savez pas trop comment définir votre projet professionnel. Pas de panique ! Faites des recherches à ce sujet et n'hésitez pas à demander conseil autour de vous. Continuez à vous appliquer et à réfléchir à ce que vous souhaitez faire plus tard, et tout finira par se mettre en place.

Profil C

Les études supérieures et la vie active vous paraissent si loin que vous avez du mal à vous y intéresser. Vous avez envie de savourer chaque moment de votre vie d'adolescente et, pour vous, cela ne passe pas par des révisions sans fin et des réflexions trop sérieuses. Sachez cependant qu'il n'est jamais trop tôt pour préparer votre avenir et que travailler bien dès maintenant portera forcément ses fruits plus tard !

FATIGUE

J'SUIS MORTE !

✩ S'INFORMER

Il y a plusieurs sortes de fatigue. D'abord, la fatigue physique ou psychique qui résulte d'un gros effort : performance sportive, longue journée de cours, dissertation… Il suffit d'un peu de repos et d'une bonne nuit pour la chasser et retrouver son énergie.

ELLE NE VOUS LÂCHE PLUS

Il y a la fatigue « chronique ». Celle qui vous suit dès le réveil. Vous ouvrez l'œil… pour le refermer aussitôt, parce que vous êtes sans force et que vous n'avez pas envie de vous lever. Cette fatigue-là dure toute la journée : c'est une sorte de lassitude générale tant physique que mentale. Ses causes ? Une mauvaise hygiène de vie, une période de croissance, une maladie ou le mal de vivre, voire la dépression.

BIEN PRATIQUE !

Et puis, il y a une fatigue très spéciale. C'est la fatigue dite « pipeau ». Vous savez, celle que vous exagérez, dont vous vous plaignez devant les autres pour avoir la paix et qui surgit, comme par hasard, juste au moment de faire vos devoirs ou de mettre le couvert. Bref, toujours à un instant exaltant.

COMME PAR MIRACLE

D'ailleurs, il suffit qu'une copine appelle à ce moment précis pour vous proposer un pot au café du coin, et hop ! tout à coup, vous voilà regonflée à bloc : un vrai miracle ! Ce genre de fatigue se traite comme l'ennui : changez d'activité pour la dissiper ou, si vous n'avez pas le choix, essayez de vous forcer un peu pour la surmonter et faire ce que vous avez à faire.

✩ COMPRENDRE

Il est normal de vous sentir souvent fatiguée à votre âge : la forte croissance et les transformations physiques nécessitent de lourdes dépenses d'énergie. Ajoutez à cela le rythme scolaire, avec ses longues journées de cours et ses devoirs du soir et, pour certaines, une alimentation déséquilibrée, parce qu'elles ont peur de grossir ou qu'elles n'aiment pas les menus de la cantine. Bref, mille et une raisons d'être « crevée », voire « morte ».

LE SYMPTÔME D'UN MALAISE

Parfois, la fatigue peut venir de ce que l'on a dans la tête : angoisse, peur de l'avenir, tristesse, ennui, tout ce mal-être qui pèse sur l'esprit et que vous ne savez pas bien exprimer. On appelle cela de la fatigue, mais c'est plutôt une envie de ne rien faire, le sentiment de ne pas pouvoir surmonter toutes ces difficultés. Si cela s'accompagne de maux de tête, de courbatures, d'un manque d'appétit, d'une irritabilité permanente ou d'insomnies, il vaut mieux voir un médecin, pour qu'il vous prescrive des vitamines ou vous conseille une aide psychologique.

LE MEILLEUR REMONTANT

La fatigue ne se combat pas seulement à coups de vitamines. Il y a des moyens très naturels de la combattre ; ce sont ceux qu'il faut essayer en premier. Écoutez un peu ce que dit votre maman, pour une fois : dormez bien, mangez mieux ! Un solide petit déjeuner, par exemple, est le meilleur moyen de lutter contre la fatigue de la fin de matinée.

SAVOIR PERDRE DU TEMPS...
À DORMIR !

Enfin, n'oubliez pas une chose qui peut paraître évidente, mais que l'on a vite fait d'oublier lorsqu'on est pleine de vie, d'activités et de projets. C'est formidable de vous donner à fond dans tout ce que vous faites. Seulement voilà : les journées ne sont pas extensibles. Elles comptent 24 heures et 8 d'entre elles doivent impérativement être consacrées à dormir !

VOIR AUSSI

PARESSE,
SOMMEIL.

157

CARBURANT NIVEAU RÉSERVE !

L'important est de rester attentive aux messages de votre corps pour ne pas trop tirer sur la corde. Même si vous êtes en pleine santé, il y a des limites à respecter, sous peine de tomber vraiment malade.

Mais cela ne veut pas dire se dorloter à l'excès. Rester avachie sur un canapé toute la journée en séchant les cours n'est pas forcément reposant, et peut même vous fatiguer davantage en vous donnant des idées noires !

BONS PLANS
Pour garder la forme

▲ Mangez équilibré. Privilégiez les aliments qui donnent de l'énergie et n'hésitez pas à varier les plaisirs ! Pensez aux fruits secs, riches en minéraux ; au boudin noir, à teneur inégalée en fer pour lutter contre l'anémie ; aux asperges, pleines de vitamines.

▲ Si cela ne suffit pas, envisagez une cure de magnésium (prescrite par un médecin et remboursée par la Sécurité sociale) ou de vitamines (en vente libre). Mais n'abusez pas de ces béquilles chimiques et préférez toujours l'équilibre alimentaire ! Quand on se dope aux vitamines, on gomme les signes de la fatigue, mais pas la fatigue elle-même.

▲ Pour bien dormir, évitez les excitants (café, boissons contenant de la caféine). Gardez une certaine régularité dans vos horaires de sommeil. Et ne prenez pas de somnifères ! Ils font dormir d'un sommeil lourd, sans rêves ; or les rêves vous aident à récupérer de votre fatigue psychique. Et mettez la pédale douce sur la télévision qui excite et nuit à la qualité du sommeil.

▲ Si vous aimez le sport, privilégiez la natation, la marche, le vélo. Ils sont excellents pour lutter contre le stress. Mais pas de sport après 21 heures : l'effort excite au lieu d'endormir.

CRRRE VÉÉÉÉE... !

Pendant l'adolescence, le corps est en plein changement et subit de nombreux bouleversements : il faut lui permettre de récupérer… en dormant.
De bonnes nuits de sommeil, c'est indispensable pour être en pleine forme.
Voici quelques conseils pour jouer à la Belle au Bois Dormant…
Qui sait, le Prince Charmant viendra peut-être vous réveiller ?

Matin et soir, aérez votre chambre pendant un quart d'heure pour en renouveler l'air. Ouvrez votre lit pour éviter la prolifération des acariens qui se glissent dans vos draps. Ceux-ci détestent l'air frais et… les aspirateurs. Alors, n'oubliez pas non plus de nettoyer votre repaire !

La température conseillée est de 18 °C pour votre chambre. Allez, vous pouvez pousser le thermostat jusqu'à 19 °C, grosse frileuse ! Au-delà, cela peut perturber votre endormissement (comme on le remarque en été lors des fortes chaleurs).

Évitez de regarder la télé et de faire des jeux vidéo avant de vous coucher, surtout dans votre chambre. Débranchez portable, ordinateur et autres appareils.

Le soir, mangez léger. La digestion augmente la chaleur du corps, perturbe l'endormissement et favorise les réveils en pleine nuit.

ÊTES-VOUS EN PLEINE FORME ?

☞ Répondez par *oui* ou *non*

Vous dormez moins de sept heures par nuit. ═══════════

Et vous vous réveillez parfois pendant la nuit. ═══════════

Vous avez du mal à sortir du lit le matin. ═══════════

Vos cheveux sont plutôt ternes. ═══════════

Vos ongles cassent facilement. ═══════════

Vous êtes régulièrement malade. ═══════════

Et vous mettez plusieurs jours à vous remettre d'un rhume. ═══════════

Vous mangez peu de fruits et de légumes. ═══════════

Mais vous consommez beaucoup de bonbons, gâteaux ou sodas. ═══════════

Vous ne faites pas vraiment attention à ce que vous mangez. ═══════════

Vous vous essoufflez en montant trois étages à pied. ═══════════

Et vous ne pouvez pas courir plus de 500 m. ═══════════

Vous n'avez pas fait de sport depuis plusieurs semaines. ═══════════

Vous ne pouvez pas faire plus de cinq pompes. ⎯⎯⎯⎯⎯⎯⎯⎯⎯⎯⎯⎯⎯⎯⎯

Cela dit, vous n'avez jamais essayé. ⎯⎯⎯⎯⎯⎯⎯⎯⎯⎯⎯⎯⎯⎯⎯⎯

Vous avez pris plus de 2 kg ces derniers mois. ⎯⎯⎯⎯⎯⎯⎯⎯⎯⎯⎯⎯⎯

Vous avez souvent du mal à vous concentrer. ⎯⎯⎯⎯⎯⎯⎯⎯⎯⎯⎯⎯

Et vous pouvez être assez distraite. ⎯⎯⎯⎯⎯⎯⎯⎯⎯⎯⎯⎯⎯⎯⎯⎯

Vous avez déjà essayé de fumer. ⎯⎯⎯⎯⎯⎯⎯⎯⎯⎯⎯⎯⎯⎯⎯⎯⎯

D'ailleurs, vous fumez régulièrement. ⎯⎯⎯⎯⎯⎯⎯⎯⎯⎯⎯⎯⎯⎯⎯

Vous regardez la télévision plus de deux heures par jour. ⎯⎯⎯⎯

Et vous passez au moins autant de temps sur l'ordinateur. ⎯⎯⎯⎯

160

Vous marchez peu. ⎯⎯⎯⎯⎯⎯⎯⎯⎯⎯⎯⎯⎯⎯⎯⎯⎯⎯⎯⎯⎯⎯⎯⎯

Et prenez rarement l'air frais. ⎯⎯⎯⎯⎯⎯⎯⎯⎯⎯⎯⎯⎯⎯⎯⎯⎯⎯⎯

Il vous arrive de vous sentir stressée. ⎯⎯⎯⎯⎯⎯⎯⎯⎯⎯⎯⎯⎯⎯

Et vous avez parfois des coups de pompe. ⎯⎯⎯⎯⎯⎯⎯⎯⎯⎯⎯⎯⎯

Vous vous couchez souvent tard. ⎯⎯⎯⎯⎯⎯⎯⎯⎯⎯⎯⎯⎯⎯⎯⎯⎯

Vous n'êtes pas vraiment à l'écoute de votre corps. ⎯⎯⎯⎯⎯⎯⎯

Vous avez quelques maux inexpliqués. ⎯⎯⎯⎯⎯⎯⎯⎯⎯⎯⎯⎯⎯⎯

Cela fait longtemps que vous n'avez pas fait de visite médicale. ⎯⎯

Si vous avez moins de 11 réponses affirmatives

Vous avez une pêche d'enfer ! Vous êtes sportive et à l'écoute de votre corps, préférez une bonne nuit de sommeil à une soirée passée devant la télé et vous évitez les excès en tous genres. D'ailleurs, vous n'aviez pas vraiment besoin de faire ce test : non seulement vous vous sentez en pleine forme, mais en plus cela se voit car vous rayonnez !

Si vous avez entre 12 et 22 réponses affirmatives

Vous êtes plutôt en forme, mais vous avez parfois des baisses de régime. Peut-être que vous cherchez à en faire trop, ou que quelque chose vous mine en ce moment et que vous avez besoin de vacances. En attendant, essayez de vous bichonner en mangeant de bons petits plats, en vous prélassant dans un bain chaud pour vous détendre et en vous recentrant sur le plus important : le sommeil, le sport et le plein de vitamines avec une alimentation saine.

Si vous avez 23 réponses affirmatives ou plus

Ce n'est pas la grande forme ! Vous avez tendance à être fatiguée, un peu stressée et à manquer d'énergie. Vous avez peut-être des carences en vitamines ou un problème d'alimentation, mais cela peut se rectifier facilement. Imposez-vous huit heures de sommeil par nuit et rééquilibrez votre alimentation. Ensuite, réintroduisez une pratique sportive (même légère) dans votre quotidien et vous devriez bientôt vous sentir mieux. Si vous ne vous sentez toujours pas en forme, n'hésitez pas à consulter votre médecin.

FÉCONDITÉ

LE RENDEZ-VOUS DE LA VIE

La fécondité biologique pour une femme, c'est la capacité de concevoir un enfant, de le porter, de le mettre au monde, de donner la vie.

☆ S'INFORMER

Dès la naissance, le corps d'une petite fille dispose de tous les « outils » nécessaires à la conception d'un enfant. À la puberté, sous l'effet des hormones, ce corps devient capable de les faire fonctionner. La venue des premières règles inaugure le premier cycle menstruel (on l'appelle ainsi parce qu'il dure environ un mois). Une jeune fille qui vient d'avoir ses premières règles peut donc se retrouver enceinte si elle a des rapports sexuels. On dit alors qu'elle est fécondable, et cela jusqu'à l'arrêt définitif de ses règles (c'est la ménopause) qui survient ordinairement vers l'âge de 50 ans (parfois plus tôt, parfois plus tard).

LE CYCLE MENSTRUEL

Le cycle menstruel de la femme dure environ 28 jours (il peut être plus court ou plus long) et se reproduit tous les mois. Le cycle est la période qui va du 1er jour des règles au 1er jour des règles suivantes. Chaque mois, un ovule mûrit au sein d'un des deux ovaires féminins. Sous l'effet des hormones, l'ovaire expulse l'ovule dans la trompe de Fallope : c'est ce que l'on appelle l'ovulation. L'ovulation survient environ 14 jours avant les règles mais est impossible à prévoir si les cycles sont irréguliers.

QUE FAIT L'OVULE ?

Il attend ! Dans la trompe, l'ovule va attendre environ trois jours une fécondation, tandis que le corps se prépare à l'éventualité d'une grossesse : il produit certaines hormones qui favorisent l'accueil du futur bébé, la paroi intérieure de l'utérus s'épaissit pour permettre au futur œuf de s'installer. S'il n'y a pas fécondation (c'est-à-dire si aucun spermatozoïde ne pénètre l'ovule), l'ovule meurt. Le corps enregistre qu'il n'y a pas de grossesse qui commence, il produit de moins en moins d'hormones et le cycle se termine : c'est l'arrivée des règles. La muqueuse utérine se détache avec un peu de sang.

QUAND LE SPERMATOZOÏDE RENCONTRE L'OVULE...

Après un rapport sexuel, les dizaines de millions de spermatozoïdes contenus dans le sperme de l'homme progressent dans le vagin de la femme jusqu'à l'entrée de la trompe de Fallope, dans le but d'une heureuse rencontre. Certains sont très résistants et peuvent attendre jusqu'à 5 jours avant de mourir. Et il suffit qu'un seul spermatozoïde pénètre l'ovule pour qu'il y ait fécondation.

ITINÉRAIRE D'UN OVULE FÉCONDÉ

À partir de ce moment-là, cet ovule fécondé, qu'on appelle désormais œuf, commence à se diviser pour produire les cellules nécessaires à la fabrication d'un embryon. Il reste encore deux

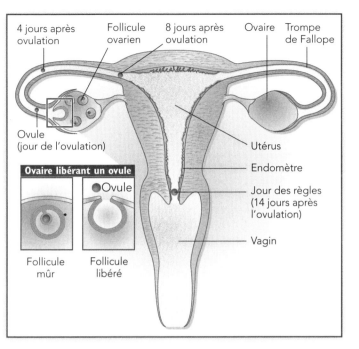

4 jours après ovulation

Follicule ovarien

8 jours après ovulation

Ovaire

Trompe de Fallope

Ovule (jour de l'ovulation)

Ovaire libérant un ovule

●Ovule

Follicule mûr

Follicule libéré

Utérus

Endomètre

Jour des règles (14 jours après l'ovulation)

Vagin

Cette rencontre ne se produit pas à chaque fois : même si l'homme et la femme ont un corps qui fonctionne bien, il demeure une part de hasard qui fait que « ça ne marche pas » à chaque fois. C'est le mystère de la vie que l'on ne maîtrise jamais tout à fait. Les médecins disent toujours aux couples qui désirent un enfant d'être patients (au moins un an) et de ne pas s'affoler trop vite si la grossesse se fait attendre.

UNE PART DE HASARD, OUI MAIS...

C'est vrai que cela ne « marche » pas à chaque fois... Mais à chaque fois, cela peut marcher ! Il y a toujours une possibilité de grossesse quand il y a un rapport sexuel : faire l'amour porte en soi le risque et la chance de faire un enfant.

163

jours dans la trompe de Fallope puis descend dans l'utérus où il va pouvoir s'installer en s'accrochant à la paroi : on appelle cela la nidation. À ce moment-là, la femme ne sait pas encore que la grossesse a commencé. L'absence des règles est le premier signe qui fait comprendre qu'elle est enceinte. C'est le début de neuf longs mois d'attente.

☆ COMPRENDRE

Entre ses premières et ses dernières règles, une femme ovule environ 400 fois. La grande majorité de ces ovules ne rencontreront pas de spermatozoïde et seront expulsés lors des règles, soit parce que la femme n'aura pas

eu de rapport sexuel pendant la période de l'ovulation, soit parce que la rencontre entre l'ovule et un spermatozoïde n'aura pas eu lieu.

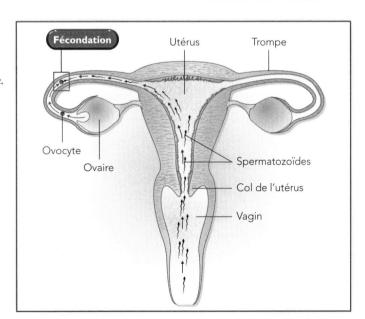

Fécondation

Utérus

Trompe

Ovocyte

Ovaire

Spermatozoïdes

Col de l'utérus

Vagin

Et plus on est jeune, plus c'est vrai ! La période de plus grande fertilité de la femme se situe entre 15 et 25 ans. Après, la fertilité décline : à la naissance, une petite fille possède entre 500 000 et 1 000 000 d'ovules. Pendant l'enfance, un grand nombre d'ovules disparaît et une adolescente n'en a plus qu'environ 400 000. Seuls 400 arriveront à maturité, les autres dégénèrent tout au long de la vie de la femme.

☆ CONSEIL

ATTENTION AUX VARIATIONS DES OVULATIONS

L'ovulation peut avoir lieu avant le 14ᵉ jour, ou bien après ! Cela dépend de la longueur du cycle de chaque femme, mais aussi de bien d'autres facteurs : une grosse émotion, par exemple, peut provoquer l'ovulation.

VRAI/FAUX

▲ Une jeune fille est fécondable dès la puberté.
Vrai. On peut être enceinte dès les premières règles et dès le premier rapport sexuel.

▲ Les règles empêchent la fécondation.
Faux. Un rapport sexuel pendant les règles peut être fécondant car l'ovulation peut se produire tout au début du cycle et les spermatozoïdes vivent pendant 5 jours.

▲ Des règles très irrégulières empêchent d'être fertile.
Faux. Elles rendent difficile de prévoir la date d'ovulation mais du moment qu'il y a ovulation, la fécondation est possible.

Il est très difficile de déterminer avec précision la date de l'ovulation. C'est d'autant plus vrai chez une toute jeune fille qui n'a pas des cycles réguliers. Ne vous fiez jamais à la date présumée de votre ovulation comme méthode de contraception.

VOIR AUSSI

CONTRACEPTION,
GROSSESSE PRÉCOCE,
GYNÉCOLOGUE,
PREMIER RAPPORT SEXUEL,
RÈGLES.

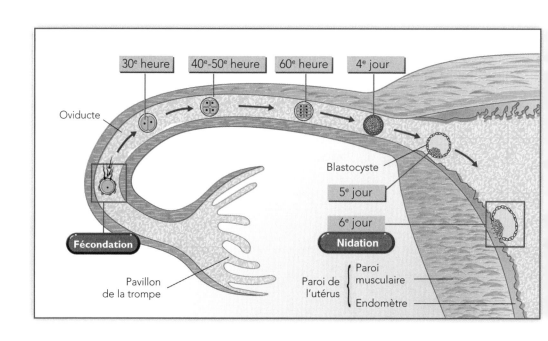

FEMMES

FRAGILE ÉGALITÉ !

Il pourrait y avoir mille définitions de la femme,
une seule suffit : les femmes constituent la moitié du genre humain,
la moitié de la population de la planète.

☆ S'INFORMER

Vous avez peut-être l'impression qu'en France les femmes ont les mêmes droits que les hommes. Comme vos copains, vous aurez le droit de vote à votre majorité, vous pouvez faire des études et plus tard travailler et disposer librement de votre salaire. Vous aurez aussi le droit de décider d'avoir un enfant quand vous le souhaitez grâce aux méthodes contraceptives. C'est vrai, mais… cela n'a pas toujours été le cas.

DES DROITS GAGNÉS

Ces droits, les femmes ne les ont pas reçus dans leurs petits chaussons à Noël, elles les ont gagnés, souvent de haute lutte, et ce, depuis peu de temps. Savez-vous que vos grands-mères, mesdemoiselles, n'avaient pas ces droits qui vous paraissent l'évidence même ? En France, les femmes n'ont le droit de vote que depuis 1945. Elles n'ont le

droit de travailler, de disposer librement de leur salaire et d'ouvrir un compte en banque sans l'autorisation de leurs maris que depuis… 1965 !

ENCORE UN EFFORT

Et puis, des principes à la réalité, il reste des marches à gravir, même chez nous. Aujourd'hui encore, en France, les femmes sont payées environ 16 % de moins que les hommes pour le même travail, malgré la loi de 1983 sur l'égalité professionnelle. Le 6 juin 2000, une loi est votée pour assurer la parité au sein des milieux politiques. Cependant, il n'y a que 26,9 % de femmes à l'Assemblée nationale et très peu occupent des postes de direction dans les entreprises.

VIOLENCES

Savez-vous qu'en France (mais oui !), une femme meurt tous les 3 jours sous les coups de son conjoint ou compagnon ?

Que des jeunes femmes sont agressées parce qu'elles refusent les contraintes que veut leur imposer leur famille (voile, interdiction de sortir, mariage forcé, etc.) ?

FEMMES DANS LE MONDE

Pourtant, les femmes de France ne sont pas les plus à plaindre. Dans le monde, les violences faites aux femmes sont encore monnaie courante : soumission à leur père puis à leur époux, mariages forcés, lapidation pour adultère, voile et vie recluse, mutilations sexuelles, prostitution des petites filles, etc. Vous avez sans doute vu les femmes d'Afghanistan complètement enfermées dans leur burka, cette longue robe bleue avec juste un mince grillage au niveau des yeux. Vous avez peut-être entendu parler de cette pratique barbare appelée excision qui consiste dans certaines cultures africaines à sectionner le clitoris des petites filles afin de les priver à jamais de tout plaisir sexuel et les soumettre à leur futur mari.

Les femmes sont souvent tellement peu considérées que la naissance d'une petite fille peut être vue comme une catastrophe. Alors que sur les autres continents, il naît un peu plus de filles que de garçons, le continent asiatique a le triste privilège d'abriter nettement plus d'hommes que de femmes. En Chine, pour limiter la croissance de la population le gouvernement n'autorise qu'un enfant par famille… ce qui conduit beaucoup d'entre elles à privilégier la naissance d'un garçon. Et en Inde, où la pratique veut que les parents d'une fille versent une dot lors de son mariage, beaucoup cherchent aussi à éviter la naissance de filles !

Enfin dans les pays pauvres, les femmes sont souvent les plus démunies : elles n'ont pas droit à l'éducation, aux soins de santé, à la contraception et s'usent aux travaux ménagers dans des conditions parfois insupportables.

☆ INFO +

C'est en 1948 que l'égalité des hommes et des femmes a été admise comme un principe fondamental dans la Déclaration universelle des droits de l'homme. Mais, sans la lutte acharnée des femmes, les droits qui en découlent n'auraient pas vu le jour.

☆ COMPRENDRE

Nées en France à la fin du XXᵉ siècle, vous avez les mêmes droits que les garçons et vous pensez sans doute qu'il n'y a aucune raison que cela change. Il arrive pourtant que les droits des femmes soient remis en cause après leur avoir été octroyés.

Savez-vous, par exemple, que les Iraniennes pouvaient se promener sans voile et en minijupe il y a près de 30 ans, avant la révolution islamiste ? Ou que les femmes, en Afghanistan n'ont porté la burka et n'ont été forcées de rester à la maison qu'après l'arrivée des talibans au pouvoir en 1996 et qu'elles n'ont pas retrouvé tous leurs droits malgré la chute de ce régime en 2001 ? N'oubliez pas non plus qu'aujourd'hui

en France, il y a des hommes politiques qui voudraient voir les femmes rentrer à la maison pour lutter contre le chômage.

ÊTRE FEMME...

Encore aujourd'hui en France, une femme a toujours à prouver qu'elle peut faire aussi bien qu'un homme. Les femmes qui s'aventurent en politique ou à de hauts postes dans les entreprises savent bien qu'elles seront beaucoup plus critiquées que les hommes. Autrement dit, les filles, préparez-vous à avoir de

À LIRE

Latifa, *Visage volé, avoir 20 ans à Kaboul*, en Livre de poche :
À l'arrivée des talibans dans Kaboul, Latifa avait seize ans et des rêves plein la tête. Malgré la guerre qui sévissait en Afghanistan depuis dix-sept années, elle menait une vie plutôt insouciante et heureuse, assez semblable à la vôtre. Mais depuis cette date, les talibans ont fermé les écoles aux filles et, comme toutes les femmes, Latifa a été humiliée, insultée, obligée de vivre en recluse. Ce livre est le récit de sa vie sous le régime des taliban et de son combat pour que les femmes afghanes retrouvent leur liberté et leur dignité.

l'ambition et à vous imposer, sans complexes mais sans naïveté, en refusant les modèles imposés par le regard masculin ou par les traditions et les habitudes.

... ET LE RESTER

Cela ne veut pas dire pour autant imiter les hommes. Un certain féminisme a voulu faire des femmes… des hommes comme les autres ! C'était peut-être nécessaire pour que les hommes reconnaissent aux femmes le droit à l'égalité de traitement. Mais cela a aussi déclenché une guerre des sexes qui n'a profité ni aux femmes ni aux hommes. Vos grands-mères et vos mères ont été témoins de cette époque. Aujourd'hui, vous vivez sans doute une situation plus apaisée où hommes et femmes cherchent à mieux vivre ensemble. Ils ont compris que certains sentiments ou comportements ne sont ni virils ni féminins, mais simplement humains. Mais c'est encore une situation plus fragile que vous ne l'imaginez. Et les femmes sont parfois les complices des inégalités dont elles souffrent. Cela vous étonne ?

FEMMES LIBÉRÉES ?

Sont-elles vraiment libres, ces filles qui se torturent, se privent de manger pour être aussi maigres que les mannequins des magazines ? Sont-elles vraiment libres, celles qui se plient à tous les caprices de la mode ? Ou se soumettent-elles

aux critères qu'elles croient être ceux des hommes ? Et celles qui manquent d'ambition et n'osent pas se destiner à un « métier d'hommes » ? Celles qui croient que les maths sont une affaire de garçons et la littérature une affaire de filles ?

AVEC LES HOMMES

On entend souvent dire que le XXIe siècle sera celui des femmes. Est-ce une bonne chose ? Mieux vaudrait qu'il soit celui de l'humanité ! En tout cas, vous aurez à le construire avec tous ceux qui sont capables de reconnaître que l'avenir de l'humanité a besoin des deux sexes. Vous aurez aussi à aider les hommes à trouver leur place. À vous de leur faire comprendre qu'ils n'ont pas besoin de dominer les femmes pour être pleinement hommes ! Mais qu'ils ont le droit d'être des hommes et d'en être fiers, tout comme vous pouvez être fières d'être des filles.

VOIR AUSSI
SEXISME.

167

FÊTE

C'EST LA FÊTE CE SOIR !

☆ S'INFORMER

Une fête, cela s'organise, sinon cela peut être un raté magistral. Alors, au travail !

TOP CHRONO, C'EST PARTI !

Avant toute chose : choisir LA date. Attention aux périodes de contrôles scolaires ! Mieux vaut trouver un soir où tout le monde sera détendu. Si votre anniversaire tombe mal, fêtez-le en avance… ou en retard.

OUI, MAIS OÙ ?

Autre question essentielle à régler au préalable : vous mettre d'accord avec vos parents si vous souhaitez faire la fête chez eux. Vous pouvez aussi essayer d'organiser la fête avec une copine, et la faire chez elle, si ses parents sont d'accord. Sinon, il y a toujours des bons plans à trouver : une salle des fêtes, un réfectoire de cantine…

QUI INVITER ?

Inviter beaucoup de monde pour que la fête soit grandiose, ou seulement les proches pour être sûre de l'ambiance, quitte à ce qu'elle soit intimiste ? À vous de voir, bien sûr. En général, il faut compter 30 % de refus… un peu compensés par les « incrustes » de dernière minute.

SOIRÉE À THÈME OU DÉGUISÉE ?

Une soirée déguisée peut être très sympa et permet en plus d'être originale, voire excentrique ! Mais certains peuvent refuser de venir parce qu'ils ne savent pas comment se déguiser. Le plus simple, c'est une soirée à « thème » : il suffit juste d'un détail pour être dans le ton. Soirée « turquoise », soirée « fleurs », soirée du « détail insolite »… À vous de trouver l'idée du siècle !

CHECK-LIST OBLIGATOIRE !

Mieux vaut établir un budget et une liste avant de vous lancer ! Cela vous permettra aussi d'être raisonnable sur le nombre d'invités. Jus de fruits, sodas, etc. : prévoir au minimum 1 l par personne, plus s'il fait chaud et que c'est une soirée de gros danseurs. Prévoir 15 canapés par personne ou une quiche pour 4. Pensez aux saladiers de bonbons, toujours très appréciés.

PARTICIPATION ?

Si vous avez beaucoup d'invités, vous pouvez prévoir une participation. Le plus élégant et le plus efficace, c'est la participation en nature : demandez à vos invités d'apporter une bouteille, un gâteau ou une quiche.

LA DÉCO

Tout est permis, mais attention aux règles minimales de sécurité. Évitez les bougies et autres lampions… sauf si vous avez envie d'un after avec les pompiers ! Pour les tables, le plus pratique, c'est quand même les nappes et assiettes en papier, et les gobelets et couverts en plastique, qui existent dans une large gamme de couleurs. Prévoyez des grands sacs poubelles (100 l) bien solides pour tout jeter après.

LA SONO

Vous n'avez sans doute pas les moyens de vous payer un DJ, mais vous avez certainement un copain qui se débrouille. Passez le matériel en revue avec lui : a-t-il ce qu'il faut ? Faut-il alors prévoir une table de mixage ? Combien de prises électriques faut-il ? Certains « pros » de l'ordinateur ont un logiciel extra qui permet de programmer toute une soirée.

168

Prévenez-les que vous allez faire du bruit, par un petit mot dans l'entrée ou l'ascenseur, ou en allant les voir personnellement, si possible quelques jours avant les hostilités.

Occupez-vous de vous ! Prenez le temps d'une bonne douche, pour vous détendre et vous faire belle…

Après la fête, il faut ranger. Mobilisez quelques bons amis. Le but du jeu, c'est de rendre la pièce encore plus propre qu'avant pour remercier ceux qui vous l'ont prêtée et avoir une chance qu'ils recommencent ! Faites le maximum avant de vous coucher, sinon, le réveil risque d'être difficile…

« La fête est un excès permis », disait Freud. C'est vrai que l'on s'y autorise des choses que l'on ne fait pas tous les jours. Mais il faut savoir vous fixer des limites. Ne vous gâchez pas la fête en vous mettant dans un état second où vous ne seriez plus vous-même. L'amour de la fête est quelque chose de naturel, qui se passe parfaitement de substances artificielles !

La fête, c'est aussi un moment propice à la tendresse et aux effusions. Là aussi, il est important de savoir vous fixer des limites. Sinon, cela peut vous emmener plus loin que vous ne l'auriez souhaité.

Enfin, pour bien profiter de la fête, occupez-vous plus des autres que de vous-même. Une fête n'est pas un concours de beauté. Tant pis si vous n'êtes pas la plus jolie, la plus tendance ou le centre de la fête ce soir ! L'important, c'est d'être pétillante, d'entraîner les autres pour que tous passent un bon moment !

☆ MAUVAIS PLANS

- La chaleur qui tue l'ambiance. Coupez le chauffage l'hiver : 30 personnes qui dansent dans une pièce, ça chauffe !
- Les copains qui vomissent sur la moquette parce qu'ils ont trop bu. Pour éviter cette galère, supprimez l'alcool. Si certains en introduisent subrepticement, n'hésitez pas à faire disparaître les bouteilles dans un placard fermé à clé…

- Les dégradations en tous genres : cachez bibelots et objets précieux, fermez les pièces sensibles. Installez un tapis ou une chute de moquette pour protéger le parquet. Pour les taches sur la moquette, une seule solution : frotter avec vos petits bras musclés et du savon de Marseille.
- La drogue : « Dehors ! » C'est le seul mot à dire à ceux qui voudraient « s'éclater » un peu plus.
- Les « incrustes » de dernière minute. Si ce sont des types sympas, des vrais copains des copains, ça va. Mais parfois, cela peut dégénérer : les gens entendent de la musique et veulent se joindre à la fête. Prévoyez votre service d'ordre perso : grand frère, cousin ou copain un peu costaud.

169

VOIR AUSSI

ALCOOL, CANNABIS, DROGUE, MAQUILLAGE, PARENTS, RESPONSABILITÉ, SORTIES.

BONS PLANS

Spécial « négociation avec les parents »
Une fête à la maison inquiète tous les parents. Pour qu'ils vous fassent confiance, il n'y a pas 36 solutions.
▲ Expliquez-leur ce que vous avez prévu : combien d'invités, qui ils sont, comment c'est organisé, ce que vous ferez, combien de temps cela va durer.
▲ Fixez avec eux l'heure à laquelle ils partiront (vont-ils être là à l'arrivée des invités ?) et l'heure à laquelle ils reviendront (avant ou après la fin ?).
▲ S'ils ont l'excellente idée de partir avant et de revenir après, promettez-leur que la maison sera impeccable à leur retour. Et tenez vos promesses !

FRÈRES & SŒURS

MAMAN, IL M'EMBÊTE...

Fille unique, aînée, petite dernière ou autre : vous avez une position bien à vous dans votre famille. Certaines ont aussi des demi-frères et demi-sœurs, nés d'une autre union. Le regard que vous portez sur vos frères et sœurs dépend de tout cela. Quand on est seule, on rêve souvent des frères et sœurs que l'on n'a pas et avec lesquels on aurait aimé tout partager. Mais quand on est plusieurs, on sait bien que le partage n'est pas toujours facile !

UNE ÉCOLE DE VIE

La fratrie (l'ensemble des frères et sœurs d'une famille), c'est une société en miniature, avec ses leaders et ses timides, ses « grandes gueules » et ses sournois, ses batailles de polochons et ses coups de pied sous la table. Vous y apprenez à vivre en groupe, à vous défendre et à vous aimer aussi. Vous partagez les mêmes histoires, les mêmes habitudes et pourtant vous êtes souvent très différents.

QUAND ILS VOUS FONT TOURNER EN BOURRIQUE

Il y a des schémas communs à beaucoup de fratries. Par exemple, les relations entre garçons et filles : pas tristes ! Les filles squattent la salle de bains à temps plein et reprochent aux garçons (à juste titre ?) de ne pas se laver. Les garçons filent en douce devant la table à débarrasser et hurlent quand ces demoiselles monopolisent l'ordinateur pour liker des publications Facebook. Quant au petit frère pot de colle qui se mêle de tout et ne sait pas tenir sa langue, vous l'aimez, mais il y a des jours où vous en feriez volontiers cadeau à une autre famille !

ON SE DISPUTE, ON S'ADORE

Entre frères et sœurs, c'est la complicité. Parfois aussi la rivalité. Chacun voudrait être le préféré des parents. Il peut même y avoir le chouchou de service, qui en profite pour « cafter » et risque de faire

l'unanimité contre lui. À ce train-là, les étincelles sont inévitables ! Elles n'empêchent pas la fratrie d'être fortement soudée. Vous vous bagarrez volontiers à la maison, mais au-dehors, c'est l'union sacrée : gare à celui qui toucherait à un cheveu de votre petite sœur !

La taille moyenne actuelle des familles est de 2,01 enfant par famille, contre 3,5 enfants il y a 30 ans. Source : Observatoire des familles, 2010.

L'important, dans une fratrie, c'est de trouver sa place et de bien la vivre. Vous êtes l'aînée ? Vous vous sentez la plus forte et la plus mûre. Vous êtes la première à arriver à l'âge où l'on veut sortir le soir et avoir une mobylette, l'âge où l'on tombe amoureuse, etc. Bref, vous « essuyez les plâtres » pour les suivants.

POUCE POUR LE NUMÉRO 1

Les parents ont vite fait de vous donner des responsabilités, et vous en êtes fière. Mais quand c'est trop, vous avez le droit de le leur dire. Parce que c'est essentiel de garder du temps pour soi.

DES « VIEUX » DEVANT SOI

Si vous êtes la dernière, les autres vous tirent en avant. Opinions politiques du grand frère, études de la sœur qui n'habite plus à la maison, premier métier, mariage, vous êtes témoin des préoccupations de gens plus âgés ! Quelquefois, vous aimeriez peut-être que l'on vous laisse vivre votre vie de collégienne ou lycéenne… sans vous prendre systématiquement pour la « petite ». N'empêche : c'est enrichissant d'avoir des « vieux » devant vous.

JUSTE (AU) MILIEU

Enfin, il y a celles qui sont placées entre des grands et des petits. C'est une bonne position, confortable et amusante, avec des aînés pour vous tracer la route et des petits à pouponner ! Certaines peuvent avoir du mal à s'affirmer : il leur faut attendre que les aînés soient partis de la maison pour inventer une nouvelle relation avec les parents.

ENNEMIS UN JOUR, AMIS TOUJOURS

Ce qu'il faut savoir, c'est que les relations entre frères et sœurs changent avec le temps. Si vous avez des difficultés avec les vôtres, tous les espoirs sont permis. Le grand frère odieux d'aujourd'hui peut devenir demain votre protecteur adoré. Vous avez peut-être une sœur qui vous donne des complexes parce que vous pensez qu'elle est mieux que vous : un jour, vous découvrirez en elle une amie… qui ne se croit pas du tout supérieure ! Et le petit frère encombrant peut finir par devenir un grand confident. Au fil du temps, les années d'écart semblent moins grandes !

SPÉCIAL DEMI !

Enfants des beaux-parents ou véritables demi-frères, vous vivez peut-être avec des demi-frères et demi-sœurs. Autant faire votre possible pour vous accepter mutuellement : essayez de dialoguer pour mieux vous connaître et, pourquoi pas, avoir des relations amicales.

Le plus difficile, souvent, c'est l'enfant qui peut naître d'un remariage récent. Vous n'étiez pas forcément préparée à voir arriver un bébé à la maison. Il bouscule les habitudes, mobilise tout le monde. Mais il peut aussi être une chance merveilleuse à votre âge où vous avez souvent envie de dorloter un bébé. Si vous n'êtes pas prête, gardez vos distances et faites comprendre sans agressivité à vos parents que pouponner n'est pas votre tasse de thé. Si vous adorez les bébés, profitez de cette petite sœur (ou frère) inattendue qui pourrait bien rester dans votre cœur toute votre vie.

171

VOIR AUSSI

ENGUEULADE, PARENTS.

SAVOIR-VIVRE

Entre frères et sœurs

▲ On se serre les coudes.

▲ On ne cafte pas (sauf problème gravissime : drogue, etc.), même quand les autres le font. Si vous gardez un secret qui pourrait mettre l'un de vos frères et sœurs dans une situation délicate, soyez sûre que ce ne sera pas oublié… et qu'il vous rendra un jour la pareille !

▲ On ne pique pas les affaires des autres en douce.

▲ On a le droit de taquiner, mais on s'arrête avant la crise de nerfs.

▲ On ne lésine pas sur l'emploi de certains mots : « s'il te plaît », « merci », « ça va ? » et surtout « pardon ».

▲ On évite d'être rancunier.

▲ On répond présent en cas de déprime.

ÊTES-VOUS LA SŒUR IDÉALE ?

1. Vos parents grondent votre frère qui vient de rapporter un bulletin assez mauvais.

a. Vous prenez leur parti et leur rappelez qu'il passe un peu trop de temps avec ses copains.

b. Vous vous éclipsez dans votre chambre. Cette conversation ne vous regarde pas.

c. Vous leur rappelez que l'année n'est pas finie et qu'il peut encore se rattraper.

2. Vous faites salle de bain commune avec votre frère. Le matin…

a. Vous vous lèvez dix minutes plus tôt pour ne pas avoir à vous presser.

b. Vous tambourinez à la porte s'il s'éternise un peu trop.

c. Vous prenez tout votre temps. En tant que fille, vous avez évidemment la priorité !

3. C'est au tour de votre sœur de faire la vaisselle, mais elle est en retard pour aller au cinéma…

a. Vous acceptez de faire la vaisselle après qu'elle vous a suppliée longuement.

b. Vous proposez de la faire à sa place. Elle vous rendra la pareille une prochaine fois.

c. Désolée, mais vous avez rendez-vous avec un bain chaud et un bon livre. Vous aussi, il faut que vous filiez !

4. Selon vous, des frères et sœurs doivent…

a. Accepter leurs différences et s'aimer tels qu'ils sont.

b. Faire leur possible pour bien s'entendre.

c. Passer le moins de temps possible ensemble.

5. Votre petit frère vient d'obtenir son brevet.

a. Ah oui, c'est vrai, vous aviez oublié qu'il le passait…

b. Vous êtes très fière de lui et attendez avec impatience de fêter cela en famille.

c. Vous le félicitez. Quelle bonne nouvelle !

6. Il vous arrive parfois de…

a. Fouiller dans les affaires de votre sœur.

b. Écouter à la porte de sa chambre.

c. Passer dans le salon « comme par hasard » quand elle est avec ses copines.

7. À la veille d'un contrôle important, votre petite sœur vous demande de l'aider à réviser ses maths.

a. Pas de problème, vous arrivez à la rescousse !

b. Vous lui suggérez de demander à votre frère.

c. OK, vous voulez bien l'aider. Mais que va-t-elle faire pour vous en échange ?

Alors, quel est votre profil ?

	1	2	3	4	5	6	7
A	3	1	2	1	3	3	1
B	2	2	1	2	1	2	3
C	1	3	3	3	2	1	2

Si vous avez entre 17 et 21 points, votre profil est le A.
Si vous avez entre 12 et 16 points, votre profil est le B.
Si vous avez entre 7 et 11 points, votre profil est le C.

Profil A

Certes, vous n'êtes pas obligée d'être meilleure amie avec votre sœur ou votre frère, mais vous pourriez faire quelques efforts pour améliorer l'entente à la maison. Puisque vous êtes sous le même toit, autant apprendre à vivre en paix. Vos parents vous seraient vraiment reconnaissants si vous pouviez faire preuve d'un peu plus de respect, d'indulgence, et même d'entraide !

Profil B

Vous êtes une sœur plutôt agréable à vivre, et vous vous entendez assez bien avec vos frères et sœurs. Vous savez vivre en communauté et ne vous faites pas prier pour leur rendre un service si besoin est. Mais il est toujours possible de s'améliorer et d'apprendre à communiquer encore mieux pour éviter les conflits. Une bonne règle à suivre : évitez de leur faire ce que vous n'aimeriez pas qu'ils vous fassent !

Profil C

Un pour tous et tous pour un, telle est votre devise ! Vous partez du principe que les frères et sœurs doivent coopérer et se soutenir et vous mettez cela en œuvre au quotidien. Toujours prête à mettre la main à la pâte et à arrondir les angles, vous contribuez grandement au bien-être de votre famille. Maintenant, il ne reste plus qu'à vous assurer que vos frères et sœurs suivent votre bon exemple !

FUGUE

DE TOUTE FAÇON, PERSONNE NE ME REGRETTERA !

Faire une fugue, c'est s'enfuir de son domicile (le mot fugue vient du latin *fuga*, qui signifie fuite). Tout d'un coup, on claque la porte. Impossible de rester une minute de plus dans cette maison, avec ces gens.

☆ S'INFORMER

Certaines filles partent parfois sur un coup de tête, pour un mot en trop, une remarque qui fait déborder le vase. D'autres, après avoir longtemps prémédité leur départ. Mais, dans tous les cas, leur fugue est une fuite. Elles s'échappent de la maison, et surtout des problèmes qu'elles y rencontrent et qui leur semblent impossibles à résoudre.

LA GAMME DES FUGUES

Il y a les petites et les grandes fugues. Partir pour l'après-midi sans dire où l'on va, passer la nuit chez une copine sans que les parents sachent où l'on est, c'est faire une petite fugue. La grande fugue, c'est quand on part plusieurs jours sans donner de nouvelles, sans même savoir si on a envie de revenir un jour.

CIAO !

Certaines pourraient penser que faire une fugue, c'est répondre à l'appel impérieux de la liberté, à l'envie de vivre une formidable expérience. Mais, même si les adolescents ont souvent le goût de l'aventure, ils ne partent pas tous un beau matin avec un sac sur le dos. Heureusement, parce qu'une fugue peut avoir des conséquences tragiques.

ROSE, LA LIBERTÉ ?

Une fugue est toujours très difficile à vivre pour la personne qui fugue. Partir de chez soi quand on a votre âge, c'est compliqué et dangereux. Il faut trouver où dormir, comment manger, se laver. C'est aussi un grand moment de vulnérabilité, où l'on risque de faire de très mauvaises rencontres. Souvenez-vous de ces visages d'ados disparus, placardés un peu partout par des parents inquiets. Faire une vraie fugue, sans point de chute, c'est prendre le risque de ne jamais revenir du tout. Chaque année, des adolescents fugueurs disparaissent à jamais.

☆ COMPRENDRE

Il y a plein de raisons différentes pour lesquelles une fille peut décider un beau matin de claquer la porte… La plupart du temps, elle ne se sent pas comprise, pas aimée, pas à sa place dans sa famille. C'est souvent une manière d'attirer l'attention de ses parents sur ses difficultés. Peut-être parce qu'elle ne sait pas se faire entendre autrement. Et c'est vrai qu'il y a des moments où les parents peuvent avoir de gros soucis et oublier que leurs enfants, même grands, ont encore besoin d'eux.

SOS J'EXISTE !

La fugue est alors l'ultime bouteille à la mer pour savoir si l'on compte à leurs yeux. Est-ce qu'ils vont lancer des recherches, se faire du souci, avoir de la peine ? Est-ce qu'ils vont enfin comprendre qu'il y a un gros malaise ? Est-ce qu'ils vont réagir, au lieu de continuer à faire comme si de rien n'était ?

174

GROSSE BÊTISE

Il y a aussi des cas, plus rares, où celle qui fugue rencontre un problème grave qu'elle n'ose pas affronter et dont elle ne veut pas parler avec ses parents, parce qu'elle a peur de leur réaction. Renvoi de l'école, grossesse précoce, acte de délinquance : ce sont parfois ces raisons-là qui poussent une fille à partir, comme si la fuite pouvait tout régler.

K.O.

Une fugue est difficile à vivre pour tout le monde. Pour les parents, c'est un coup terrible. Il y a l'inquiétude, mais aussi la douleur de ne pas avoir réussi à comprendre leur fille, même s'ils sentaient bien qu'il y avait un malaise, et qu'ils l'aiment profondément. Mais comment prévoir un tel drame ?

MAUVAIS PLAN

Quels que soient les problèmes qui en sont la cause, une fugue est loin d'être la bonne solution. C'est parfois la seule réponse que l'on trouve à son malaise, mais c'est un acte désespéré. Il faut tout faire pour ne pas en arriver là. Comment ?
En parlant de ce qui ne va pas. À ses parents, bien sûr, qui sont capables de répondre présents dans les moments les plus graves. Si ce n'est pas possible, à une amie, à d'autres adultes qui pourront intercéder auprès des parents ou trouver des solutions, même à des problèmes que l'on croit inextricables.
La fuite ne résout jamais les problèmes, elle les multiplie.

VOIR AUSSI

MALTRAITANCE, PARENTS, PÉDOPHILE, RÉVOLTE.

175

CONSEILS

▲ Pour éviter d'en arriver là
- Quand vous vous êtes fâchée avec vos parents, essayez toujours de vous expliquer.
- Si le dialogue devient trop difficile, faites intervenir une personne qui a votre confiance et celle de vos parents.
- Si vous n'arrivez pas à parler, écrivez : cela permet de dire les choses calmement, et vous avez plus de chances d'être écoutée jusqu'au bout.
- Si, malgré tout cela, vous partez en claquant la porte, réfugiez-vous chez une amie. Vous pourrez ainsi vous donner le temps de réfléchir avant d'appeler vos parents (ou les faire appeler, si c'est trop douloureux). Mais surtout, ne partez pas dans la nature ! Et si le retour est difficile, faites-vous accompagner par une personne en qui vous avez confiance (adulte, de préférence).

▲ Quand une amie parle de fugue
- Parler de fugue, même si elle n'a jamais lieu, c'est quand même le signe qu'il y a un problème : faites-la parler, essayez de comprendre ce qui ne va pas pour demander conseil à un adulte.
- Rappelez-lui que c'est dangereux. Dites-lui aussi qu'elle peut compter sur vous, quoi qu'il arrive.
- Parlez-en avec vos parents. Si jamais elle part sur un coup de tête, il faut qu'elle sache qu'elle pourra trouver refuge chez vous.

FRÈRE
GRANDS-PARENTS
SOEUR

GRANDS-PARENTS

GRAND-PÈRE, MAMIE, BON-PAPA, MAMITA, GRAND-MAMAN...

☆ S'INFORMER

Autrefois, les gens mouraient plus jeunes. Du coup, on n'avait souvent pas beaucoup le temps de connaître ses grands-parents ; en tout cas, pas tous. Aujourd'hui, vous avez plus de chances de connaître vos grands-parents, et même vos arrière-grands-parents. En revanche, vous habitez souvent plus loin de chez eux qu'autrefois, et il arrive que vous les voyez moins souvent.

CES « VIEUX » SI JEUNES

Mais surtout, les grands-parents ont changé. Ce n'est plus la grand-mère qui tricote au coin du feu ou le grand-père qui bouquine en fumant sa pipe. Ils ont rajeuni ! Certains ont encore une activité professionnelle, ils n'ont plus forcément les cheveux blancs (ou ils les colorent), et ils débordent d'activités. Ils font du sport, voyagent aux quatre coins du monde, s'investissent dans des tas d'associations.
Bref, même quand ils sont à la retraite, ils n'ont pas le temps de s'ennuyer !

☆ INFO +

QUELQUES CHIFFRES

Il y a 15,1 millions de grands-parents en France, dont 2 millions sont aussi arrière-grands-parents.
- Parmi eux, 14,7 millions vivent à la maison, et 450 000 dans une institution.
- À 56 ans, 1 personne sur 2 a des petits-enfants.
- À 70 ans, 90 % de la population a des petits-enfants.
- Les grands-parents ont 5,2 petits-enfants en moyenne.
- Aujourd'hui, 41 % des enfants ont, à la naissance, leurs 4 grands-parents vivants, contre 5 % au XVIIIe siècle.
Source : Insee.

☆ COMPRENDRE

Les grands-parents actuels sont souvent affairés et dynamiques ; mais cela ne veut pas dire qu'ils ne s'intéressent plus à leurs petits-enfants. Ils jouent toujours un rôle important pour leur raconter l'histoire de la famille. N'hésitez pas à questionner vos grands-mères pour savoir comment étaient votre mère et votre père quand ils étaient petits, pour entendre des anecdotes savoureuses sur leur enfance.

UNE MÉMOIRE VIVANTE

Ils sont un peu la mémoire de la famille. Ils peuvent vous parler de ses racines et de sa région d'origine, que vous ne connaissez peut-être pas bien. Prenez le temps de les écouter : ils savent des choses que personne d'autre ne pourra vous dire quand ils ne seront plus là.

MERVEILLEUX CONFIDENTS

Mais surtout, ce sont souvent de merveilleux confidents. D'abord parce qu'ils ont du temps pour vous écouter, mais aussi parce qu'ils n'ont pas le même souci d'éducation que vos parents. Ils ne sont pas là pour vous dire ce que vous devez faire, ils n'ont pas besoin d'avoir la même autorité. En plus, ils ne vivent pas en permanence avec vous : quand vous vous mettez toute la maison à dos en piquant une crise de mauvaise humeur, eux n'en savent rien.

PARFAITE À LEURS YEUX

Ils vous voient avec les yeux de l'amour sans condition, avec bienveillance et confiance. Vous êtes leur petite-fille ; alors, ils ne doutent pas une minute que vous soyez la plus belle, la meilleure en classe et la plus douée en musique. Cela fait du bien, un regard qui accueille sans jugement, et même avec admiration. Surtout les jours où vous ne débordez pas de confiance en vous, ce qui peut arriver !

LE BONHEUR À L'ÉTAT BRUT

Ils peuvent aussi être les complices pleins d'humour et d'indulgence de vos rêves, de vos projets. Bref, ils vous aiment, et ils laissent les soucis à leurs enfants, vos parents. Vous leur offrez l'occasion qu'ils n'ont pas eue avec vos parents : celle de pouvoir aimer sans se poser de questions, sans se demander s'ils font bien, s'ils ont raison de vous interdire ceci ou de vous priver de cela. Les grands-parents, c'est le bonheur à l'état brut : de l'amour, de la disponibilité et le plaisir des loisirs partagés.

178

☆ SAVOIR-VIVRE

- Les grands-parents ont sans doute du temps pour vous. Mais ils ont aussi leur vie personnelle qu'il faut respecter. Ne les accablez pas de demandes en tous genres sous prétexte qu'« ils n'ont que ça à faire ».
- Même s'ils ne sont pas très vieux, n'oubliez pas qu'ils sont d'une autre génération que vos parents, avec d'autres habitudes. En matière de nourriture, de langage ou de vêtements, faites un petit effort pour ne pas les braquer : évitez le jean déchiré et traduisez le verlan !
- Quand ils ont des idées « vieux jeu », ne cherchez pas à les réformer. Il est trop tard pour les faire changer de point de vue sur la vie. Vous risquez de passer pour une redresseuse de torts sans grande expérience ! Et ne levez pas les yeux au ciel en les écoutant…
- L'affection, cela s'entretient. Passez les voir régulièrement ; écrivez-leur si vous habitez loin, ou quand vous partez en vacances… et pas uniquement avant Noël pour vous rappeler à leur bon (et généreux) souvenir.

- Vous considérez qu'il est normal qu'ils vous fassent des cadeaux ? Pensez à leur en faire aussi !

VOIR AUSSI

IDENTITÉ, PARENTS.

CONNAÎTRE
SA FAMILLE

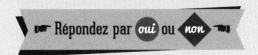

 Répondez par *oui* ou *non*

Vous savez où vos parents se sont rencontrés. ———————————————

Et vous connaissez l'histoire de leur premier rendez-vous. ———————————

Vous avez vu au moins une photo du mariage de vos parents. ——————————

Et vous serez capable de décrire la robe que portait votre mère. ——————————

Vous connaissez la date de naissance de chacun de vos grands-parents. ——————

Ainsi que leur adresse. ———————————————————————————

Vous connaissez tous les endroits où vos parents ont vécu. ———————————

Et vous savez où ils ont voyagé ensemble pour la première fois. —————————

Vous connaissez le métier de votre mère. ————————————————————

Et vous êtes capable de décrire ce qu'elle fait. ———————————————

Vous savez quelles études votre père a suivies. ———————————————

Et vous savez quel a été son premier emploi. ————————————————

Vous savez comment vos parents ont trouvé la maison dans laquelle vous vivez. ——

Vous connaissez le genre de musique préféré de votre mère. ═══════════

Et le sport favori de votre père. ════════════════════════════════

Vous connaissez le lieu de naissance de tous vos frères et sœurs. ═══════

Ainsi que leur passe-temps favori. ═══════════════════════════════

Vous savez de quel membre de sa famille votre mère se sent le plus proche. ═══

Vous connaissez au moins une histoire de jeunesse de votre grand-père. ═══

☞ Comptez le nombre de *oui* et de *non* ☜

Si vous avez moins de 6 réponses affirmatives

Vous avez peut-être oublié que vous faites partie d'un groupe appelé « famille ». Imaginez la vie que vos parents ont eue avant votre naissance, les époques que vos grands-parents ont traversées, et toutes les aventures vécues par les membres de votre famille au fil du temps. Si vous vous y intéressez de plus près, vous découvrirez assurément des tonnes d'histoires passionnantes !

Si vous avez entre 7 et 13 réponses affirmatives

Vous connaissez plutôt bien votre famille, mais celle-ci mérite que vous fouilliez encore plus loin. Pourquoi ne pas réaliser une petite interview de vos parents et grands-parents ? Vous pourriez leur poser toutes les questions qui vous passent par la tête et vous seriez probablement surprise par les réponses ! Et pourquoi ne pas noter vos trouvailles dans un carnet pour, peut-être un jour, raconter l'histoire de votre famille ?

Si vous avez 14 réponses affirmatives ou plus

Vous êtes fascinée par votre histoire et par les membres qui composent votre clan. Pour vous, les liens familiaux sont très importants et vous vous sentez très proche de vos grands-parents, vos cousins, vos tantes, etc. Vous vous intéressez même de près à vos frères et sœurs, et c'est tout à fait naturel. Après tout, vous vivez tellement de choses ensemble et ils feront partie de votre vie pour toujours !

GROSSESSE PRÉCOCE

ÇA N'ARRIVE PAS QU'AUX AUTRES !

✿ S'INFORMER

Être enceinte à l'adolescence arrive plus souvent qu'on ne le croit. Soit qu'on n'ait pas utilisé de moyen contraceptif, soit qu'il y ait eu un « raté » parce que aucun contraceptif n'est sûr à 100 %.

LES RISQUES MÉDICAUX

Chez une adolescente, la grossesse présente des risques médicaux spécifiques. Une jeune fille de 14 ans, dont le corps n'a pas fini de grandir, n'est pas totalement prête à porter un enfant. Des complications comme l'hypertension (une tension trop élevée) chez la mère peuvent survenir plus fréquemment. Le risque d'accouchement prématuré ou difficile est également plus grand. Enfin, le bébé d'une adolescente est souvent plus petit et donc plus fragile. Cependant, un bon suivi médical de la grossesse peut prévenir la plupart de ces risques. Attention, ce qui est dangereux à 14 ans ne l'est pas à 18. Bien au contraire, une grossesse à 18 ans présente bien moins de risques qu'à 40 ans.

UN DRAME HUMAIN

Les principaux problèmes posés par une grossesse précoce ne sont pas d'ordre médical. Quand on n'a ni l'argent, ni le temps, ni la maturité nécessaire pour élever un enfant que l'on n'a pas vraiment voulu, quand on se retrouve seule face à ce problème, la grossesse est vécue comme une catastrophe. Au point que certaines filles refusent même de reconnaître qu'elles sont enceintes, et parfois leur entourage ne s'aperçoit de rien jusqu'aux tout derniers mois. Pourtant, pour des raisons de santé, il est important de savoir rapidement si l'on est enceinte ou non.

COMMENT SAVOIR ?

En surveillant son cycle menstruel, de façon à s'inquiéter rapidement d'un retard de règles. Si l'on a eu des relations sexuelles depuis ses dernières règles, même si l'on utilise un moyen contraceptif, il convient de vérifier si ce retard ne signifie pas le début d'une grossesse.

QUEL TEST FAIRE ?

Les tests de grossesse vendus en pharmacie peuvent être faits dès le premier jour de retard des règles. Ils mesurent le taux d'hormones (signe d'une grossesse) contenues dans les urines. S'ils sont de plus en plus performants, ils ne sont pas fiables à 100 % : ils peuvent donner un résultat négatif alors que l'on est enceinte. En revanche, il n'y a pas d'erreur en cas de résultat positif.

UNE PRISE DE SANG

En cas de doute, il vaut mieux consulter un médecin qui prescrira une analyse de sang dans un laboratoire afin de mesurer le taux d'hormones. Cette analyse est remboursée par la Sécurité sociale. Ce médecin pourra par la suite donner tous les renseignements nécessaires en cas de grossesse ou prescrire une contraception efficace si l'on a seulement eu une grosse frayeur !

TEST POSITIF...

Dans le cas d'un résultat positif, et même si cela n'est pas évident parce que l'on ne ressent rien encore, il y a un embryon qui se développe et qui deviendra un bébé… Il ne faut pas rester seule avec un si lourd secret. Si l'on a trop peur d'en parler à ses parents, on peut se tourner vers un adulte en qui l'on a confiance : confident(e), infirmière ou assistante sociale du collège ou du lycée, médecin ami, etc. Mais les parents, même s'ils sont bouleversés par la nouvelle, sont sans doute les mieux placés pour aider à réfléchir, à prendre puis à assumer une décision.

SOS PAPA-MAMAN

Même si l'on a une peur panique de la réaction de ses parents, même si l'on craint de leur faire du mal ou de les décevoir, il faut toujours garder à l'esprit qu'ils aiment et aimeront toujours leurs enfants, quoi qu'il arrive. Passé la première réaction qui peut être un peu dure, ils sauront certainement écouter, consoler, conseiller pour trouver la meilleure solution.

☆ INFO +

TROP D'ADOLESCENTES CONCERNÉES

Dans le monde, près de 16 millions de jeunes filles âgées de 15 à 19 ans, et presque 1 million de moins de 15 ans, mettent au monde des enfants chaque année.
Source : OMS, 2014.

☆ COMPRENDRE

Pourquoi cela arrive-t-il ? Il y a bien sûr les cas douloureux et terribles des grossesses qui sont le résultat d'une relation forcée, c'est-à-dire d'un viol. Il y a aussi les « accidents » : un préservatif qui craque, une pilule oubliée…

QUAND L'INCONSCIENT PARLE

Mais une grossesse accidentelle peut être aussi le résultat d'un désir d'enfant inconscient ou inavoué. On a voulu vérifier que son corps fonctionnait bien ; on avait envie de quelqu'un à aimer qui soit tout à soi ; on aime un garçon et l'on a voulu le forcer à s'engager ; on ressent un vide dans sa vie et l'on croit qu'un enfant à élever va le combler ; on veut se prouver ou prouver à ses parents que l'on est adulte. Toutes ces raisons ne sont jamais si clairement exprimées et elles sont souvent entremêlées. De toute façon, le désir d'enfant reste un sentiment un peu mystérieux que l'on n'expliquera jamais tout à fait.

ÇA N'ARRIVE QU'AUX AUTRES !

Vrai, si vous n'avez pas de relations sexuelles. Sinon, attention ! La plupart des adolescentes oublient que la conséquence la plus naturelle d'un rapport sexuel, c'est une grossesse !

QUE FAIRE ?

Dans tous les cas, c'est toujours à la jeune fille enceinte de décider. Mais pour cela, elle doit se donner les moyens de réfléchir le plus sereinement possible avec l'aide et l'amour de son entourage : ses parents qui sont les premiers à pouvoir l'aider, les personnes en qui elle a confiance, le père de l'enfant quand cela est possible.

EN CAS D'URGENCE

Si vous avez eu un rapport sexuel et que vous avez peur de tomber enceinte, vous pouvez prendre la « pilule du lendemain » dans les 72 heures après le rapport sexuel. Depuis une loi de novembre 2000, les mineures peuvent l'obtenir sans en informer leurs parents. L'infirmière du lycée peut l'administrer à une élève en s'assurant qu'elle sera ensuite suivie médicalement et psychologiquement. Pour être efficace, cette pilule contient une dose très élevée d'hormones qui, en cas de grossesse, provoque son interruption. Cette pilule n'est pas une méthode contraceptive. Elle est réservée aux cas d'urgence : elle peut échouer et l'on n'a pas assez de recul pour en connaître les effets à long terme.

LE GARDER ET L'ÉLEVER ?

La jeune fille peut choisir de mener cette grossesse à terme, c'est-à-dire très concrètement de mettre un bébé au monde. C'est un choix pour lequel elle aura besoin du soutien de ses parents ou, à défaut, d'autres adultes. Choisir d'élever son enfant malgré les difficultés que cela présente quand on est très jeune et sans moyens matériels est un engagement difficile à prendre, un engagement de longue durée, qui transforme toute une vie mais qui n'est pas impossible à tenir si l'on est bien entourée.

LE GARDER ET LE CONFIER ?

La jeune fille peut aussi ne pas vouloir recourir à l'avortement ou ne pas le pouvoir (il est trop tard), tout en se disant qu'elle est trop jeune pour élever un enfant. Dans ce cas, elle peut confier le bébé à l'adoption dès sa naissance. Ce n'est pas forcément une décision qui sera facile à tenir quand on sentira son bébé grandir en soi et qu'on le découvrira à la naissance.

NE PAS LE GARDER ?

Si, après avoir examiné toutes les solutions possibles, la jeune fille décide de ne pas mener à terme cette grossesse, il lui faudra recourir à l'avortement. C'est une décision grave et forcément douloureuse : même quand on ne se sent pas capable d'élever un enfant, on a au fond de soi un désir de vie. La loi française autorise l'IVG (interruption volontaire de grossesse) jusqu'à 12 semaines de grossesse (c'est-à-dire 14 semaines après le début des dernières règles). Renseignez-vous sur le site www.sante.gouv.fr/ivg.html

JAMAIS DE SOLUTION TOUTE FAITE

Tout choix implique des responsabilités et personne ne peut les assumer à la place de la personne concernée. Il faut donc prendre le temps de mûrir sa décision pour être certaine de son choix. L'important, c'est de pouvoir en parler avec des personnes responsables, des personnes de confiance, pour bien mesurer ce que l'on veut au fond de soi, ce dont on est capable, pour faire le bon choix.

☆ CONSEILS

Le mieux, ce serait quand même de ne pas se mettre dans cette situation !

• Même si le conseil vous semble un peu ringard, le risque de grossesse précoce est l'une des raisons pour lesquelles il n'est peut-être pas judicieux d'avoir des rapports sexuels trop jeune. Ce n'est pas la même chose d'attendre un bébé à 14 ans qu'à 18 ou 20 ans.

• Sinon, prenez une contraception efficace : la plus sûre, c'est la pilule (associée au préservatif qui protège des maladies sexuellement transmissibles).

• Ne jouez pas avec le feu : qui dit rapport sexuel dit possibilité de grossesse, et cela dès le premier rapport. Ne croyez pas non plus qu'il y a des périodes du cycle où l'on ne risque rien, comme celle des règles par exemple : c'est faux…

• Surtout ne faites pas partie des 10 % de filles qui ont leur première relation sexuelle sans contraception !

VOIR AUSSI

ADOPTION,
CONTRACEPTION,
GYNÉCOLOGUE,
FÉCONDITÉ,
PREMIER RAPPORT
SEXUEL, RÈGLES.

183

GYNÉCOLOGUE

LA PREMIÈRE VISITE

Un gynécologue est un médecin spécialiste des maladies de la femme pour tout ce qui concerne sa sexualité.

☆ S'INFORMER

Il y a plusieurs raisons d'aller voir un gynécologue au moment de l'adolescence.

RÈGLES DOULOUREUSES OU TARDIVES

Vous pouvez lui rendre visite pour parler de vos règles, si elles sont irrégulières, douloureuses ou trop abondantes ou si vous n'êtes pas encore réglée et que vous vous demandez si cela est normal.

PREMIERS RAPPORTS SEXUELS

Certaines filles vont voir le gynécologue quand elles envisagent d'avoir des rapports sexuels, pour savoir comment cela se passe, ce qu'est le plaisir, quelles peuvent être les éventuelles difficultés, s'informer sur le sida et les maladies sexuellement transmissibles (IST) et surtout se faire prescrire leur première contraception (même si un généraliste peut le faire). Mais vous pouvez aussi voir un gynécologue si vous n'avez pas encore de relations sexuelles, simplement pour savoir si tout va bien et vous faire expliquer comment fonctionne votre corps.

PETITS PROBLÈMES DE FILLES

Un gynécologue est plus à même qu'un généraliste de trouver une solution aux problèmes particuliers comme les pertes vaginales, les inflammations de l'appareil génital, les douleurs entre les règles, les abcès au sein, etc.

COURAGE !

Le tout, c'est de se décider à effectuer cette première visite, qui fait toujours un peu peur. Pour vous rassurer, dites-vous que le gynécologue a une grande habitude de cette première rencontre, et qu'il saura trouver les mots pour vous mettre à l'aise.

LES QUESTIONS QU'IL POSE

Il va d'abord chercher à vous connaître mieux sur le plan médical, en vous posant des questions : la date de vos premières règles (d'où l'intérêt de la noter sur votre carnet de santé), celle des dernières, comment elles se passent, si elles sont irrégulières, douloureuses. Il voudra aussi savoir les maladies que vous avez déjà eues, éventuellement les interventions chirurgicales. Il vous pèsera, vous mesurera, prendra votre tension et examinera vos seins pour détecter d'éventuels kystes ou anomalies.

CET EXAMEN IMPRESSIONNANT

Ce que vous craignez le plus, c'est le fameux examen gynécologique dont vous avez peut-être entendu parler. Si vous êtes vierge, il est important de le signaler car, dans ce cas, le gynécologue ne pratiquera pas d'examen gynécologique. Mais si cet examen est indispensable, il utilisera un speculum spécial, tout petit, dit « speculum de vierge », qui ne déchire pas l'hymen. Cet examen, un peu impressionnant la première fois, se passe d'autant mieux si l'on s'efforce d'être décontractée et de ne pas trop s'en « faire une montagne ».

LE DÉROULEMENT

Si vous venez pour la première fois chez le gynécologue, dites-le afin qu'il vous explique le déroulement de l'examen. Après s'être dévêtue (on peut garder son haut, mais il faut retirer sa culotte), on s'allonge sur une table d'examen, et on écarte les jambes pour mettre les pieds dans des supports métalliques, les « étriers ». Le médecin introduit dans le vagin un petit appareil en métal appelé « speculum », au travers duquel il peut regarder pour examiner le col de l'utérus. Après avoir retiré le speculum, il met un gant et introduit deux doigts dans le vagin pour palper l'utérus. Ce n'est pas douloureux, seulement désagréable quand on est contractée, ce qui est normal la première fois. On peut se rhabiller dès que l'on descend de la table d'examen.

☆ SAVOIR-VIVRE

Par respect pour le médecin et pour vous-même, veillez à être propre et à porter du linge correct.

☆ COMPRENDRE

Il est important de bien choisir votre gynécologue, car c'est plus qu'un médecin : c'est quelqu'un qui pourra vous accompagner tout au long de votre vie de femme. Quelqu'un qui pourra vous écouter et vous aider dans les difficultés que vous rencontrerez.

CELUI DE VOTRE MÈRE ?

Votre mère vous proposera peut-être son gynécologue. Comme tout médecin, un gynécologue est tenu au secret professionnel et ne doit pas parler de votre visite à votre mère. Malgré tout, vous pouvez préférer que ce ne soit pas le même, car il s'agit de choses très intimes qui ne concernent que vous. Dans ce cas, dites-le simplement à votre mère, qui pourra vous conseiller quelqu'un d'autre.

UN HOMME OU UNE FEMME ?

Les gynécologues hommes sont bien sûr tout aussi compétents que les femmes. Reste qu'à votre âge, on se sent souvent plus à l'aise avec une femme pour parler de ces choses-là. L'important, c'est de vous sentir en confiance.

Si le contact ne passe vraiment pas à la première visite, n'hésitez pas à voir quelqu'un d'autre. Enfin, au moins la première fois, faites-vous accompagner : mère, sœur, tante, amie, vous avez le choix. Elle restera dans la salle d'attente pendant l'examen, mais sa présence vous rassurera.

VOIR AUSSI

CONTRACEPTION, PREMIER RAPPORT SEXUEL, RÈGLES.

CONSEILS

▲ Il est préférable de ne pas aller chez le gynécologue au moment de vos règles, car cela rend l'examen plus difficile.

▲ En général, le médecin vous explique ce qu'il fait et ce qu'il remarque pendant l'examen. N'hésitez pas à lui poser toutes vos questions : il est là pour vous répondre.

▲ Si vous ne savez pas comment choisir un gynécologue, vous pouvez vous adresser au Planning familial de votre ville ou de votre région. Vous pourrez y avoir une consultation gratuite et être conseillée.

185

HONNÊTETÉ

C'EST PAS MALHONNÊTE : TOUT LE MONDE LE FAIT !

Honnêteté est un mot qui vient en droite ligne de cette vieille notion que l'on appelle l'honneur : être honnête, c'est se comporter de manière honorable, en méritant le respect.

AU GRAND JOUR

Souvent, on parle d'honnêteté au sujet de l'argent : quelqu'un qui est honnête ne vole pas, ne s'enrichit pas en détournant des fonds, respecte le bien d'autrui. En un mot, il est incorruptible. Mais l'honnêteté ne se réduit pas à des histoires d'argent. C'est toute une attitude face à la vie. Vous êtes honnête quand vous n'avez rien à cacher, quand vous êtes « droite » : une image pour signifier que vous refusez les coups tordus, tout ce qui ne se fait pas au grand jour.

PAS DE MAQUILLAGE MORAL !

On dit aussi « être honnête avec soi-même ». Cela veut dire ne pas se mentir, ne pas se cacher ses défauts et ses torts en les justifiant par des excuses bancales. Par exemple, si vous avez triché en classe, l'honnêteté vous pousse à reconnaître que

186

ce n'est pas très reluisant, sans vous dire « eh bien quoi, tout le monde le fait » et à ne pas vous réjouir de votre bonne note comme si elle était due à votre travail ou à votre intelligence.

HONNÊTETÉ, MALHONNÊTETÉ, OÙ EST LA LIMITE ?

Être malhonnête, ce n'est pas forcément faire quelque chose de mal. Ce peut être oublier de faire quelque chose de bien ! Un exemple. La boulangère vous rend la monnaie sur 10 € alors que vous lui avez donné 5 €. Si vous « oubliez » de le lui faire remarquer, ce n'est pas franchement un mensonge ou un vol (vous n'avez pas volé dans la caisse !), mais n'empêche : la limite entre honnêteté et malhonnêteté est déjà franchie…

L'honnêteté est un exercice difficile qui oblige à reconnaître ses faiblesses, à accepter de n'être pas toujours bien vue. Elle

implique aussi de faire une croix sur ce que vous ne pouvez pas vous procurer honnêtement. En fait, elle vous oblige à assumer les conséquences de vos actes plutôt que de vous raconter des histoires.

CES MINI-MALHONNÊTETÉS QUI POURRISSENT LA VIE

L'honnêteté est exigeante. Elle vous oblige à vous fixer des règles, à respecter les autres et à vous respecter vous-même. C'est facile de voler sans se faire prendre, de tricher en classe ou de se mentir sur soi-même. Ce sont souvent des petites choses sans importance et, pourtant, elles pourrissent la vie et la confiance. Lorsque l'on sent que quelqu'un est malhonnête, on s'en méfie.

Et puis, une personne malhonnête imagine souvent que tout le monde raisonne comme elle et essaie de la tromper ! Impossible de construire des relations vraies à partir de là…

PAS DE DEGRÉS DANS L'HONNÊTETÉ

Quand vous apprenez que des responsables politiques abusent de leur pouvoir pour s'en mettre plein les poches, vous êtes scandalisée. Mais, en réalité, il n'y a pas de différence fondamentale entre eux et l'employé qui rapporte du bureau papier et crayons pour ses enfants. Ni avec la fille qui embarque quelques CD ou déguste un paquet de gâteaux dans les rayons du supermarché. Cela a l'air de petites choses, sans rapport avec les grandes magouilles qui concernent des sommes avec plein de zéros. Pourtant, c'est le même esprit, qui fausse toutes les relations et ruine la confiance.

HONNÊTETÉ, LE TICKET GAGNANT

L'honnêteté, c'est un choix de vie. Il faut y aller à fond, refuser les demi-mesures, cesser d'être indulgente avec vous-même, et refuser de vous passer quoi que ce soit. Exigeant ? Oui… mais si vous misez sur l'honnêteté, vous allez vite vous apercevoir que vous êtes gagnante ! Parce que les gens vous feront confiance. Et quelle satisfaction de pouvoir vous regarder en face… et être fière de vous !

VOIR AUSSI

CONFIANCE,
HYPOCRISIE,
MENSONGE.

TEST

Jusqu'où va votre honnêteté ?
Répondez par oui ou non aux affirmations suivantes :

1. La mère des enfants que vous gardez vous paie pour la deuxième fois les heures de garde que vous avez faites. Vous le lui dites.
2. Vous avez emmené par mégarde l'iPod d'une copine. Elle croit qu'elle l'a perdu. Vous le lui rendez.
3. Tout le monde recopie son devoir de maths sur le premier de la classe pendant la récré. Tant pis, vous prenez le risque d'avoir une mauvaise note en refusant de faire la même chose.
4. Vous n'avez pas assez d'argent pour prendre un ticket de bus plein tarif. Vous préférez en acheter un demi-tarif plutôt que de marcher.
5. Un copain vous propose un ordinateur très peu cher, vous savez qu'en fait il provient d'un trafic d'ordinateurs « tombés du camion ». Malgré votre envie d'avoir un ordinateur, vous refusez.

6. Vous vous regroupez avec vos frères et sœurs pour faire un cadeau collectif à votre mère pour son anniversaire. Vous avancez l'argent et chacun rembourse sa part. Mais l'un donne trop : votre part se réduit à zéro ! Vous allez le trouver pour lui payer votre part.
7. Le professeur d'histoire vous félicite pour l'originalité de votre exposé. Vous lui avouez que vous en avez trouvé une bonne partie sur Internet.
8. Votre grand-mère a complètement oublié qu'elle vous avait donné 20 € pour faire les courses et vous les rembourse. Vous le lui rappelez.

▲ Moins de 3 oui, vous flirtez avec la malhonnêteté.
▲ De 3 à 5 oui, vous faites des efforts mais vous craquez encore souvent.
▲ Plus de 5 oui, bravo ! À quand les 8 oui ?

HONTE

J'AI LA HONTE...

☆ S'INFORMER

La honte peut surgir dans diverses situations. En général, on a honte quand on fait une chose pas très reluisante : tricher, mentir à une copine, ne pas travailler suffisamment en classe, trahir la confiance de ses parents, etc.

J'ASSURE PAS COMME EUX

Mais vous pouvez avoir honte parce que vous ne vous sentez pas à la hauteur : mauvaises notes, mauvaises performances en sport, impression d'être moins douée ou moins intelligente que les copines. La honte peut aussi venir d'une différence, si vous n'êtes jamais sortie avec un garçon par exemple ou que vous vous sentez rejetée par un groupe.

QUAND LES AUTRES S'Y METTENT

On a honte également quand on se sent maltraitée. Si vous avez été humiliée par une copine qui s'est moquée de vous en public, si vous avez pris un râteau, si vos copines ont dit du mal de vous et que vous l'avez appris, il est normal de vous sentir honteuse, même si vous n'êtes pas responsable de ce qui vous arrive.

LE ROUGE AU FRONT

La honte peut être une réaction immédiate et paralysante. Joues écrevisse, larmes aux yeux, bégaiement, vous ne savez pas quoi répondre ; vous voudriez disparaître sous terre. Ce peut être aussi quelque chose de plus profond et de permanent, que vous traînez comme un boulet : un sentiment d'infériorité qui vous donne une mauvaise image de vous et vous pourrit la vie.

☆ COMPRENDRE

À votre âge, on a souvent honte, parce que l'on est particulièrement sensible au regard des autres. La psychanalyste Françoise Dolto comparait les adolescents à des homards au moment de la mue : ils ont perdu leur carapace et n'ont pas encore eu le temps de s'en fabriquer une nouvelle. Alors, ils sont comme des écorchés vifs et la moindre parole désagréable, le moindre reproche leur fait très mal.

SOUS LA CARAPACE

Vous avez beaucoup changé ces derniers temps. Votre corps s'est transformé, et vous ne vous y sentez peut-être pas encore très à l'aise. Vous vous trouvez plein de défauts, vous posez plein de questions sur ce dont vous êtes capable, sur ce que vous allez faire dans la vie. Vous avez du mal à vous faire une idée juste de vous-même.

C'EST DANS LA TÊTE

Alors vous vous comparez aux autres, et ce n'est, bien sûr, pas toujours à votre avantage. Ou alors, vous mettez la barre très haut parce que vous aimeriez être parfaite, de sorte que, par contraste, vous vous trouvez nulle. Et quand on vous critique, vous avez honte, parce que tout ce que vous vous reprochez à vous-même vous revient à l'esprit. Il y a une grande part d'imagination dans

certaines réussissent à enfermer tout cela en elles et savent faire face à toutes les humiliations. Vous les enviez ? Ne soyez pas dupe : cela ne les empêche pas d'avoir honte de temps à autre et d'en être malheureuses. Accepter de ne pas être la meilleure en tout, apprendre à reconnaître ses torts, mettre en valeur ce que l'on a de beau, avoir un regard bienveillant sur soi et sur les autres : tel est le chemin pour devenir une adulte sans honte inutile.

la honte : vous imaginez que les autres vous jugent aussi mal que vous le faites vous-même, et cela vous fait souffrir.

MIEUX SE CONNAÎTRE POUR MIEUX S'AIMER

Pour lutter contre ce sentiment, il faut apprendre à mieux vous connaître, découvrir vos points forts, accepter vos faiblesses et vivre avec de manière positive, en vous efforçant de vous améliorer. C'est un long chemin : il commence maintenant, mais il dure toute la vie.

DES AMIES POUR VOUS ENCOURAGER

Cela vous paraît insurmontable ? Normal, nous avons tous besoin d'une image positive de nous, d'encouragements et de confiance : vos amies sont là pour ça ! Elles peuvent vous rassurer, vous comprendre, et surtout vous dire qu'elles vous aiment telle que vous êtes.

DES FILLES SANS HONTE, ÇA EXISTE ?

Toutes vos copines connaissent ces moments de honte, mais

VOIR AUSSI
COMPLEXES, IDENTITÉ.

BONS PLANS

Survivre à la honte

Après une humiliation, mieux vaut laisser passer l'orage et s'efforcer de :

▲ Garder la tête haute en public pour ne pas offrir à vos agresseurs le plaisir de constater leur victoire.

▲ Vous éclipser rapidement pour vider votre cœur en laissant éclater votre rage ou en pleurant un bon coup. Cela fait du bien et aide mieux à s'en remettre que de rester stoïque.

▲ Ne pas ressasser ni imaginer des vengeances : cela vous empêche de dépasser l'humiliation et fait plus de mal que de bien.

▲ Ne pas rêver que vous envoyez du tac au tac la petite phrase assassine que vous n'avez pas su trouver au bon moment. Tout le monde en rêve ; mais cela ne soulage jamais, au contraire, cela ne fait qu'énerver davantage !

▲ Ne pas croire que vous êtes la seule à vivre ce genre de désagréments. Parlez-en avec vos amies pour prendre du recul et retrouver confiance en vous.

▲ Prendre si possible les choses avec philosophie : « Un moment de honte est vite passé », dit-on souvent. Et la honte ne tue pas.

HYPOCRISIE

SALE HYPOCRITE !

En grec, *hupocritès*, c'est l'acteur, c'est-à-dire celui qui joue un personnage.
Autrement dit, l'hypocrite est celui qui ne se montre pas sous son vrai jour,
qui ne dit jamais ce qu'il pense vraiment. Bref, c'est quelqu'un qui réussit l'exploit
de vous passer la main dans le dos par-devant et de vous cracher
à la figure par-derrière !

☆ S'INFORMER

Vous pensez peut-être que l'hypocrisie est assez répandue. Les gens se font des ronds de jambe alors qu'ils ne s'aiment pas ; ils se prétendent généreux et ont le cœur dur. Le prof qui vous parle gentiment vous descend au conseil de classe ; votre mère est parfaitement respectueuse avec sa belle-mère mais vous savez qu'elle n'en pense pas moins ; les copains peuvent vous critiquer derrière votre dos ; les hommes politiques font de beaux discours, mais sont loin d'être aussi désintéressés qu'ils le disent.

C'EST RÉVOLTANT !

Cela vous fait bondir. Vous rêvez d'une société où tout le monde aurait le courage de se dire les choses en face, où personne ne tromperait celui qui lui fait confiance. Vous êtes peut-être de celles qui n'hésitent jamais à dire ce qu'elles pensent, même quand ce n'est pas très flatteur pour les autres. À votre âge, on a soif de vérité. On refuse d'être une comédienne, une hypocrite, parce que l'on veut être soi-même, sans déguisement. Vous avez appris à aimer la sincérité ; c'est ce que vous voulez vivre, plutôt que la langue de bois.

☆ INFO +

Molière, le grand auteur de théâtre, s'est copieusement moqué des hypocrites qui cachent un caractère détestable sous des manières d'ange. Il a inventé un personnage caricatural appelé Tartuffe, dans la pièce du même nom, et l'a tellement réussi qu'il est devenu un modèle : pour parler d'un hypocrite, on dit un « Tartuffe ».

☆ COMPRENDRE

Il est vrai que l'hypocrisie est franchement détestable. Mais toutes les personnes que vous soupçonnez d'être hypocrites le sont-elles vraiment ?

HYPOCRITES SOURNOIS

Quelqu'un qui dit volontairement du mal de vous derrière votre dos, en vous témoignant de l'amitié quand vous êtes là, est vraiment un hypocrite, et vous avez raison de l'envoyer promener si vous parvenez à le prendre sur le fait.

UN PEU D'INDULGENCE !

Mais tous ceux que vous taxez d'hypocrisie parce qu'ils ne disent pas toujours ce qu'ils pensent ne sont pas à classer dans le même sac. Pourquoi ? Parce qu'il y a des raisons respectables de taire le mal que l'on pense : peur de blesser, peur d'être mal jugée ou incomprise si les autres ne pensent pas la même chose, ou tout simplement envie de maintenir des relations apaisées avec autrui.

Et si, dans un moment d'égarement, certains confient qu'ils n'apprécient pas une personne avec laquelle ils entretiennent des relations courtoises, cela ne veut pas forcément dire qu'ils sont d'abominables hypocrites !

PERSONNE N'EST PARFAIT !

Attention donc, réfléchissez avant de taxer quelqu'un d'hypocrite. Il y a des gens qui ont de grands idéaux mais n'arrivent pas à les mettre tous en pratique. On est tenté de les traiter d'hypocrites. Mais peut-être sont-ils juste un peu trop faibles pour atteindre ces idéaux dont ils rêvent sincèrement et n'osent-ils pas se l'avouer. Parfois, les adultes paraissent hypocrites simplement parce qu'ils voudraient être meilleurs mais n'y parviennent pas.

RESTONS POLIS !

Il ne faut pas non plus confondre politesse et hypocrisie. Vos parents n'apprécient pas leurs voisins outre mesure ? S'ils esquissent un sourire au lieu de leur jeter un flot d'insultes à la figure quand ils les croisent dans l'escalier, c'est parce qu'ils ont un minimum de savoir-vivre. Pour vivre en société, il faut aussi pouvoir côtoyer des gens que l'on n'aime pas forcément, travailler avec eux, sans leur dire leurs quatre vérités tous les matins. Cela vous dérange peut-être, mais imaginez que ceux qui ne vous aiment pas – il y en a, c'est inévitable ! – vous balancent toutes les horreurs qu'ils pensent sur vous, comme cela, sans prévenir. Vous resteriez sans voix !

☆ SAVOIR-VIVRE

- Si vous ne pouvez pas voir une personne, vous n'êtes pas obligée de la fusiller par-derrière ! Vous n'êtes pas obligée non plus de le lui dire !
- Il y a manière et manière de dire ce qu'on pense : on peut parler sans agressivité, en prenant des gants, pour essayer de ne pas blesser inutilement.
- Être poli avec quelqu'un que l'on désapprouve ou que l'on n'aime pas trop, c'est juste reconnaître qu'il n'a pas que des défauts. On n'est pas obligé non plus d'en faire trop et de le flatter : question de dosage !

VOIR AUSSI

HONNÊTETÉ, MENSONGE.

CONSEIL
Avec un véritable hypocrite, mieux vaut jouer franc-jeu et lui signifier carrément que vous n'êtes pas dupe. Un sourire entendu et bien appuyé, les yeux dans les yeux, suffit amplement…

191

★ IDENTITÉ ★

QUI SUIS-JE ?

☆ S'INFORMER

Qui êtes-vous ? Bonne question ! Vous êtes née d'une alchimie mystérieuse, celle des gènes de vos deux parents, qui fait que vous êtes grande ou petite, blonde ou brune, ronde ou menue… Vous avez peut-être les yeux d'une de vos grands-mères, le sourire de votre père ou les fossettes de votre mère.

SACRÉ CARACTÈRE !

Sans parler de votre caractère… On vous dir peut-être que vous êtes « soupe au lait » comme la grande sœur de votre mère ou timide comme votre grand-père paternel. Bref : aspect physique ou caractère, que cela vous plaise ou non, vous ne pouvez pas renier votre famille !

C'EST BIEN MA FILLE !

D'autant plus que tout ce joli patrimoine s'est développé dans une histoire qui est la vôtre, bien sûr, mais aussi celle de votre famille. Vous avez grandi en France ou à l'étranger, à la ville ou à la campagne. Vous êtes fille unique ou entourée de frères et sœurs, née de parents aisés ou non, qui ont des convictions politiques ou religieuses ou non. En tout cas, vos parents

vous ont élevée de leur mieux, avec leurs choix, leur cœur et leurs principes.

CURRICULUM VITAE

Et puis, au cours de votre enfance, il s'est passé plein d'événements heureux ou douloureux qui vous ont façonnée : naissance de frères et sœurs, parfois séparation des parents, rencontres d'amies, maladies, déménagements. Sans parler de tous les apprentissages merveilleux que vous avez faits : ils vous ont permis de découvrir le monde qui vous entoure et ont forgé vos goûts. Tout cela, en quelque sorte, c'est votre CV, votre curriculum vitae (« parcours de vie » en latin) !

MODÈLE UNIQUE

Tout cela – votre nature, vos acquis – s'est mélangé dans un grand chaudron pour faire cette petite fille que vous étiez encore il y a peu, et qui devient une femme. Une personne unique au monde. Une personne qui a déjà un visage, un caractère, une façon de voir le monde, d'aimer, d'espérer – de vivre en somme ! – qui n'appartient qu'à elle.

☆ COMPRENDRE

Pas évident, direz-vous ! Vous êtes peut-être déjà tiraillée entre ce que vous voudriez être et l'image que les autres vous renvoient. Peut-être aussi désorientée parce qu'il y a plein de choses que vous aimiez petite fille et dont vous ne voulez plus entendre parler maintenant…

TU AS CHANGÉ !

Eh oui, n'en déplaise à votre grand-mère ou à votre papa, vous n'êtes plus la petite fille câline qu'ils prenaient sur leurs genoux. Ils vous reconnaissent bien quand même, au point que vous avez certainement, comme dans toutes les familles, une étiquette que vous aimeriez bien décoller ! Elle porte rarement sur des qualités d'ailleurs : tête en l'air, « bordélique », caractère de cochon… C'est parfois si énervant que vous avez envie de crier que vous avez changé !

J'T'ADORE !

Et puis, il y a vos copines, vos amies, qui vous voient comme ci ou comme ça… et quelquefois vous en êtes la première surprise. Même si cela vous fait chaud au cœur, parce qu'elles vous « adorent », vous avez l'impression qu'elles ne comprennent pas qui vous êtes vraiment. D'ailleurs le savez-vous vous-même ? Difficile à dire à l'âge des grands chambardements !

J'AI PAS DE PERSONNALITÉ !

Alors, vous tâtonnez, vous prenez le contre-pied de ce que vous avez été, vous changez peut-être souvent de look, vous imitez celles qui vous paraissent avoir de la personnalité. Vous avez parfois l'impression d'être tragiquement nulle, genre transparente ? C'est normal ! On ne devient pas adulte du jour au lendemain !

C'EST LONG !

D'accord, c'est long. D'accord, c'est inconfortable. Mais il ne faut pas désespérer. La personnalité, l'identité, le caractère, ce sont des choses qui se construisent toute la vie, à travers les rencontres, les relations que vous nouez avec les autres, les événements que vous affrontez, les projets que vous réalisez. Toute cette histoire déjà vécue, ces richesses engrangées durant votre enfance et même vos défauts, ce sont vos provisions pour la route.

PATIENCE...

Ce chemin, c'est vous qui allez le tracer. Il faudra, bien sûr, faire avec ce que vous avez déjà dans votre panier, bon ou moins bon : votre tendance à la colère, votre goût pour la paresse, votre jalousie exacerbée ou votre timidité maladive. Mais tout cela se travaille. Pour cela, sachez être patiente, acceptez de prendre votre temps.

HELP, PLEASE !

Sachez reconnaître le regard, les conseils des autres, qui vous aideront à devenir vraiment vous-même. À vous de trier, d'éviter les mauvaises influences, celles qui vont à l'encontre de votre intérêt. Comment ? En choisissant avec soin ceux qui vous conseilleront. Les premiers à écouter sont ceux qui vous aiment vraiment, qui vous connaissent depuis longtemps, et ont envie que vous soyez heureuse : vos parents bien sûr, mais aussi vos véritables amis, et pas seulement les copains qui changent chaque année ! C'est en faisant ces choix-là que vous affirmerez votre personnalité, maintenant et plus tard.

VOIR AUSSI

COMPLEX.ES.

CONSEILS

Non à l'effet caméléon !

Pour avoir de la personnalité, mieux vaut ne pas faire comme tout le monde. Sinon, l'on n'est ni plus ni moins qu'un caméléon qui change de couleur au gré de ses rencontres.

▲ Ne copiez pas le look de la fille la plus tendance du lycée. Les copieurs agacent toujours.

▲ N'essayez pas de devenir amie à tout prix avec la fille la plus populaire, à laquelle vous rêvez de ressembler. Vous n'avez peut-être rien en commun. Vous aurez envie de faire tout comme elle : rien de tel pour l'énerver. Et peut-être serez-vous surprise, si vous la revoyez dans 10 ans, de voir qu'elle n'a rien d'extraordinaire !

▲ Ne sortez pas avec un garçon si vous n'en avez pas vraiment envie, ne vous escrimez pas à fumer des cigarettes en toussant comme une tuberculeuse pour vous donner un genre.

▲ Si l'on vous provoque, prenez un air assuré (mais si, on y arrive !) et dites que faire comme tout le monde, ce n'est pas franchement votre genre.

INCESTE

C'EST TOUJOURS L'ADULTE LE COUPABLE

L'inceste, c'est le fait d'avoir des relations sexuelles ou même seulement des actes impudiques (attouchements, caresses, baisers, non-respect de l'intimité) entre personnes d'une même famille, dont le mariage est interdit par la loi : entre un père (naturel ou adoptif) et sa fille, entre un beau-père (qu'il soit marié ou concubin de la mère) et sa belle-fille, entre un grand-père et sa petite-fille, un oncle et sa nièce, entre un frère et une sœur.

☆ S'INFORMER

Dans toutes les sociétés connues, l'inceste est interdit. On doit aller chercher la personne avec laquelle on fondera une famille en dehors de celle dans laquelle on est né. Les anthropologues qui étudient les coutumes des sociétés humaines pensent que cette règle permet à une société de se développer, parce qu'elle l'oblige à s'ouvrir sur l'extérieur.

COUPER LE CORDON

Pour les psychologues (qui étudient le psychisme humain), cet interdit aide l'enfant à se libérer des liens forts qu'il entretient avec sa famille, pour grandir et construire sa propre vie, en particulier sa vie amoureuse. L'inceste, c'est le contraire : l'enfermement dans la famille, l'impossibilité de grandir, la négation des différences entre générations.

CE QUE DIT LA LOI

Le Code pénal dit qu'un adulte qui a des relations sexuelles avec un mineur commet un crime, puni de 15 ans d'emprisonnement. Quand cet adulte est un parent proche, le crime est encore plus grave et la sanction plus lourde : 20 ans d'emprisonnement. Les autres agressions sexuelles (sans pénétration) à l'égard de mineurs sont punies de 7 ans d'emprisonnement. Le mineur, lui, n'est pas puni : il n'est jamais coupable. Depuis la loi du 3 juillet 1989, une victime d'inceste peut porter plainte contre son agresseur jusqu'à l'âge de 28 ans.

☆ COMPRENDRE

L'inceste peut arriver dans n'importe quelle famille et, souvent, les familles n'imaginaient même pas que cela pouvait être possible.

UN AGRESSEUR BIEN CONNU

Souvent l'adulte incestueux est quelqu'un que la victime connaît bien, qu'elle aime, qui l'aime et qui s'intéresse à elle. Comme pour tout viol, c'est parfois brutal, mais cela peut être beaucoup plus sournois : l'adulte est gentil, il joue sur l'affection que lui porte l'enfant ou l'adolescent pour obtenir des gestes ou des relations sexuelles.

SURMONTER LA HONTE

Mais, après, la victime se sent salie, elle a honte. Elle pense être coupable : parce qu'elle n'a pas fait attention, parce qu'elle croit qu'elle a séduit son agresseur ou qu'elle n'a pas su lui résister. Pourtant, le coupable, c'est toujours l'adulte qui sait que c'est interdit et qui est assez grand pour se contrôler. Quand on est une petite fille ou une jeune fille, on est à l'âge où l'on se construit : on a besoin d'être aimée et reconnue pour grandir encore. C'est pour cela que certaines victimes ont pu être flattées au départ par l'attention qu'un adulte leur portait. Elles ont pu être d'accord la première fois, et même y trouver du plaisir. Mais elles sont trop jeunes pour porter cette responsabilité, elles ne sont pas coupables, même si elles aiment toujours celui qui commet l'inceste.

MUETTE DE PEUR

C'est important d'en être bien convaincue, car c'est ce qui peut donner le courage d'en parler, même si c'est difficile. Souvent, le coupable a demandé à sa victime de se taire, il lui a dit que c'était un secret entre eux, il a même pu lui faire très peur.

PEUR DE FAIRE DU MAL

Parfois aussi, la victime se tait parce qu'elle sent que cela risque de chambouler toute sa famille. Elle peut aussi avoir peur de faire souffrir sa mère, en lui révélant la trahison de son père ou de son beau-père. Ou craindre les conséquences pour son agresseur qu'elle continue souvent à aimer malgré tout… Elle peut aussi penser que personne ne va la croire.

Pourtant, la parole des victimes finit toujours par être entendue, même si elle dérange et fait mal.

PARLER, POUR SE PROTÉGER

Parler à quelqu'un de confiance, c'est d'abord empêcher que les faits se reproduisent. La victime peut bien essayer de se protéger toute seule, en refusant les avances de l'agresseur, mais elle a souvent besoin d'aide pour mettre une distance entre elle et son agresseur.

PARLER, POUR GUÉRIR

Parler, c'est le seul moyen de commencer une nouvelle vie, de retrouver sa liberté, dans son esprit et dans son corps. Se reconstruire peut passer par une action en justice, parce qu'une victime a besoin d'être reconnue comme telle, de voir son agresseur puni, pour retrouver confiance en elle. C'est une démarche difficile et on peut se faire aider pour cela.

PARLER, POUR RETROUVER LE SOURIRE

Rencontrer un psychologue est très utile pour évacuer la honte et la culpabilité, la souffrance aussi, quand cela vient de quelqu'un que l'on aimait. C'est un travail douloureux mais qui permet de repartir d'un bon pied pour une nouvelle vie, avec toutes ses chances de bonheur.

 INFO +

NON-ASSISTANCE À PERSONNE EN DANGER

Aujourd'hui, la loi punit ceux qui ont eu connaissance d'abus sexuels sur mineur et ne les ont pas signalés à la police, à une assistante sociale ou à un juge. Pour s'adresser à un juge, on peut envoyer une lettre au tribunal de grande instance ou au tribunal pour enfants.

195

VOIR AUSSI

MALTRAITANCE, PÉDOPHILE, VIOL.

CONSEILS

Pour signaler un inceste

▲ On peut essayer d'en parler à un adulte de confiance dans sa famille ou dans son entourage proche (la mère d'une amie, par exemple).

▲ On peut le dire à l'assistante sociale ou à l'infirmière du collège ou du lycée, à un professeur, à son médecin.

▲ On peut appeler un accueil téléphonique spécialisé : des psychologues, des juristes, des éducateurs écoutent les jeunes, les soutiennent et les informent s'ils souhaitent une intervention de la justice. Voir les numéros utiles en fin d'ouvrage.

☆ INCONSCIENT ☆

LA FACE CACHÉE...

L'inconscient, ce n'est pas la même chose que l'inconscience. Quand votre mère vous dit : « Tu es inconsciente de faire du scooter sans casque », elle vous reproche d'être irresponsable. Vous ne vous rendez pas compte du danger ; mais vous pourriez tout à fait en être consciente si vous vous en donniez la peine !

CES CHOSES SANS NOM

L'inconscient, au contraire, ce sont des productions de l'esprit (images, émotions, sentiments, désirs) qui échappent à la conscience. Vous ne savez pas qu'elles existent ; vous ne pouvez pas les nommer, ni les penser. Mais elles se manifestent sans crier gare, de différentes façons. Dans vos rêves et vos fantasmes, mais aussi dans vos paroles et vos actes.

QUAND LA LANGUE FOURCHE

Par exemple, l'inconscient vous fait dire des choses que vous ne pensez pas consciemment. Quand vous faites un lapsus (vous dites un mot pour un autre), le mot que vous employez ne vous vient pas au hasard : c'est souvent votre inconscient qui s'exprime. Si vous appelez un professeur « Maman », cela peut vouloir dire que vous attendez de lui le même soutien, la même affection ; ou, au contraire, que vous le craignez comme votre mère. Cela dépend des relations que vous avez avec elle !

UN OUBLI QUI EN DIT LONG

Il arrive aussi que votre inconscient vous empêche de faire ce que vous aviez décidé de faire. Cela s'appelle un acte manqué et cela peut vous jouer des tours pendables ! Vous prenez rendez-vous chez le dentiste. Mais vous oubliez ce rendez-vous parce qu'au fond de vous, vous n'avez pas envie d'y aller. Ou encore, vous finissez tant bien que mal un devoir, mais vous l'oubliez sur votre bureau avant d'aller en cours. En fait, vous n'aviez pas du tout envie de le rendre parce que vous n'en étiez pas contente.

PREMIER EXPLORATEUR DU MYSTÈRE « INCONSCIENT »

D'où vient-il, cet inconscient ? Comment fonctionne-t-il ? C'est le docteur Freud qui, le premier, a exploré ses mécanismes à la fin du XIXᵉ siècle, en soignant des personnes qui souffraient de malaises inexpliqués. Il en a déduit que l'inconscient se construit dans notre petite enfance à partir des sentiments et des désirs que notre éducation nous oblige à taire, et qui tentent de se manifester malgré tout.

Nous avons tous un inconscient qui nous joue des tours de temps à autre. C'est comme une partie très intime et très obscure de nous, qui ne s'exprime jamais directement, mais qui trouve toujours le moyen de se rappeler à notre bon souvenir !

ENLÈVE TON MASQUE !

Le mal de ventre qui surgit avant le contrôle de maths, les pleurs ou les fous rires qui éclatent au mauvais moment, c'est l'inconscient qui vient nous dire un petit bonjour… On ne peut pas éviter ces petits désagréments, puisqu'on ne les contrôle pas. En revanche, on peut les prendre avec philosophie et rire des lapsus et autres rendez-vous oubliés !

DRÔLE DE RÊVE...

Sans parler des rêves délirants qui nous laissent tout estomaquées au réveil. Ils sont parfois agréables : petite fille, vous rêviez peut-être d'avoir toutes les poupées que vous vouliez ; aujourd'hui d'embrasser le garçon… de vos rêves. On dit qu'ils sont la réalisation de nos désirs refoulés. Quand ils sont positifs, ils ne vous posent pas de problème ! Mais c'est parfois un peu troublant de rêver de la mort d'un proche ou de faire des rêves pas franchement racontables. Là encore, il faut le prendre avec sérénité : l'inconscient, on ne le contrôle pas !

PETITE BARQUE DIRIGEABLE

C'est vrai que vous ne pouvez pas contrôler votre inconscient. Mais cela ne veut pas dire que vous êtes soumise pieds et poings liés à des forces obscures et incompréhensibles. Vous n'êtes pas un petit bateau livré aux lames de fond d'une mer en furie. Il y a un gouvernail et un capitaine à bord ! Autrement dit, vous avez aussi une liberté et une volonté qui vous permettent de diriger votre vie.

L'INCONSCIENT, CE N'EST PAS UNE EXCUSE !

Même si vous savez bien que vos choix sont en partie influencés par des choses profondes et inconscientes, cela ne vous empêche pas de réfléchir, de décoder ce que vous vivez et ce que vous voulez : l'inconscient n'est pas l'excuse miracle qui peut vous dispenser de prendre votre vie en main !

VOIR AUSSI

ANGOISSE, BLUES, RÊVE.

INFO +

Quand l'inconscient hurle Il peut arriver que certaines personnes n'arrivent plus à gérer les désirs de leur inconscient. Les conflits intérieurs deviennent tellement aigus qu'ils se manifestent au niveau conscient par des manies, des obsessions, des angoisses, des phobies, etc. Cela peut devenir de véritables maladies psychiques qu'il faut soigner.

197

INTERNET

LE MONDE À PORTÉE D'UN CLIC

On dit le Web, la toile, le Net ; en fait il s'agit de choses un peu différentes. Le Web, de son vrai nom World Wide Web, est un ensemble de données qu'on peut consulter de tous les coins du monde. Le Net, c'est un réseau informatique qui permet la communication à l'échelle mondiale.

☆ S'INFORMER

Le Web est une formidable banque d'informations ! Deux clics de souris et vous voilà embarquée pour un voyage à l'infini, d'un sujet à l'autre, à travers le monde et les connaissances ! Dans cet espace virtuel, tout est possible : chatter avec votre grande sœur installée en Australie, poser des questions à des chanteurs canadiens *via* leur forum, vous lancer dans un jeu en ligne avec une équipe constituée de Chinois, d'Espagnols, et de Danois : les frontières n'existent plus.

DES DÉTECTIVES TRAVAILLENT POUR VOUS

Pas toujours facile de vous y retrouver sans carte dans ce monde gigantesque composé de millions de sites, réalisés par des entreprises, des centres de documentation, des associations ou des particuliers. Heureusement, les moteurs de recherche mènent l'enquête pour vous et sont capables de trouver instantanément tous les sites qui parlent du sujet qui vous intéresse et de les classer par ordre d'intérêt. Plus un site est consulté, et plus haut il apparaît dans les moteurs de recherche !

FACEBOOK, LE TROMBINOSCOPE PLANÉTAIRE

Facebook est un réseau social, c'est-à-dire un ensemble de personnes ou d'organisations qui communiquent et échangent des informations. Il suffit de se créer un profil pour pouvoir y publier toutes sortes d'informations écrites, photos ou vidéos, de communiquer avec des « amis » mais aussi de constituer ou de faire partie de groupes qui peuvent soutenir une cause, une idée ou une marque. Facebook est bien un outil de votre génération : 41 % de ses utilisateurs en France ont entre 13 et 25 ans.

TWITTER, LE MICROBLOG

Twitter est un site de micro-blogging qui permet de communiquer en 140 signes maximum. On y partage ses pensées en quelques mots, des liens vers des articles intéressants, ou même des photos et des vidéos. Vous pouvez y suivre vos célébrités préférées qui n'hésitent pas à y dévoiler des petits bouts de leur vie. Tweeter (en français : gazouiller) est devenu une activité très populaire sur Internet : le site rassemble plus de 500 millions d'utilisateurs dans le monde !

On appelle téléchargement le fait de copier sur son ordinateur des données trouvées sur Internet. Il peut aussi se faire en peer-to-peer ou P2P (en français : de poste-à-poste), un système qui permet à ceux qui l'adoptent de mettre en commun via Internet certaines données de leurs ordinateurs sans passer par un serveur central. On peut télécharger des tas de choses : des sonneries de téléphone, des logiciels, de la musique, des images, des vidéos, des films, des jeux, etc.

Le problème, c'est que si tout est possible, tout n'est pas légal. Télécharger des logiciels gratuits ne pose pas de problème, mais télécharger de la musique ou des films sans payer est interdit par la loi. Pourquoi ? Parce que cela enfreint le copyright des artistes, qui méritent d'être rémunérés. Vous ne voleriez pas un DVD dans un magasin ? Pensez à cela si l'envie vous prend un jour de télécharger un film illégalement.

☆ INFO +

Le film *The Social Network* (2010) permet d'être incollable sur l'histoire de Facebook : comment tout savoir sur les dessous de cette invention révolutionnaire et sur les conflits passionnés qu'elle a engendrés. Retrouvez le *Dico des filles* sur sa page Facebook !

COMPRENDRE

Le Net est une formidable révolution dans le partage de l'information. Jamais les hommes n'ont eu autant de renseignements à leur disposition. Finies les recherches interminables en bibliothèque pour votre exposé ! Malheureusement, on a vite fait de s'y perdre. Vous cherchez une information ; de lien en lien, vous vous promenez… et vous y restez des heures, sans vous en rendre compte !

DES TORCHONS ET DES SERVIETTES

Sur Internet, il y a du bon et du moins bon. Eh oui, n'importe qui a la possibilité d'ouvrir un site et d'y raconter ce qu'il veut sans aucun contrôle ni restriction. On peut tomber sur des pages sans intérêt ou truffées de fausses informations, alors vérifiez et multipliez toujours vos sources !

Internet regorge aussi de choses peu édifiantes ou immorales (sites pornographiques, incitations à la violence). Ayez l'esprit alerte et ne cliquez pas sur n'importe quoi. Comme dans le monde réel, tous les recoins d'Internet ne sont pas bons à visiter !

UN JOURNAL INTIME EN PUBLIC ?

Avec Facebook, Twitter, Instagram et toutes les autres plateformes de réseaux sociaux, vous voilà capable de partager toute votre vie avec vos amis… Mais avez-vous pensé aux 2 milliards d'internautes qui peuvent ainsi consulter votre journal intime ?

N'oubliez pas de protéger votre profil Facebook ainsi que votre intimité en général. Réfléchissez avant de poster une photo ou un nouveau statut. Ce qui paraît innocent aujourd'hui pourrait refroidir un futur patron quand vous chercherez votre premier boulot…

Restez aussi vigilante sur les forums, ils sont consultables par tous et il n'y a aucun moyen de vérifier que les personnes avec qui vous discutez sont bien celles qu'elles prétendent être ! En revanche, les tchats (sur Skype, Facebook…) sont privés, c'est un peu comme une conversation avec une copine.

MAUVAIS PLAN
GARE AU VIRUS !

Un virus est un petit logiciel capable de perturber, voire d'endommager gravement le fonctionnement d'un ordinateur. Ces logiciels sont imaginés par des pirates de l'informatique qui les propagent par le Net : on les reçoit généralement par mail. Si vous recevez par exemple un fichier dont le nom se termine par «.exe », méfiance, il y a de fortes chances qu'il contienne un virus.

Pour les mettre hors d'état de nuire, il existe des logiciels antivirus (à mettre à jour régulièrement). Mais ils ne vous dispensent pas de faire attention : n'ouvrez jamais un mail dont vous ignorez la provenance (direction la corbeille ou les spams), et évitez de télécharger des animations rigolotes qui peuvent cacher des virus.

☆ BON PLAN
Pour être une bonne internaute

- Définissez précisément ce que vous cherchez avant de vous connecter.
- Dans les forums et les tchats, ne donnez pas vos coordonnées (vous ne savez pas à qui vous avez affaire). Et n'allez surtout pas rencontrer seule celui avec lequel vous discutez régulièrement !
- Ne copiez pas les textes, musiques ou images : la copie est illégale.
- Ne téléchargez pas des films ou des musiques, c'est interdit par la loi et de plus en plus sanctionné.

- Vérifiez les informations, triez-les… et réfléchissez plutôt que de faire du « copier-coller ». Votre prof aussi sait surfer. Il ne sera pas dupe !
- Restez polie et ne dites pas de mal des gens dans les forums et les tchats. La loi l'interdit et les parents des mineurs qui commettent une infraction peuvent être sanctionnés et devoir payer une amende. En bref, traitez les gens sur Internet comme vous les traiteriez dans la vraie vie.
- Ne vous laissez pas engloutir par le Web pendant des heures. Tout comme la télévision, la modération est de mise. Il y a d'autres choses intéressantes à faire !

POUR DÉBUTER
Téléchargez (c'est autorisé et gratuit !) le petit livret « C ton Net » pour apprendre à surfer malin : http://www.droitdunet. fr/juniors/.

200

TCHAT ET FORUM
Faites-vous la différence entre forum et tchat et savez-vous qui pourra lire ce que vous écrivez ?

Dans un tchat, on doit s'inscrire et choisir un pseudonyme, et on s'adresse à une ou plusieurs personnes qui sont seules à pouvoir lire ce qu'on écrit. C'est comme une conversation entre copines.
Un forum, en revanche, est un espace virtuel de débat. N'importe qui peut y participer et toutes les interventions sont publiées et lisibles. Attention à ne pas y mettre n'importe quoi, ni à croire tout ce qui s'y dit…
Le bel Édouard (15 ans) qui tchatte avec vous avec tant d'humour peut très bien cacher en fait un Robert de 60 ans ! Prudence !

INTERNET
Inconscient,
IDENTITÉ

POURRIEZ-VOUS VIVRE SANS INTERNET ?

MISS TROPSURFÉ OU MISS DÉBRANCHÉE

non

Vous oubliez parfois de consulter vos e-mails.

oui   non

Vous préférez parler à vos copines de vive voix.

oui   non

Vous n'avez pas de compte Facebook.

non

oui

Vous n'êtes pas dépendante d'Internet et vous pouvez très bien vous en passer.

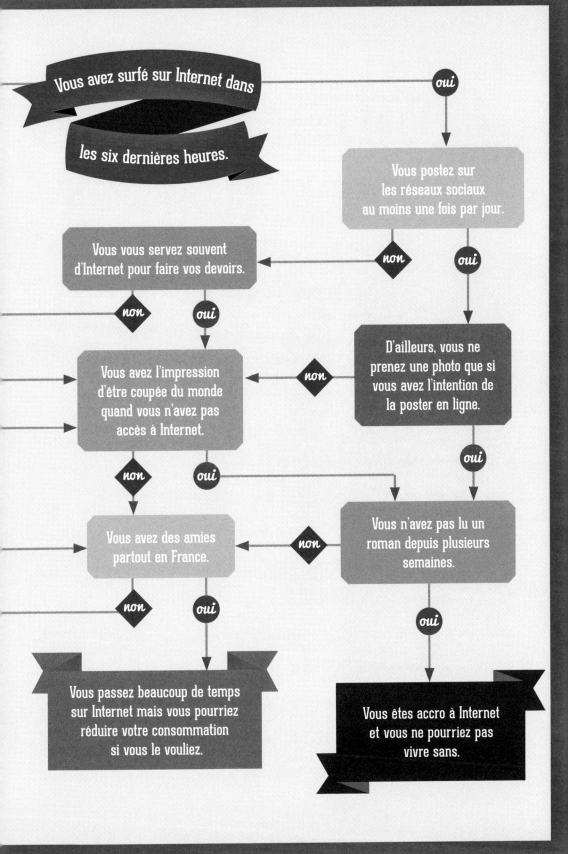

AVEZ-VOUS LA BONNE ATTITUDE SUR LES RÉSEAUX SOCIAUX ?

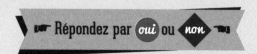

Répondez par *oui* ou *non*

Vous aimez raconter votre vie. _____

Toute votre vie, même votre dispute avec votre amie Lucie ou vos histoires de famille. ____

204

Et vous vous confiez facilement sur Internet. _____

Il vous arrive de parler de vos amies sur les réseaux sociaux. _____

Sans forcément qu'elles le sachent à l'avance. _____

Vous ne réfléchissez pas à deux fois avant de poster une photo. _____

Vous postez beaucoup de photos de vous. _____

Même des photos qui ne vous montrent pas sous votre meilleur jour. _____

D'ailleurs, vous seriez mortifiée si vos parents les voyaient. _____

Vous ne pensez jamais à ce qu'il va advenir de toutes les informations que vous postez. ____

Ni au fait que, sur Internet, rien ne peut jamais vraiment s'effacer. _____

Il vous arrive de « bloquer » une copine qui vous a un peu agacée. _____

Vous réglez parfois vos comptes sur les réseaux sociaux. _____

Sous le couvert de l'anonymat, vous rédigez parfois des commentaires négatifs. ═══

D'ailleurs, vous écrivez des choses que vous n'oseriez pas dire de vive voix. ═══

Vous acceptez toutes les demandes « d'amis ». ═══

Même si elles proviennent de gens que vous ne connaissez pas. ═══

Vous avez déjà chatté avec un garçon sur Internet. ═══

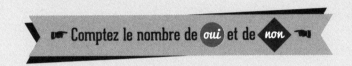

☞ Comptez le nombre de oui et de non ☜

Si vous avez moins de 5 réponses affirmatives

Vous ne passez pas votre vie sur les réseaux sociaux et vous savez bien que le monde *online* n'est pas toujours très réaliste. Vous préférez réfléchir à deux fois avant de poster quelque chose et évitez les histoires ou photos trop personnelles. Vous savez que n'importe qui pourrait tomber dessus et pensez à préserver votre vie privée. Bravo pour votre attitude responsable !

Si vous avez entre 6 et 12 réponses affirmatives

Il vous arrive de vous laisser emporter par la vague et de vous dévoiler un peu trop sur Internet. Toutes vos copines le font, alors, pourquoi pas vous ? Mais vous savez quand même que tout ce que vous lisez sur Internet n'est pas forcément vrai. Certains embellissent leur vie, d'autres mentent carrément et les photos peuvent être trompeuses. Alors mieux vaut privilégier les interactions dans la vraie vie, plus ouvertes et intéressantes que dans le monde virtuel !

Si vous avez 13 réponses affirmatives ou plus

Vous êtes plutôt accro aux réseaux sociaux et vous ne les utilisez pas toujours à bon escient. Internet n'est pas un monde parallèle où les règles sont différentes ! En bref, restez toujours polie et aimable, préservez votre intimité et faites attention à ce que vous postez. Encore mieux : demandez-vous d'abord si cela vous gênerait si vos parents voyaient ce que vous avez posté.

ATTENTION, DANGER !

IST veut dire infections sexuellement transmissibles. On disait autrefois maladies vénériennes, du nom de Vénus, déesse de l'amour dans l'Antiquité.

☆ S'INFORMER

Quand on vous parle de IST, vous pensez tout de suite au sida, qui est l'infection sexuellement transmissible la plus tristement célèbre. Pourtant, il existe beaucoup d'autres IST, dont certaines peuvent avoir des conséquences graves.

COMMENT ÇA S'ATTRAPE ?

Comme leur nom l'indique, ces maladies se transmettent le plus souvent lors d'un rapport sexuel. Les principales IST sont la blennorragie, la syphilis, les chlamydiases, l'herpès génital, l'hépatite B et le sida. Elles proviennent de germes (bactéries, virus, parasites, champignons) présents dans le sperme ou dans les sécrétions vaginales : les germes peuvent passer du vagin de la fille au pénis du garçon, et inversement. Attention : cela arrive même

quand il n'y a pas eu de pénétration, un simple contact peut suffire.

AUTRES MODES DE CONTAMINATION

Certaines IST ne se transmettent pas seulement par les relations sexuelles mais aussi par le sang (contact avec une plaie même minime, seringues infectées). C'est le cas du sida. Et aussi de l'hépatite B dont les symptômes sont : une fièvre persistante, une grande fatigue que l'on peut prendre pour une grippe, une jaunisse qui peut devenir chronique.

COMMENT SAVOIR ?

Les principaux signaux d'alerte des IST peuvent être des pertes vaginales plus importantes qu'à l'ordinaire (et surtout d'une odeur désagréable), des brûlures en urinant, des douleurs persistantes au bas-ventre ou des douleurs pendant un rapport

sexuel, des lésions de la vulve (irritation, inflammation, plaies, verrues). Tous ces signes doivent vous inciter à consulter immédiatement un médecin.

MALADIES CACHÉES

On peut aussi présenter des symptômes ailleurs que sur les organes génitaux : des rougeurs douloureuses dans la bouche ou la gorge, par exemple, que l'on peut prendre pour les signes d'une angine. Il n'est pas évident de savoir si l'on est atteinte d'une IST. On peut être malade sans présenter aucun symptôme, risquer des complications pour soi-même ou transmettre la maladie sans le savoir. C'est un risque à prendre très au sérieux.

COMMENT S'EN PROTÉGER ?

Si vous n'avez pas de relations sexuelles et que vous faites attention aux autres risques de contamination, vous êtes protégée de toutes les IST. Si l'on a des relations sexuelles, il faut utiliser un préservatif à chaque rapport. En cas de rapport sexuel non protégé, il est important de consulter un médecin… même si aucun des deux partenaires ne présente de symptômes ! En cas de doute, le médecin prescrira des analyses. Bien évidemment, ceux qui vivent un grand amour, fidèle, et qui ont la certitude qu'aucun des deux n'est atteint, parce qu'ils ont fait des tests ou qu'ils n'avaient jamais eu de rapports sexuels auparavant, peuvent se passer du préservatif. Attention néanmoins aux autres modes de contamination !

PLUS DE BISOU ?

Pour les autres modes de contamination (salive, sang), une hygiène rigoureuse suffit : médecins, dentistes et autres spécialistes de la santé sont très sérieux et changent leur matériel à chaque patient. Pour la vie courante, c'est à vous de faire attention : pas de prêt ou d'emprunt de brosse à dents, par exemple ! Et si vous êtes terrifiée au point de ne plus vouloir embrasser votre copain, sachez qu'il existe des vaccins contre l'hépatite B et que le sida ne se transmet pas par la salive.

ÇA SE SOIGNE ?

Beaucoup de ces maladies guérissent si elles sont traitées rapidement. Certaines, comme l'herpès, récidivent par crises, toute la vie durant. On peut limiter les effets du sida mais on n'a pas encore trouvé les moyens de guérir cette maladie.

PRUDENCE, LES FILLES !

Enfin, certaines maladies sexuellement transmissibles n'ont aucune conséquence sur le garçon, mais peuvent rendre la fille stérile si elle ne se soigne pas rapidement. Rassurez-vous : ces maladies-là ne se transmettent ni par le sang ni par la salive.

☆ COMPRENDRE

Si vous apprenez un jour que vous avez une infection sexuellement transmissible, il faudra, bien sûr, vous soigner, mais aussi informer votre partenaire que vous êtes malade, pour qu'il se soigne lui aussi.

DEVOIR DE VOUS PROTÉGER

Même si vous ne vous sentez pas concernée pour l'instant, il est important que vous gardiez à l'esprit que certaines maladies sexuellement transmissibles ne sont pas uniquement des maladies désagréables qui provoquent démangeaisons ou brûlures urinaires. Mal soignées, ces maladies peuvent vous priver à jamais du bonheur d'être mère. Ne l'oubliez pas au moment de votre premier rapport sexuel, comme les 10 % de filles qui n'utilisent pas de préservatif à cette occasion. Ni même après, bien entendu.

OCCUPEZ-VOUS DE VOUS

Sans vouloir vous inciter à vous méfier du garçon de vos rêves ou du futur homme de votre vie, n'oubliez pas les risques que vous encourez : ne renoncez pas trop vite au préservatif, pour lui faire plaisir, parce que c'est plus agréable et plus authentique. N'oubliez pas que les femmes sont toujours les premières victimes de ces maladies.

☆ INFO +

NON AUX IDÉES REÇUES

Soyez prudente, mais ne tombez pas non plus dans la psychose. On n'attrape pas le sida ou d'autres maladies sexuellement transmissibles en allant à la piscine (les produits mis dans l'eau éradiquent tous les germes), ni en allant aux toilettes si l'on fait attention à leur propreté (en cas de doute, ne pas s'asseoir : non, les germes ne sautent pas), ni en essayant des robes dans les magasins, ni en serrant la main des gens, ni en les embrassant sur la joue, ni en les côtoyant alors qu'ils éternuent… En revanche, pas d'emprunt de brosse à dents ou de maillot de bain aux copines !

207

VOIR AUSSI

PRÉSERVATIF, SIDA.

LES PRINCIPALES IST

MALADIES	SIGNES D'ALERTE	COMPLICATIONS
LES CHLAMYDIASES Causées par des bactéries, les *chlamydiæ*. C'est la plus fréquente des IST. Les porteurs sains de *chlamydiæ* sont très nombreux. **Pronostic** Guérison par antibiotique dans la majorité des cas, à condition que les deux partenaires soient traités.	**Chez l'homme** • Démangeaisons au niveau de l'urètre ; • Légères brûlures en urinant ; • Écoulement clair et très discret au bout du gland ; • Parfois aucun signe. **Chez la femme** • Pertes blanchâtres ou jaunâtres assez abondantes ; • Infections urinaires discrètes ; • Brûlures lors des rapports sexuels ; • Parfois aucun signe.	**Chez l'homme** • Urétrite, épididymite, souvent sévères ; • Conjonctivite ; • Décès dans 5 % des cas. **Chez la femme** • Infections des trompes de Fallope, très fréquentes chez les jeunes (80 % des cas concernent les moins de 20 ans !), d'autant plus dangereuses qu'elles sont le plus souvent très discrètes. Risque important de stérilité définitive ; • Conjonctivite ; • Risques importants pendant la grossesse et à la naissance.
LA SYPHILIS Appelée vulgairement la « vérole ». Causée par un microbe, le tréponème. Se transmet surtout par voie sexuelle. Après avoir régressé, les cas de syphilis augmentent depuis quelques années. La syphilis évolue en trois stades dits primaire, secondaire et tertiaire. **Pronostic** Guérison rapide si le diagnostic est précoce.	**SYPHILIS PRIMAIRE :** • Apparition d'un bouton dur habituellement sur les organes génitaux, mais pas obligatoirement (bouche, anus) ; • Découverte d'un petit cratère rougeâtre d'aspect brillant ; • Gonflement indolore d'un ganglion ; • Ces signes (souvent cachés chez la femme) disparaissent normalement au bout d'un mois ou deux, ce qui ne signifie pas qu'on est guéri. **SYPHILIS SECONDAIRE :** • Maux de tête, nausées, douleurs multiples, courbatures ; • Petites taches roses discrètes sur le thorax et les membres (roséole) ; • Ongles cassants, perte de cheveux, atteintes de la peau ; • Plaques muqueuses contagieuses.	• Une fois passées les phases primaire et secondaire, la syphilis évolue longtemps sans symptôme. Le troisième stade dit tertiaire expose à des complications graves et irréversibles (cardio-vasculaires et neurologiques). **Chez la femme** • Une femme infectée peut contaminer son enfant pendant la grossesse et l'allaitement. 
L'HÉPATITES B Causée par une infection par le virus de l'hépatite B (VHB). Vaccin efficace contre l'hépatite B. **Pronostic** Pas de traitement efficace.	• Signes proches de ceux de la grippe ; • Nausées, vomissements, grande fatigue ; • Jaunisse.	• Comme beaucoup de maladies à virus, guérissent spontanément avec possibilité de rechutes périodiques. • Complications très graves dans 10 % des cas d'hépatite B (cancer du foie, atteinte possible du nouveau-né si la mère est infectée).
LA TRICHOMONASE Causée par un parasite microscopique, le *trichomonas vaginalis*. **Pronostic** Guérison rapide si les partenaires sont traités en même temps.	**Chez l'homme** • Le plus souvent aucun signe. **Chez la femme** • Simples démangeaisons ; • Sensations de brûlure au niveau de la vulve et du vagin ; • Pertes malodorantes (leucorrhées) ; • Douleur pendant les rapports.	**Chez l'homme** • Inflammation de la prostate (rare). **Chez la femme** • Risque à long terme de favoriser un cancer du col de l'utérus.

MALADIES	SIGNES D'ALERTE	COMPLICATIONS
LA GONOCOCCIE Appelée vulgairement « chaude-pisse ». Causée par une bactérie, le gonocoque. Une des IST les plus fréquentes. **Pronostic** Guérison rapide si le traitement est précoce.	**Chez la femme** • Le plus souvent aucun signe ; d'où l'importance pour l'homme de prévenir toutes ses partenaires qui risquent une stérilité définitive et sont contagieuses sans le savoir. **Chez l'homme** • Brûlures en urinant ; • Écoulement de pus à l'extrémité de la verge.	**Chez la femme** • Infection des trompes de Fallope (salpingite) entraînant un risque très élevé de stérilité définitive. **Chez l'homme** • Atteinte de la vessie, de la prostate et des testicules.
CANCER DU COL DE L'UTÉRUS Ce cancer est causé, la plupart du temps, par les infections liées au papillomavirus humain (HPV). **Pronostic** Pour éviter d'en arriver au cancer du col de l'utérus, il est recommandé de se faire dépister par un frottis régulier dès 25 ans. Il existe aussi un vaccin préventif, à faire idéalement avant les premiers rapports sexuels, qui serait efficace à 85 %. Le tabac aggrave considérablement les lésions liées au papillomavirus. La guérison est longue et dépend de l'avancement du cancer..	**Chez la femme** • Douleurs durant les rapports sexuels ou saignements ; • Quantité accrue des pertes blanches.	**Chez la femme** • Anémie ; • Constipation ; • Perte de poids ; • Incontinence ; • Présence de sang dans les selles.
LES CONDYLOMES Appelées aussi « verrues vénériennes ». Causées par des virus. Peuvent se transmettre même avec un préservatif. **Pronostic** Traitement par électrocoagulation ou par neige carbonique. La guérison définitive est rare. Les partenaires doivent être traités simultanément. Une excellente hygiène intime s'impose.	Présence de petites excroissances à surface dentelée. **Chez l'homme** • Sur le gland, les replis du prépuce, le méat urinaire ou l'anus. **Chez la femme** • Sur la vulve (surtout sur les petites lèvres).	**Chez la femme** • Risque très rare d'évolution cancéreuse sur la vulve ; • Favorise les cancers du col de l'utérus.
L'HERPÈS GÉNITAL Causé par un virus, il représente 10 % des IST. Il favorise les autres IST. L'herpès est très contagieux pendant les poussées, beaucoup moins pendant les périodes de transition : un porteur sain peut être contagieux. **Pronostic** Pas de traitement réellement efficace. • 60 % des sujets atteints guérissent seuls, à moins qu'ils ne soient recontaminés. Dans ce cas, leurs chances de guérir à nouveau spontanément diminuent. • 40 % vont continuer à héberger le virus après la primo-infection. Ils connaîtront des récidives.	**Chez l'homme** • Petites cloques remplies d'un liquide transparent (réunies en « bouquet ») sur la verge ; lésions à vif (aphtes, etc.) • Parfois, inflammation douloureuse du gland ; • Rarement, inflammation de l'urètre avec écoulement discret au bout du gland ; • Dans 20 % des cas, aucun signe. **Chez la femme** • Douleurs au niveau de la vulve et du vagin ; • Brûlures en urinant ; • Fièvre et sensation de faiblesse ; • Au niveau de la vulve et du vagin, petites cloques remplies d'un liquide transparent ; • Dans 20 % des cas, aucun signe.	**Chez l'homme** • Peut favoriser le cancer de la prostate. **Chez la femme** • Les risques de contamination du bébé sont importants au moment de l'accouchement ; • Peut favoriser le cancer du col de l'utérus (frottis réguliers obligatoires).

KILOS LIBERTÉ

JALOUSIE

★ JALOUSIE ★

NE TOMBEZ PAS DANS LE PIÈGE !

☆ S'INFORMER

Être jalouse, c'est être exclusive. La jalousie est une manière d'aimer les gens en les voulant tout à soi. Dès que ceux que vous aimez s'éloignent un peu, vous vous inquiétez, vous avez peur de les perdre ! Alors, vous les étouffez, vous les surveillez de peur qu'ils ne vous aiment plus !

J'ÉTOUFFE !

La jalousie est un sentiment normal : quand vous tenez à quelqu'un, vous ne voulez pas le perdre. Mais attention à ne pas en faire une maladie. Emprisonner les autres n'est pas une solution : quand on est trop jalouse, on risque de compromettre ses amitiés et ses amours. Être jalouse avec votre copain, avoir peur qu'il parte avec une autre fille et lui casser les pieds avec cela, c'est le meilleur moyen qu'il le fasse… pour avoir un peu d'air !

La jalousie exagérée est le contraire d'une preuve d'amour : elle révèle qu'on ne fait confiance ni à soi-même, ni à celui que l'on prétend aimer.

JALOUSE OU ENVIEUSE ?

L'envie est la cousine de la jalousie : vous pouvez envier quelqu'un parce qu'il possède un objet, un vêtement que vous désirez ; envier une copine parce que vous la trouvez plus belle ou plus mince, parce que vous croyez que tout le monde l'aime. Envier votre sœur parce que vous imaginez qu'elle est l'enfant préférée des parents ; envier une amie parce que vous pensez qu'elle a une famille bien mieux que la vôtre.

L'ENVIE, ÇA FAIT MAL

Bref, il y a mille occasions d'être envieuse, surtout quand on n'est pas très sûre de soi, et que l'on n'a pas encore mesuré ses propres atouts et ses richesses personnelles. Personne ne peut s'empêcher d'être envieux, et pourtant cela fait mal.

QUAND L'ENVIE REND MÉCHANTE

Certaines filles peuvent aller jusqu'à en vouloir carrément à la personne qu'elles envient, parce qu'elles trouvent injuste que cette personne possède ce qu'elles n'ont pas.

Il vous est peut-être arrivé d'être exaspérée par le succès d'une fille que vous trouviez sans intérêt (mais qu'est-ce qu'ils lui trouvent ?).

Ce sentiment-là peut faire encore plus mal, parce qu'il rend méchante : on voudrait presque que l'autre soit enfin privé(e) de ce qui fait – injustement à nos yeux ! – son bonheur !

☆ COMPRENDRE

La jalousie, l'envie, vous les avez sans doute connues dès l'enfance, quand vous avez cru que le nouveau bébé qui arrivait dans la famille prenait votre place, quand vous avez commencé à comparer vos jouets à ceux de votre petite sœur…

À moins que ce soit à l'égard de la petite copine que tout le monde admirait à l'école, alors que vous auriez aimé être la seule dans le cœur de la maîtresse.

J'AI PEUR

Pourquoi est-on jalouse ? Tout simplement parce que l'on a peur : peur de ne pas être aimée, de ne même pas le mériter parce qu'au fond, on ne s'aime pas soi-même. Alors, on ne croit pas que les autres puissent nous aimer et dès qu'ils regardent une autre personne, on a peur qu'ils la préfèrent et qu'ils ne nous aiment plus.

TOUJOURS MIEUX, LE JARDIN DU VOISIN !

À votre âge, l'envie aussi revient en force : vous prenez peu à peu conscience de ce que vous êtes, vous découvrez vos qualités, mais ce sont surtout vos défauts qui vous sautent aux yeux ! Et même si vous savez qu'il n'y aura pas de baguette magique pour tout changer, vous ne pouvez pas vous empêcher de jeter un petit coup d'œil dans le jardin des voisins, pour voir ce qu'ils ont de mieux que vous ! Et évidemment, quand vous trouvez une fille jolie, ou chanceuse, voilà l'envie qui pointe son nez. Personne n'y échappe : nous avons tous, à certains moments, des petits picotements d'envie en regardant l'assiette du voisin, parce que nous avons peur d'avoir été moins bien servis. Il n'y a pas d'âge pour cela : c'est toute la vie qu'il faut lutter contre l'envie.

C'EST INÉLUCTABLE ?

Bien sûr, plus vous grandirez, plus vous prendrez confiance en vous, moins vous aurez la tentation d'envier les autres. Il vous arrivera peut-être encore d'éprouver ce petit pincement au cœur quand vous rencontrerez une personne qui vous semblera plus chanceuse que vous, mais vous serez vite capable de relativiser et de vous dire que vous aussi, somme toute, vous avez beaucoup de chance dans la vie !

VOIR AUSSI

COMPLEXES, IDENTITÉ.

CONSEILS

Pour éviter d'être envieuse

▲ Faites le point sur tout ce qui va bien pour vous pour avoir des arguments de choc s'il vous vient un accès d'envie : vos qualités, vos compétences, vos parents, vos amis, il y a sûrement des tas de choses dont vous pouvez être heureuse et fière. Une sorte de capital, une brassée de chances qui doivent vous donner du punch et vous éviter de mariner dans l'envie.

▲ Quand vous rencontrez une fille jolie, sympa, intelligente, dites-vous : « Autant de qualités réunies en une seule personne, cela tient du miracle ! » et émerveillez-vous plutôt que d'espérer lui découvrir un jour des vices de fabrication cachés.

▲ Quand une amie a la chance de réussir son examen, de recevoir un cadeau, d'être choisie par le plus beau garçon de la classe, pourquoi ne pas vous réjouir pour elle, et avec elle ? Vous ajouterez à sa joie, et vous en profiterez un peu vous-même. Et puis, la capacité de se réjouir pour les autres est une qualité formidable... que bien des gens vous envieront !

ÊTES-VOUS JALOUSE ?

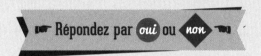

☞ **Répondez par** _oui_ **ou** _non_ ☞

Vous vous comparez rarement aux autres. ————————————

Vous ne pensez jamais à ce que vos copines ont de plus que vous. ————————————

Ni à ce que vous avez de moins qu'elles. ————————————

Vous trouvez que vous avez autant de chance que vos amies. ————————————

Quand une copine vous annonce qu'elle sort enfin avec Lucas, vous êtes heureuse

pour elle. ————————————

Même si vous trouvez Lucas plutôt mignon. ————————————

Et que vous, vous êtes célibataire. ————————————

Vous avez plutôt confiance en vous. ————————————

Et vous savez rester positive. ————————————

Cela ne vous dérange pas que le garçon qui vous plaît discute avec une autre fille. ——

Pareil s'il s'agit de votre petit copain. ————————————

Et que la fille est très jolie. ————————————

Vous pensez que les filles et les garçons peuvent être amis. ⸺

Et cela ne vous poserait pas de problème que votre amoureux ait des copines. ⸺

Même s'il était assez proche d'elles. ⸺

Vous n'avez jamais fouillé dans les poches de votre petit copain. ⸺

Ni dans son téléphone, son ordinateur ou sa boîte mail. ⸺

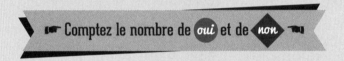

☞ Comptez le nombre de oui et de non

Si vous avez moins de 5 réponses affirmatives

Vous êtes assez jalouse. Vous avez besoin de savoir que votre petit copain n'aime que vous et vous avez parfois l'impression d'être en compétition avec les autres. D'ailleurs, vous avez du mal à vous réjouir pour eux quand ils réussissent. Pourtant, vous devriez savoir que la bienveillance appelle la bienveillance et que votre jalousie vous empêche peut-être de profiter pleinement de ce que vous avez.

Si vous avez entre 6 et 12 réponses affirmatives

Vous êtes un peu jalouse. Vous préféreriez savoir que vous êtes la personne qui compte le plus pour votre meilleure amie et vous n'êtes pas trop pour l'amitié fille/garçon, surtout quand le garçon en question est votre petit copain ! Cela dit, vous arrivez à faire la part des choses et gardez en général vos petits moments de jalousie pour vous.

Si vous avez 13 réponses affirmatives ou plus

Vous n'êtes pas du tout jalouse. Cela vient sans doute du fait que vous avez plutôt confiance en vous et que vous avez l'impression d'avoir ce que vous méritez dans la vie. Quand vos amies sont heureuses, vous êtes heureuse pour elles. Même si vous traversez une période un peu difficile, vous savez très bien que la roue finira par tourner et qu'être jalouse des autres ne vous apportera jamais rien de bon.

KILOS

JE SUIS TROP GROSSE !

☆ S'INFORMER

Le poids idéal n'est pas forcément celui dont on rêve. Quand on se trouve trop grosse (ou trop maigre !), il faut essayer de regarder les choses objectivement pour ne pas confondre les formes avec l'obésité, ni la minceur avec la maigreur.

NOUVELLES FORMES

À votre âge, une fille grandit et grossit, c'est parfaitement normal. C'est ce qui vous donnera une allure et des formes de femme. La poitrine se développe, la taille s'affine, les hanches s'arrondissent… tout comme les fesses. Envolée, la petite fille filiforme.

PAS TROP TOUT DE MÊME !

Vous trouvez peut-être que vous avez des formes un peu trop généreuses. Attention aux kilos imaginaires : vous pouvez être tout à fait normale même si vous vous trouvez « énorme ». Si vous avez réellement quelques kilos en trop ou en moins, ne vous inquiétez pas trop : cela arrive souvent à votre âge. Les chamboulements hormonaux qui se produisent à la puberté sont les premiers coupables. Avec les années, cela s'arrange.

TROP RONDE, TROP MENUE

Mais vous avez peut-être réellement des problèmes de poids qui vous désolent. Qu'est-ce qui vous fait grossir ? Ou pourquoi ne grossissez-vous pas ? Il peut y avoir des facteurs héréditaires ; il y a des familles de gros et des familles de maigres.

PETITE SOURIS
QUI GRIGNOTE

Mais le plus souvent, le principal coupable, c'est votre mode d'alimentation. Réfléchissez à la manière dont vous mangez. Excès de sucreries, grignotage, petit déjeuner que vous n'avez jamais le temps de prendre : autant de raisons de prendre du poids. Votre mode de vie y est aussi pour quelque chose. Évitez le régime « trop de télé et pas assez de sport » !

INEGALES DEVANT
LA NOURRITURE

L'alimentation compte, c'est certain. Mais ne tombez pas dans le piège des privations excessives du genre « une pomme et un verre d'eau » à chaque repas. Toutes les filles ne peuvent pas avoir la ligne mannequin, parce qu'elles ne sont pas égales devant la nourriture et n'ont pas la même morphologie. Certaines ont des os tout fins, d'autres de gros squelettes. Il y a les gourmandes et les autres ; celles qui ne peuvent pas se passer de beurre et celles qui n'en raffolent pas, celles qui prennent un kilo en croquant deux chips et celles qui engloutissent un couscous sans prendre un gramme. Inutile donc de rêver d'être comme votre copine : vous n'êtes pas bâtie de la même façon !

☆ INFO +

CALCULER VOTRE IMC

Pour évaluer les problèmes de poids, les médecins se fondent sur l'indice de masse corporelle (IMC). Vous pouvez facilement le calculer. Il suffit de diviser votre poids (en kilos) par le carré de votre taille (en mètres). Exemple : un poids de 55 kg, une taille de 1,60 m. On divise 55 par (1,60 x 1,60), ce qui donne un IMC d'environ 21,5. Or un IMC normal est compris entre 20 et 25. On commence à parler d'obésité quand l'IMC dépasse 30. Cela dit, si vous avez un IMC de 18 ou 19, n'allez pas croire que vous êtes rachitique. Beaucoup de filles sont dans ce cas : elles sont très minces, mais pas maigres !

☆ COMPRENDRE

Vous avez peut-être été une petite fille fluette. Et depuis quelque temps, vous vous voyez changer. Vous prenez des formes et l'aiguille de la balance s'emballe : alors vous vous étonnez, et peut-être que vous vous inquiétez.

MES FESSES SONT MONSTRUEUSES

Rien de plus normal, pourtant : vous êtes tout simplement en train de devenir une femme. Il va falloir vous habituer à ce corps nouveau, l'apprivoiser, admettre que certaines rondeurs ne sont pas des paquets de graisse mais des formes fémi-nines tout à fait charmantes.

J'AI FAIM !

En plus, vous grandissez, parfois même à vive allure. Cette croissance accélérée peut vous donner un bon coup de fourchette, qui pourtant ne fait pas toujours grossir, si vous évitez le régime fast-food. Ce qui fait le plus grossir, ce sont les petites déprimes, les coups de blues que l'on noie à grand renfort de chocolat et de sucreries en tout genre !

PAS DE RÉGIME SANS QUEUE NI TÊTE !

L'important, c'est de ne pas trop vous inquiéter au sujet de votre poids et de cette fichue balance qui prend toujours un malin plaisir à vous rappeler à l'ordre quand vous avez le moral dans les chaussettes. Efforcez-vous de manger équilibré plutôt que de faire n'importe quel régime qui risque de vous mettre à plat… et de vous faire grossir à long terme !

LES FORMES, C'EST BEAU

Alors ne tombez pas dans le piège en vous occupant tout le temps de votre ligne : cela vous gâcherait la vie et risquerait même de transformer vos petits problèmes de poids en gros problèmes de santé. Le principal est de vous sentir bien, même si vous n'avez pas (du tout) la même silhouette que les top models de vos magazines préférés (d'abord, elles sont trop maigres !).

☆ SAVOIR-VIVRE

NE SOYEZ PAS VEXANTE !

Si vous n'avez pas de problème flagrant de poids, ne faites pas partie des filles qui se plaignent pour rien. Évitez de faire la coquette et de dire que vous avez 3 kg à perdre (ou à prendre !) devant une copine qui a de réels problèmes de poids et qui devra vivre avec toute sa vie. C'est insultant et très agaçant.

VOIR AUSSI

ANOREXIE, COMPLEXES, RÉGIME.

BONS PLANS

▲ Spécial « 3 kg à perdre »
- Prenez un bon petit déjeuner.
- Forcez sur les légumes, la viande, les yaourts et les fruits.
- Bougez, nagez, courez, montez les escaliers à pied et ressortez votre vélo.
- Ne regardez pas les mannequins à la télé… et consolez-vous en vous disant que beaucoup de garçons apprécient les rondeurs !

▲ Spécial « 3 kg à gagner »
- Prenez aussi un bon petit déjeuner.
- Mangez équilibré, ne négligez pas les sucres lents (féculents).
- Bougez, nagez, courez : le sport vous musclera.
- Et ne vous désolez pas : toutes vos copines vous envient !

LIBERTÉ

LIBERTÉ, LIBERTÉ CHÉRIE

La liberté est l'aspiration de tous les hommes, le rêve du poète, l'idéal du révolutionnaire, l'espoir du prisonnier, la revendication des opprimés… et le souci de toute adolescente ! Mais en quoi consiste-t-elle, au juste ?

ÊTRE LIBRE, C'EST…

faire ce que je veux, direz-vous. Vous n'avez pas (complètement) tort ! C'est vrai que la liberté consiste à pouvoir penser ce que vous voulez, sans recevoir de consignes ; à régler vous-même les questions qui vous concernent : vous êtes libre de déterminer la couleur de votre jean, de choisir vos amis, de vous orienter à l'école en fonction de vos compétences.

LA LIBERTÉ, QUELLE ESCROQUERIE !

Mais souvent, vous vous heurtez à des limites et vous enragez, parce que vous pensez que l'on bride votre liberté. Vous voulez partir faire du ski parce que vous estimez que c'est votre droit de prévoir vos vacances, et vos parents refusent parce que cela coûte cher. Vous rêvez

d'une grasse matinée, et vous êtes obligée de vous lever parce que la cloche du lycée ne vous attendra pas pour sonner. Vous entendez choisir vos livres, et le professeur de français vous les impose sans vous demander votre avis.

PARCOURS D'OBSTACLES

À tout instant, dans toutes les circonstances, vous rencontrez des « obstacles » à votre liberté, et quelquefois vous pouvez vous demander si vous êtes vraiment libre de quoi que ce soit dans la vie. D'ailleurs, la vie, parlons-en ! Après tout, qui vous a demandé votre avis avant de vous faire naître ? Vous n'avez pas choisi de vivre, d'avoir les parents que vous avez, d'être petite ou grande, blonde ou brune.

FAUSSE PISTE !

Si vous pensez que la liberté consiste à faire ce que l'on veut de manière illimitée, vous partez sur une mauvaise piste. Forcément, dès que l'on bute sur une contrainte, on grince des dents, mais être libre, ce n'est pas faire tout et n'importe

quoi. Les lois sont même là pour empêcher cela et éviter que la société devienne une jungle où les plus forts font la loi sous prétexte de « faire ce qu'ils veulent ». Elles évitent aussi que l'on se fasse du mal à soi-même, en croyant se faire du bien (en prenant de la drogue, par exemple).

À votre âge, on a une grande soif de liberté et l'impression frustrante d'être encore très dirigée dans la vie. Vous avez vos parents et vos professeurs « sur le dos » pour vous donner plein de conseils, quand ce ne sont pas des ordres ou des interdictions formelles ! Alors, vous pensez peut-être que la liberté, il n'y a que les adultes qui peuvent vraiment en profiter.

FILET DE SÉCURITÉ

Mais, en même temps, vous êtes bien contente d'avoir des conseils quand vous rencontrez un problème. C'est rassurant de savoir qu'il y a un filet de sécurité en dessous du fil sur lequel vous marchez (et même trépignez, quand vous voulez quelque chose !). Ce n'est pas si facile de faire des choix, librement et en conscience. Dites-vous bien que les adultes, eux, sont sans filet : ils doivent décider seuls et assumer les conséquences de leurs actes.

LIBRES COMME L'AIR ?

Et puis, ils ont d'autres contraintes. Ce ne sont plus les cours, les dissertations à rendre ou l'obligation de rentrer tôt quand ils sortent le soir, mais il y a bien d'autres choses pour « limiter » leur liberté… à commencer par vous, leur fille bien-aimée, qui leur donnez tout de même un peu de travail !

LIBRE ET RESPONSABLE

Être libre, c'est avant tout être responsable de ce que l'on décide : savoir estimer les conséquences de ses choix, et les assumer. Vous êtes libre de ne pas faire vos devoirs et de buller toute l'année. Mais vous acceptez alors d'avoir de mauvais résultats et de risquer le redoublement. C'est sérieux la liberté et il faut du temps pour en prendre conscience. Au fond, il ne s'agit pas tant de faire ce que vous voulez que de vouloir ce que vous faites. Et pour cela, il vous faut apprendre à ne pas vous laisser gouverner par vos envies et vos instincts, et être assez forte pour diriger votre vie dans la direction que vous avez choisie, au nom des valeurs que vous vous êtes données.

PAS SI FACILE, LA LIBERTÉ !

Cela demande du courage et de la volonté pour ne pas vous laisser influencer, pour défendre vos idées et vos choix. Influencer par qui, par quoi ? Par votre entourage bien sûr… mais aussi par votre propre nature, vos défauts, vos excès ! Si vous faites tout ce qui vous passe par la tête, parce que vous pensez ainsi être libre, vous risquez d'être prisonnière de vos coups de tête, des petits plaisirs du moment, d'une vie que vous n'aurez en fait pas vraiment choisie.

ITINÉRAIRE BALISÉ

Le secret pour être vraiment libre ? Voir un peu plus loin que le bout de son nez ! Regardez l'avenir, et pas seulement l'instant présent. Alors, vous pourrez exploiter au mieux vos chances, vos qualités et faire des choix intelligents. Le bon choix, ce peut être avant tout d'accepter librement, volontairement, avec patience, les petites limites qu'on vous impose : elles sont là pour vous aider à avancer, comme des panneaux de signalisation. Imaginez des routes sans panneaux : les voitures seraient libres de foncer en tous sens, mais comment trouveraient-elles leur chemin ? et que d'accidents en perspective !

VOIR AUSSI
DROIT, LOI.

De la liberté

LOI

QUI EST-CE QUI FAIT LA LOI ICI ?

☆ S'INFORMER

La loi, c'est un texte qui fixe les règles de vie en société. En France, où le régime politique est démocratique, la loi est faite par les représentants politiques que nous élisons.

COMMENT NAÎT UNE LOI ?

Une loi peut être proposée soit par le gouvernement, soit par un député ou un sénateur. Elle est ensuite discutée par les deux assemblées successivement (Assemblée nationale et Sénat), puis votée. Si elle obtient la majorité des suffrages, elle devient une loi de la République, appliquée à tous les citoyens.

À QUOI ÇA SERT ?

Une société a besoin de lois pour que tout le monde puisse vivre en harmonie et en sécurité. C'est vrai dans tous les domaines : il y a des lois pour régir le fonctionnement de la famille (le code de la famille), pour régler la circulation sur la voie publique (le code de la route), pour tout ce qui concerne le travail et l'emploi (le code du travail), pour fixer les règles du commerce, etc.

QUI APPLIQUE CES LOIS ?

Suivant le domaine concerné, elles sont mises en application par différentes catégories de personne : les chefs d'entreprise sont chargés d'appliquer la loi sur la durée du travail, les maires d'appliquer celle qui concerne le mariage, les policiers de faire respecter le code de la route, etc.

ET SI ÇA NE MARCHE PAS ?

L'État est garant de l'application de la loi. Pour cela, il a deux outils : la police et la justice. Quand une personne ne respecte pas la loi (qu'elle vole dans une grande surface, par exemple), elle peut être arrêtée par la police et présentée devant un juge. Celui-ci étudiera les faits et donnera une sanction. Celle-ci est prévue par la loi qui précise obligatoirement ce que l'on risque si on ne la respecte pas.

LES PETITES LOIS DE TOUS LES JOURS

Et puis, il y a aussi des lois qui vous touchent de près. Vous ne risquez pas d'aller en prison si vous les enfreignez, mais vous risquez quand même une sanction ! Ce sont les règlements intérieurs de votre lycée, de votre club de sport… et même les règles instituées par vos parents : « Pas de sortie en semaine ! » Bref les lois, petites ou grandes, servent à se respecter mutuellement et à vivre en harmonie.

☆ INFO +

C'EST UN PEU VOUS QUI DÉCIDEREZ !

À 18 ans, vous aurez le droit de vote. Vous pourrez élire vos représentants, dans votre commune, mais aussi au Parlement français (Assemblée Nationale, Sénat) et au Parlement européen, là où les lois sont proposées, débattues et votées. Cela suppose de bien lire les programmes des candidats pour être sûre de voter pour celui qui représente au mieux vos idées.

219

☆ COMPRENDRE

La loi, c'est fait pour donner les mêmes droits à tous les membres d'une société, les forts, les faibles, les riches, les pauvres, les célébrités ou les inconnus, tout le monde est égal face à la loi.

LOI = MORALE ?

Derrière les textes de loi, il y a des lois morales comme le respect de l'autre, l'égalité, la justice. C'est la loi qui vous rappelle qu'être raciste est contraire au respect de la personne. C'est elle encore qui protège l'enfant maltraité. Tout cela semble tellement juste et moral qu'on pourrait croire que tout ce qui est autorisé par la loi est bien ou bon. Mais la réalité est plus complexe. Ceux qui font la loi essaient de faire de leur mieux. Ils arbitrent entre les différents besoins des membres de la société. Parfois, ils ne choisissent pas le bien, mais ce qui leur semble le moindre mal.

☆ INFO +

LES LOIS DES AUTRES PAYS

Les lois varient selon les pays. Par exemple, certains maintiennent la peine de mort (alors qu'elle a été abolie en France en 1981) et d'autres sont plus stricts sur la répression du trafic du trafic de drogue…

VOIR AUSSI

AUTORITÉ, DROIT, ÉGALITÉ, POLITIQUE, RESPONSABILITÉ, SANCTION.

220

UN PEU DE JUSTICE !

▲ La justice désigne à la fois un principe moral (celui du respect d'autrui, de ses droits et de sa dignité) et les règles concrètes que chaque société définit. La justice est aussi définie par l'ensemble des institutions et des juges qui punissent ceux qui ont enfreint la loi et défendent tous ceux qui subissent une injustice.

▲ Le désir de justice est une aspiration légitime que nous avons tous au fond du cœur. Depuis que vous êtes toute petite, vous savez protester et dire : « C'est pas juste ! » quand vous avez l'impression d'avoir été lésée. D'une manière plus générale, vous avez peut-être tendance à penser qu'il n'y a pas de justice en ce monde. Certains souffrent alors que d'autres ont la belle vie. Et que dire des injustices de tous les jours : les profs qui punissent l'une et pas l'autre, les copines qui ont le droit de sortir plus tard que vous, etc. ! C'est vrai que la justice n'est pas facile à mettre en œuvre. D'abord parce qu'elle n'existe pas comme cela, dans la nature : tout le monde ne naît pas beau, riche et intelligent !

▲ Cela ne veut pas dire non plus qu'il faut vous résigner et accepter les injustices ! Vous avez bien raison de vous révolter contre elles. Vous pouvez commencer par lutter contre celles sur lesquelles vous avez prise : rappeler la vérité quand on accuse quelqu'un à tort, aller voir un professeur quand la sanction donnée à un élève vous semble injuste, souligner les qualités d'une personne quand on ne parle que de ses défauts… Cela ne changera pas la face du monde, c'est sûr ! Mais au moins, vous aurez fait quelque chose. Et si tout le monde faisait comme vous, qui sait ?

FAUT-IL SE FIER AUX APPARENCES ?

Votre look, c'est la manière dont vous apparaissez aux yeux des autres,
c'est votre écorce, ce que les gens voient tout de suite de vous.
C'est le premier message que vous donnez aux autres et qui oriente,
parfois bien malgré vous, leurs impressions et leur jugement.

 ## S'INFORMER

Votre look, ce n'est évidemment pas ce que vous êtes profondément, même s'il dit quelque chose de vous. Si vous arrivez quelque part le cheveu gras, la mine défaite et le tee-shirt douteux, vous ne ferez pas vraiment la même impression que si vous avez le sourire, les cheveux et les yeux brillants, et un pantalon propre.

PLUSIEURS LOOKS À MON ARC !

Cela ne veut pas dire qu'il faut toujours avoir la même apparence, bien sûr. Il y a des jours où l'on fait moins d'efforts que d'autres. Vous n'allez pas passer trois heures chaque matin à vous préparer pour aller en cours. Il y a même des jours où vous avez envie de sauter dans le premier jean venu (surtout quand vous n'avez pas entendu le réveil !). En revanche, vous n'aimez pas

vous rendre à une soirée dans n'importe quelle tenue. Qu'est-ce que l'on pourrait bien penser de vous ?

UNE ÉTIQUETTE SOCIALE

Eh oui, tout le problème de l'apparence est là : qu'est-ce que l'on va bien pouvoir penser de vous en vous regardant ? Ce que vous portez, la façon dont vous tenez orientent le jugement des autres sur ce que vous êtes, ce que vous faites et même sur votre origine sociale. C'est aussi ce qui se passe dans le monde du travail. Imaginez qu'un patron se présente en jean et baskets au bureau. La nouvelle standardiste pourrait très bien le prendre pour un livreur, et être mortifiée en apprenant la vérité. Le look d'une personne rend service aux autres en leur permettant de la situer et d'éviter ainsi bien des impairs.

J'VAIS QUAND MÊME FAIRE UN EFFORT...

Aujourd'hui, les conventions sont plus souples, on est plus libre de choisir son look, parce que les codes sociaux évoluent. Mais ils ne disparaissent pas complètement. La preuve : vous soignez votre tenue quand vous arrivez dans un nouveau lycée ; vous le ferez pour un entretien d'embauche ou quand vous rencontrerez la famille de votre amoureux pour la première fois.

COOL OUI, CRADE NON !

Et même si vous refusez d'être jugée sur votre apparence, ce n'est pas une raison pour la négliger. Une apparence agréable est d'abord une marque de respect pour les autres. La première règle, c'est la propreté. Attention aux détails qui tuent : ongles noirs, cheveux gras, dents mal brossées, chaussures poussiéreuses, etc.

☆ COMPRENDRE

Les gens valent souvent bien plus qu'ils n'en ont l'air et vous gagnerez toujours à dépasser les apparences. Parfois même, cela vaut le coup d'essayer de comprendre pourquoi certaines personnes se donnent un style qui nous dérange.

DÉGAGE !

Par exemple, les apparences peuvent être une manière de mettre une barrière entre soi et les autres. Certaines filles s'en servent pour exprimer leur mal-être, leur ras-le-bol ou leur agressivité : cheveux mal peignés, vêtements fripés, maquillage outré, comme si elles voulaient écarter tous ceux qui ne s'intéressent qu'à l'apparence.

UN PETIT EFFORT, S'IL VOUS PLAÎT

Pas facile de deviner quelqu'un sous son look ! Avouez-le : vous vous laissez encore prendre au piège. Comme tout le monde, vous êtes spontanément attirée par la copine agréable à regarder, bien habillée, bien maquillée… quitte à vous apercevoir par la suite qu'elle est superficielle et égoïste ! Vous mettez peut-être plus de temps à apprécier celle qui a un cœur d'or et plein de points communs avec vous, tout simplement parce qu'elle est mal habillée, qu'elle a des boutons ou quelques kilos en trop.

L'HABIT NE FAIT PAS LE MOINE

Certaines filles peuvent être cruelles avec celles qui ne portent pas de marques, elles s'en moquent et vont jusqu'à les exclure. Elles ne pensent même pas à se demander pourquoi elles n'en ont pas… Peut-être leurs parents ne veulent-ils pas dépenser trop pour les vêtements, ou simplement ont-elles de la personnalité et ne se sentent-elles pas forcées de faire comme tout le monde ?

PATIENCE

Car c'est une preuve de caractère de garder sa liberté face au regard des autres, de ne pas se sentir obligée de porter les marques à la mode pour se faire bien voir. Mais le regard des autres est parfois difficile à soutenir, surtout quand on a déjà l'impression d'être nulle et moche, ce qui arrive souvent à votre âge ! Soyez patiente : en grandissant, on devient plus indulgent envers soi-même et envers les autres. On voit bien que la plupart des gens ne sont ni des canons de beauté, ni des gravures de mode : cela n'empêche pas de les trouver séduisants ! On apprend aussi à s'aimer soi-même ; du coup, on est plus tendre avec les autres…

VOIR AUSSI

COMPLEXES, IDENTITÉ, KILOS.

CONSEILS

▲ À l'aise en toutes circonstances
Pour être à l'aise partout, il faut savoir adapter sa tenue.
- N'en faites pas trop pour aller en classe : tenue simple !
- Pas de grand décolleté ni de nombril à l'air pour une cérémonie à l'église.
- Pas de maquillage de star pour une fête de famille.
- Pour la soirée avec les copains… à vous de voir !

▲ J'ressemble à rien !
Vous avez l'impression de ne pas avoir de style ? Vous regardez avec envie la copine qui réussit comme par magie à se distinguer de tout le monde ?
- N'essayez pas de la copier. Vous n'êtes pas son clone et ce qui lui va si bien ne vous ira pas forcément !
- Demandez à une amie de quoi vous avez l'air avec ce nouveau type de pantalon ou de pull, cette coiffure, ce collier.
- Surtout, ne vous torturez pas l'esprit ! Un style se définit peu à peu, à mesure que la personnalité se construit.
Un jour, vous serez toute surprise d'entendre un compliment admiratif sur ce style dont vous vous croyez dépourvue !

LE FASHION LEXIQUE

Preppy, trendy, must have. Vous ne comprenez rien au bla-bla des magazines de mode ? Un conseil : lisez ce petit lexique qui vous permettra de naviguer ensuite dans la plupart des rubriques « Fashion » de vos journaux féminins.

224

- **Babies :** ballerines à brides. Peuvent avoir des talons.
- **Birkenstock :** sandales allemandes au potentiel glamour proche de 0.
- **Boots :** bottines.
- **Low boots :** bottines basses découpées sur la cheville.
- **Boyfriend (jean) :** jean qui a l'air d'être piqué au petit copain, donc trop grand et usé.
- **Boyish :** garçon manqué, en anglais. Désigne un look adoptant les basiques du dressing masculin.
- **Cargo :** entre le jean et le pantalon treillis, il a une coupe étroite avec des poches sur les cuisses.
- **Carrot pant :** pantalon dont la coupe, resserrée en bas, fait penser à la forme d'une carotte.
- **Chino :** pantalon en toile, inspiré des tenues militaires, coupe droite et revers.
- **Creepers :** chaussures de punks des années 1980 à grosses semelles de crêpe.

- **Denim :** parce que les Levi's étaient faits en toile de Nîmes à l'origine, cela désigne la toile des jeans et, par extension, le jean lui-même.
- **Derbys :** chaussures d'homme, basses et à lacets.
- **Dress code :** code vestimentaire. (Ex. : dress code marin, pour une soirée : tous en rayures et ciré marin.)
- **Fashion :** mode, en anglais.
- **Flare :** pattes d'ef (d'éléphant).
- **Headband :** serre-tête, bijou de cheveu.
- **It bag :** le sac qu'il faut avoir, à la mode.
- **Kitten heels :** petits talons (3 cm).
- **Legging :** entre le pantalon moulant et le collant sans pieds, en coton.
- **Must have :** pièce qu'il faut avoir, incontournable.
- **Oversize :** trop grand.
- **Perfecto :** blouson en cuir, type rocker ou motard.
- **Preppy :** bon chic bon genre.

225

JAMAIS

SANS...

Voici une liste des indispensables
qu'il faut toujours avoir dans son dressing !

La petite robe noire, il faut en avoir une et même plusieurs (ni vu ni connu, toujours du style mais jamais vraiment la même). À choisir simple. Elle se suffit à elle-même.

La chemise blanche, elle relève le niveau d'une tenue un peu trop décontractée. Du coup, vous pouvez la porter avec un slim, une veste de costume et des sneakers !

Le Perfecto, c'est un peu la veste d'uniforme moderne, il doit être comme une seconde peau, aller aussi bien avec une robe qu'avec un jean, avec des talons que du plat, etc.

Les boots rock, elles dévergondent une tenue trop classique, peuvent se porter avec un slim gris comme avec une petite robe noire.

Bonus :

Combinez les pièces pour une multitude de looks !

DITES NON... AUX FASHION FAUX PAS !

Total look. Imprimés, couleurs, matières… Attention à l'overdose! Une bonne règle à suivre: pas plus de trois couleurs dans la même tenue. On utilise motifs à fleurs, imprimé léopard ou cuir par petites touches pour rehausser une silhouette ou, si vous osez, sur des pièces aux coupes basiques.

Too much! Jupe mini + tee-shirt décolleté ou super-moulant + rouge à lèvres + talons… Stop ! Trop, c'est trop. Sachez doser le dévoilé: c'est soit le haut, soit le bas. Et calmez le jeu dans les accessoires si vous avez déjà une pièce sexy.

Trop de look tue le look. En matière de mode, ne soyez pas trop « scolaire »! Sachez vous libérer des codes, des silhouettes toutes faites et trop vues dans les magazines. Amusez-vous et soyez créative en ajoutant votre propre touche de style!

Dessous dessus. String, bretelles de soutien-gorge (même transparentes), élastiques de culotte apparents sous un pantalon moulant… Cachez-moi ces bouts de dessous qui dépassent!

No logo. Évitez de vous transformer en panneau de publicité ambulant pour les marques: attention à ne pas multiplier fringues et accessoires à logo. Peut-être bien pour la frime, mais visuellement atroce.

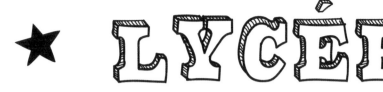

LYCÉE

IL EST COMMENT TON BAHUT ?

☆ S'INFORMER

Le lycée, c'est peut-être pour vous la suite logique du collège. En fin de troisième, vous passez en seconde, puis en première et en terminale. Mais même si cela vous paraît tout simple, il y a plusieurs choses à savoir.

228

NOUVELLES MÉTHODES DE TRAVAIL

Les trois années du lycée préparent au baccalauréat bien sûr, mais aussi aux études que l'on fait par la suite. Vous y apprenez une nouvelle façon de travailler : prise de notes et non plus dictée de cours, devoirs différents de ceux du collège.

NOUVELLES MATIÈRES

Surtout, vous allez découvrir de nouvelles matières. Dès la seconde, l'éducation civique, juridique et sociale vous permet de mieux comprendre notre démocratie. Vous pouvez aussi choisir l'option sciences économiques et sociales (ECJS), qui vous fera découvrir le fonctionnement de la société à travers l'étude de la famille, de l'entreprise et de l'économie nationale.

L'ENTRÉE EN SECONDE

En seconde, tout le monde suit les mêmes cours, à l'exception des deux enseignements de détermination, ou options, qui sont là pour vous permettre d'affiner votre projet et de choisir, dès la première, quel bac vous présenterez. Il est important de les choisir en fonction de vos projets et de vos goûts. Mais vous avez encore le droit de vous tromper ! Vous pourrez changer d'avis en fin d'année et faire une première sans avoir suivi l'enseignement correspondant : il peut exister des cours de rattrapage. C'est un peu difficile mais c'est faisable. En début de seconde, des évaluations nationales sont prévues en maths, français, histoire-géo et première langue vivante pour déterminer les acquis et les lacunes (connaissances, méthodes de travail). Elle sert à déterminer dans quelles matières vous avez besoin d'une aide individualisée qui vous sera donnée en petit groupe deux heures par semaine.

LA PREMIÈRE

En première, vous vous orientez vers un bac spécifique, général ou technologique, et vous préparez les épreuves de la première partie du bac que vous passerez en fin d'année (épreuves anticipées de français et autres suivant les bacs).

PHILOSOPHE, MOI ?

Enfin, en terminale, vous découvrez la philosophie qui impressionne toujours un peu ! Vous aurez des cours de philosophie quel que soit le bac que vous choisirez, mais vous aurez plus d'heures et le programme sera plus important si vous préparez un bac littéraire. Il ne faut pas vous en faire une montagne. La philosophie est tout simplement une manière de réfléchir sur le monde et sur soi. En terminale, tous les élèves sont capables de l'aborder. Avec l'aide des grands philosophes, vous aborderez les grandes questions que tous les hommes se posent. Qui suis-je ? Qu'est-ce que je peux connaître ? Comment dois-je agir ? Vous apprenez à réfléchir par vous-même, à vous faire un jugement en construisant un raisonnement. Il suffit simplement d'être curieuse et d'avoir l'esprit logique.

✩ COMPRENDRE

Vous êtes peut-être moins impressionnée par votre entrée en seconde que par votre entrée en sixième. Mais, quand même, vous devez certainement vous dire que cela devient vraiment sérieux. Le bac qui se profile à l'horizon vous angoisse un peu ; la perspective d'avoir à choisir les études que vous ferez après aussi. Heureusement, vous avez trois ans pour vous y préparer !

Y A PAS QUE LES COURS DANS LA VIE !

Mais le lycée ne se limite pas aux cours. Au lycée, il se passe plein de choses : vous pouvez faire du théâtre, trouver un club de lecture, de photo ou d'informatique, faire du sport, monter une association, participer à la rédaction d'un journal, etc.

PLUS GRANDE, PLUS FORTE !

Le lycée, c'est un tournant dans la vie. Vous y rencontrez de nouveaux amis, on vous propose plus de fêtes. Comme vous êtes plus âgée, vos parents vous laissent peut-être davantage sortir. C'est le moment idéal pour passer des contrats de confiance avec eux, pour avoir plus d'autonomie et vous montrer responsable.

VIVE LES COPAINS !

Le lycée, c'est le temps des soirées en bande le week-end, qui laissent des souvenirs pour longtemps. C'est parfois aussi le temps des histoires d'amour sérieuses : il arrive que l'on rencontre l'homme de sa vie pendant les années de lycée ! Il faut dire que vous avez beaucoup changé : les grands bouleversements physiques de l'adolescence sont souvent terminés, vous êtes plus jolie, plus sûre de vous. Et si la confiance n'est pas encore tout à fait au rendez-vous le jour de la rentrée en seconde, patience ! Cela viendra certainement !

VOIR AUSSI

APPRENTISSAGE, ÉTUDES, ORIENTATION, REDOUBLEMENT.

229

CONSEILS

Pour vous préparer à entrer au lycée

▲ Informez-vous pour bien choisir vos enseignements de détermination : vous avez le choix entre de nombreuses matières en seconde générale !

▲ Réfléchissez aussi aux options facultatives. Vous pouvez en choisir une seule en seconde : troisième langue, latin, grec, arts. Évidemment, tout dépend de ce que vous propose votre établissement. Attention à ce que ce ne soit pas une surcharge de travail trop importante !

▲ Souvent on change d'établissement en seconde : si c'est votre cas, faites connaissance avec votre nouveau lycée avant la rentrée ; s'il y a des journées portes ouvertes, allez-y.

★ MAJORITÉ ★

MAJEURE ET VACCINÉE

Le mot majorité vient du latin *major* qui veut dire << plus grand >>.
En France, on est majeur à 18 ans. À cet âge, la loi vous reconnaît capable
d'exercer pleinement tous vos droits (c'est la majorité civile)
et d'être responsable de tous vos actes (c'est la majorité pénale).

✫ S'INFORMER

À 18 ans, vous pourrez choisir vous-même votre domicile et donc quitter celui de vos parents, et aussi le territoire national sans autorisation parentale. Vous pourrez également vous marier sans l'autorisation de vos parents.

DROIT DE VOTE

Vous recevrez le droit de vote à condition d'être inscrite sur les listes électorales. Normalement, l'inscription est automatique à 18 ans, mais il est bon de vérifier dès votre anniversaire auprès de votre mairie qu'elle a bien été faite. Vous pourrez être candidate aux élections municipales à 21 ans révolus. En revanche, il faut avoir 23 ans pour être candidate aux élections législatives et présidentielles, et 35 ans pour être sénateur.

PERMIS DE CONDUIRE

À 18 ans, vous pourrez passer votre permis de conduire, mais vous pouvez vous y préparer dès 16 ans grâce à l'AAC, l'apprentissage anticipé de la conduite, ou conduite accompagnée, si vos parents sont d'accord. À partir de 14 ans, vous pouvez piloter un cyclomoteur avec un brevet de sécurité routière et à 16 ans une 125 cm³ moyennant un permis spécifique.

RICHE COMME CRÉSUS

Vous devez attendre votre majorité pour gérer seule vos biens, salaire et autres, sans le contrôle de vos parents. C'est le cas également pour recevoir un bien en héritage ou par donation. Mais dès 16 ans vous pouvez conclure seule un contrat de travail.

MAJORITÉ SEXUELLE

En France, la majorité sexuelle est fixée à 15 ans. Les relations sexuelles entre un majeur et un mineur de moins de 15 ans sont punies par la loi, même s'il n'y a eu ni contrainte ni violence : la loi considère qu'un enfant de moins de 15 ans n'est pas capable de disposer librement de sa personne. Sachez aussi que le mineur de plus de 15 ans n'est pas considéré comme consentant dans le cas d'une relation avec une personne majeure en situation d'autorité (un professeur, par exemple).

GROSSE BÊTISE

À 18 ans, vous avez des droits, mais aussi des devoirs ! Vous êtes grande et désormais considérée comme responsable de vos actes, sur le plan pénal. Concrètement, si vous commettez un délit grave, vous risquez d'aller dans une prison d'adultes. Avant 18 ans, les jeunes sont mis dans des centres de détention pour mineurs et peuvent continuer leur scolarité.

À partir de 13 ans, si vous commettez un acte contraire à la loi, vous pouvez encourir une sanction pénale : peine de prison dans un centre de détention pour mineurs (rarement appliquée et inférieure de moitié à celle prévue pour la même faute commise par un adulte), amende, travail d'intérêt général. Entre 16 et 18 ans, vous pouvez être mise en détention provisoire et encourir une peine égale à celle d'un adulte.

SOS PARENTS

Reste que souvent, à 18 ans, vous n'avez pas les moyens de vous acquitter d'une amende, ni de réparer les dommages que vous avez provoqués. Vos parents seront sollicités pour le faire à votre place : à méditer avant de faire les 400 coups.

☆ COMPRENDRE

La majorité, vous l'attendez, vous en rêvez, vous piaffez sans doute d'impatience et il vous est peut-être déjà arrivé d'envoyer à la figure de vos parents ébahis cette petite phrase cinglante : « De toute façon, à 18 ans, je quitte la maison ! »

J'SUIS GRANDE, MAINTENANT !

Dix-huit ans est un âge qui donne des droits et des devoirs, mais c'est surtout un symbole important de l'entrée dans le monde des adultes. Même si aujourd'hui beaucoup de jeunes filles ne sont pas indépendantes financièrement à 18 ans, c'est le moment où l'on peut se dire : « Ça y est, je suis libre de décider de ma vie ! »

PAS TROP, QUAND MÊME…

Mais, même si vos parents vous regarderont un peu différemment et que vous vous comporterez de plus en plus comme une adulte, ils auront encore leur mot à dire, parce qu'ils vous aiment et que vous les aimez, et que vous serez bien

contente d'avoir leurs conseils ! Vous aurez sans doute encore à mûrir, à acquérir de l'expérience et de la confiance en vous.

MAJEURE ET VACCINÉE !

Depuis votre enfance, vous avez déjà appris peu à peu à être responsable, de petites puis de grandes choses. Mais cette fois-ci, ce sera sérieux et vous le sentez bien. Il faudra bien profiter de ce moment important, qui va vous faire grandir d'un coup : fêtez-le dignement, avec vos parents, vos amies, et comptez sur toutes ces affections pour vous aider à entrer en douceur dans la vie des grands.

231

VOIR AUSSI

DROIT.

INFO +

La JDC (Journée défense et citoyenneté)

Après vous être fait recenser (à 16 ans) et avant vos 18 ans, vous devez participer à la JDC. Cette journée a pour objectif de vous apprendre l'organisation de la défense du pays, vos devoirs de citoyen, mais aussi les gestes de premier secours. Vous passerez également un test de français. C'est obligatoire, et le certificat remis à la fin de la journée vous est demandé pour passer vos examens (bac, permis de conduire…).

MAL DE TÊTE

ÇA COGNE LÀ-HAUT !

☆ S'INFORMER

Souvent, le mal de tête est une réaction à une agression. Mal dormi, pas assez mangé ? Votre tête proteste ! En cas de soirée arrosée, elle vous infligera le lendemain une sérieuse « gueule de bois ». Elle peut aussi vous faire payer cher une trop longue exposition au soleil, une chaleur trop forte, une grosse fatigue ou un effort prolongé, qu'il soit physique ou intellectuel.

PRISE DE TÊTE !

Le stress, l'angoisse, les difficultés scolaires, les conflits, peuvent aussi être source de maux de tête. Ils sont dans ces cas-là souvent associés à des contractures musculaires de la nuque ou des épaules : normal, vous êtes stressée, donc vous êtes toute nouée ! Antalgiques, massages et relaxation sont les meilleurs remèdes.

ÉTONNANTES RÉPERCUSSIONS

Les douleurs peuvent aussi venir d'une autre partie du corps : carie dentaire, otite, sinusite, problèmes digestifs, ou encore mauvaise vision (à ne pas négliger à votre âge !). En cas de maux de tête répétés, pensez à faire un examen général.

☆ INFO +

La migraine, c'est quoi ? Elle survient par crises et les symptômes sont particulièrement puissants : impression d'avoir un côté de la tête serré dans un étau, vertiges ou nausées, impossibilité de supporter le bruit et la lumière. On ne sait pas trop d'où elle vient (il y a généralement une prédisposition familiale) et il n'y a pas de remède miracle, à part se coucher dans le noir et le silence, et attendre que cela passe !

☆ COMPRENDRE

La tête est un véritable carrefour : les nerfs conduisent au cerveau toutes sortes d'informations, de sensations agréables ou de douleurs. C'est de là aussi que partent tous les ordres qui coordonnent nos mouvements. C'est en quelque sorte le centre d'un réseau très perfectionné, qui réagit en permanence à l'environnement extérieur et veille au bon fonctionnement de votre corps. Pas étonnant qu'il y ait surchauffe de temps à autre !

UN ESPRIT SAIN DANS UN CORPS SAIN !

Une bonne hygiène de vie (une alimentation équilibrée et un sommeil de qualité), voilà qui permet d'éviter la plupart des maux de tête. Il faut aussi savoir vous détendre après un travail intense, apprendre à bien respirer, à vous relaxer, à alterner travail intellectuel et sport. Apprenez à reconnaître vos symptômes (coup de faim de 11 h 30, par exemple) pour les anticiper. Mieux vaut prévoir un goûter en milieu de matinée que prendre systématiquement de l'aspirine !

MAL DE VENTRE

PLIÉE EN DEUX !

☆ S'INFORMER

Le ventre, qu'on appelle aussi abdomen, est une immense cavité : il contient toutes sortes d'organes essentiels qui ont des fonctions bien différentes.

LE CŒUR, C'EST L'ESTOMAC

Les nausées, que l'on appelle à tort mal de cœur, sont en fait une manifestation de l'estomac. Il arrive aussi que celui-ci vous fasse vomir, quand il rejette violemment son contenu. L'estomac peut aussi être sujet à des brûlures et à des inflammations.

INTESTINS EN COLÈRE

Quand vous digérez mal, que vous souffrez de ballonnements, diarrhées, coliques ou de constipation, ce sont vos intestins qui protestent. Ils peuvent aussi être atteints par des maladies dues à des infections, des dysfonctionnements ou des inflammations, telles que l'appendicite.

LE MAL DE VENTRE DU MOIS

Les règles aussi peuvent provoquer des maux de ventre, dus aux contractions de l'utérus lorsqu'il expulse chaque mois sa membrane interne et l'ovule non fécondé. Mais si vous avez mal tout en bas du ventre et ressentez des sensations de brûlures quand vous urinez, vous souffrez peut-être d'une infection urinaire.

L'ANGOISSE ATTAQUE !

On a souvent mal au ventre quand on est stressée. Le cerveau envoie alors des substances chimiques (comme les hormones) vers les organes, modifiant ainsi leur fonctionnement. Ce sont des douleurs psychosomatiques : c'est un état d'esprit qui produit une réaction du corps. Cela peut entraîner des coliques - l'intestin se tord et la douleur est violente - des nausées ou encore des brûlures d'estomac.

☆ COMPRENDRE

Nous connaissons mal notre ventre : c'est une vaste zone sans barrières réelles, de sorte que la douleur irradie d'une zone à l'autre. C'est aussi une zone fragile, sans protection osseuse, qui est un peu notre centre de gravité.

IDENTIFIER POUR MIEUX SOULAGER

Soyez attentive à chaque type de douleur pour mieux la reconnaître la fois suivante. Vous saurez ainsi si votre mal de ventre est dû à un coup de stress, ou si cette douleur peut signaler une maladie qui nécessite une consultation.

233

VOIR AUSSI

ANGOISSE, RÈGLES.

CONSEILS

▲ Vomissements et diarrhée sont souvent le signe d'une indigestion : vous avez mangé un aliment avarié, ou avez été trop gourmande.

▲ Mais si vous avez aussi de la fièvre, c'est peut-être la gastro-entérite. Consultez votre médecin.

▲ Alerte à l'appendicite ! Si vous ressentez dans le bas-ventre droit une douleur sourde qui augmente quand vous appuyez dessus et s'accompagne de nausées et de fièvre, il faut consulter très rapidement.

MALTRAITANCE

SOS, DANGER, SOS...

Très souvent, on évoque par le mot « maltraitance »
les agressions à caractère sexuel sur les mineurs. Mais il désigne aussi
tous les mauvais traitements infligés à des personnes fragiles
ou sans défense, comme les enfants
ou les personnes âgées.

☆ S'INFORMER

234

La maltraitance, cela peut être les coups et blessures en tous genres. Le manque de nourriture ou de soins. Le défaut d'éducation (l'éducation étant un devoir pour les parents). Ce sont aussi tous les gestes, mots, comportements humiliants qui conduisent l'enfant ou l'adolescent à se mépriser lui-même et à perdre confiance en lui. Répéter à un enfant tous les jours qu'il est laid, bête et méchant, qu'il ne vaut rien et qu'il aurait mieux valu pour tout le monde qu'il ne vienne pas au monde, ce sont des coups aussi violents et destructeurs que des coups de ceinturon. S'ils ne laissent pas de trace sur le corps, ils peuvent meurtrir le cœur à jamais.

LES MALTRAITANCES SEXUELLES

Il y a aussi toutes les formes d'atteintes sexuelles : exhibitionnisme, voyeurisme, attouchements, utilisation d'images, de récits pornographiques, agressions verbales de nature à dévaloriser l'autre sexe, et bien sûr tous les actes sexuels proprement dits. Ces atteintes ne sont pas forcément imposées par la violence, elles peuvent l'être par la séduction. L'agresseur peut être un membre de la famille ou non. Les victimes ? Les garçons autant que les filles, et surtout les enfants de moins de 10 ans.

☆ INFO +

En 2015, Allô Enfance en Danger a reçu 545 365 appels (contre 1 071 427 en 2012). 46 976 enfants étaient considérés en danger. 94,4 % des auteurs de ces maltraitances font partie de la famille proche. *Source : SNATED*

☆ COMPRENDRE

D'abord, il faut balayer les idées toutes faites et reconnaître certaines réalités. Non, la maltraitance n'est pas un phénomène rare. Oui, toutes les agressions sont graves, qu'elles soient commises une fois ou de façon répétée, avec ou sans violence dans le cas des agressions sexuelles ou de la torture psychologique. Non, la plupart du temps, il n'y a pas de traces visibles de coups. Oui, cela arrive dans toutes les classes sociales, dans toutes les cultures. Oui, dans les cas d'abus sexuels, le plus souvent l'agresseur est le père, le grand-père ou l'oncle.

ENFANT BATTU

En général, pour la victime, il est très difficile de prendre conscience qu'elle est réellement maltraitée. Souvent, l'enfant ou l'adolescent se demande s'il n'est pas responsable des mauvais traitements qu'il subit. S'il est violemment battu, il peut penser que c'est seulement parce que ses parents sont très sévères ou parce qu'il est vraiment coupable. Si son père a envers lui des gestes à caractère sexuel, il peut croire que c'est juste parce qu'il est tendrement aimé et être envahi d'émotions contradictoires qui vont de la peur à la honte.

EMMURÉ DANS LE SILENCE

Pour toutes ces raisons, l'enfant maltraité a peur de parler : peur de ne pas être cru, peur des représailles, peur de faire punir un adulte qu'il aime malgré tout. Un petit garçon que ses parents, sa grand-mère et sa tante battaient sauvagement dans une ferme française il y a quelques années demandait à voir sa maman après que l'on eut mis fin à son calvaire. Aussi surprenant que cela puisse vous paraître, un enfant aime toujours ses parents, même s'ils le maltraitent.

PARLER POUR VIVRE

Pour la victime, il y a mille raisons de se taire. Mais parler est le seul moyen de se sauver, de briser le cercle infernal et de se donner des chances de s'en sortir. Les mauvais traitements peuvent entraîner beaucoup de séquelles physiques, mais aussi psychiques.

DEVOIR D'AGIR !

Dans tous les cas de maltraitance, il faut à la fois agir pour soustraire l'enfant ou l'adolescent à l'agresseur et s'adresser à la justice pour que le crime soit sanctionné. Il est très important, quand on soupçonne un cas de maltraitance, d'en parler très vite à un adulte. N'oubliez pas : parler, c'est peut-être sauver une vie. Ne faites pas comme ceux qui ferment les yeux sous prétexte de ne pas se mêler des affaires des autres !

☆ CONSEIL

NE CONFONDEZ PAS TOUT !

Attention à ne pas confondre les gestes normaux que tous les parents peuvent faire et ceux qui sont des vrais gestes de maltraitance. Votre papa a tout de même le droit de vous embrasser et de vous serrer dans ses bras pour vous montrer qu'il vous aime ! Si cela vous gêne parce que vous vous trouvez trop grande, vous pouvez lui dire gentiment, sans l'accuser des pires horreurs !

VOIR AUSSI

INCESTE, PÉDOPHILE.

235

INFO +
Il y a 3 numéros de téléphone à appeler en cas de maltraitance : Allô Enfance maltraitée, Fil Santé jeunes, Viol Femmes Informations (voir en fin d'ouvrage). Des psychologues, des médecins, des juristes, des assistantes sociales écoutent, soutiennent et surtout orientent les jeunes vers les aides adéquates.

★ MAQUILLAGE ★

LÉGER, FRAIS ET DOUX !

✩ S'INFORMER

Rien de tel qu'un maquillage réussi pour embellir un visage, donner bonne mine à un teint chiffonné, illuminer un regard ou se faire une bouche à croquer.

TU REVIENS DE VACANCES ?

Vous vous trouvez pâlotte ? Vous pouvez « tricher » en utilisant du blush ou de la Terracotta, (une poudre colorée irisée qui existe dans une gamme de couleurs variées), qui donnent bonne mine comme au retour des vacances !

TEINT PARFAIT

À votre âge, le fond de teint n'est pas forcément nécessaire, et peut donner un effet masque si vous avez la main trop lourde. En cas d'acné, il risque aussi d'étouffer votre peau et d'aggraver votre problème. Mieux vaut utiliser une crème teintée, qui sera plus légère et plus naturelle. Mais l'important est de choisir la bonne nuance, celle qui se rapproche le plus de votre couleur de peau. En cas de doute, mieux vaut choisir plus clair que plus foncé. La poudre est aussi très pratique pour éviter l'effet « brillant ». Choisissez-la incolore et transparente pour un rendu frais et naturel.

T'AS DE BEAUX YEUX, TU SAIS !

Crayon, fard à paupières, mascara, vous avez l'embarras du choix pour vous faire un joli regard. Pour mettre du mascara : débarrassez la brosse du surplus de produit, posez-la au ras des cils et faites-la glisser en zigzag le long de ceux-ci en remontant. Répétez une ou deux fois pour un effet plus marqué, mais attention aux pâtés ! Si vous êtes sujette aux yeux qui coulent (ou avez la larme facile), préférez un mascara waterproof.

ET LES SOURCILS ?

On les oublie souvent, pourtant ils font toute l'harmonie d'un visage. Ne les épilez pas de manière intempestive : limitez-vous éventuellement au milieu des deux sourcils. Il vaut mieux les discipliner : vaporisez un peu de laque sur une brosse (à sourcils, ou utilisez une brosse à dents), et hop, ils sont bien nets !

BOUCHE À CROQUER

Pour tous les jours, préférez un gloss. Il est léger, facile à poser et plus naturel que le rouge à lèvres, à réserver aux occasions spéciales. Une recette miracle pour faire tenir un rouge toute

une soirée : posez le rouge, puis serrez un mouchoir en papier entre vos lèvres. Poudrez. Repassez une couche de rouge à lèvres : tenue garantie !

✩ COMPRENDRE

C'est difficile de savoir comment se maquiller à votre âge, à quelle occasion, et de savoir ce qui vous va ! En même temps, c'est un vrai bonheur de se sentir jolie.

TOUT DOUX !

Allez-y progressivement. Choisissez une circonstance : une fête, un mariage. Demandez à votre grande sœur ou cousine de vous guider et de vous conseiller. Commencez par les produits les plus faciles à appliquer : un soupçon de gloss, une crème teintée naturelle, le mascara, avant de passer aux choses plus sérieuses !

SÉANCE MAQUILLAGE

Reste à apprendre à manipuler les pinceaux, à marier les couleurs en fonction de votre visage, de vos yeux, de vos cheveux. Eh oui, tout dépend de votre teint et de votre type de peau ! Ce rouge qui va si bien à votre copine n'est peut-être pas la bonne couleur pour vous !

En tout cas, vive les séances de maquillage avec les copines, quand on partage produits, savoir-faire, secrets et fous rires !

☆ INFO +

Le jeu des couleurs
- Les couleurs foncées creusent, structurent mais aussi assombrissent. Le noir (crayon ou mascara) approfondit toujours le regard, quelle que soit la couleur des yeux : il est indémodable, à la fois passe-partout et sophistiqué.
- Les couleurs claires bombent, unifient et illuminent.
- Le noir, le bleu marine, les bruns, verts, violets foncés vont bien aux yeux sombres.

- Les yeux clairs sont mis en valeur par le noir, le gris anthracite, les marron et les couleurs plus vives.

☆ CONSEIL

SOS boutons
Vous pouvez camoufler un bouton avec un peu d'anticernes, mais allez-y doucement ou vous risquez de faire un pâté qui se verra encore plus. Si vous avez beaucoup d'acné, il vaut mieux déplacer l'attention avec des yeux joliment maquillés ou une coiffure étudiée.

VOIR AUSSI
ACNÉ, VERNIS À ONGLES.

INFO +

Savoir-vivre : point trop n'en faut
Un maquillage trop appuyé donne souvent l'effet inverse de celui recherché ! Ayez donc la main légère et choisissez entre vous maquiller les yeux ou la bouche. En cas de doute, misez toujours sur le naturel, c'est une valeur sûre !

237

BONS PLANS

▲ Comme tout ce qui est en contact direct avec la peau, les ustensiles de maquillage doivent être régulièrement nettoyés : lavez pinceaux, houppettes et éponges à l'eau et au savon et attendez qu'ils soient secs avant de les réutiliser.
▲ Mieux vaut acheter quelques produits de qualité plutôt que de collectionner les fards à paupières. Vous n'avez qu'une peau et elle mérite d'être bichonnée.
Les produits de maquillage se périment : ne les gardez pas pendant des années !
▲ Le démaquillage est impératif chaque soir. Utilisez un produit adapté à votre peau (lait, huile, lotion micellaire…) et n'arrêtez que lorsque le dernier coton est blanc.
Sinon, bonjour les boutons et le teint terne au réveil !

MAQUILLAGE
LE FOND DE TEINT

Quelques bons plans pour ne pas ressembler
aux monstres que barbouille votre petit frère.

Attention, les filles! On ne se jette
pas sur le tube de couleur. Avant d'appliquer un fond de teint, il convient d'avoir
la peau du visage bien propre. Si on ne
sort pas de la douche, on nettoie, donc,
puis on masse sa frimousse une trentaine
de secondes avec une crème hydratante.
C'est bon? On peut passer au coloriage?

Stop! Avant toute chose, avec un pinceau très fin, on dissimule les éventuels
boutons, rougeurs, taches, enfin toutes
les petites imperfections qui apparaissent dans le reflet du miroir. Avec
quoi? Un correcteur de teint, ça ne s'invente pas! On le fait pénétrer du bout
des doigts. Alors, ça y est? C'est parti!

**Mais on prend quoi comme
couleur?** Choisissez une teinte légèrement plus claire que celle de votre peau
et n'utilisez ni spatule ni truelle. Une noisette chauffée sur le bout des doigts suffit.

Étalez-la ensuite jusqu'au cou comme
une crème, en évitant les paupières, le
front et le bas des joues.

Mais vous aimeriez bien que votre
fond de teint tienne jusqu'à votre rendez-vous de ce soir… et il n'est que midi. Alors
attrapez un gros pinceau (kabuki), balayez
doucement votre visage avec de la poudre
libre. Un sourire, vous êtes prête!

Bonus
L'étape «fond de teint» n'a rien d'obligatoire!
Si votre teint est de porcelaine, zappez!

238

MAQUILLAGE
ÉVITEZ LES RATAGES

Un effet arlequin, c'est-à-dire que couleur et matière ne sont pas uniformes. Pour éviter cette « touche » pointilliste, utilisez plutôt un fond de teint fluide, chauffez-le sur vos doigts et étalez comme s'il s'agissait d'une crème en commençant par la zone médiane (nez-menton-front). Autre astuce : utilisez une éponge humide (éponge en mousse, pas à récurer).

Un masque avec une démarcation trop nette de couleur au niveau du cou et des oreilles. Même chose, commencez par appliquer le produit en partant de la zone médiane et estompez-le en allant vers les bords du visage, puis vers le cou. Si vous avez bien choisi une couleur légèrement plus claire que votre carnation, il viendra se fondre dans votre peau.

Le conseil

Le fond de teint, à la lumière du jour, c'est assez risqué. Réservez-le donc aux grandes occasions, pour des soirées en lumière tamisée.

Le petit truc

Lorsque vraiment vous n'aimez pas votre peau mais que vous n'avez pas non plus envie de sortir l'artillerie, utilisez une « BB cream » ou « blemish balm cream », crème-soin teintée multifonction qui hydrate, protège du soleil, corrige les imperfections et unifie le teint.

239

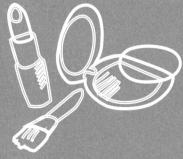

ÉPISODE N°3
MAQUILLAGE
LES YEUX

LE *SMOKY EYE*

Le *smoky eye*, c'est l'œil charbonneux
(*smoky* = « qui fume » en anglais), une technique de maquillage
qui permet d'agrandir le regard, d'envoûter aussi bien les gars
que les renards. Pour le faire, ce *smoky*, voici des conseils.

Dans un premier temps, rassemblez certains outils : ni pelle ni râteau, mais des pinceaux, un crayon, de la poudre, du mascara. Côté couleur, le noir n'est pas obligatoire. On peut choisir un fard gris, taupe, prune, kaki, etc. Prête ?

Au moyen d'un pinceau, appliquez un fard mat d'une couleur assez proche de celle de votre peau. Il camoufle rougeurs ou cernes et sert de base au maquillage.

Posez ensuite l'ombre (le smoky, en somme) en partant des cils et en remontant vers l'extérieur. Vous pouvez rehausser avec un crayon légèrement plus sombre au bord des cils.

Déposez dans le coin interne de l'œil une touche de fard clair et nacré afin d'illuminer votre regard. Un coup de pinceau pour effacer les résidus de poudre tombés sous les yeux et vous pouvez terminer par du mascara.

Si à la fin vous ressemblez à un panda et que vous n'envoûtez ni les gars, ni les renards, c'est que c'est raté.
Démaquillez-vous et retournez à la case « départ ».

L'EYE-LINER

Il agrandit votre regard et transforme
vos prunelles en yeux de chat… quelques conseils
pour maîtriser l'eye-liner a la façon des vamps
des sixties. Prête pour la ligne parfaite ?

Posez d'abord une base sur la paupière. Cela permet de fixer le maquillage.
Choisissez une couleur d'eye-liner adaptée à celle de vos yeux. Toutes les teintes conviennent aux yeux marron. Pour les yeux bleus ou verts, optez pour un trait marron, moins dur que le noir.

L'eye-liner existe sous forme de crayon. Surtout, veillez à bien le tailler pour obtenir des tracés fins. Certains sont liquides et s'appliquent avec un feutre ou un pinceau : bonne pioche pour éviter l'effet « pâté » !

Maintenant : il faut se lancer !

Partez de l'intérieur de l'œil, suivez sa courbe naturelle puis, arrivée au bord externe, remontez légèrement le trait en une virgule pour éviter un effet « regard plombé ». Affinez au besoin le tracé avec un embout mousse ou un Coton-Tige humide.

Osez les couleurs pop ! On trouve aujourd'hui des eye-liners fluo, roses, jaunes, bleus, verts ou violets. Si vous vous laissez tenter, choisissez-le en fonction là encore de la couleur de vos iris.

ÉPISODE N°4
MAQUILLAGE
LA BOUCHE

Quelques mesures a prendre pour avoir une bouche… irrésistible !

Il fait trop chaud, trop froid, bref, vous avez les lèvres gercées. Ce n'est pas très joli et en plus ça fait mal. Comme vous, vos lèvres ont besoin d'être hydratées. La solution : avoir un baume toujours à portée de bouche dans votre sac.

La pulpe de vos lèvres est un peu raplapla ? Essayez cet exercice : chaque jour, bouche fermée, pincez doucement vos lèvres entre index et pouce en allant du centre vers les commissures. Recommencez en repartant du centre durant deux minutes.

Vous connaissez l'effet « muleta », ce chiffon rouge qu'agitent les toréros pour attirer les taureaux. Si vous n'avez guère envie que l'on se rue sur votre bouche, réservez le rouge rouge aux grandes occasions et choisissez une couleur sobre, proche de votre carnation, pour votre vie de tous les jours !

La touche Bozo le clown, on évite ! Le rouge qui dépasse des lèvres, qui dérape sur les dents, aïe ! Veillez à la finition, utilisez un Coton-Tige pour corriger les petits débordements.

Bonus

Une fois posée une première couche, mordez dans un mouchoir en papier. Une seconde couche, et hop ! À vous la bouche sublime !

BEAUTY
FAUX PAS

Si vous ne voulez pas ressembler à un vampire qui sort d'un banquet. Après l'application de votre rouge à lèvres, ressortez votre miroir de poche, retroussez vos babines et nettoyez avec un mouchoir en papier les éventuels débordements.

Le yéti, c'est qui ? Pas vous, vous vous êtes épilée ce matin ! Et pourtant, ils vous paraissent bizarres, ces sourires des copines à la piscine. Oups ! Vous avez compris. Que s'est-il passé ? Le téléphone a sonné avant que vous posiez la dernière bande de cire. Puis vous avez oublié… Alors, pensez à vérifier que toutes les parties qui doivent l'être soient « nettes » avant d'enfiler le maillot ou la jupe.

Quelles jolies mains que voilà ! Ces doigts fins, ces belles bagues… mais au bout, ces ongles sales, pouah ! Même si vous n'êtes pas adepte des faux ongles ou du vernis, veillez à avoir les ongles toujours propres. Si vous les peignez, évitez d'attendre que la couleur s'écaille. Mieux vaut des ongles naturels que mal décorés.

Votre ennemie-jurée-du-lycée vous appelle « Œil poché » ? Si vous vous maquillez les yeux, ayez la main légère pour ne pas ressembler à un boxeur sortant du ring. Si vous allez au ciné les yeux fardés, privilégiez un documentaire animalier et si bébé panda vous fait tout de même pleurer, refaites-vous une beauté avant de sortir !

MEILLEURE AMIE

IL N'Y A QU'ELLE QUI ME COMPREND !

L'amitié, c'est un sentiment d'affection profonde, une forme d'amour
sans caractère sexuel, un lien réciproque, fait de respect et de confiance.
Et votre meilleure amie, c'est celle avec qui vous partagez tout,
à qui vous pouvez dire ce que vous avez sur le cœur,
parler de vos peines, de vos joies, ou demander conseil.

☆ S'INFORMER

Il y a les copines, les filles
que vous voyez tous les jours
parce que vous avez les mêmes
activités. Et puis il y a les amies.
En général, on les compte sur
les doigts d'une main. Et enfin
il y a la seule, l'unique : votre
meilleure amie.

UNE PERLE RARE ?

Avec elle, c'est l'harmonie,
l'osmose. Tout le monde sait
que vous êtes amies, mais
personne d'autre que vous deux
ne devinera jamais l'ampleur
réelle de votre amitié ! Entre
vous, il y a tous ces secrets,
ces confidences, ces joies, et
parfois ces heures difficiles, qui
n'appartiennent qu'à vous.

ÇA ARRIVE COMMENT ?

Il y a des amitiés qui sont de
vrais coups de foudre. Dès le
début, on se sent bien ensemble,
on ose confier ce que l'on n'a
jamais dit à personne. Mais on
peut aussi apprendre peu à peu à
se découvrir, à se faire confiance.

LA PARTIE IMMERGÉE DE L'ICEBERG !

L'amitié est exigeante. Vous avez
aussi des devoirs à l'égard de
votre amie. Ils tiennent tous en
seul mot, le mot-clé de l'amitié :
« délicatesse ».
Être délicate avec une amie,
c'est garder ses secrets quand
elle vous les confie… mais aussi
respecter son choix de ne pas
vous en faire part. C'est savoir
deviner sa tristesse, changer
de conversation quand vous
sentez qu'un sujet la gêne.
C'est prendre sa défense, ne
pas mettre en doute sa parole,
connaître ses qualités et ses
défauts et ne pas la condamner,
même quand elle a eu tort.

LUI DIRE SES QUATRE VÉRITÉS !

Vous êtes aussi capable de lui
dire franchement quand vous
n'êtes pas d'accord. Savoir
dire (délicatement !) à votre
meilleure amie que vous êtes
déçue par son attitude est l'un
des devoirs les plus difficiles de
l'amitié. Mais c'est aussi l'un des
plus beaux ! Peut-être avez-vous
déjà eu l'occasion de remercier
votre meilleure amie de vous
avoir « remonté les bretelles ».
Sur le coup, le reproche est
amer… mais très vite vous lui
êtes reconnaissante.

☆ COMPRENDRE

C'est souvent à votre âge que se nouent des amitiés pour la vie. Vous vous sentez proches parce que vous avez plein de choses en commun… mais attention à ne pas vouloir tout faire l'une comme l'autre. L'amitié, ce n'est pas un dialogue entre deux clones. C'est une rencontre entre deux caractères qui s'enrichissent mutuellement.

DU PIMENT DANS L'AMITIÉ

Il ne s'agit pas non plus d'étaler de beaux sentiments un peu mièvres, ni de passer votre temps à vous faire de gentils compliments ! Au contraire, il y a parfois des sujets explosifs, des tensions et des colères : c'est excellent pour la santé de votre amitié ! L'essentiel, c'est de savoir vous retrouver après une dispute. N'hésitez pas à faire le premier pas : une véritable amie le vaut bien, non ?

QU'EST-CE QUE JE DOIS FAIRE ?

Une meilleure amie est là aussi quand on a une décision difficile à prendre. Elle est prête à écouter, à donner des conseils : rien de tel pour mûrir une décision ! Mais attention, si vous sentez que votre meilleure amie est sur le point de prendre une décision dangereuse pour elle ou pour autrui, votre devoir est de l'empêcher de faire une bêtise, quitte à ce qu'elle vous en veuille sur le moment.

RIEN DE RIEN, JE NE REGRETTE RIEN

Certaines n'osent pas se lancer dans une pareille aventure, par timidité ou par peur d'être déçues. Une amie peut vous trahir ou vous abandonner, et cela fait mal. Au moment de l'adolescence, il arrive que vous vous éloigniez de votre meilleure amie d'enfance parce que chacune évolue différemment. Il ne faut pas vous en vouloir, ni en vouloir à l'autre. Soyez sans crainte : vous aurez sûrement l'occasion de rencontrer à nouveau une grande amie en qui vous aurez confiance. Et même si cette amitié doit se terminer, ne regrettez rien : elle restera toujours un moment privilégié où vous aurez beaucoup donné, beaucoup reçu, beaucoup grandi.

VOIR AUSSI

COPINES, SECRETS, SOLITUDE.

245

CONSEILS

Le piège des amitiés malsaines

Il y a des filles exclusives et manipulatrices dont il vaut mieux s'écarter. Si vous sentez, même confusément, qu'une amie vous fait plus de mal que de bien parce qu'elle est trop possessive et qu'elle ne vous laisse plus la liberté d'être vous-même, faites attention ! Une amie dominatrice peut vous faire beaucoup souffrir en jouant avec vos sentiments ou votre histoire personnelle. Et c'est difficile de résister parce que, en amitié comme en amour, on est aveugle…

Les limites de l'amitié

▲ Votre meilleure amie n'a pas le droit de vous demander de faire n'importe quoi : acte dangereux ou illégal, silence complice sur quelque chose que vous réprouvez (usage de drogue, par exemple).

▲ Il y a des secrets trop graves pour être tus : ceux qui mettent la vie en danger. Être une véritable amie exige parfois de briser le silence et de parler avec des adultes des problèmes de son amie (idées de suicide, anorexie ou boulimie, grossesse, usage de drogue…). C'est le seul moyen de l'aider vraiment.

MY VERY BEST FRIEND
COMMENT LA RECONNAÎTRE !

Si vous êtes gaie parce que vous avez réussi un examen, que vous êtes championne du lycée au lancer de poids ou acceptée à un stage de danse africaine (mais hélas, pas elle), elle est ravie elle aussi. Votre bonheur est le sien.

Si vous êtes triste parce que votre hamster s'est enfui, que Maximilien vous a quittée pour Wanda, que vos résultats scolaires sont slim, elle est là pour vous remonter le moral plutôt que pour s'apitoyer sur votre sort et vous enfoncer encore davantage. Elle trouve même des diversions à votre sombre humeur.

Si elle est gaie parce que c'est son tour de connaître une réussite, parce qu'elle a rencontré l'amour de sa vie, elle ne vous oublie pas. Elle vous appelle même direct : elle croit bien que son chéri a un copain super-mignon, ça vous dit un ciné tous les quatre ?

Si vous devez vous séparer parce que ce sont les vacances, parce que l'une de vous déménage, etc., elle ne vous dit pas : « Salut, on essaiera de se revoir », mais elle pleure, crie, hurle ! Elle note dix fois vos adresses, postale, mail, vos numéros de portable, fixe, achète un calendrier et note la date de votre retour ou celle des vacances où vous pourrez vous revoir.

MENSONGE

Meilleure amie

MUSIQUE

MENSONGE

MENTIR OU TOUT DIRE

Mentir, c'est dire quelque chose de faux ou nier quelque chose de vrai. Volontairement. Quand vous dites quelque chose de faux parce que vous ne savez pas ou parce que vous vous trompez, ce n'est pas un mensonge, mais une erreur. Le mensonge est un acte responsable parce que vous le faites délibérément, en connaissant la vérité.

UN MENSONGE GROS COMME ÇA !

Des mensonges, il y en a de toutes les tailles. Comme tout le monde, il vous arrive peut-être d'en inventer de petits pour éviter les conflits, donner une bonne image de vous ou encore vous débarrasser d'un gêneur. Mais vous pouvez aussi dire un gros mensonge, qui trahit sur toute la ligne la confiance que l'on vous fait. Mentir, c'est généralement un engrenage : petit à petit, le mensonge vous ligote et finit par vous pourrir la vie. D'ailleurs, même les petits mensonges peuvent finir par vous entraîner plus loin que vous ne l'auriez voulu. On s'habitue très vite à tricher avec soi-même et avec les autres.

Pourquoi mentir alors que ce serait si simple de dire la vérité ? Souvent, c'est pour vous tirer d'affaire quand vous avez fait une bêtise ou que vous vous êtes mal comportée à l'égard de quelqu'un. Vous mentez par lâcheté, parce que vous avez honte et que vous voulez éviter d'être mal jugée.

EXCUSES BIDON

Vous pouvez mentir à une copine que vous laissez tomber le soir de son anniversaire pour aller à une autre soirée en prétendant que vous êtes fatiguée ou que vous avez trop de travail. Ou, dans le même genre, vous dites à un professeur que vous étiez malade alors que c'est par pure paresse que vous n'avez pas fait vos devoirs.

MENTEUSE ET PAS FIÈRE DE L'ÊTRE

Cela n'arrange rien. D'abord, quand vous mentez, vous risquez de vous faire prendre. C'est la meilleure façon de vous retrouver encore plus honteuse d'avoir ajouté un mensonge à votre bêtise. Surtout, vous ne vous sentez pas trop à l'aise : ni avec vous-même, ni avec

celui que vous avez trompé, ou encore moins avec celui que vous avez fait punir à votre place. Bref, la franchise est certainement plus difficile à première vue mais, au moins, elle gagne à tous les coups ! Les gens apprécient que vous reconnaissiez votre faute simplement et sont davantage disposés à vous pardonner. La franchise demande du courage. Mais, après tout, personne n'est parfait et reconnaître votre faute, c'est accepter honnêtement vos limites.

MENTIR, C'EST COMMODE !

Il y a aussi des filles qui mentent par commodité, quand elles veulent éviter de se battre pour obtenir une autorisation. Celle qui dit à ses parents qu'elle va en bus à une soirée alors qu'elle s'apprête à grimper sur le scooter de son copain, par exemple. Elle ment pour préserver son intimité : elle ne veut pas qu'ils sachent qu'elle a un amoureux. Elle veut leur éviter de s'inquiéter, aussi : le scooter leur fait peur !

D'AUTRES FAÇONS D'ÊTRE INDÉPENDANTE

Mais cela peut être le début d'une longue habitude, celle de mentir pour tout, « parce que c'est plus pratique ». Bien sûr, la franchise, c'est difficile quand on ne veut plus que les parents sachent tout. Mais il y a peut-être d'autres façons de gagner son indépendance. D'autant plus que le risque est gros de se faire prendre ! Une gaffe ou, pire, un accident de scooter, et le mensonge crève comme une bulle de savon. Rien de tel pour se faire traiter comme un bébé par des parents désormais méfiants !

MYTHO

Le mensonge peut servir aussi à se mettre en valeur. Une fille un peu fragile pourra inventer des romans pour faire croire qu'elle est très riche, que ses parents sont des gens admirables ou très doués, ou même s'inventer un petit ami. Pourquoi ? Parce qu'elle est énervée par une copine qui se vante ou qui semble avoir trop de chance. Ou encore parce qu'elle a honte de ses parents ou d'elle-même et qu'elle préfère cacher la réalité en crânant.

SEULE AVEC SA VÉRITÉ CACHÉE

Souvent, c'est qu'elle n'a pas confiance en elle : elle croit qu'il faut épater les copines pour être aimée. Mais elle entre dans un cercle vicieux. Elle se retrouve seule avec sa vérité cachée, obligée de mentir toujours plus pour éviter que les autres découvrent la supercherie. De quoi se rendre la vie impossible !

MENSONGE « SUPERGLU »

Autrement dit, mentir n'est pas le meilleur moyen d'avoir le cœur léger. Cela fait vivre la peur au ventre. Cela oblige à porter un masque : formidable pour avoir des relations vraies ! Cela rend méfiante : les autres aussi peuvent être des menteurs ! Bref, le mensonge n'a jamais libéré personne, ni arrangé les choses à long terme. Il englue le menteur dans une toile d'araignée dont il faut bien du courage et des forces pour se dépêtrer !

TOUTE VÉRITÉ N'EST PAS BONNE À DIRE...

- Vous trouvez hideuse la nouvelle robe de votre amie ? Vous pouvez vous abstenir de donner votre opinion.
- Votre sœur a l'air fatigué ? Vous n'êtes pas obligée de vous exclamer qu'elle a un teint cadavérique. Ce n'est pas le genre de vérité qui redonne de l'énergie !
- Vous n'appréciez pas un camarade de classe ? Vous n'êtes pas forcée de lui dire qu'il n'a rien pour plaire et qu'il sent mauvais.

249

VOIR AUSSI

CONFIANCE, HONNÊTETÉ, HYPOCRISIE.

CONSEIL

Sortir d'un gros mensonge

Vous avez inventé un énorme mensonge. Il vous gâche la vie, mais vous ne savez pas comment vous en sortir ? Une seule solution, qui demande du courage : dire la vérité, tout d'un coup, très vite. Choisissez le moment propice, l'oreille la plus indulgente, et lancez-vous. Expliquez pourquoi vous avez menti, dites que cela vous ronge, que vous regrettez. Vous verrez, cela soulage ! Ce que vous risquez ? Perdre la confiance des uns, mais aussi gagner l'estime d'autres. En revanche, si vous persistez dans le mensonge, vous perdrez tout quand le pot aux roses sera découvert. Alors, courage !

MÈRE

MAMAN, J'SUIS PLUS UN BÉBÉ !

✩ S'INFORMER

Les mamans d'aujourd'hui ne sont plus les mêmes que celles de la génération de vos grands-parents. Nouveaux droits, contraception, autonomie financière grâce au travail : les femmes ne se définissent plus uniquement par le fait d'être mère.

MAMAN PAR ENVIE

Sauf exception, une femme a aujourd'hui un bébé parce qu'elle l'a choisi, ce qui change beaucoup de choses ! Elle peut aussi décider d'avoir une activité professionnelle, ou de s'arrêter de travailler, plus ou moins longtemps, pour s'occuper de ses enfants, les voir grandir, leur consacrer du temps.

PAS DE MODÈLE UNIQUE

Évidemment, cela ne veut pas dire que toutes les mères fonctionnent sur le même modèle ! Il y a toutes sortes de façons d'être mère : mère autoritaire, mère tendresse pour sa petite fille, mère complice ou même mère copine quand sa petite fille grandit, mère poule toujours inquiète pour ses petits et toujours prête à les

défendre, mère surchargée (par son métier, les travaux ménagers et l'éducation des enfants), et parfois même mère absente quand elle s'investit à fond dans son travail. Mais, votre mère tient sans doute un peu de tous ces modèles, suivant les jours…

✩ COMPRENDRE

Quand vous étiez petite, vous adoriez probablement votre maman. Pour une petite fille, une maman, c'est un peu le centre du monde, le modèle que l'on imite quand on joue à la poupée ou à la dînette. C'est celle qui console, qui soigne les genoux écorchés et les gros chagrins. C'est celle qui sait trouver des solutions à tous les problèmes, qui rassure, qui conseille.

PLUS UNE PETITE FILLE !

Seulement voilà : vous n'êtes plus une petite fille, et même si vous aimez beaucoup votre maman et que vous la trouvez aussi géniale qu'avant, vous la trouvez parfois un peu encombrante ! Normal : maintenant, vous avez envie de

prendre votre indépendance, de vous libérer un peu de tous ses conseils et de vous débrouiller toute seule. C'est très bien : elle ne sera pas toujours là pour vous protéger comme une poule protège ses poussins !

UN PEU DE DOUCEUR, PLEASE !

Ce besoin tout à fait naturel de couper le cordon et de prendre votre envol n'est pas un moment facile, ni pour elle ni pour vous. Votre maman n'a pas forcément pris conscience que vous aviez grandi, même si vous avez pris des formes et des centimètres ! Il faut qu'elle s'habitue à voir en vous une grande fille et non plus un petit bout de chou qui a besoin d'elle. Ne l'envoyez pas promener à la moindre occasion sous prétexte de prendre vos distances : entretenir des relations d'adulte à adulte suppose d'être capable de maîtriser son agressivité !

J'SAIS PLUS CE QUE JE VEUX !

Et puis, avouez que ce n'est pas toujours évident de vous suivre : il y a des moments où vous voulez qu'elle vous laisse vivre votre vie et d'autres où vous sollicitez ses conseils, son aide… voire ses câlins ! Comment voulez-vous qu'elle s'y retrouve ?

TU M'ÉTOUFFES !

Couper le cordon, ce n'est pas facile pour vous non plus : c'est tellement confortable d'avoir quelqu'un qui prend tout en charge et qui répond présent en cas de problème. Si, en plus, votre maman est du genre à savoir tout faire, à assurer tout le temps, au bureau, à la maison, avec votre père, avec votre petit frère, avec vos professeurs, il y a de quoi vous sentir un peu écrasée !

BONS PLANS

Mieux vivre avec sa mère

▲ N'oubliez pas qu'elle a été une adolescente comme vous !

▲ Prenez soin d'elle : demandez-lui comment elle va quand vous la retrouvez le soir, donnez-lui de temps en temps un coup de main pour le dîner ou pour étendre le linge et, si vous sentez qu'elle est fatiguée, proposez-lui de se reposer pendant que vous assurez « le service ».

▲ Apprenez à lui dire gentiment que vous préférez être seule quand elle cherche à vous remonter le moral et que cela vous énerve.

COMMUNIQUEZ !

Pourtant, vous seriez sans doute stupéfaite de vous rendre compte que cette maman si exceptionnelle est une femme comme les autres, qui connaît aussi des moments de doute, de fatigue, et qu'elle ne se croit pas du tout parfaite ! Alors, plutôt que de ruer dans les brancards, prenez le temps de parler avec elle, essayez de lui dire que vous avez besoin à la fois d'air et de soutien, de liberté et d'affection. Prenez aussi soin d'elle : c'est comme cela que vous établirez peu à peu des relations de grandes personnes.

COMMUNICATION ZÉRO

Il est possible que vos relations soient très tendues, que votre maman ne soit pas assez disponible, voire carrément absente. Dans ce cas, essayez de passer agréablement le peu de temps que vous avez ensemble : évitez les sujets qui fâchent et les règlements de comptes. Si vous avez envie de lui dire certaines choses et que les mots ne sortent pas parce que c'est difficile ou douloureux, écrivez-lui. Patience : quand vous serez adulte, vos relations seront bien plus faciles, vous verrez.

☆ CONSEILS

DOIT-ON TOUT DIRE À SA MÈRE ?

- C'est merveilleux quand on peut parler de tout avec sa mère. Mais vous n'êtes pas obligée de tout lui confier ! Vous avez le droit d'avoir vos petits secrets : cela ne veut pas dire que vous ne l'aimez plus. Si votre maman le prend mal, dites-lui gentiment que vous avez envie de garder certaines choses pour vous mais rassurez-la en lui disant qu'il n'y a rien de grave !

- Vous êtes peut-être du genre à tout dire à votre mère. C'est bien, mais attention à ne pas y chercher une caution pour tous vos choix ou tous vos amours. Prenez ses conseils pour ce qu'ils sont : des conseils. Ce ne sont ni des ordres ni des bénédictions : ils ne vous dispensent pas d'assumer les conséquences de vos choix !

251

VOIR AUSSI

CONFIANCE,
PARENTS,
SECRETS.

★ MORT ★

★ Y A-T-IL UNE VIE APRÉS LA MORT ? ★

☆ S'INFORMER

Depuis toujours et pour tout le monde, la mort est révoltante. Pourquoi certains meurent-ils si jeunes ? Pourquoi ceux que nous aimons sont-ils morts ou vont-ils mourir ? À quoi bon se donner du mal, prendre la vie à bras-le-corps, si c'est pour qu'elle nous quitte ? À quoi bon s'attacher aux gens et les aimer de tout son cœur, si c'est pour les perdre ? Il n'y a pas de réponse toute faite. Toute la vie, on se pose ces questions, et parfois avec violence et révolte, quand l'on est confronté à la mort d'un être cher.

MOI AUSSI, JE MOURRAI ?

Même si nous n'y pensons pas en permanence, la mort est présente dans notre vie. Elle se rappelle à notre souvenir quand un proche meurt, bien sûr, mais aussi quand nous apprenons le décès d'un voisin, d'un élève que l'on connaissait à peine. Dans ces cas-là, nous nous souvenons brutalement que toute vie a une fin, même

la nôtre. C'est difficile, c'est douloureux et souvent effrayant. On se pose plein de questions. Quand vais-je mourir ? Est-ce que je vais souffrir ? Est-ce qu'il y a quelque chose après la mort, ou rien, le néant ?

OÙ VA-T-ON APRÈS ?

La réponse que les gens donnent à cette question dépend beaucoup de leur religion. Les athées disent que la mort est le point final de la vie. Les bouddhistes pensent que l'énergie vitale se réincarne, c'est-à-dire qu'elle va habiter un autre corps ; elle vit ainsi des vies terrestres successives, jusqu'au moment où elle est pure et prête à rejoindre le nirvana. Les grandes religions monothéistes affirment que les hommes sont appelés à trouver après leur mort un bonheur éternel auprès de Dieu. Les chrétiens pensent même que la personne ressuscite tout entière, corps et âme.

OUI, MAIS N'EMPÊCHE, À QUOI ÇA SERT ?

Bien sûr, même l'espérance de ressusciter n'efface pas les questions douloureuses qu'on peut se poser sur la mort. Elle n'empêche pas de douter, d'avoir peur : peur physique, peur de s'être trompée sur ce qu'il y a après. Même la foi en une vie après la mort ne donne pas de réponse toute faite sur la façon de mener sa vie, de la réussir.

☆ COMPRENDRE

À votre âge, on n'a pas forcément envie de penser à des choses douloureuses comme la mort. Vous voulez surtout croquer la vie à pleines dents, penser à l'avenir, seulement voilà : la mort se profile à l'horizon de cet avenir radieux. C'est injuste, certes, mais c'est ainsi.

MOURIR, MOI ? JAMAIS !

Certaines personnes de votre âge font comme si la mort n'existait pas. C'est plus souvent le cas des garçons, qui prennent parfois à l'adolescence (et même après !) des risques inconsidérés dans tous les domaines : conduire trop vite, ne pas mettre de casque, pratiquer des sports dangereux sans trop de précautions.

MOURIR JEUNE ET BEAU

Pour beaucoup de garçons et de filles de votre âge, la mort semble bien lointaine et c'est bien sûr tout le mal que l'on vous souhaite. Il faut que vous ayez le temps de construire votre vie ! Pourtant, certains sont fascinés par ceux qui meurent jeunes, qui ont la « chance » de ne pas vieillir, de rester purs, sans avoir renoncé à leurs rêves, à leurs idéaux. C'est une vision romantique qui a affecté Amy Winehouse, décédée en pleine gloire en 2011, à 27 ans..

LE PRIX DE LA VIE

C'est pourtant une vision assez lâche de la vie. Rêver de partir avant d'avoir eu le temps de vieillir, de commettre des erreurs, de faiblir, c'est en quelque sorte rechercher la facilité. C'est même traiter avec mépris la chance fabuleuse que l'on a d'être en vie. Heureusement, vous avez beaucoup d'occasions de vous rendre compte du prix de la vie. Vous faites des projets, vous vous passionnez. Sans parler du jour où vous serez amoureuse : là, c'est certain, vous aurez envie que l'amour dure longtemps, toute la vie et même après, pour l'éternité !

LA VIE, UNE CHANCE À NE PAS GÂCHER

C'est bien d'avoir envie de vivre sa vie pleinement, de ne pas être fascinée par la mort. Passer sa vie à penser à la mort, c'est basculer dans l'absurde et gâcher la chance de mener une belle vie. Cela ne veut pas dire qu'il faut agir comme si vous étiez éternelle ! Vous n'avez qu'une seule vie, alors autant la réussir. Soyez ambitieuse, soyez pleine de vie. Ne la gâchez pas en la vivant à moitié ou en prenant le risque de l'écourter.
Bref, ne vivotez pas ! Vivez... à fond la vie !

VOIR AUSSI
DEUIL, SUICIDE.

253

★ MUSIQUE ★

LE RYTHME DANS LA PEAU

Rock alternatif, heavy metal, fusion, reggae, ragga, ska, pop, techno, rap, jazz, soul, R & B, et même classique, il y a toutes sortes de décibels à vous mettre dans les oreilles.

☆ S'INFORMER

Impossible de vous résumer l'ensemble des genres musicaux : il y en a tellement qu'il faudrait en faire un dictionnaire… et l'actualiser presque tous les mois ! Même les plus « classiques » évoluent sans cesse : le rock des années 1960 n'a rien à voir avec le rock des années 2000.

POUR TOUS LES GOÛTS

Des musiques, il y en a pour tous les goûts. Votre grand-mère préfère sans doute Bach à celle que vous écoutez, et vos parents ont peut-être du mal à vous faire comprendre que le jazz n'est pas totalement ringard. Mais vous pouvez très bien avoir une grande passion pour la musique baroque alors que votre mère adore le reggae !

FAUT SUIVRE

Difficile de s'y retrouver dans la jungle des genres musicaux. Avouez-le : est-ce que vous savez vraiment ce que sont la fusion, le trash, le roots ou encore l'indie ? Il existe pourtant de vrais passionnés qui sont toujours au courant de toute l'actualité musicale : nouvelles tendances, dates de concerts, bons plans internet ou radios géniales. Vous avez sans doute un de ces fondus de musique dans votre entourage, alors n'hésitez pas à lui demander conseil et il (ou elle) vous fera peut-être découvrir votre nouveau groupe préféré !

RADIO

La radio vous permet d'être en contact avec le monde extérieur sans sortir de chez vous, d'écouter quelqu'un qui semble ne parler qu'à vous et d'avoir à disposition votre musique préférée, tout cela en appuyant sur un bouton ! Fouillez un peu sur les ondes et vous aurez vite votre radio préférée, celle qui propose la musique que vous aimez, des émissions qui vous plaisent, mais aussi celle qui vous réveille le matin et vous met de bonne humeur dès le saut du lit !

LIBRE ANTENNE

Votre programme radio, c'est un peu votre jardin secret. C'est le moment de l'émission d'antenne libre, durant laquelle le standard est ouvert aux auditeurs qui peuvent poser leurs questions aux animateurs et leur exposer leurs problèmes personnels. Cela donne parfois lieu à des débats enflammés ou à des fous rires incontrôlés, surtout lorsque s'y ajoutent des jeux et des canulars. C'est un peu comme si on se retrouvait avec sa bande de copains, mais à l'antenne ! Cela dit, ne prenez pas tout au pied de la lettre. Le boulot des animateurs est avant tout de divertir, et ils n'hésitent pas à tourner un sujet en dérision ou à exagérer grossièrement !

CHOUETTE, UN CONCERT !

Les concerts sont en général annoncés dans les journaux de

254

spectacles, à la radio, sur Internet, par des affiches. Renseignez-vous pour être sûre de ne pas rater votre groupe préféré lorsqu'il passe dans votre ville ! Ensuite, pensez à demander la permission à vos parents, à économiser pour vous offrir une place, et à rassembler un groupe de copines pour vous y rendre. Sur place, évitez de vous placer trop près des baffles, et attention aux mouvements de foule. Plus vous êtes près de la scène, plus l'excitation monte ! Pensez aussi aux scènes musicales. Francofolies de La Rochelle, Printemps de Bourges, Vieilles Charrues en Bretagne, il y en a dans toutes les régions de France. Les plus grands artistes y ont fait leur début et s'y produisent encore souvent. C'est aussi l'occasion de découvrir des nouveaux talents qui n'ont pas encore percé.

☆ INFO +

LES GRANDS GENRES

Voici une classification des principaux genres musicaux (très simple et non exhaustive) avec quelques exemples classiques et récents.

- Musique électronique : techno, house, dance, dub, drum and bass, etc. : Daft Punk, Bob Sinclar, Gotan Project, Émilie Simon…
- Pop : comporte un peu de tout, vient de « musique populaire », c'est la musique du moment : les Beatles, Gainsbourg, les Rolling Stones ont été classés « pop » en leur temps. Aujourd'hui on y trouve les groupes Arcade Fire, Aaron, Mika, Ayo…
- Rap, slam : IAM, Abd Al Malik, Grand Corps Malade. Les filles s'y mettent : Zaho…
- Rock : U2, Red Hot Chili Peppers et plus récemment Shaka Ponk, Skip the Use… Et ses dérivés : hard rock, heavy metal, gothic avec Deep Purple, Iron Maiden, Metallica AC/DC.
- Reggae et ragga (rap avec mélodie) : Bob Marley et ses descendants, Alpha Blondy, et plus récemment Sizzla, Sean Paul, Shaggy, Tiken jah Fakoly. Mêlé au rock, cela devient du ska, celui des célèbres Skatalites ou du groupe Ska-P.
- Groove et R & B sont issus du bon vieux rythm & blues de Marvin Gaye et Stevie Wonder. Plus récents : Rihanna, Beyoncé, et des artistes montantes comme Selena Gomez.
- La chanson française prend un nouvel essor avec de jeunes artistes comme Julien Doré, Christophe Maé ou le Belge Stromaé et beaucoup de filles qui « montent » : Indila, Zaz, Tal… À ne pas confondre avec la variété française (Souchon, Voulzy, Bruel, etc.).

☆ COMPRENDRE

La musique, c'est souvent ce qui vous permet d'affirmer votre personnalité, voire votre identité, au point que de véritables styles de vie et de mode vestimentaire correspondent à certains genres musicaux. Regardez vos copains affublés de baggys qui écoutent du rap toute la sainte journée, ou encore vos amis rastas qui passent du reggae en boucle et portent des dreads locks !

T'ES PAS DE MA BANDE

La musique, c'est aussi un signe d'appartenance à une tribu, à un groupe, à une bande. Au point que l'on a parfois du mal à afficher d'autres goûts que ceux que la bande juge « normaux ». Vos copains peuvent même, sans s'en rendre compte, pratiquer un véritable snobisme musical, et vous, vous craignez d'avouer que vous appréciez le dernier Beyonce, trop commercial à leur goût !

LA TRIBU FAMILIALE

À la maison, c'est une autre histoire : vos parents ne sont peut-être pas de la même « tribu » que vous, et il leur arrive de protester quand les décibels qui émanent de votre chambre viennent troubler leur tranquillité… ou pire se mêler aux leurs ! N'oubliez pas que tous les goûts sont dans la nature, et avec un peu de respect, tous les genres de musique peuvent cohabiter sous le même toit…

256

☆ INFO +

BOÎTES DE NUIT, CONCERTS ET DÉCIBELS

Attention à vos oreilles ! Les décibels que vous aimez tant peuvent aussi endommager vos oreilles.

6 % des 15-19 ans et 9 % des 20-24 ans ont une audition déficiente, en grande partie due au nombre trop élevé des décibels des concerts, des boîtes de nuit ou des MP3. Pénible à partir de 70 dB (décibels), un bruit devient dangereux à partir de 90 dB. À 120 ou 130 dB, il y a un risque de dégâts immédiats et irréversibles.

Pour information, le niveau sonore d'une boîte de nuit est souvent supérieur à 100 dB, voire 120 dB. Même chose pour les concerts : d'ailleurs, on en ressort souvent avec l'impression d'avoir du coton dans les oreilles ! Cette gêne ne doit pas dépasser 24 heures : au-delà, il faut consulter d'urgence un médecin. Pour limiter les dégâts, ne vous collez pas aux baffles. N'écoutez pas votre MP3 trop fort et trop longtemps

SAVOIR-VIVRE

En musique, comme dans tout autre domaine, il faut savoir respecter les autres :
- Ne soyez pas une terroriste musicale : ne vous moquez pas du copain qui vient de mettre une chanson que vous trouvez nulle. Tout le monde a le droit d'avoir ses propres goûts musicaux.
- Apprenez à baisser le niveau sonore dans votre chambre avant que vos parents tambourinent à la porte.
- Ne téléchargez pas de la musique sur Internet. C'est interdit par la loi ! Mieux vaut économiser pour vous offrir les chansons que vous aimez vraiment.

BONS PLANS

▲ Pour trouver le titre d'une chanson qui vous plaît et qui passe souvent à la radio : allez sur le site internet de la radio qui vient de la diffuser. On y trouve en général leur programmation.

Si vous avez un smartphone, vous pouvez aussi télécharger Shazam, une application de reconnaissance de musique. Il vous suffit alors d'appuyer sur un bouton, et si la musique est bien audible (et enregistrée, cela ne fonctionne pas si vous chantonnez), le titre et l'interprète s'afficheront en quelques secondes.

▲ Envie de vous adonner à une séance de karaoké ? Vous trouverez les paroles de vos chansons préférées sur Internet. Il suffit de taper le titre, l'interprète et « paroles » (ou « lyrics » pour une chanson en anglais) dans un moteur de recherche, et voilà !

ORIENTATION

QU'EST-CE QUE JE VAIS FAIRE PLUS TARD ?

☆ S'INFORMER

L'orientation est un parcours en plusieurs étapes. Jusqu'à la troisième, les choix ne sont pas encore majeurs. En cinquième, vous pouvez commencer le latin si vous en avez envie. En fin de cinquième, vous devez choisir une seconde langue vivante étrangère ou régionale, et en fin de quatrième, vous pouvez y ajouter une langue ancienne (le grec) ; l'option « découverte professionnelle » (3 heures de découverte de l'entreprise par semaine) ou le module « découverte professionnelle » (6 heures par semaine).

L'HEURE DES GRANDS CHOIX

C'est en troisième et en seconde qu'ont lieu les deux orientations essentielles. En fin de troisième, ceux et celles qui ont du mal avec le système scolaire classique et qui ont une idée d'une formation professionnelle peuvent faire un CAP ou une seconde professionnelle pour un bac en trois ans.

CONTINUER SUR SA LANCÉE ?

Si, en fin de troisième, un élève a de bons résultats et l'envie de poursuivre des études supérieures, il peut entrer dans une seconde générale et technologique. Cette seconde permet de s'orienter indifféremment vers un bac général ou un bac technologique. Bref, elle donne encore un an pour réfléchir ! Attention, deux exceptions cependant : pour faire un bac technologique hôtellerie ou TMD (techniques de la musique et de la danse), il faut se diriger vers une seconde spécifique.

SECONDE : UN AN POUR RÉFLÉCHIR

Quand vous optez pour une seconde générale et technologique, il vous faut choisir deux matières dites « enseignements de détermination » pour évaluer vos aptitudes et confirmer vos préférences.

LES VŒUX POUR LA PREMIÈRE

Nouvelle grande orientation en fin de seconde : le lycéen choisit son bac pour de bon. Pas de panique ! Vous avez l'année pour vous déterminer et vous n'êtes pas toute seule devant ce choix. Le conseiller d'orientation organise des séances d'information et vos professeurs sont là pour vous conseiller. La procédure commence en février : l'élève doit exprimer des vœux provisoires. Au 2e trimestre, sur la fiche navette, le conseil de classe donne un premier avis sur ces vœux. En mai, il faut remplir une fiche de vœux définitifs ; c'est le conseil de classe du 3e trimestre qui donnera l'avis final. Si l'élève n'est pas d'accord avec cette décision, il a trois jours pour faire appel et une commission tranchera. Il peut aussi demander de redoubler pour retenter sa chance l'année suivante.

257

UN NOUVEAU LYCÉE ?

Dernière étape du parcours : le moment où vous recevez votre affectation, c'est-à-dire le nom du lycée où vous serez inscrite l'année suivante ! Eh oui, parce que tous les lycées ne proposent pas l'ensemble des options et des baccalauréats ! (Pour en savoir plus, voir Lycée).

☆ COMPRENDRE

Il est important de bien choisir votre orientation. Pourtant, en troisième ou en seconde, il est souvent trop tôt pour savoir ce que vous voulez faire dans la vie. Vous n'avez pas beaucoup d'idées ? Rien de plus normal ! Évidemment, c'est mieux de pouvoir faire un choix positif, si vous savez déjà le métier que vous voulez faire ou si vous êtes sûre de vouloir et de pouvoir faire des études longues. Mais vous pouvez aussi choisir par élimination, parce que vous savez ce que vous ne voulez surtout pas faire !

QU'EST-CE QUE J'AIME DANS LA VIE ?

Il y a plusieurs critères de choix. D'abord, les matières que vous aimez : le français, les langues, l'histoire, l'art, les maths, les sciences, etc. Ensuite, vous pouvez réfléchir aux grandes familles de métiers, pour vous orienter vers le domaine que vous préférez : santé, commerce, enseignement, communication, recherche scientifique, art ou artisanat, métiers manuels, électronique ou informatique, métiers en lien avec la nature, comme l'agriculture ou l'environnement, etc.

TRAVAIL : CE DONT JE RÊVE

Il faut penser aussi à la manière dont vous avez envie de travailler plus tard : seule ou en équipe, dans un bureau ou dehors, en France ou à l'étranger. Est-ce que vous éprouverez le besoin d'avoir beaucoup de contacts extérieurs ou plutôt de travailler toujours avec les mêmes collaborateurs ? Aurez-vous envie de travailler en équipe ou préférerez-vous être indépendante ? Toutes ces questions peuvent vous aider à l'heure des choix !

RENSEIGNEZ-VOUS !

Surtout, il faut vous informer. Vous découvrirez ainsi des métiers dont vous ne soupçonnez même pas l'existence. Sans compter qu'il s'en crée sans cesse de nouveaux : celui que vous exercerez dans 10 ans n'existe peut-être pas encore ! En attendant, le mieux, si vous ne savez pas quoi choisir, c'est de continuer le plus longtemps possible dans la voie générale. Elle vous donnera une bonne formation de base et vous laissera le temps de réfléchir.

☆ INFO +

LES MÉTIERS À LA MODE

Les métiers à la mode font rêver, mais il y a souvent peu de places… Attention à la concurrence ! Pour percer, il faut beaucoup travailler.

- *Les métiers de l'humanitaire :* professions médicales ou paramédicales, nutritionnistes, logisticiens.
- *Les métiers de la communication :* journalisme, événementiel, audiovisuel, publicité, communication d'entreprise.
- *Les métiers de la mode :* stylisme, bureaux de style, agences de mannequins.
- *Les métiers de la nature :* défense et protection de l'environnement, agriculture biologique, développement durable.
- *Les métiers de la gestion du territoire :* gestion des collectivités territoriales, gestion du patrimoine historique et culturel.
- *Les métiers de l'informatique et des nouvelles communications :* ergonomie, infographie, PAO, programmation.
- *Les métiers autour de la recherche scientifique :* biologie mais aussi océanographie, astronomie (conquête de l'espace).

VOIR AUSSI

APPRENTISSAGE, ÉTUDES, LYCÉE, REDOUBLEMENT.

258

CONSEILS

▲ Parlez-en aux professeurs que vous appréciez ou dont vous aimez la matière :
ils auront de bons conseils à vous donner.

▲ Parlez aux adultes qui vous entourent : interrogez-les sur leurs métiers, sur ce qu'ils font
exactement, ce qu'ils aiment dans leur profession… et ce qu'ils aiment moins !

▲ Pour en savoir plus sur les métiers, adressez-vous au CDI de votre collège, à un CIO
(centre d'information et d'orientation) ou à l'Onisep qui édite toutes sortes de brochures
sur les orientations et les métiers : www.onisep.fr.

▲ Dans un CIO, vous pouvez aussi passer des tests pour déterminer vos compétences
particulières ou vous rendre au Salon de l'étudiant et aux Portes Ouvertes des écoles.

▲ Faites aussi confiance à vos parents, ils vous connaissent bien ! S'ils vous conseillent
de continuer en seconde et que vous en avez les capacités, écoutez-les. Vous les remercierez
sans doute dans quelques années !

259

PAIX

LA GUERRE, QUELLE HORREUR !

Vivre en paix est l'aspiration de tous les hommes. Pourtant, l'histoire humaine est un patchwork de guerres et de paix. Il y a de multiples raisons de faire la guerre et les hommes ne cessent d'en inventer de nouvelles.

Ils peuvent se battre pour un territoire, pour prendre le pouvoir dans un pays, pour s'approprier des richesses, pour imposer leurs manières de vivre ou de penser, pour se venger d'une offense, d'une injustice ou d'une autre guerre.

DE SIX JOURS À CENT ANS

Il y a les guerres qui s'éternisent (la guerre de Cent Ans) et les guerres éclairs où l'un des adversaires écrase l'autre très rapidement (la guerre des Six Jours). Dans tous les cas, les belligérants finissent généralement par déposer les armes et signer un texte censé mettre les deux parties d'accord : cet « armistice » ou « traité de paix » met fin à la guerre. Mais il n'est pas toujours efficace. Il suffit que l'un des deux ennemis s'estime brimé pour que la paix vole en éclats à la première occasion.

CITOYENS CONTRE CITOYENS

Il y a aussi des guerres qui éclatent à l'intérieur d'un pays : ce sont les guerres civiles. Pour les arrêter, la communauté internationale parle d'un nouveau droit, le « droit d'ingérence » : celui de se mêler des affaires intérieures d'un pays quand il massacre ou laisse massacrer une partie de sa population.

ON N'ARRÊTE PAS LE PROGRÈS, HÉLAS !

Les hommes ne sont jamais à court d'imagination quand il s'agit de détruire leurs semblables, quitte à s'autodétruire au passage. Des arbalètes à la bombe nucléaire, les hommes n'ont cessé de perfectionner leurs armes. Aujourd'hui, les actes de terrorisme à grande échelle, les armes chimiques et bactériologiques pourraient bien donner lieu à un autre type de guerre.

Il existe des institutions internationales chargées de régler les conflits entre pays pour préserver la paix. C'est après la Seconde Guerre mondiale qu'est née l'actuelle Organisation des Nations unies (ONU). Cette organisation, qui regroupe 192 États du monde, a la vaste mission de maintenir la paix dans le monde et de développer des relations amicales entre les peuples. Depuis sa création en 1945, elle a dû gérer de nombreuses crises. Elle opère à l'aide des « casques bleus », soldats neutres chargés de s'interposer entre les belligérants et d'assurer la protection des civils.

La paix est préférable à la guerre, on est tous d'accord.

PEACE AND LOVE

L'horreur de la guerre et de son cortège de souffrances peut conduire à refuser systématiquement tout recours à la force. Cette attitude est appelée pacifisme. Elle se fonde sur des convictions religieuses ou morales. Toutes les religions

260

valorisent la paix, même si certains croyants trop zélés sont capables de prendre les armes au nom de Dieu. Le pacifisme reste souvent impuissant à prévenir ou arrêter les guerres. Dans un climat de tensions et de haine, tout le monde se monte la tête et les pacifistes passent alors pour des imbéciles ou des lâches (voire des traîtres).

LÉGITIME DÉFENSE

Peut-on éviter toutes les guerres ? Provoquer un conflit est condamnable, mais il n'y a pas de raison qu'un peuple se laisse faire quand il est injustement attaqué. Il est alors dans une situation de « légitime défense ». Un pays peut ainsi être amené à faire la guerre pour lutter contre la violence et la tyrannie, et pour rétablir la paix. Cela ne dispense pas de tout tenter pour résoudre les tensions pacifiquement avant qu'elles ne dégénèrent.

CONTRE NOUS DE LA TYRANNIE...

Si les tentatives de négociations diplomatiques échouent parce que l'agresseur ne veut rien entendre, la guerre est légitime à condition que la riposte soit proportionnée à l'attaque et qu'elle ne fasse pas plus de dégâts que le mal qui a déjà été fait. Mais souvent les mots de « guerre juste » et de « légitime défense » sont des prétextes pour déguiser l'avidité d'un pays qui louche

sur les richesses de son voisin. Il faut donc toujours prendre ces arguments avec beaucoup de précaution.

PLUS JAMAIS ÇA !

À la fin de toute guerre, il faut bien faire taire les armes et se mettre autour d'une table pour négocier et rétablir la paix. Alors, pourquoi commencer par faire tant de morts ? Sans doute parce que les hommes ne savent pas faire autrement. « Plus jamais ça », disent-ils à chaque fois. Mais ils ne se donnent pas suffisamment les moyens de prévenir les conflits. La paix se construit tous les jours. Les ingrédients ? Plus de justice, plus de solidarité et un plus grand respect des autres.

VOIR AUSSI

POLITIQUE, VIOLENCE.

CONSEIL
Il y a sans doute des conflits qui vous bouleversent et vous révoltent, comme le conflit israélo-palestinien. Vous vous demandez peut-être pourquoi personne n'arrive à y trouver des solutions de paix durables. Pour comprendre, il ne suffit pas de lire la presse, il faut vous plonger dans l'histoire des pays concernés. Posez des questions à votre professeur d'histoire, lisez des livres sur le sujet.

PARDON

JE NE LUI PARDONNERAI JAMAIS !

☆ S'INFORMER

Il y a mille façons de demander pardon à quelqu'un. Ce peut être un simple mot d'excuse dit avec un sourire gêné quand vous avez bousculé quelqu'un : c'est le signe que vous faites attention aux autres, que vous êtes ennuyée de les avoir dérangés. Ne pas le dire serait une offense bien plus grave que l'incident qui vous a fait venir spontanément le mot aux lèvres !

DES MOTS POUR RÉPARER

Le vrai « pardon », celui que vous ne dites pas facilement, est bien moins fréquent. Vous demandez pardon quand vous avez blessé une personne, même involontairement : ces mots, parfois si difficiles à dire, ont la magie de rendre le sourire, de renouer les amitiés… quand le pardon est accordé !

DEUX POUR UN PARDON

Il faut être deux pour un pardon : celui qui a offensé demande pardon, celui qui a été offensé accepte de pardonner. Ce n'est pas facile, ni dans un sens ni dans l'autre !

☆ COMPRENDRE

Quand vous avez fait du mal à quelqu'un, vous vous sentez un peu honteuse, vous êtes coupable mais vous n'avez pas forcément envie de le reconnaître. Demander pardon n'est pas une démarche facile. Il faut déjà prendre sur soi pour s'avouer que l'on a eu tort, avant de le dire à la personne offensée.

PARDON ! PARDON ! PARDON !

Ce n'est pas facile de se sentir toute petite, de reconnaître ses torts et d'attendre que le pardon soit accepté. D'autant plus que vous ne savez pas toujours comment l'autre va réagir : pardon immédiat qui soulage, dans un grand éclat de rire ? Pardon lâché du bout des lèvres, encore plein de rancœur, au point que l'on se demande s'il est vraiment accordé ? Ou refus violent, quand la personne se retranche dans sa peine comme dans une tour d'ivoire ?

JE TE PARDONNE

On apprend à pardonner toute la vie. Vous avez commencé toute petite, en pardonnant à votre frère qui avait cassé votre poupée chérie. Vous avez pardonné aux copines d'avoir perdu votre livre préféré ou d'avoir dit du mal de vous. Vous avez peut-être eu à pardonner des choses plus graves, si votre meilleure amie est sortie avec votre petit ami ou si votre mère a lu en cachette votre journal intime.

JE NE TE PARLE PLUS

Quand vous avez été blessée, vous pouvez être pleine de rancune, avoir envie de vous venger et de rendre à l'autre tout le mal qu'il vous a fait. Vous pouvez aussi vous dire que vous êtes dans votre bon droit et que vous ne voyez pas pourquoi vous accepteriez d'oublier l'affront.

N'EN PARLONS PLUS

Accorder son pardon, c'est renoncer à se venger. Renoncer à être la plus forte, à avoir raison, à écraser l'autre en le laissant patauger dans sa culpabilité. Tirer un trait sur ce qui a été dit ou fait, accepter de repartir sur de nouvelles bases, parce que l'on pense que l'autre en vaut la peine.

JE N'Y ARRIVE PAS

Bien sûr, quand il s'agit d'une chose très grave, on ne sait pas si l'on sera un jour capable de pardonner. La souffrance est tellement grande, la confiance a été trahie : on ne sait pas si l'on a envie de la redonner, de prendre le risque de souffrir à nouveau. Il faudra sans doute beaucoup de temps, quelquefois toute une vie quand la blessure est profonde.

LES PLUS BEAUX MOTS DU MONDE

Les mots d'excuse ou de réconciliation sont encore plus grands que des mots d'amour. Demander pardon ou pardonner, c'est une des plus belles façons de dire que vous aimez la personne qui est en face de vous, parce que vous lui dites qu'elle est plus importante à vos yeux que le conflit qui vous sépare. C'est une très grande preuve d'estime que de vouloir donner la chance à cette relation de survivre à la peine, à la honte, à l'orgueil, à la colère ou à la rancune.

LE PARDON N'EST PAS L'OUBLI

Pardonner, c'est une façon de ne pas se laisser enfermer dans le passé parce que l'on a confiance dans l'avenir d'une amitié ou d'un amour. Pourtant, le pardon, ce n'est pas l'oubli. Il y a des blessures que l'on n'oublie jamais, qui sont irréparables. Le pardon est alors un choix très difficile qui demande beaucoup de temps. Mais c'est toujours une libération qui permet de passer au-delà de la souffrance pour recommencer à vivre à fond.

UNE CERTAINE IDÉE DE L'HOMME

Même si l'on a beaucoup souffert, on peut pardonner des actes très graves, simplement parce que l'on a une trop grande idée de l'homme pour le condamner définitivement.

VOIR AUSSI

ENGUEULADE.

263

CONSEILS

Pardon : mode d'emploi

▲ Le pardon est un don : il ne se monnaie pas, il ne sert pas à écraser l'autre. Quand vous avez pardonné, l'autre ne vous doit plus rien. Si vous le lui rappelez tout le temps, vous ne lui avez pas vraiment pardonné.

▲ Si vous n'êtes pas encore prête à accorder votre pardon, dites que vous êtes encore blessée, que cela vous prendra du temps, plutôt que d'accorder un demi-pardon de principe. Vous ferez le premier pas quand vous serez plus sereine.

▲ Apprenez à distinguer les demandes de pardon. Elles ne comportent pas toujours le mot « pardon » ou encore l'expression « je suis désolée ». Une marque d'attention, des phrases gentilles, un sourire affectueux sont souvent des demandes de pardon, maladroites certes, mais sincères. Un sourire suffit à montrer que vous les acceptez.

▲ Pour vous faire pardonner, vous pouvez essayer de réparer le mal que vous avez fait. Si ce n'est pas possible, engagez-vous à ne pas recommencer.

PAIX
PARENTS
PARDON

PARENTS

Y M'COMPRENNENT PAS !

☆ S'INFORMER

La loi détermine les droits et les devoirs des parents à l'égard de leurs enfants. Les parents détiennent l'autorité parentale « pour protéger l'enfant dans sa sécurité, sa santé et sa moralité. Ils ont à son égard droit et devoir de garde, de surveillance et d'éducation » (article 371-1 du Code civil). Ils ont cette obligation jusqu'à sa majorité ou son émancipation. Jusqu'à vos 18 ans, vous devez leur obéir et ils doivent agir pour votre bien.

L'AUTORITÉ PARENTALE, C'EST QUOI ?

L'autorité parentale est le droit qu'ont vos parents de décider en votre nom dans le but de vous protéger et de vous éduquer. Elle s'exprime concrètement quand il s'agit d'obtenir un certain nombre d'autorisations vous concernant avant votre majorité : sortie du territoire, opération chirurgicale, ouverture d'un compte en banque, etc.

PARENTS, MAIS PAS MARIÉS

Quand les parents vivent ensemble sans être mariés, chacun des deux doit reconnaître l'enfant à la mairie, avant sa naissance ou au plus tard un an après, pour avoir l'autorité parentale.

PARENTS, MAIS SÉPARÉS

En cas de divorce ou de séparation, les deux parents gardent l'autorité parentale, sauf clause particulière dans le jugement de divorce.
Mais l'un des parents peut aussi renoncer à exercer l'autorité parentale pour des raisons pratiques : s'il part à l'étranger, par exemple. Cela ne veut pas dire qu'il renonce à voir son enfant et à l'aimer !

LES DEVOIRS DES ENFANTS

Eh oui, il n'y a pas que vos parents qui ont des devoirs ! Vous en avez aussi ! Le Code civil précise dans l'article 371-1 que « l'enfant, à tout âge, doit honneur et respect à ses père et mère ». Méfiez-vous avant de claquer trop fort la porte du salon ! Plus encore : le droit de la famille précise que vous devrez les aider s'ils ont un jour des difficultés financières, notamment à la fin de leur vie. Concrètement, vous devrez subvenir à leurs besoins s'ils ne le peuvent pas eux-mêmes.

☆ COMPRENDRE

À votre âge, c'est assez courant de regarder ses parents avec plus de sévérité que par le passé. Vous les aimez certainement tout autant que lorsque vous étiez une petite fille, seulement, vous le montrez moins !

MES PARENTS, DES HÉROS ?

Vous avez grandi et vous êtes maintenant capable de vous rendre compte que vos parents chéris ne sont plus les héros sans faille de votre enfance.

DES ADULTES, BEURK !

Il vous arrive peut-être de les considérer surtout comme des « adultes », ces êtres un peu étranges qui ne comprennent jamais rien tout en prétendant tout comprendre, interdisent les choses les plus sympas, font des cadeaux « débiles », des discours « débiles » et ont des idées… « débiles ».

PEUVENT MIEUX FAIRE

Et même si vous êtes plus indulgente, vous trouvez quand même que vos parents

265

pourraient être meilleurs, comme ceux de vos amis, qui sont nettement plus ouverts d'esprit ! C'est assez habituel de réagir comme cela à votre âge. Ce n'est pas facile de découvrir que ses parents ne sont pas parfaits, qu'ils ont des défauts, comme tout le monde.

LÂCHEZ-MOI !

Comme vous avez grandi, vous avez envie de plus d'autonomie. Pour penser vraiment par vous-même, vous éprouvez le besoin de prendre vos distances : plus question de tout leur raconter, de leur dire tout ce que vous ressentez, tous vos projets, tous vos espoirs. Garder vos secrets pour vous, c'est une manière de commencer à prendre votre indépendance, il n'y a pas de mal à cela.

T'AS RIEN COMPRIS !

Mais acceptez aussi de comprendre que cette distance, certes nécessaire, peut créer bien des incompréhensions. Vous avez l'impression qu'ils ne comprennent jamais rien ? Vous trouvez qu'ils ne voient jamais ce qui se passe, ce qui change en vous et qu'ils continuent à vous voir comme une gamine ? C'est sans doute vrai, mais comment pourrait-il en être autrement si vous passez votre vie claquemurée dans votre chambre ou obstinément muette à l'heure des repas ?

BESOIN D'EUX

Et puis, avouez-le : vous n'êtes pas encore tout à fait prête à vous débrouiller toute seule. Vous avez encore besoin d'eux, de leur soutien, de leurs conseils, de leur affection. Mais vous ne voulez pas trop le leur dire de peur qu'ils en profitent pour essayer de vous garder encore un peu tout à eux !

ALORS, COMMENT FAIRE ?

D'abord, gardez à l'esprit que vos parents vous aiment et qu'ils sont contents que vous grandissiez, même s'ils n'ont pas l'air de le voir ou de le prendre en compte en ce moment. Accordez-leur le droit de se tromper, tout comme ils vous accordent le droit de bouder ou de claquer les portes de temps à autre.

PARENTS, MODE D'EMPLOI

Ils entrent encore dans votre chambre sans frapper ? Ne les incendiez pas mais dites-leur gentiment que cela vous déplaît. Ils vous charrient sur un garçon alors que vous ne voulez pas leur en parler ? Peut-être croient-ils simplement que cela vous flatte. Dites-leur sans agressivité que vous n'avez rien à leur dire sur le sujet. Bref : parlez, ne criez pas !

PITIÉ POUR EUX !

Soyez un peu indulgente avec vos parents. Ils agissent souvent du mieux qu'ils le peuvent. Regardez les efforts qu'ils font malgré vos airs renfrognés et vos silences ! Et tant pis s'ils font parfois l'inverse de ce que vous attendez, s'ils viennent vous chercher quand vous pleurez dans votre chambre alors que vous vouliez être tranquille ou si, au contraire, ils vous laissent mariner dans votre coin alors que vous aimeriez justement qu'ils viennent vous voir. Vous êtes parfois si difficile à comprendre !

LE JUSTE MILIEU

Ils vont sans doute avoir du mal à trouver le juste milieu. S'ils vous laissent tout à fait tranquille et ne disent plus rien, vous allez vous sentir abandonnée. S'ils s'occupent trop de vous, vous serez exaspérée. Ne croyez pas cependant qu'ils ne comprennent vraiment rien. Ils ont été adolescents eux aussi ! Mais une chose est sûre : ils ne pourront jamais se mettre à votre place, ils ne pourront jamais vous comprendre complètement. C'est fini, la relation fusionnelle « parents-bébé » ! Ils souffrent sans doute de vous sentir vous éloigner et ils ont besoin de savoir que vous continuerez à les aimer même quand vous serez grande. Mais rassurez-vous, ils vont grandir, eux aussi !

VOIR AUSSI

AUTORITÉ, BEAU-PÈRE/ BELLE-MÈRE, CONFIANCE, LIBERTÉ, MÈRE, PÈRE.

CONSEILS

▲ Quand vous rentrez le soir, ne filez pas directement dans votre chambre : prenez le temps de parler avec vos parents, de leur raconter votre journée (vous n'êtes pas obligée de tout dire !), de les écouter aussi.

▲ Si vous n'avez plus trop envie que votre père vous fasse des bisous dans le cou ou des chatouilles, vous n'êtes pas obligée de le repousser méchamment. Expliquez-lui que vous n'aimez plus ça. Il sera peut-être un peu surpris et même peiné au départ, mais il comprendra certainement.

▲ Si vous n'êtes pas d'accord avec certaines idées de vos parents, discutez-en avec eux, présentez les vôtres, sans tout de suite penser qu'ils sont nuls ou trop vieux pour comprendre.

▲ Si vous trouvez que vos parents ne vous laissent aucune autonomie, discutez-en ouvertement avec eux. Demandez-leur pourquoi. Faites des propositions raisonnables pour apprendre à vous faire mutuellement confiance.

▲ Essayez de garder du temps pour faire des choses avec vos parents (du shopping avec votre mère, un cinéma avec votre père, une balade le dimanche) : c'est souvent une occasion pour parler tranquillement. Vous avez besoin d'eux, de leur soutien, de leur affection ? Eux aussi, ne l'oubliez pas !

PARESSE

POIL DANS LA MAIN...

☆ S'INFORMER

Il y a les hyperactives. Et puis celles qui ne se bougent pas beaucoup, qui préfèrent traîner, lézarder, celles que le travail et l'effort font fuir : en un mot, les paresseuses ! La paresse peut être un trait de caractère que vous avez toujours eu ; mais le moment de l'adolescence est souvent celui où elle s'épanouit.

FATIGUÉE OU PARESSEUSE ?

Il ne faut pas confondre la paresse avec la fatigue physique qui vous immobilise parce que vous vous sentez sans force et sans ressort. Cette fatigue est d'ailleurs très fréquente à votre âge. Si vous êtes réellement épuisée, consultez un médecin : il vérifiera que vous n'êtes pas anémiée, que vous dormez suffisamment et que cette fatigue n'a pas une origine physique.

MADAME PRÉTEXTE

La paresse, c'est cette voix intérieure qui vous dispense de chercher dans le dictionnaire un mot que vous ne comprenez pas, de réviser votre cours d'histoire, de persévérer dans les activités qui demandent des efforts (sports, musique…). Bref, de vous donner du mal, dans tous les domaines. Son surnom ? Madame Prétexte : elle est très douée quand il s'agit de vous trouver des tas d'excuses béton pour éviter de faire un effort !

☆ COMPRENDRE

Si vous vous sentez concernée par la question, il est temps de vous demander pourquoi vous vous laissez aller ainsi. Ce serait dommage de stagner dans la paresse : elle vous empêche de profiter pleinement de la vie, et surtout de ces années décisives pour votre avenir.

ELLE A JURÉ VOTRE PERTE !

La paresse est un vrai handicap et, comme tout handicap, il faut la combattre. Sinon, elle va compromettre vos études en vous empêchant de vous mettre au travail. Vous avez peut-être des raisons (valables) d'être parfois un peu démotivée. Vous ne savez pas encore ce que vous voulez faire plus tard ; vous vous demandez à quoi servent certaines connaissances que les professeurs tiennent absolument à vous voir assimiler…

NON, NE CÉDEZ PAS !

D'accord. Mais ce n'est pas une excuse ! Le seul moyen d'arriver à faire ce que vous voulez plus tard, c'est d'avoir la tête bien pleine. Le seul moyen d'avoir la tête bien pleine… c'est de la remplir, même de choses dont vous ne voyez pas l'utilité immédiate. Et le seul moyen de la remplir, c'est de secouer votre flemme.

VOLONTÉ CONTRE PARESSE

Pour vous aider dans votre lutte antiparesse, vous avez un trésor à disposition : votre volonté. Seule la volonté est capable de couper court aux arguments de votre paresse. C'est un moteur formidable. Si le sujet de votre devoir de français vous ennuie, que vous n'y trouvez aucun intérêt et que vous louchez du côté de la télé en retardant le moment de vous y mettre, appelez votre volonté à la rescousse !

ALLEZ, ZOU !

Elle vous soufflera que c'est votre avenir que vous jouez en traînant ainsi, que ce sujet est peut-être beaucoup plus intéressant que vous ne le pensiez… et que vous serez sûrement plus satisfaite d'avoir réussi à vous y mettre que d'avoir abandonné la partie. La volonté est un atout formidable pour ne pas passer à côté de votre vie. Plus vous vous en servez, plus cela marche ! Vous verrez, elle finira même par vous donner envie de travailler.

UN PEU DE FLEMME : EXCELLENT POUR LA SANTÉ !

Cela dit, de temps en temps, il faut savoir s'accorder un répit, un petit accès de « bonne paresse ». Surtout pour celles qui sont hyperactives et incapables de s'arrêter. Un moment à ne rien faire, une bonne sieste, c'est un bon moyen de recharger ses batteries. Question de dosage : juste un tout petit peu de paresse et on repart !

BONS PLANS

Volonté ou paresse, à vous de choisir qui va gagner.

▲ Fixez-vous des objectifs pour bien montrer que c'est votre volonté qui commande. N'hésitez pas à aller jusqu'à l'héroïsme pur : finir votre dissertation même si votre feuilleton télé a commencé.

▲ Entre deux efforts, accordez-vous une pause. Rien de tel qu'un petit plaisir après l'effort pour regonfler la volonté à bloc !

▲ Souvenez-vous d'une phrase utile : « Ce qui est fait n'est plus à faire. » Résoudre les problèmes pour les avoir derrière soi, c'est encore le meilleur plan. Cela devrait être l'attitude de toute paresseuse qui se respecte !

PÉDOPHILE

BRISER LE SILENCE !

La pédophilie est l'attirance sexuelle d'un adulte pour les enfants, filles ou garçons. Un pédophile est donc un adulte qui recherche les relations sexuelles avec les enfants ou les adolescents : il peut s'agir de rapports sexuels, d'attouchements ou encore de perversion de l'enfant au moyen d'images ou de films pornographiques.

☆ S'INFORMER

La pédophilie est une déviance sexuelle sévèrement punie par la loi française. Un adulte n'a pas le droit d'avoir des relations sexuelles avec un mineur de moins de 15 ans, même s'il ne les a pas obtenues par la force. C'est aussi le cas si le mineur a entre 15 et 18 ans et que l'adulte a autorité sur lui (un professeur, par exemple).

DES ACTES GRAVES

Un pédophile peut agir par la contrainte mais aussi user de persuasion ou de séduction. Dans tous les cas, ce sont des actes graves : ils sont unanimement dénoncés par la société qui cherche à mettre les pédophiles hors d'état de nuire. Ces crimes meurtrissent pour longtemps les jeunes victimes. Certains pédophiles vont jusqu'à les tuer.

PRISE DE CONSCIENCE

Depuis quelques années, on entend beaucoup parler de la pédophilie. C'est une bonne chose parce que, maintenant, les institutions qui sont en lien avec les mineurs, comme l'Éducation nationale, le ministère de la Jeunesse et l'Église, font un grand travail de prévention et de lutte contre la pédophilie.

SILENCE TERRIBLE

De plus en plus de victimes de la pédophilie osent porter plainte. Malheureusement, ce n'est sans doute que la partie visible de l'iceberg : comme pour le viol ou l'inceste, beaucoup de jeunes victimes n'osent pas encore parler.

☆ COMPRENDRE

Les pédophiles sont des personnes malades, déséquilibrées, qui ont une sexualité pervertie puisqu'elle ne s'oriente pas vers un adulte, ce qui est normal, mais vers un enfant qui n'est pas en mesure de vivre une sexualité adulte. Ils abusent de la fragilité des enfants, de leur incapacité à se défendre et à comprendre ce qui leur arrive.

ABUS DE POUVOIR

Un enfant ou un adolescent n'est pas toujours capable de refuser les propositions ambiguës d'un adulte : il peut ne pas se rendre compte tout de suite de ce qui se passe. Il peut même au départ se sentir valorisé d'être le centre d'intérêt d'un adulte qu'il estime : enseignant, animateur, aumônier, voisin ou membre de sa famille.

L'ADULTE EST COUPABLE

Souvent, l'enfant se croit coupable de n'avoir pas pu résister. Pourtant, c'est toujours l'adulte qui est responsable. L'enfant est toujours innocent. Il a surtout besoin de se faire aider, de parler avec des professionnels, des psychologues pour se reconstruire, retrouver sa dignité et sa confiance dans la vie.

POURQUOI ÇA ARRIVE ?

Pourquoi les pédophiles font-ils cela ? Certains d'entre eux en ont été victimes : ils reproduisent ce qu'ils ont vécu. Ce n'est pas le cas de tous. La plupart disent avoir agi parce qu'ils étaient poussés par des pulsions incontrôlables. Ce qui est sûr, c'est qu'ils ont tous de graves problèmes et qu'ils doivent absolument être soignés sous peine de recommencer.

EST-CE QU'ILS COMPRENNENT ?

Certains pédophiles demandent à être soignés en prison, et même à leur sortie, parce qu'ils ne veulent pas prendre le risque que cela se reproduise. Mais beaucoup d'autres nient les faits.

INTERNET CRIMINEL

Certains pédophiles ne voient même pas où est le problème. Ils ne vont pas forcément violer puis étrangler un enfant après l'avoir kidnappé à la sortie de l'école, mais ils commettent d'autres délits. Regarder des photographies, des sites ou des films clandestins mettant en scène des relations sexuelles entre adultes et enfants est un crime à double titre : crime parce que des victimes ont été violées, crime parce qu'elles ont été filmées, ce qui ajoute à l'horreur. En plus, ce genre de choses entretient les fantasmes des pédophiles et peut les conduire à l'idée que leur sexualité est normale.

ENFANTS DES AUTRES PAYS

Certains pays ont des lois moins strictes que la loi française sur la pédophilie, ou moins de moyens pour les appliquer. Ce sont souvent des pays pauvres, où les enfants sont prostitués pour nourrir leur famille. Les pédophiles qui vont dans ces pays (on appelle cela le tourisme sexuel) sont criminels, même s'ils sont rarement punis. Il y a encore beaucoup à faire dans la lutte contre la pédophilie.

☆ INFO +

Il existe bien des réseaux de pédophiles à l'échelle internationale, mais 80 % des cas de pédophilie sont révélés dans le cadre de la famille ou des proches de l'enfant.

271

VOIR AUSSI

INCESTE, MALTRAITANCE, VIOL.

CONSEILS

Que faire si vous êtes convaincue de la culpabilité d'un adulte ?

▲ Vous pouvez faire part de vos soupçons à un adulte. Il saura comment s'y prendre pour vérifier vos soupçons, les lever ou les confirmer. Vous pouvez aussi vous adresser à l'association Allô Enfance maltraitée (voir les numéros utiles en fin d'ouvrage).

▲ Une personne qui, enfant, a été victime de pédophilie peut porter plainte jusqu'à l'âge de 28 ans, y compris pour des faits remontant à sa petite enfance.

▲ Attention ! Accuser quelqu'un de pédophilie est très grave. L'accusé sera mis en examen, peut-être emprisonné en l'attente de son jugement. Sa réputation sera détruite, il pourra perdre son emploi, l'amour de sa famille et l'amitié de ses proches. Récemment, le procès d'Outreau a montré que des erreurs judiciaires très lourdes peuvent briser la vie d'innocents accusés de pédophilie. Accuser ou dénoncer quelqu'un à tort est donc très grave. C'est aussi une insulte aux vraies victimes qui ont souvent du mal à dénoncer leurs bourreaux et dont la parole a longtemps été mise en doute.

PÈRE

MON PÈRE, CE HÉROS...

S'INFORMER

Pendant longtemps, les rôles et les tâches des parents étaient bien séparés. La mère s'occupait des enfants et du bien-être de toute la famille, le père mettait tout son honneur à pourvoir aux besoins de sa femme et de ses enfants, à protéger sa famille de toutes ses forces.

LE PATER FAMILIAS

Il n'y a pas si longtemps, l'autorité du père sur sa famille était pour ainsi dire toute-puissante : ni sa femme ni ses enfants n'allaient à l'encontre de ses décisions. C'était lui qui fixait les règles. Gare à celui qui désobéissait ! En revanche, il faisait entièrement confiance à sa femme pour s'occuper des bébés et des petits enfants. Même s'il avait de la tendresse pour eux, il aurait été inimaginable qu'il les berce, les lange ou les nourrisse comme beaucoup de pères le font aujourd'hui.

PAPA NOUVEAU MODÈLE

Maintenant, les choses ont changé. Beaucoup de femmes travaillent et leurs compagnons trouvent tout à fait normal de les aider à la maison. Mieux : ils ont découvert le plaisir de pouponner, de s'occuper eux aussi de leurs enfants, même tout-petits. On les appelle d'ailleurs les « nouveaux pères » ou les « papas poules » et la loi a instauré un partage plus équitable des responsabilités du père et de la mère.

PAPA DIVORCÉ

Pourtant, même si les papas d'aujourd'hui ne ressemblent plus aux pères d'autrefois, c'est souvent la mère qui a la garde des enfants quand un couple divorce. C'est d'ailleurs une grande souffrance pour le père et les enfants. Depuis 2001, la loi encourage la « garde partagée » des enfants qui vivent ainsi alternativement chez leur mère et chez leur père.

COMPRENDRE

Père autoritaire, papa poule, père absorbé par son travail, ou même père à mi-temps dans le cas des familles séparées, il y a toutes sortes de pères. Ce qui est sûr, c'est que l'on a besoin de son père, qu'on l'aime… même si les relations au moment de l'adolescence sont parfois tendues !

T'ES PLUS DANS LE COUP !

Il vous arrive peut-être de trouver que votre père ne vous comprend pas, qu'il en fait trop… ou pas assez. Bref, vous n'êtes plus la petite fille qui rêvait d'épouser son papa !

MA FILLE À MOI…

Pour votre père, ce n'est pas facile non plus. Il y a peu de temps encore, vous étiez une petite fille câline qui se jetait dans ses bras ou s'agrippait à son cou. Et vous voilà tantôt câline, tantôt distante, voire agressive quand il n'est pas « cool ».

PAS TOUCHE À MA FILLE !

Il n'a peut-être pas envie de vous voir grandir, de perdre sa petite princesse. Il a sans doute un peu peur, comme tous les pères, du mal que l'on pourrait vous faire. Ce « on » un peu mystérieux, ce sont les garçons, notamment ceux qui s'intéressent déjà à vous ou ceux qui le feront forcément un jour. Comme votre père a eu leur âge, il sait bien quelles idées ils ont derrière la tête !

J'ARRIVE PLUS À SUIVRE

En même temps, il est certainement fier de vous voir grandir, devenir une femme, prendre de l'assurance et une certaine forme d'autonomie. Alors, entre fierté et inquiétude, il a sans doute des réactions qui vous étonnent ou vous énervent. Les crises d'autorité (« pas question que tu sortes ce week-end ! ») succèdent peut-être aux grands moments de complicité ou de tendresse.

PAPA POUR TOUJOURS

Votre père sera toujours votre père, même quand vous serez partie de la maison ! C'est normal qu'il s'inquiète pour vous, qu'il soit exigeant, s'il vous aime. Soyez donc un peu indulgente et patiente. Laissez-lui le temps de retrouver ses marques. Ce n'est pas facile pour vous de changer ? Pour lui non plus, soyez-en sûres ! Alors ne l'envoyez pas promener trop sévèrement quand vous trouvez ses plaisanteries déplacées, ses gestes de tendresse maladroits ou ses interdictions un peu trop fréquentes à votre goût. Au moins, cela prouve qu'il s'intéresse à vous !

MOI, JE N'AI PAS DE PAPA

Il arrive, hélas, que certaines se retrouvent privées partiellement ou complètement de père. Décès, divorce ou relation tellement conflictuelle que le père en est presque absent.

L'amour d'un père, ce n'est pas la même chose que celui d'une mère et on a besoin des deux. Un papa aide à voir clair, sait être exigeant, parfois même autoritaire, par amour, pour le bien de ses enfants. C'est difficile de grandir et de se construire sans ce soutien précieux. Si c'est votre cas, vous avez peut-être dans votre entourage un oncle, un parrain, un ami adulte qui, sans remplacer votre papa, pourra vous apporter le soutien dont vous avez besoin pour finir de grandir.

POUR BIEN VOUS ENTENDRE AVEC VOTRE PÈRE

- Si votre père est plutôt du genre très occupé et qu'il rentre tard le soir parce qu'il travaille beaucoup, essayez de trouver quelques heures le week-end pour les passer avec lui. Dites-lui que vous avez envie que vous fassiez des choses ensemble. Il sera certainement très fier que sa grande fille veuille encore passer du temps avec lui.
- Parlez-lui de ce que vous faites et demandez-lui de vous expliquer ce qu'il fait. S'il lit un journal, posez-lui des questions sur l'actualité, demandez-lui de vous l'expliquer.

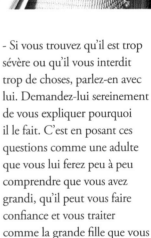

- Si vous trouvez qu'il est trop sévère ou qu'il vous interdit trop de choses, parlez-en avec lui. Demandez-lui sereinement de vous expliquer pourquoi il le fait. C'est en posant ces questions comme une adulte que vous lui ferez peu à peu comprendre que vous avez grandi, qu'il peut vous faire confiance et vous traiter comme la grande fille que vous êtes !
- Si la communication est bloquée, n'oubliez pas qu'il a souvent un excellent médiateur : sa femme !

273

VOIR AUSSI

BEAU-PÈRE/BELLE-MÈRE, MÈRE, PARENTS.

POILS

COMMENT S'EN DÉBARRASSER ?

☆ S'INFORMER

Le développement de la pilosité fait partie des petits « cadeaux » sympathiques de la puberté, comme l'acné ou les petites rondeurs superflues. Seulement, contrairement aux boutons qui finiront bien par décrocher un jour, vous allez devoir apprendre à vivre avec vos poils… ou plus exactement à vous en débarrasser !

QUAND LES INTRUS S'INCRUSTENT

Tout commence autour de 12 ans, avec quelques poils épars sur le pubis qui se développent autour du sexe et un peu sur les cuisses. Ceux des aisselles apparaissent un peu plus tard. La pilosité définitive est atteinte autour de 13 ans. Mais tout cela est indicatif et varie beaucoup d'une fille à l'autre : chacune a une couleur, une quantité, une répartition différente de poils. Les blondes sont évidemment privilégiées !

LA « FAUTE » AUX PARENTS !

Une pilosité très développée est souvent héréditaire. Mais quand on a vraiment beaucoup de poils sur les bras et les jambes, ce peut être le signe d'un mauvais fonctionnement hormonal. C'est assez rare et dans ce cas, un traitement hormonal peut être prescrit par un médecin ou un gynécologue.

LA QUESTION DE TOUTES LES FILLES

Que l'on ait trois poils ou davantage, de toute façon, la question de toutes les filles, c'est : « Comment m'en débarrasser ? » Tout dépend du temps et de la patience que vous avez, de votre budget, de la quantité et de la couleur des coupables, et de la sensibilité de votre peau.

SOLUTION ÉCLAIR

Le premier réflexe des filles, c'est souvent le rasoir. C'est rapide, facile, économique – surtout si vous prenez celui de votre père ou de votre frère : à éviter, pour l'hygiène et la sérénité familiale ! Le résultat est joli mais il faut recommencer très vite, la peau souffre et les poils en profitent pour repousser de plus en plus vite et de plus en plus fournis. Dans l'idéal, le rasoir doit être réservé au dépannage de dernière minute, qui vous évite de rater la sortie à la piscine avec les copains !

CRÈMES ET ÉPILATEURS

Les crèmes et mousses en tout genre laissent la peau plus douce, mais elles coûtent plus cher et il faut recommencer presque aussi souvent qu'avec un rasoir. Les épilateurs électriques qui arrachent les poils plutôt que de les couper évitent une repousse drue. Mais l'épilation est plus douloureuse et il faut attendre que les poils aient un peu repoussé pour renouveler l'opération. Avec cette technique, certaines filles ont, à la longue, des poils qui repoussent sous la peau, ce qui donne des plaques rouges assez inesthétiques. Rien n'est parfait !

L'ÉPILATION À LA CIRE

La cire est sans doute la meilleure méthode si vous n'êtes pas trop douillette. Vous serez tranquille pour un mois environ et la repousse sera discrète. Mieux vaut vous épiler à un rythme régulier sans laisser trop repousser les poils. Cela fait moins mal, et vous ne serez pas prise au dépourvu en cas de sortie imprévue à la piscine !

LA CIRE TIÈDE.
UNE ARME EFFICACE

Vous pouvez vous initier en allant chez une esthéticienne pour observer sa façon de faire et acquérir le coup de main. Pour la maison, il existe maintenant des cires à faire chauffer au micro-ondes : faciles à utiliser, elles sont très efficaces. Une douche chaude suffit pour faire partir les dernières traces.

CIRE FROIDE :
POUR LES RETOUCHES

La cire froide est moins efficace que la cire tiède mais très pratique quand on est en vacances, pour faire des petites retouches. Son inconvénient ? Elle laisse des traces souvent difficiles à enlever, même avec l'huile vendue dans le paquet de bandelettes.

☆ INFO +
COMMENT S'ÉPILER
À LA CIRE ?

- Prévoyez une bonne heure devant vous, pour vous épiler tranquillement.
- Dans l'idéal, faites cela à deux. C'est plus facile pour les zones qu'on ne voit pas bien, derrière les jambes par exemple.
- Assurez-vous que votre peau est bien propre et sèche. Pour faire fondre la cire, suivez bien le mode d'emploi et divisez le temps par deux si votre pot est à moitié vide. Vérifiez impérativement la température de la cire sur une petite surface de peau avant de vous lancer. Pour la cire froide, réchauffez

bien la bandelette entre vos mains avant de la séparer tout doucement en deux.
- Posez la cire dans le sens de la pousse du poil. N'en mettez pas trop. Une fine couche d'un ou deux millimètres suffit. Posez la bandelette de tissu dessus. Lissez bien dans le sens de la pousse du poil. Respirez un grand coup. Et tirez d'un coup sec dans le sens inverse de la pousse du poil. Pas d'hésitation : cela fait moins mal et c'est plus efficace !
- Vous pouvez réutiliser

immédiatement la bandelette pour parfaire le résultat de la zone « débroussaillée ». Vous pouvez aussi faire les finitions à la pince à épiler.
- Faites partir les dernières traces de cire à l'eau chaude, puis mettez une bonne crème hydratante. Les petits boutons rouges qui peuvent apparaître après une épilation (même chez l'esthéticienne) partent en général au bout de deux jours.

✩ COMPRENDRE

À votre âge, on découvre les poils ou on les a découverts depuis peu. Ce « fléau » nouveau vous affole peut-être. Il est vrai que les poils ne simplifient pas la vie des filles : c'était tellement plus commode quand vous n'en aviez pas !

MAIS OUI, VOUS ÊTES NORMALE !

Si vous êtes brune, vous regardez probablement avec envie les bras de vos copines blondes. On a souvent l'impression d'avoir trop de poils, trop foncés, trop épais, au point que l'on se trouve un air de gorille ! Vous vous demandez si vous en avez plus ou moins que les autres. Question absurde : chacune a sa pilosité.

VOUS AVEZ LE CHOIX DE L'ARME...

La seule question à vous poser est de savoir quel genre d'épilation vous convient le mieux. Commencez par un état des lieux et réfléchissez à ce que vous pouvez supporter. S'épiler à la cire les aisselles ou ce que l'on appelle pudiquement le « maillot » demande un vrai courage. La crème, ou le rasoir en cas d'urgence, feront aussi bien l'affaire.

JAMBES : L'IDÉAL, C'EST LA CIRE

Sur les jambes, quand on commence seulement à avoir quelques poils, ce n'est peut-être pas la peine de sortir l'artillerie lourde. Crèmes ou décoloration peuvent suffire. Après, l'idéal reste quand même la cire. Quant aux bras, par pitié, ne commencez pas ! Vous entreriez dans un véritable esclavage, alors qu'un peu de soleil les blondit si vite. Inutile de faire des excès de zèle. Les poils « aux pattes » demandent assez de travail comme ça !

✩ SAVOIR-VIVRE

EN FRANCE, ON N'AIME PAS LES POILS !

L'épilation est une affaire culturelle. Dans certains pays d'Amérique latine ou d'Asie, on ne s'épile pas, dans d'autres, très peu : beaucoup d'Allemandes gardent sans complexes leurs poils sous les bras. En France, l'usage veut que l'on s'épile. Les gens seraient choqués de vous voir avec des poils sous les aisselles : c'est supposé être très laid, même si cela est faux.

VOIR AUSSI

COMPLEXES, PUBERTÉ.

276

CONSEILS

Spécial visage

▲ Si vous faites partie de celles qui ont un petit duvet sur la lèvre supérieure, en général une décoloration suffit. S'il est un peu trop abondant, vous pouvez aussi utiliser des crèmes, voire de la cire tiède, mais avec précaution. Jamais de rasoir sous peine de finir femme à barbe dans les foires !

▲ Si vous avez des poils sur d'autres parties du visage et que vous êtes très complexée et malheureuse, sachez qu'il existe une technique d'épilation définitive. Il faut s'adresser à un dermatologue spécialiste du cuir chevelu, qui pratique l'épilation électrique : en quelques séances, vous retrouverez une peau toute douce.

HARO SUR LE POIL !
5 TECHNIQUES À LA LOUPE

Afin de comprendre ce qui suit, sachez que l'autonomie désigne le temps avant que les poils, ces fourbes, réapparaissent. Pour la douleur, moins il y a de poils, moins c'est douloureux. Et, comme d'habitude, suivez bien ces conseils.

EY COUCOU, C'EST NOUS QUE V'LÀ !

La cire froide : autonomie : deux semaines ; indice douleur : 3 poils. Rapide et idéale pour les retouches. Épilez dans le sens du poil, cela évite rougeurs, poils incarnés et démangeaisons.

La crème dépilatoire : autonomie : quatre à six jours ; indice douleur : 1 poil. Une peau douce en un temps record ! Respectez le temps de pose indiqué et testez sur une petite zone, des cas d'allergie existent.

L'épilateur électrique : autonomie : deux à trois semaines ; indice douleur : 4 poils. Mettez-vous en pleine lumière et prenez votre temps sous peine de casser le poil.

La cire orientale : autonomie : deux à trois semaines ; indice douleur : 2 poils. C'est la meilleure option pour venir à bout des poils courts et récalcitrants. Avec elle, le poil se raréfie et s'affine au fil des épilations. Attention ici de ne pas vous brûler.

Le rasoir : autonomie : trois jours ; indice douleur : 0 poil. Changez la lame régulièrement et nettoyez-la si ce n'est pas un rasoir jetable. Certains proposent une mousse intégrée pour favoriser la glisse.

ET LES SOURCILS ALORS ?

Ils mettent en valeur vos yeux de biche et participent à l'harmonie de votre visage. Pas question de les laisser en friche ! Entretenez vos sourcils… voici comment !

Pour l'outillage, préférez une petite brosse et une pince à épiler bien propre à la serpe, aux cisailles ou au taille-haie. Veillez à arracher le poil et non à le couper à la racine. Pour cela, tirez dans le sens du poil, en tendant la peau de l'autre main.

Pour affiner vos sourcils ou corriger leur courbe, respectez certaines règles. Pour déterminer la bonne longueur, imaginez une ligne passant par une aile de votre nez et le coin externe de votre œil. Votre sourcil ne devra pas être plus court. Pour savoir jusqu'où vous pourrez les épiler au milieu, tracez une ligne reliant le coin interne de l'œil et l'aile du nez.

Et l'épilation à la cire ? Attention, cette technique est réservée aux demoiselles très adroites et déjà aguerries à l'épilation à la pince à épiler. Elle peut s'essayer entre et sous les sourcils avec une cire spéciale visage.

Si vous voulez les redessiner ou les étoffer, utilisez un crayon ou un fard à sourcils en prenant garde de choisir la couleur la plus proche possible de celle de vos cheveux. Et pour vraiment peaufiner, vous pouvez appliquer une touche de fond de teint ou d'anticernes pour masquer les rougeurs survenant après l'épilation.

Top conseil

Si vos sourcils sont harmonieux et bien dessinés, pas touche !

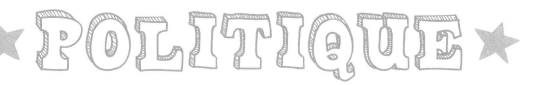

POLITIQUE

LA POLITIQUE, C'EST VOTRE AFFAIRE !

Politique vient d'un mot grec, *polis*, qui veut dire « ville, cité ». La politique, c'est à la fois l'organisation de la vie d'une collectivité, comme une ville ou un État, et la manière de faire fonctionner cette organisation : le pouvoir et l'exercice du pouvoir.

 ### S'INFORMER

On appelle « régime politique » la façon de répartir les pouvoirs dans une société. Autrement dit, qui décide quoi, au nom de qui. Le régime politique établit la façon dont se prennent les décisions qui concernent tous les membres d'une communauté : combien paie-t-on d'impôts ? Quelles routes construit-on ? Est-ce qu'on fait la guerre ? Comment s'assure-t-on que tous les membres de la communauté peuvent vivre décemment et en sécurité ? Quelles lois vote-t-on ? Comment fait-on régner la justice, etc. ? Il existe différents régimes politiques, selon que le pouvoir est détenu par un seul, par quelques-uns ou par tous.

NOUS, LE PEUPLE

La démocratie a été inventée il y a deux mille cinq cents ans à Athènes, en Grèce ; le mot signifie littéralement « le pouvoir au peuple » (à l'époque, le « peuple » ne comprenait ni les étrangers, ni les esclaves, ni les femmes !). Aujourd'hui, la principale caractéristique de la démocratie est la consultation électorale. Le peuple exerce son pouvoir en élisant des représentants qui vont, en son nom, voter les lois, organiser le pays, gouverner, dialoguer avec les pays voisins. Parfois, le peuple exprime directement son opinion par un référendum. On répond par oui ou par non à une question précise et importante. Aujourd'hui, le suffrage est devenu

« universel » ; il concerne tous les citoyens adultes, riches ou pauvres, hommes ou femmes.

LA SÉPARATION DES POUVOIRS

Une autre caractéristique des démocraties modernes est la séparation des pouvoirs ; celui de gouverner, le pouvoir exécutif ; celui de faire les lois, le pouvoir législatif ; celui de rendre la justice, le pouvoir judiciaire. Le délicat équilibre entre les différents pouvoirs est particulier au régime politique de chaque pays ; les « règles du jeu » sont inscrites dans un texte, la Constitution.

DÉMOCRATIES

Le régime politique de la France est la démocratie au sein d'une république. Nos voisins les plus proches vivent aussi en démocratie, certains dans des républiques : Italie, Allemagne, Portugal ; d'autres dans des monarchies, Espagne, Belgique, Pays-Bas, Royaume-Uni.

EN FRANCE

Concrètement, en France, on élit au suffrage universel direct le président de la République, les députés nationaux (membres de l'Assemblée nationale), les députés européens, les conseillers régionaux et généraux (au niveau du département), et les conseillers municipaux. Les sénateurs, qui ont la charge de voter les lois conjointement avec les députés de l'Assemblée nationale, sont élus au suffrage indirect par les différents élus locaux, maires, maires adjoints, etc. En revanche, les juges sont nommés, et non élus, contrairement à ce qui se passe aux États-Unis, par exemple.

ET LES PARTIS ?

Les partis politiques sont nés en même temps que les régimes démocratiques : un parti, ce sont des citoyens qui ont les mêmes idées et qui s'organisent ensemble pour les défendre, convaincre l'opinion publique et se faire élire pour les appliquer. Pour cela, ils présentent des candidats aux élections. Dans une démocratie, il existe différents partis politiques qui peuvent tous défendre leurs opinions.

LE FINANCEMENT DES PARTIS

En France, pour éviter autant que possible la corruption, les partis politiques reçoivent de l'État des subventions proportionnelles au nombre de voix qu'ils ont obtenues aux élections. De même, les frais des campagnes électorales sont pris en charge par l'État quand les candidats ou les listes ont obtenu un pourcentage minimal de voix (5 % des suffrages exprimés pour les élections présidentielles).

☆ INFO +

D'OÙ VIENNENT LES TERMES « DROITE » ET « GAUCHE » ?

Ce classement est né à la Révolution française, lors de la première séance de l'Assemblée constituante en 1789 : les défenseurs de la monarchie s'installèrent à la droite du président de séance, et les autres, républicains ou partisans de l'abolition de la royauté, à sa gauche. Depuis, le contenu des deux appellations a beaucoup évolué mais, à l'Assemblée nationale, les députés de droite continuent à s'installer à droite du président de l'Assemblée et ceux de gauche, à gauche.

☆ COMPRENDRE

Quand vous grandissez, vous commencez à vous intéresser à ce qui se passe autour de vous et, très vite, vous rencontrez des questions liées à la politique.

Vous vous demandez qui s'occupe des classes trop chargées, des enfants handicapés qui ne trouvent pas d'école, de la vieille voisine qui a une retraite trop faible pour vivre, d'un parent au chômage. Vous voudriez aussi lutter contre le racisme, l'injustice, la violence. Et quand vous regardez la télévision, vous êtes révoltée de voir les guerres, les pays qui n'ont pas de médicaments ou de nourriture en quantité suffisante, etc. Vous vous sentez bien impuissante et peut-être même découragée. Si les adultes ou les spécialistes de ces problèmes ne réussissent pas à changer les choses, qu'est-ce qu'une jeune fille, même pleine d'enthousiasme et de générosité, peut faire ?

QU'EST-CE QUE JE PEUX FAIRE ?

Préparez-vous à voter, c'est-à-dire à donner votre avis, à désigner des représentants qui défendront vos idées, vos espoirs. Si vous ne votez pas, ce sont les autres qui choisiront pour vous ! Et puis, commencez à réfléchir, à discuter avec vos copains, avec vos parents, avec les professeurs qui vous enseignent l'histoire, les sciences économiques et sociales, la géographie et bientôt la philosophie. Le monde de demain sera le vôtre, vous pouvez contribuer à le rendre meilleur, plus beau, plus juste, plus habitable.

SALE, LA POLITIQUE ?

Peut-être avez-vous l'impression que la politique n'est qu'une histoire minable d'argent, de pouvoir et de corruption. Vous avez bien raison de ressentir du dégoût à l'égard de ces hommes (ou femmes, même si elles sont peu nombreuses dans le monde politique) qui ont abusé de la confiance de leurs électeurs pour tirer des avantages immérités de leur position.

Mais ce n'est pas parce que quelques personnages peu recommandables donnent cette image désastreuse de l'action politique que vous devez vous désintéresser de ce qui se passe autour de vous et dans le monde !

La politique de votre génération ressemblera à celles et à ceux qui la feront. Il ne tient qu'à vous qu'elle soit plus propre que celle de la génération d'avant.

VOIR AUSSI
ÉCOLOGIE, PAIX.

À VOTÉ !

INFO +

Les femmes et la politique

En 1995, il n'y avait que 6 % de femmes élues à l'Assemblée nationale ; c'était le chiffre le plus bas des 15 pays de l'Union européenne. En 2000, une nouvelle loi a été votée pour permettre aux femmes d'avoir plus de place dans la vie politique. La loi sur la parité oblige les partis politiques à proposer davantage de candidates pour les élections.

S'ils n'atteignent pas 40 % de candidates, ils doivent payer des pénalités. En 2007, le pourcentage des femmes élues à l'Assemblée nationale est passé à 18,9 %. La même année, sur 12 candidats à l'élection présidentielle, il y avait 4 femmes, soit un tiers des candidats. En mars 2012, il n'y en avait plus que trois.

★ PORNOGRAPHIE ★

DITES NON !

La pornographie est la représentation grossière et vulgaire d'actes sexuels, destinée à être rendue publique. Ce sont aussi bien des films, des magazines, des BD que des publicités.

☆ S'INFORMER

Les garçons s'intéressent souvent à la pornographie. Qui n'a pas eu un frère ou un cousin qui cachait des magazines porno pour les regarder en cachette ? Beaucoup sont passés par là et ne sont pas pour autant devenus des obsédés sexuels.

DU SEXE PARTOUT

Malheureusement, la pornographie ne se limite plus aux magazines cachés par des adolescents honteux. Elle s'est répandue dans les vidéoclubs, sur Internet, à la télévision et dans les kiosques.

DE PLUS EN PLUS SORDIDE

Ces représentations deviennent de plus en plus violentes pour satisfaire les fantasmes des blasés par le « déjà-vu » de la pornographie. Résultat ? L'homme et la femme sont traités avec mépris, comme des objets ou comme des bêtes.

☆ INFO +

DES CHIFFRES INQUIÉTANTS

Des garçons et des filles de plus en plus jeunes regardent des films porno : 8 % des 12-25 ans déclarent avoir vu leurs premières images pornographiques avant l'âge de 11 ans (17 % avant 13 ans). Seuls 16 % des mineurs échappent aux images pornographiques.
Source : Enquête Ifop, 2011.

☆ COMPRENDRE

Les filles sont beaucoup moins tentées que les garçons par la pornographie. Vous faites d'ailleurs probablement partie de celles que cela dégoûte.

CE N'EST PAS L'AVIS DE TOUT LE MONDE

Pourtant, de plus en plus de garçons de votre âge tombent dans ce piège. Alors qu'ils ne connaissent rien en matière de sexualité, ils regardent des vidéos pour s'exciter, bien sûr, mais aussi pour faire leur éducation sexuelle.

DRÔLE DE COURS D'ÉDUCATION SEXUELLE

Tous les adolescents s'interrogent sur la sexualité mais n'osent pas forcément demander des informations et des explications. Alors certains jeunes croient que les films porno sont un bon moyen d'information. Résultat : ils croient que ce qui traîne dans les kiosques ou à la télé est parfaitement normal.

ATTENTION À VOTRE IMAGE, LES FILLES !

Mais qu'est-ce qu'ils apprennent de ces films ? Que les filles sont toutes soumises ou perverses. Eh oui ! L'image que ces films donnent de vous, les filles, n'est pas glorieuse. Dans les films porno, les filles apparaissent dominées par les garçons, elles sont partantes pour tous les jeux sexuels, même les plus violents et les plus dégradants.

PAUVRES GARÇONS

L'image des garçons n'est pas plus flatteuse. Elle fait croire aux filles que les hommes sont brutaux, obsédés, voire bestiaux. Quant au regard que les garçons portent sur eux-mêmes, il est terrible et fait naître bien des angoisses : ils se disent qu'ils ne seront jamais aussi performants, que leur sexe ne sera pas assez gros, que leur érection n'arrivera pas au bon moment, etc.

PLUS DE TABOUS

Les films porno montrent avec beaucoup de précision une succession de positions et de pratiques sexuelles, sous prétexte que rien n'est « tabou ». Selon eux, on peut tout regarder et tout montrer : on est enfin « libérés ».

LE PORNO, UNE VRAIE PRISON

Pourtant, ils véhiculent un tas de clichés assez désolants sur le sexe : les filles sont toutes des perverses, et les garçons des étalons prêts à sauter sur tout ce qui bouge. En fait, ces films sont de véritables machines de prêt-à-penser sexuel qui incitent à se conformer à telle ou telle « technique », sous peine d'être la dernière des coincées.

UN VRAI DANGER

Le danger du porno ? Faire croire que pour bien faire l'amour, il faut obligatoirement reproduire ce que l'on voit dans ces films. De quoi craindre le premier rapport sexuel, bien sûr, mais surtout le transformer en véritable catastrophe, si on veut imposer à l'autre ce que l'on a vu !

PAS TABOU MAIS INTIME

Le sexe n'est ni sale ni honteux, mais il doit rester caché, un peu comme un trésor. La sexualité, c'est d'abord une affaire intime : personne n'a à savoir ce qui se passe entre deux personnes qui s'aiment et se le montrent, et rien ne doit leur dicter leurs gestes ou leur conduite, si ce n'est un grand respect et un immense amour.

UNE RENCONTRE, PAS UNE TECHNIQUE

Mais surtout, faire l'amour n'a rien à voir avec un exercice technique et prédéfini. C'est toujours une histoire unique. Tout s'y mêle : désir, plaisir mais aussi tendresse, douceur et bonheur quand la rencontre est réussie. Et justement, le meilleur moyen de la rater, c'est d'imiter les films porno !

ALORS, DITES NON !

Jugement moral, direz-vous ! Eh bien oui, il n'y a pas de honte à cela, au contraire. C'est très sain de dire que le porno est sale, nul et dangereux et de le refuser catégoriquement. C'est une forme de résistance à l'air ambiant pour rester vous-même et vous donner toutes les chances de vivre une vie sexuelle heureuse. Alors les filles, respectez-vous et faites-vous respecter !

VOIR AUSSI

PREMIER RAPPORT SEXUEL, SEXE.

CONSEILS
Comment résister ?

▲ D'abord, refusez de regarder ce genre de films qui vont vous polluer la tête avec une image très triste de la sexualité.

▲ Refusez de faire tout geste, toute « pratique » sexuelle que vous réprouvez, même si votre copain vous jure que c'est normal et vous traite de coincée.

▲ Refusez de parler ou d'entendre parler grossièrement de la sexualité : ce n'est pas la même chose de dire « faire l'amour » ou « baiser ».

▲ Ne mettez pas le nez dans la rubrique « sexe » de votre magazine favori, si ce n'est pour vous moquer de l'image toute faite, débile et réductrice qu'il donne de la sexualité.

▲ Et surtout, soyez convaincue que vous êtes normale. Si vous n'avez jamais fait l'amour ou si vous ignorez la plupart des techniques dont il parle, ce n'est pas que vous êtes coincée ! Vous trouverez beaucoup plus sûrement le plaisir en prenant votre temps et en faisant vos découvertes par vous-même.

PREMIER RAPPORT SEXUEL

FRANCHIR LE PAS ?

✩ S'INFORMER

Le premier rapport sexuel est une relation sexuelle avec pénétration. C'est ce qui produit la défloration, c'est-à-dire la rupture de l'hymen de la fille par l'introduction du pénis du garçon dans son vagin. La pénétration peut être un peu douloureuse mais généralement, si l'on éprouve un grand désir, cette douleur n'est pas très importante. Il peut se produire un saignement, mais ce n'est pas toujours le cas : l'absence de sang ne signifie pas forcément que l'on n'était plus vierge, mais que l'hymen était suffisamment souple ou déjà distendu, par la pratique sportive notamment.

PAS VRAIMENT PRÊTE

En revanche, la pénétration peut être difficile sans qu'il y ait de raison physiologique, simplement parce que l'un ou l'autre est trop tendu, crispé ou maladroit. Il suffit souvent d'un peu de patience et même, pourquoi pas, d'un peu d'humour, pour se détendre. Il se peut aussi que cela signifie que l'on n'est pas encore vraiment prêt ou prête à franchir ce pas.

ET POUR LES GARÇONS ?

Il peut aussi arriver que le garçon soit très ému, qu'il ne réussisse pas à avoir d'érection au bon moment ou qu'il maîtrise mal son éjaculation. Ce sont des choses normales au début de la vie sexuelle. Quand on découvre les nouvelles fonctions de son corps et des sensations inconnues, on est forcément un peu anxieux et maladroit, de sorte que les premiers rapports sexuels ne sont pas toujours très faciles ni très agréables. Cela ne veut pas dire que le plaisir en sera absent, même s'il est vrai que les filles ont rarement un orgasme dès la première fois.

✩ INFO +

QUELQUES CHIFFRES

Il y a cinquante ans, l'âge moyen des femmes au premier rapport sexuel était de 20,6 ans, celui des hommes 18,8 ans. En 2012, l'âge moyen est de 17,6 ans pour elles et 17,2 pour eux. 79 % des filles âgées de 12 à 18 ans déclarent franchir le pas par amour contre seulement 38 % des garçons. Ces derniers mettent davantage en avant l'attirance physique ou le désir. 70 % des filles ont eu leur premier rapport avec un partenaire qui n'était pas vierge, contre 47 % des garçons. Les filles ont plus souvent que les garçons un partenaire plus âgé qu'elles.

Source : Enquête de l'agence nationale de recherche sur le sida, 2012.

✩ COMPRENDRE

Le premier rapport sexuel est un moment important, c'est un grand pas dans la vie d'adulte et l'on y pense longtemps avant. Il n'y a pas de bon âge pour le faire, cela dépend de chacune. Le bon âge, c'est celui où vous êtes prête. C'est surtout le moment où vous avez rencontré le garçon avec qui vous souhaitez aller jusque-là.

ENCORE VIERGE, LA HONTE !

Bien sûr vous avez envie de savoir comment c'est, de devenir grande. Cette curiosité est légitime, mais elle ne signifie pas qu'il faut vous précipiter sur le premier garçon qui sera d'accord. Il y a aussi la question d'être « comme les autres ». Mauvaise question puisque l'important, c'est d'être soi-même.

Vous pouvez aussi avoir envie de vous débarrasser de cette première fois un peu angoissante ou avoir honte d'être encore vierge alors que vos copines ne le sont plus (ou prétendent ne plus l'être !).

RECHERCHE GRAND AMOUR DÉSESPÉRÉMENT

Même si tout cela est un peu mélangé dans votre tête, il faut surtout que cela corresponde vraiment à votre propre désir, à votre propre maturité.

Ce désir n'est pas quelque chose d'abstrait, vous le ressentez parce qu'un garçon vous plaît, que vous vous sentez bien avec lui et que vous avez envie d'« aller plus loin ». Mais attention, même si vous êtes très amoureuse, cela ne suffit pas. Il faut essayer de savoir pourquoi vous voulez le faire maintenant, sans attendre, avec ce garçon-là.

JE T'ATTENDS

Et même quand vous sortez avec un garçon depuis longtemps, que vous êtes vraiment amoureuse, vous pouvez aussi choisir d'attendre pour permettre à l'amour de s'enraciner dans les cœurs, dans les gestes de tendresse, dans le respect. S'attendre l'un l'autre, c'est aussi une façon pour les amoureux de se montrer leur amour.

LA PREMIÈRE FOIS

Quand le moment sera venu, essayez de mettre toutes les chances de votre côté pour que cela se passe le mieux possible. Vous vous souviendrez de ce moment toute votre vie, autant que ce soit un joli souvenir. N'ayez pas honte de dire à votre partenaire que c'est la première fois. De toute façon, vous ne pourrez pas le lui cacher très longtemps et, si c'est aussi son cas (mais en général, les garçons n'osent pas le dire !), vous vous sentirez mieux tous les deux d'avoir à apprendre ensemble. S'il a un peu d'expérience, il saura qu'il a la responsabilité de vous aider dans cette découverte.

SAVOIR DIRE NON

Pour le reste, écoutez ce que vous ressentez, sans jamais accepter de faire des choses qui ne vous plaisent pas. Dans ce domaine, il n'y a pas de modèle, mais si vous vous sentez incapable d'aller plus loin, parce

que vous avez trop peur, parce que le comportement ou les gestes du garçon vous déplaisent ou vous choquent, mieux vaut en rester là plutôt que de vous forcer à continuer. Mieux vaut le souvenir un peu ridicule d'un essai non transformé qu'un souvenir glauque qui restera douloureux dans votre mémoire parce que vous n'aurez pas osé dire non.

UN ACTE QUI ENGAGE TOUTE LA PERSONNE

Même si, avec vos copines, vous prenez des airs de « femme libérée » et traitez cette expérience comme une formalité, vous savez bien que ce premier rapport, comme d'ailleurs ceux qui suivront, n'est pas une affaire banale. Les sensations, les émotions que l'on éprouve dans la relation sexuelle sont bouleversantes. Cet acte n'est pas une simple expérience physique, il engage chacune des personnes dans ce qu'elle a de plus profond. La vie sexuelle n'est pas à part de la vie ; comme elle, elle se vit avec la totalité de ce que vous êtes, votre sensibilité, votre intelligence, vos émotions et vos sens.

APRÈS LA PREMIÈRE FOIS

Il vous reste toute la vie pour apprendre à apprivoiser vos émotions et les réactions de votre corps. Cet apprentissage va prendre du temps parce que votre corps n'est pas une mécanique qui répond automatiquement à la demande. Et puis, n'oubliez pas, même après la première fois, vous pouvez toujours dire non, vous n'êtes pas devenue subitement un nouveau « produit » sur le marché du sexe, vous êtes toujours une personne libre de vos décisions et de vos désirs.

☆ INFO +

QUAND LA PREMIÈRE FOIS SE PASSE MAL

Il arrive que le premier rapport sexuel se passe mal, pour diverses raisons. Parfois, il s'agit d'un problème physiologique : la pénétration n'est pas possible parce que l'hymen ne se déchire pas. Il suffit alors d'une bénigne intervention médicale, mais c'est extrêmement rare. Si vous utilisez déjà des tampons, soyez tranquille : cela ne vous arrivera pas. Les filles qui ont ce genre de problème ne peuvent pas en mettre. Il arrive aussi, même si c'est très rare, que sous le coup de l'émotion, la fille ait une très forte contraction du vagin, au point que le pénis du garçon se trouve prisonnier. C'est certainement très angoissant, et c'est pourquoi il vaut mieux savoir que cela peut arriver. La meilleure solution, c'est d'attendre que la détente vienne par la patience, l'humour,

l'endormissement. Surtout pas de violence, cela ne ferait qu'aggraver la situation. En désespoir de cause, appelez le Samu, une simple injection d'un décontractant musculaire dénouera la situation.

VOIR AUSSI

CONTRACEPTION, DÉSIR, PRÉSERVATIF, SEXE, SIDA.

BON PLAN

Attention : les jeunes prennent de plus en plus l'habitude de se protéger lors de leur premier rapport sexuel, mais ne faites pas partie des 23 % qui ne le font pas ! Alors n'oubliez pas ! Contraception et préservatif sont indispensables : la contraception pour ne pas risquer une grossesse non désirée et le préservatif pour vous protéger des IST et du sida.

Source : Enquête CSF (Ined, Inserm), 2006.

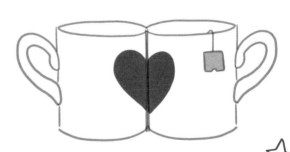

PRÉSERVATIF

RÉFLEXE SÉCURITÉ

Un préservatif est un étui de latex naturel (caoutchouc) que l'on place sur le pénis en érection avant un rapport sexuel pour empêcher le sperme de pénétrer dans le vagin. C'est à la fois une méthode de contraception et un moyen de se protéger des infections sexuellement transmissibles. On l'appelle aussi « capote anglaise », parce que les Anglais l'utilisent depuis plus longtemps et beaucoup plus couramment que les Français.

OUVRIR LE SACHET

Le préservatif est emballé dans un petit sachet individuel parfaitement hermétique. Il faut l'ouvrir avec précaution pour ne pas risquer d'endommager le préservatif : ne pas utiliser de ciseaux, d'objets coupants et surtout pas ses dents ! Attention aussi aux ongles et aux bagues qui peuvent déchirer ou érafler le latex.

COMMENT LE METTRE ?

Avant de mettre le préservatif, on le déroule un tout petit peu, pour s'assurer qu'il se déroule dans le bon sens et garder un petit espace pour recueillir le sperme (dans le cas des préservatifs avec réservoir, c'est assez simple : l'espace est bien délimité). On pince le haut du préservatif afin d'en chasser l'air, avant de le poser sur le sommet du pénis en érection et de le dérouler complètement jusqu'à la base. Pour être un moyen contraceptif fiable et un bon moyen de protection des IST, il doit être installé avant toute pénétration, et même tout contact entre les parties génitales des deux partenaires.

QUAND ET COMMENT LE RETIRER ?

Le garçon doit se retirer aussitôt après l'éjaculation, avant la fin de l'érection, en maintenant le préservatif bien en place. Il faut le jeter immédiatement.

En 2011, 88 % des 15-25 ans sexuellement actifs ont déclaré avoir utilisé un préservatif lors de leur premier rapport avec un nouveau partenaire. 18,3 % des filles de 15-19 ans utilisent systématiquement le préservatif comme méthode contraceptive. Source : Baromètre santé 2012.

L'utilisation du préservatif est indispensable lors d'une première relation sexuelle avec un partenaire qui a déjà eu des rapports sexuels, et ceci même si vous le connaissez, même si vous avez confiance en lui, même s'il affirme qu'il n'y a pas de risque avec lui. Pourquoi ? Parce que le danger est trop grand de contracter une maladie mortelle, comme le sida, ou d'autres maladies sexuellement transmissibles qui peuvent rendre une fille stérile.

BONJOUR LA CONFIANCE !

C'est vrai : le fait que les amoureux doivent se protéger l'un de l'autre est dérangeant et peut nous amener à nous poser des questions sur la façon dont nous vivons notre sexualité !

JE DÉTESTE ÇA !

Mais le préservatif est une question de survie, même si ce n'est pas votre tasse de thé. Si votre partenaire ne veut pas

laboratoire d'analyse de sang. Il existe aussi des centres spécialisés : le test est anonyme et gratuit. Mais il n'est fiable que si aucun des deux n'a commis d'infidélités pendant trois mois, ce qui, bien sûr, n'est pas facile à avouer. De toute façon, l'arrêt du préservatif suppose qu'ensuite les deux partenaires soient fidèles… Autrement dit, il faut être sûre de pouvoir faire confiance à son partenaire. Et il faut prévoir une autre méthode de contraception.

PROTÉGÉE DE TOUT ?

Le préservatif est un outil contraceptif fiable et un excellent moyen de vous protéger des IST, si vous l'utilisez correctement et systématiquement. Mais cela ne veut pas dire qu'il vous protégera de tout ! Le préservatif ne pourra rien contre les chagrins d'amour et les grandes déceptions

en mettre, vous devez refuser d'aller plus loin. Ne prenez pas de risque, par pitié ! Le mieux, c'est d'en parler à l'avance.

JE SUIS SÛRE DE LUI !

Si vous vivez une belle histoire d'amour et que vous êtes fidèles tous les deux, si vous êtes certaine qu'aucun des deux n'a été en contact avec une IST,

soit parce que vous étiez vierges tous les deux, soit parce que vous avez fait des tests, vous ne risquez rien à faire l'amour sans préservatif. C'est vrai que c'est beaucoup plus agréable !

LE TEST À FAIRE

Avant d'arrêter le préservatif, il faut faire un test de dépistage du sida dans n'importe quel

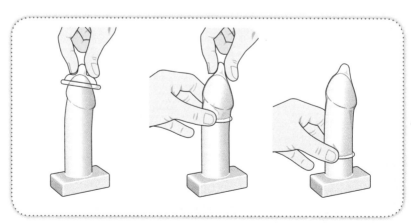

sentimentales. Ce n'est pas parce que vous protégerez votre corps que votre cœur sera à l'abri ! C'est important de parler du préservatif aujourd'hui, parce qu'il serait dommage que vous compromettiez votre bonheur futur en jouant avec votre santé. Mais c'est aussi important de vous rappeler que la sexualité et l'amour ne se résument pas à un bout de latex : il y a des bleus à l'âme qui font autant de ravages que les plus terribles maladies ! Le préservatif ne suffit pas pour vivre une sexualité épanouie, car l'absence de danger n'est pas la seule condition d'une vie amoureuse heureuse.

- Les préservatifs s'achètent en pharmacie, dans les supermarchés ou dans les distributeurs automatiques. Les préservatifs avec réservoir et lubrifiés sont les plus simples à utiliser.
- Ils doivent comporter l'inscription « norme NF » qui garantit qu'ils ont subi les tests exigés par la réglementation.
- Certains sont déjà lubrifiés mais on peut utiliser un lubrifiant spécifique (gel à base d'eau) pour un plus grand confort. Les produits gras (vaseline, crèmes hydratantes,

etc.) sont à proscrire car ils rendent les préservatifs poreux.
- En cas de déchirure, la fille et le garçon doivent tous les deux consulter un médecin le plus rapidement possible.
- Les préservatifs ont une date limite d'utilisation, vérifiez-la.

VOIR AUSSI

CONTRACEPTION, IST, PREMIER RAPPORT SEXUEL, SIDA.

289

VRAI/FAUX

▲ Certaines personnes ne peuvent pas utiliser de préservatif.
Vrai. Dans le cas rarissime de l'allergie au latex qui provoque des démangeaisons ou donne de l'eczéma, on ne peut pas utiliser de préservatif.

▲ Il existe plusieurs tailles de préservatif.
Vrai. Il existe deux tailles : les préservatifs standard (que l'on donne systématiquement à ceux qui ne précisent pas la taille) et les *king size* (pour les prétentieux et les phénomènes de la nature).

▲ Mettre deux préservatifs, c'est plus sûr.
Faux. C'est tout le contraire ! Le frottement des deux préservatifs favorise leur rupture.

PROSTITUTION

ATTENTION, GRAND DANGER !

Il y a prostitution dès que l'on introduit une notion de rémunération dans des relations sexuelles. Cette rémunération peut être de l'argent mais aussi des cadeaux ou des avantages.

☆ S'INFORMER

La prostitution est une pratique qui ne date pas d'aujourd'hui. Dans les sociétés archaïques, les prostituées étaient des femmes stériles que l'on consacrait à la déesse de la Fertilité ou des femmes pauvres qui utilisaient la prostitution pour se constituer une dot avant leur mariage. Très tôt, les prostituées sont donc devenues une distraction pour les hommes, qu'il s'agisse d'esclaves, de femmes de basse condition ou de courtisanes de luxe. Très vite aussi, on a essayé de réglementer la prostitution. Au Moyen Âge, des maisons de prostitution s'ouvrent et des lois réglementent leur fonctionnement.

MAISONS CLOSES

C'est à partir du XVIe siècle que les gouvernements se mettent à lutter contre la prostitution. En Europe, les maisons de prostitution sont fermées (en 1560 en France), et les prostituées déportées vers les Antilles ou l'Amérique. Pourtant la prostitution se poursuit clandestinement.

Devant cet échec, Napoléon autorise à nouveau des maisons que l'on appelle « maisons de tolérance ». Elles seront fermées en France en 1946.

RÉGLEMENTATION OU PROHIBITION ?

Le débat se poursuit aujourd'hui entre ceux qui veulent interdire la prostitution, qu'ils considèrent comme une atteinte intolérable à la personne humaine, et ceux qui veulent la réglementer. Des mouvements de prostituées assurent qu'elles font un métier comme les autres, que la prostitution a toujours existé et qu'il vaut mieux la réglementer pour éviter les conditions épouvantables que vivent les prostituées soumises à la violence de la rue et des proxénètes. Il n'y a pas que dans les pays pauvres que des femmes sont obligées de se prostituer pour survivre. Des hommes et des femmes en grande détresse et dépendants de la drogue sont souvent obligés de se prostituer pour payer leur dose quotidienne. Enfin, des milliers de jeunes femmes ou de jeunes hommes sont victimes de réseaux internationaux qui les font venir de pays de l'Est, d'Afrique ou d'Asie : ils les enlèvent par la force ou leur font miroiter l'espoir d'un emploi en France, les privent de leurs papiers, les droguent et les obligent à se prostituer.

DES FILLES DE VOTRE ÂGE

Même si vous savez que certaines de ces malheureuses ont votre âge, vous pensez sans doute que la prostitution ne vous concerne pas. Vous avez heureusement peu de chances de tomber entre les filets d'un réseau de prostitution et de finir droguée sur un trottoir.

SEXE ET ARGENT

Mais attention ! il n'y a pas que sur les trottoirs que l'on trouve des prostitué(e)s. Il y a mille manières de se prostituer, moins voyantes, mais tout aussi dégradantes. En France, la prostitution touche par exemple des étudiants (filles et garçons) qui ont des difficultés financières et y voient une source de revenus plus facile que d'autres « petits boulots » : ils ne font pas « le trottoir » mais se vendent sur des sites ou dans des lieux de rencontres.

PETITS CADEAUX

Il arrive aussi que des collégiens et des lycéens tombent dans le piège. Les mille et une tentations à la mode (MP3, portables, vêtements à la mode, scooter, CD, etc.) dépassent souvent les moyens financiers des jeunes. Il arrive à certaines jolies jeunes filles (et certains jolis garçons) de rencontrer un « généreux » donateur qui les couvre de cadeaux en échange de faveurs. C'est une forme de prostitution, tout autant qu'une « passe » négociée sur un trottoir. Offrir son corps en échange d'un MP3, c'est de la prostitution. Se laisser embrasser en échange d'un cadeau, avoir des relations ou seulement des pratiques sexuelles (caresses, fellation, etc.) en échange d'argent ou de cadeaux, c'est aussi de la prostitution.

☆ INFO +

INTERDIT PAR LA LOI ?

En France, la prostitution n'est pas interdite et les prostituées sont considérées comme des victimes. Mais la loi interdit le racolage, c'est-à-dire le fait d'inciter publiquement à avoir des relations sexuelles rémunérées. Elle sanctionne ceux qui font travailler des prostituées et qui vivent de ce qu'elles gagnent, les proxénètes. Et les clients des prostituées mineures risquent 3 ans de prison et 45 000 euros d'amende.

☆ COMPRENDRE

Votre corps vous appartient, personne n'a le droit d'y toucher sans votre autorisation. Et c'est vous et vous seule qui aurez à décider de vos amours et de vos relations sexuelles.

DEVOIR DE RESPECT

Mais de tels droits impliquent une responsabilité envers vous-même : celle de ne pas vous vendre pour continuer à n'appartenir qu'à vous et à vous seule. C'est aussi une responsabilité à l'égard de toutes les femmes qui se sont battues et se battent encore pour que vous ne soyez pas soumises à la domination masculine. Accepter des cadeaux en échange de faveurs sexuelles, c'est considérer votre corps avec mépris, comme un objet, mais c'est aussi trouver normal qu'un homme puisse vous toucher, vous embrasser, vous caresser sans que vous le souhaitiez vraiment, tout simplement parce qu'il a de l'argent.

POUR L'AMOUR

La prostitution, c'est un piège. Parce qu'il arrive forcément un jour où une femme a envie de se donner corps et âme, sans condition, à celui qu'elle aime. Mais si son corps est devenu une monnaie d'échange, elle s'aperçoit alors qu'elle a tout gâché. Et il lui faut beaucoup de temps et de courage pour se reconstruire et retrouver le sens du don, du respect de soi et de l'autre.

PAS DE RISQUE ?

Vous vous sentez à l'abri et vous pensez que cela ne peut pas vous arriver ? Sans doute, mais peut-être qu'une amie risque de se laisser prendre à ce jeu dangereux. Si vous remarquez qu'elle n'a pas l'air d'aller bien, qu'elle est devenue distante et qu'elle exhibe des objets de valeur (portable dernier cri, bijoux, vêtements, etc.) qu'elle n'a manifestement pas les moyens de s'offrir elle-même, essayez de lui parler. Si elle se renferme et vous tient à l'écart, parlez de vos inquiétudes à une personne de confiance ou composez un des numéros de téléphone que vous trouverez à la fin du *Dico*.

291

VOIR AUSSI

CORPS, SEXE, VIOL.

PUBERTÉ

LE CORPS EN CHANTIER

La puberté est un ensemble de manifestations physiques qui surviennent à la fin de l'enfance et transforment le corps de l'enfant en un corps d'adulte capable de procréer. On confond souvent adolescence et puberté. En fait, l'adolescence dure plus longtemps puisque c'est la période où l'on passe de l'enfance à l'âge adulte, physiquement bien sûr, mais aussi sur le plan affectif et intellectuel.

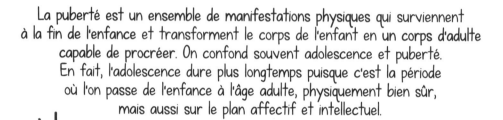

292

✩ S'INFORMER

La puberté arrive sans crier gare, à pas de velours. Elle ne fait pas de bruit et elle est d'une efficacité redoutable !
En l'espace de quelques années, elle transforme le corps du tout au tout. Les manifestations les plus spectaculaires de la puberté sont l'apparition des seins, le développement des poils sur le pubis et sous les bras, et la venue des premières règles. Mais il y a aussi des modifications plus discrètes, comme celle des organes génitaux, qui augmentent de volume.

AU SECOURS,
TOUT ARRIVE À LA FOIS !
C'est tout le corps qui se transforme. Vous grandissez, vous grossissez, vos fesses et vos hanches s'arrondissent. Cela

s'accompagne de phénomènes moins importants mais bien désagréables : l'acné, le développement de la pilosité sur tout le corps, la transpiration des aisselles mais aussi parfois des mains et des pieds, qui modifie l'odeur de votre corps.

QUI SONT LES COUPABLES ?
Tous ces changements se produisent sous l'effet de substances chimiques, les hormones, sécrétées par certaines glandes (ovaires pour les filles, testicules pour les garçons, hypophyse pour les deux). Ces hormones sont véhiculées par le sang jusque dans les organes qui doivent se transformer.

DE PLUS EN PLUS FEMME
L'hormone de croissance est la première à se mettre au travail pour accélérer le développement

des os. Puis vient le tour des hormones spécifiques à chaque sexe. Chez les filles, ce sont les œstrogènes et la progestérone qui entrent en jeu : elles mettent en place le cycle menstruel, le développement des seins, des organes génitaux et la pousse des poils. Ce sont aussi les œstrogènes qui gèrent la répartition des graisses dans la partie inférieure du corps, sur les fesses et les hanches, et donnent au corps ses formes féminines.

☆ INFO +

L'âge moyen de la puberté est aujourd'hui de 13 ans, mais les signes avant-coureurs apparaissent souvent vers 11 ans (développement des seins, en particulier). La période de la puberté peut durer cinq ans.

☆ COMPRENDRE

Tous ces changements corporels ont de quoi vous mettre la tête et le cœur à l'envers ! Même si vous êtes sans doute fière de constater que vous n'êtes plus une petite fille, il n'est pas très facile de voir votre corps se transformer sans que vous maîtrisiez ce qui se passe. D'autant plus qu'il faut apprivoiser ces formes nouvelles ! Vous aimeriez bien savoir précisément quelle allure vous aurez quand toutes les modifications seront achevées. Malheureusement, il faut vous armer de patience : c'est long, et vous ne pouvez pas accélérer le mouvement !

CANCER DU COL DE L'UTÉRUS

▲ Il peut affecter les femmes dès la puberté, à partir du moment où elles ont des rapports sexuels.

▲ On a découvert qu'un virus, le papillomavirus humain (HPV), était présent dans 99,7 % des cancers du col utérin. Les infections à HPV sont sexuellement transmissibles et s'effectuent à l'occasion de rapports sexuels non protégés.

▲ Il est donc recommandé aux jeunes adolescentes n'ayant pas encore eu de rapports sexuels de se faire vacciner, à partir de 11 ans, contre les infections par papillomavirus. On conseille également la vaccination aux jeunes filles et jeunes femmes de 15 à 23 ans qui n'auraient pas eu de rapports sexuels. On peut aussi se faire vacciner au plus tard dans l'année qui suit le premier rapport sexuel.

▲ La Sécurité sociale rembourse à 65 % la vaccination, qui se fait en trois doses.

▲ Cette prévention vaccinale ne doit pas faire oublier la pratique du dépistage régulier par le frottis cervico-vaginal dès 25 ans pour toutes les femmes ayant des rapports sexuels.

À COURT D'ÉNERGIE

En attendant, il y a des jours où vous vous sentez mal dans cette peau qui n'est plus exactement celle dont vous aviez l'habitude. Pas étonnant que ce malaise rejaillisse sur votre moral. Vous vous énervez pour un rien, vous passez du rire aux larmes, vous vous sentez déprimée, fatiguée, sans ressort.

OUI, VOUS ÊTES NORMALE !

Un peu inquiète de savoir si tout se passe comme il faut, si c'est pareil pour les autres ? Oui, bien sûr ! Il est normal de vous sentir fatiguée, irritable. Normal de regretter votre corps de petite fille et votre ancienne insouciance. Normal de ne pas aimer ces poils disgracieux, ces vilains boutons et ces seins qui poussent et que certaines d'entre vous voudraient cacher. Normal de vous trouver trop petite, trop grande, trop grosse, trop maigre… trop différente de ce dont vous rêviez ! Lorsque l'on vous dit d'être patiente, il vous prend l'envie de tout envoyer balader ? Normal. Tous ces changements vont trop vite, et en même temps ils sont si longs que l'on n'en voit pas le bout. Mais tous les tunnels ont une fin !

VOIR AUSSI

ACNÉ, COMPLEXES, FATIGUE, POILS, SEINS.

PUDEUR

C'EST PERSONNEL !

La pudeur est un sentiment de réserve. Un refus d'exposer son corps,
et aussi ses sentiments intimes, au regard d'autrui.

☆ S'INFORMER

La pudeur est un sentiment naturel, et pourtant très variable d'une culture à l'autre, en fonction de la manière dont sont considérés le corps humain, la sexualité et aussi la condition des femmes. Dans certaines cultures, le corps de la femme ne doit pas être exposé aux regards des hommes : on l'habille de vêtements amples qui masquent les formes féminines. Ailleurs, la nudité n'est pas impudique dans certaines circonstances, comme en témoigne la pratique collective du sauna ou du bain.

QUESTION DE CULTURE ?

La pudeur n'est pas uniquement une affaire de culture. Au sein d'un même pays, d'une même culture ou d'une même famille, on peut exprimer et vivre la pudeur de manières bien différentes. Votre grande sœur ne sera peut-être absolument pas gênée de se déshabiller devant vous dans la salle de bains avant d'entrer dans la douche, alors que cela ne vous plairait pas du tout. La pudeur est un sentiment très intime, très personnel : logique, c'est ce qui protège votre intimité, votre jardin secret.

MES PETITS SECRETS

Mais la pudeur n'est pas uniquement une affaire physique. Elle concerne aussi bien le cœur que le corps. La pudeur, c'est le désir légitime de garder pour vous ce qui vous paraît être le plus profond et le plus secret de vous-même. Vouloir à tout prix vous faire dire le nom du garçon dont vous êtes amoureuse, par exemple, peut être plus impudique que de rester planté devant la baignoire pendant que vous prenez votre bain !

☆ COMPRENDRE

Il est parfaitement légitime de ne pas accepter le regard des autres sur votre corps : le désir d'intimité vous est venu naturellement avec la découverte de votre féminité, de votre sexualité. Il est normal aussi de garder une réserve spontanée sur le jardin de vos pensées secrètes, de ne pas vouloir parler de vos sentiments, de vos rêves, de vos désirs avec tout le monde. Ce n'est pas que vous en ayez honte : simplement, il y a des choses qui n'appartiennent qu'à vous et que les autres ont le devoir de respecter.

JE NE SUIS PLUS UNE GAMINE !

Bien sûr, ce n'est pas toujours facile de le faire comprendre à ceux qui vous entourent et qui ont connu une petite fille qui galopait sans complexe en tenue d'Ève à la sortie du bain, ou qui adorait raconter tous ses petits secrets à sa maman. Maintenant que vous avez grandi, ils vont devoir accepter que vous ayez envie de garder des choses pour vous et que vous ne vouliez plus que l'on vous voie nue, par exemple.

RESPECT

La pudeur est légitime. Vous avez le droit de refuser qu'une personne entre dans la salle de bains quand vous l'occupez. Le droit de manifester votre mécontentement si vos parents parlent de vos règles ou de votre puberté en public, même gentiment, même sur le mode de la plaisanterie. Le droit de refuser que des adultes aient envers vous des gestes intimes ou déplacés, voire seulement les gestes tendres que l'on se permet à l'égard d'un enfant. Il suffit de le dire, gentiment, mais fermement, plusieurs fois si nécessaire. Dans une famille équilibrée, on comprend rapidement ce genre de choses.

LA PUDEUR, C'EST RÉCIPROQUE

Sachez faire respecter votre intimité mais, en retour, prenez garde à ne pas piétiner celle des autres ! Si vous montrer nue ne vous pose aucun problème, n'oubliez pas que vous voir dans votre plus simple appareil peut gêner les autres, surtout depuis que vous êtes une grande. Soyez délicate : pensez à votre père, à vos frères, et même aux autres filles de la maison !

LA PUDEUR, UNE QUESTION DE CŒUR

De même pour les questions indiscrètes, pas de remarques sur des sujets qui ne vous concernent pas… La pudeur est une manière de vivre qui tient compte de la sensibilité de chacun et de son désir

d'intimité ! Or chacun a sa propre pudeur, à des degrés divers, sur des sujets divers : du coup, deviner les zones de pudeur des autres pour mieux les respecter demande une bonne dose de respect et de délicatesse.

AMOUREUX, SOYONS DISCRETS…

Enfin, en amour, la pudeur existe aussi. Elle vous souffle d'éviter de raconter à tout le monde le moindre battement de votre cœur. Quand vous sortez avec un garçon, elle vous donne le souci de ne pas violer son intimité, de respecter son jardin secret, de ne pas vouloir savoir à tout bout de champ ce qu'il pense, par exemple ! Mais c'est aussi être pudique à deux.

Les sentiments n'ont pas besoin de s'exposer en public pour être forts. Réservez les baisers passionnés pour les rencontres dans l'intimité : ils peuvent légitimement gêner les autres.

VOIR AUSSI

INCESTE, RESPECT, SECRETS.

CONSEIL

Quand l'indiscrétion va trop loin

Il peut arriver que l'on vous taquine sur vos nouvelles formes ou que l'on entre par accident dans la salle de bains alors que vous faites votre toilette.
Ne hurlez pas tout de suite à l'attentat à la pudeur ou à la violation de l'intimité !
En revanche, si quelqu'un entre systématiquement dans la salle de bains quand vous y êtes ou se permet des gestes qui vous dérangent alors que vous lui avez à maintes reprises demandé d'arrêter, il y a peut-être un problème plus grave. Dans ce cas, il faut en parler à un adulte en qui vous avez confiance pour vous aider à démêler tout cela ou vous protéger, si nécessaire.

RACISME

« SI JE DIFFÈRE DE TOI, LOIN DE TE LÉSER, JE T'AUGMENTE. » SAINT-EXUPÉRY

Le racisme est à l'origine une doctrine prétendument scientifique.
Celle-ci avance qu'il existe des races humaines, repérables grâce
à des différences biologiques (couleur de peau, taille, etc.), et que certaines
sont inférieures aux autres. Elle sert à justifier des comportements racistes :
domination d'une race, exclusion voire agression des races << inférieures >>.

✩ S'INFORMER

De tout temps, des hommes ont été méprisés et maltraités. Mais c'est au XIXᵉ siècle que certains ont voulu faire de la « race » un concept scientifique. Ils se sont inspirés de l'*Essai sur l'inégalité des races humaines* d'Arthur de Gobineau (1853), qui soutenait à tort que les mélanges de « races » conduisent à la décadence des sociétés.

JUSQU'AU GÉNOCIDE

C'est sur cette théorie prétendument scientifique que se sont appuyés les nazis pour fonder leur projet diabolique : exterminer les Juifs (et d'autres, comme les tsiganes), sous prétexte qu'ils risquaient de corrompre la « race pure aryenne » dont les nazis se proclamaient les plus

beaux spécimens. Ce massacre, appelé la Shoah, a fait environ 6 millions de morts.

CELA N'A PAS SERVI DE VACCIN...

Mais le racisme n'est pas mort avec la condamnation des nazis en 1945. Jusque dans les années 1960, les États-Unis ont opéré une ségrégation raciale, en prétendant qu'il y avait une différence de nature entre Noirs et Blancs. L'Afrique du Sud inventa dans les années 1950 un système de discrimination absolue des Noirs, l'apartheid, qui a duré jusqu'en 1990. En 1994, au Rwanda, les Noirs hutus massacrèrent les Noirs tutsis, au seul motif qu'ils étaient tutsis.

ON A TOUS LES MÊMES ANCÊTRES !

Tout cela pour une notion qui n'a pas de sens ! Aujourd'hui, les scientifiques sont tous d'accord : les « races » n'existent pas. La preuve : les groupes sanguins sont les mêmes partout. Mieux vaut recevoir du sang d'un Africain du même groupe que vous, plutôt que le sang de votre sœur, si elle est d'un groupe différent ! Et l'on effectue sans problème des greffes d'organe entre un Noir et un Blanc. Surtout, la génétique a montré qu'il n'y a pas de gènes spécifiques aux Jaunes, aux Noirs ou aux Blancs. Tous les hommes sont issus d'une même population préhistorique : il n'y a qu'une seule race humaine !

Ce n'est pas parce qu'il n'y a pas de « races » que le racisme n'existe pas, malheureusement. Au point qu'il faut voter des lois pour lutter contre. En France, la Constitution assure « l'égalité devant la loi de tous les citoyens sans distinction d'origine, de race ou de religion ». Deux lois, celles du 1er juillet 1972 et du 13 juillet 1990, punissent les propos et les comportements racistes.

☆ COMPRENDRE

On a beau soutenir que tous les hommes se valent et que le racisme est une chose affreuse, on a vite fait de se laisser aller à des sentiments peu fraternels et de s'énerver contre des personnes différentes de nous.

POURQUOI EST-ON RACISTE ?

Parce que la différence dérange, énerve et fait peur. On ne comprend pas bien ceux qui ne sont pas comme nous, et l'on ressent cette différence comme une menace. Elle laisse penser que les autres sont moins bien que nous, qu'ils pourraient nous obliger à devenir comme eux, ce qui serait dégradant.

RIDICULES, CES COUTUMES !

Accepter des gens différents et s'entendre avec eux demande d'énormes efforts. Vous pouvez ne pas vous croire raciste et trouver ridicule que votre copine Rachel respecte le shabbat, ou que les parents de Fatima refusent qu'elle porte des minijupes. Ne pas rejeter ceux qui sont différents demande de chercher à les connaître, à les comprendre. Et suppose de croire que la différence n'est pas un danger mais une richesse.

297

BONS PLANS

Le racisme se soigne en faisant le ménage dans sa tête !

▲ Ne dites pas : « Les mecs du lycée d'en face sont tous des nuls. » C'est comme cela que commence le racisme : on proclame que tous ceux qui viennent d'un même endroit ont les mêmes défauts. Alors que chacun est unique et qu'il y a des gens super (et des imbéciles !) partout.

▲ Méfiez-vous de ceux qui disent : « Je ne suis pas raciste, mais… », c'est souvent une manière de justifier des idées racistes !

▲ Lisez : *Le Racisme*, Autrement junior. *Le Racisme expliqué à ma fille*, de T. Ben Jelloun, Le Seuil.

▲ Si vous ou l'une de vos copines êtes victimes d'insultes ou de discriminations racistes, ou si vous souhaitez vous engager dans la lutte contre le racisme, adressez-vous à une association (voir en fin d'ouvrage).

RACKET

NE VOUS LAISSEZ PAS INTIMIDER

Le racket est un mot américain qui désigne l'extorsion de biens ou d'argent par la violence ou l'intimidation.

☆ S'INFORMER

« Si tu ne me donnes pas ça, je te… » : le racket est fondé sur la violence que l'agresseur fait peser sur sa victime. Il arrive aussi qu'il utilise le chantage : s'il vous a vu commettre une bêtise, il menacera de vous dénoncer pour vous obliger à satisfaire ses désirs. Pire, il peut vous entraîner à en faire une pour mieux vous tenir ensuite à sa merci.

VOUS DONNEZ UN DOIGT, ILS PRENNENT UN BRAS

Le racket a lieu dans les écoles, souvent dès le primaire, mais surtout au collège et au lycée. Les racketteurs s'y prennent toujours de manière progressive. Ils vous demandent d'abord de leur donner un peu d'argent, un objet à la mode. Vous cédez en croyant que cela va leur suffire, vous pensez vous en tirer à bon compte. Hélas ! c'est une lourde erreur, et vous voilà prise dans un engrenage : ils vous réclament de plus en plus d'argent, des objets de plus en plus coûteux, et vous n'osez rien dire, parce qu'un refus risque de vous attirer les ennuis qu'ils vous promettent.

RÉFLEXE POLICE !

Pourtant, il faut savoir que le racket est un acte puni par la loi. Toute victime peut porter plainte au commissariat de police pour faire cesser les agissements de ses agresseurs. Quand on est mineur et que l'on se fait racketter, ce sont les parents qui doivent porter plainte. Les agresseurs peuvent être condamnés à de lourdes amendes et même à des peines de prison.

☆ COMPRENDRE

Le racket ne peut marcher que si les racketteurs pensent s'attaquer à plus faible qu'eux. Ils croient que leurs menaces (et éventuellement leur violence physique) vont suffisamment terroriser leurs victimes pour obtenir leur docilité et leur silence. Les racketteurs sont des lâches, qui trembleraient si quelqu'un de plus fort qu'eux leur soufflait dessus ! Pour renverser le rapport de forces, il faut donc qu'ils aient peur à leur tour. Il n'y a pas trente-six solutions pour cela. Il n'y en a qu'une : parler. Seulement voilà, très peu de victimes osent le faire…

J'AI PEUR…

Souvent la victime a peur d'ouvrir la bouche, parce qu'elle craint les représailles ; alors elle se tait, elle vit dans la peur, prise dans une situation angoissante puisqu'elle doit sans cesse satisfaire ses agresseurs. Elle peut être forcée à voler, et le plus terrible, c'est qu'elle ne sait jamais comment toute cette histoire va finir.

J'AI HONTE

Enfin, elle a honte : elle pense que si on la rackette, c'est parce qu'elle est faible et qu'elle n'a pas le courage de se défendre. C'est faux : le racket peut arriver à n'importe qui, même à des garçons, même à des personnes fortes en apparence. Il est très difficile de se défendre quand on est agressé, même verbalement.

JE VAIS TOUT DIRE

Pour sortir de la spirale infernale du racket, c'est vrai qu'il faut avoir un peu de courage. Mais attention : il ne s'agit pas de prendre le risque de vous faire agresser violemment en refusant subitement de donner ce que l'on vous demande. Le seul courage qu'il faut avoir, c'est de parler, de dénoncer vos agresseurs, malgré la peur, malgré la honte.

QUE VA-T-IL SE PASSER ?

Si vous en parlez à vos parents, au directeur de votre établissement, ils vont tout faire pour vous protéger et ils y arriveront. Vous n'irez peut-être pas en cours pendant 2 ou 3 jours, le temps de trouver la meilleure solution pour mettre vos agresseurs hors d'état de nuire. Et bientôt, tout rentrera dans l'ordre. Vous n'aurez aucune honte ou aucune peur à avoir en retournant en cours : vous n'avez rien à vous reprocher. Si c'est vraiment trop difficile, vous pouvez en parler à vos parents et envisager de changer d'établissement.

Mais, en général, tout se passe bien pour les anciennes victimes.

TOUJOURS PLUS

Surtout ne croyez pas que cela va s'arranger tout seul et que vos agresseurs vont renoncer une fois qu'ils auront eu ce qu'ils veulent. Ils ne seront jamais satisfaits. Ce que les racketteurs aiment, ce n'est pas tellement obtenir les objets ou l'argent qu'ils demandent. C'est aussi et surtout user de leur pouvoir pour terrifier leurs victimes, pour sentir qu'ils font peur et qu'ils sont les plus forts. Si on ne les arrête pas, ils peuvent aller vraiment très loin.

VOIR AUSSI
VIOLENCE.

REDOUBLEMENT

PAS DE QUOI AVOIR HONTE !

☆ S'INFORMER

C'est le conseil de classe du 3e trimestre qui décide d'un redoublement. Cette décision est transmise aux parents qui peuvent faire appel, c'est-à-dire faire savoir qu'ils ne sont pas d'accord. Le cas est alors réexaminé dans des délais très brefs par une commission extérieure à votre établissement. La seconde décision est irrévocable et applicable partout : on ne peut pas aller tenter sa chance dans un autre établissement.

CONSEILLÉ OU OBLIGÉ

En 6e, en 4e et en 2nde le conseil décide seul du redoublement. En fin de 5e et de 1re il vous laisse libre de redoubler ou de passer dans la classe supérieure : c'est à vous et à vos parents de choisir.

REDOUBLER POUR MIEUX S'ORIENTER

En 3e et en 2de, tout se complique avec les questions d'orientation. En 3e, si vous avez de mauvais résultats, on vous laisse le choix entre le redoublement et l'orientation vers un enseignement professionnel. En fin de 2de, si l'on ne vous oriente pas vers le

bac que vous souhaitez, vous pouvez choisir le redoublement. En 1re, vous pouvez redoubler pour changer d'orientation. En terminale, c'est le bac qui fait barrage : si vous échouez, vous redoublez, à moins de chercher une voie qui n'exige pas d'avoir le précieux examen.

LES POURQUOI D'UN REDOUBLEMENT

Pourquoi vous fait-on redoubler ? Il peut y avoir plusieurs raisons. Vous n'avez pas assez travaillé, vous êtes trop faible dans une ou plusieurs matières essentielles, même si vous êtes brillante dans d'autres, ou encore vous manquez de méthode pour travailler. Mais cela peut être aussi parce que vous avez eu un coup de fatigue dans l'année et que vous avez perdu pied.

UN CHOIX MÛREMENT RÉFLÉCHI

Chaque élève est un cas particulier : c'est pour cela qu'il faut un conseil de classe réunissant tous les professeurs, le conseiller d'éducation et le proviseur pour prendre la décision. Les délégués de classe et des représentants des parents

d'élèves y assistent également. La décision n'est pas prise à la légère. Cela ne veut pas dire que le conseil ne se trompe jamais : parfois des élèves proposés au redoublement font appel et réussissent ensuite de brillantes études. Mais le conseil propose toujours la solution qui lui semble la meilleure pour que l'élève réussisse sa scolarité.

☆ COMPRENDRE

Même si vous vous y attendez, vous pouvez ressentir la nouvelle d'un redoublement comme un coup de tonnerre, une sorte de catastrophe personnelle. D'abord, vous pouvez avoir un peu honte, à l'égard de vous-même, de votre famille, de vos amies. Surtout, cela vous met dans une situation inconfortable. Vos copines sont passées dans la classe supérieure et vous vous retrouvez avec des plus jeunes : c'est une rentrée difficile à vivre.

UN BILAN SINCÈRE À ÉTABLIR

Pourtant, ce n'est pas si grave. La première chose est de ne pas prendre cette décision comme une injustice, une sale vengeance d'un prof qui ne vous aimerait pas. Et de faire un bilan honnête de l'année pour prendre conscience de vos erreurs afin d'y remédier. Vous manquiez de méthode ? Vous n'avez pas assez travaillé ? Vous avez du mal avec une matière en particulier ? N'hésitez pas à en parler à un professeur en qui vous avez confiance ou au conseiller d'éducation : ils vous aideront à voir clair et à trouver des solutions.

PRENDRE LE TAUREAU PAR LES CORNES

Ensuite il faut retrousser vos manches pour vous attaquer aux problèmes. Peut-être avez-vous besoin d'un cours de soutien dans une matière, ou plus généralement d'une aide pour vous organiser et apprendre à… apprendre ? Parlez-en à vos parents. Bien sûr, ce redoublement ne les enchante pas ; mais ils sont prêts à vous aider, surtout s'ils sentent que vous voulez vous en sortir.

GAGNER LE RESPECT

Reste à vous faire respecter dans votre nouvelle classe. Au début, vous pouvez vous sentir un peu à l'écart. Mais les élèves et les professeurs ont vite fait de distinguer la redoublante qui se met au fond de la salle pour se faire les ongles pendant le cours de celle qui veut tirer parti de cette année supplémentaire.

INTÉRÊT REDOUBLÉ

Un risque à éviter : vous reposer sur vos lauriers sous prétexte

que vous avez déjà entendu ces cours. Bien sûr, tout n'est pas nouveau ; mais si l'on vous a fait redoubler, c'est parce que vous n'aviez pas tout compris. Dans les matières où vous êtes bonne, vous pouvez avoir l'impression de vous ennuyer. Un conseil : profitez de votre redoublement pour les approfondir, de façon à devenir une vraie spécialiste. Cela vous servira plus tard !

UNE ANNÉE POUR VOUS INVESTIR

Le redoublement vous donne aussi une occasion de participer davantage à la vie de la classe, d'aider les plus jeunes qui n'ont pas votre expérience ou, pourquoi pas, d'être déléguée. Vous pouvez aussi participer à des activités dans l'établissement : bref, vivre à fond ce que vous avez effleuré du bout des doigts l'an passé.

UN AN DE RETARD, ET ALORS ?

Avec une telle attitude, il se pourrait bien que cette année

de redoublement devienne une chance, et plus tard un bon souvenir. Tout dépend de vous, de votre envie de vous battre et de gagner. L'important est de retrouver votre confiance en vous, en réussissant des choses que vous aimez et en faisant le mieux possible celles que vous aimez moins. Et surtout, gardez à l'esprit qu'un an de retard, ce n'est pas grand-chose. Dans 2 ans, ce ne sera plus rien, et dans 10 ans, vous l'aurez oublié !

VOIR AUSSI

LYCÉE, ORIENTATION.

À SAVOIR

Échec scolaire

On parle vraiment d'échec scolaire lorsqu'un élève a plus de 2 ans de retard par rapport à l'âge « normal » de sa classe et qu'il est, à nouveau, mal parti pour s'en sortir. Mais même dans ce cas, il ne faut surtout pas baisser les bras ! L'important, c'est de chercher les raisons qui ont créé cette impasse, pour trouver une autre voie. Les résultats scolaires ne jugent qu'un certain type de compétences. Avoir de mauvais résultats ne veut en aucun cas dire que l'on est bête. Le tout, c'est de découvrir pourquoi l'on « bloque ».

RÉGIME

LA FORME, PAS LES FORMES !

☆ S'INFORMER

À votre âge, plus de la moitié d'entre vous se trouvent trop grosses. À 14 ans, vous êtes plus du tiers à avoir commencé un régime. Et, à chaque printemps, les magazines féminins vous matraquent de recettes allégées, d'exercices physiques et autres produits miracles pour être belle en maillot et faire craquer le moniteur de voile !

LES RISQUES D'UN RÉGIME

Quand on fait un régime, on se prive d'une certaine quantité d'aliments dans l'espoir de maigrir. Mais on oublie souvent que tous les aliments sont utiles, surtout en période de croissance et qu'un régime peut provoquer des carences importantes entravant le bon fonctionnement de l'organisme. Fatigue physique mais aussi intellectuelle, arrêt des règles et fragilisation des os en sont les principaux symptômes ! Résultat, on peut certes maigrir, mais on risque de s'enlaidir, de perdre sa forme

et sa bonne humeur. De plus, ces privations sont toujours difficiles à vivre, alors on craque et on risque de regrossir, voire de devenir plus grosse qu'avant le régime !

DE L'ESSENCE DANS LE MOTEUR !

Notre corps a besoin d'énergie pour se maintenir en vie et pour se développer. Même au repos, il en consomme parce que le cœur bat, le sang circule, les poumons respirent… Il trouve cette énergie dans les aliments. L'unité d'énergie s'appelle la calorie. Une femme a besoin d'environ 2 000 calories par jour pour vivre. Une adolescente qui grandit et se développe a des besoins encore plus importants. Quand le corps dépense toute l'énergie qu'il consomme, il maintient son poids. Quand il en dépense plus, il maigrit, quand il en dépense moins, il fait des réserves et grossit. On dépense des calories dans toutes les activités de la vie, mais davantage en faisant

du sport qu'en restant assise devant la télé !

☆ COMPRENDRE

L'obsession du régime commence souvent au moment de l'adolescence et dure quelquefois toute la vie. Le mieux serait de ne pas commencer… surtout si vous n'en avez pas besoin ! Avoir des fesses et des hanches, ne plus être plate comme une petite fille ne signifie pas que l'on est grosse, encore moins que l'on est « énorme » !

PENSER, SE DÉPENSER

À votre âge, vous changez à la fois de corps et de mode de vie : les risques de grossir sont plus importants. Vous bougez moins qu'une petite fille et vous n'aimez pas forcément le sport, donc vous ne dépensez plus autant de calories que lorsque vous grimpiez aux arbres ou que vous sautiez à la corde dans la cour de récré.

« J'AI TOUT MANGÉ LE CHOCOLAT »

Quand vous êtes mal dans votre peau, angoissée ou que vous avez un chagrin d'amour, vous grignotez. Chips, chocolat, bonbons, tout y passe ! Sans distinction, sans mesure. Plus de place pour le dîner !

LA MAL-BOUFFE

À la sortie des cours, vous aimez bien prendre un pot avec les copains ; malheureusement le soda ou le jus de fruits, cela fait tout de suite quelques centaines de calories en plus. Et si vous ajoutez un restaurant entre amis, menu hamburger-frites ou pizzas-pâtes, avec en plus un soda, l'addition calorique est salée !

COMMENT RETROUVER UN ÉQUILIBRE ?

La première chose à faire quand vous vous sentez un peu grosse, c'est donc d'essayer de mettre de l'ordre dans votre alimentation. Notez ce que vous mangez pendant quelques jours, référez-vous à la grille de la valeur calorique des aliments et faites le total. Avec quelques sodas en moins et un effort pour ne pas grignoter en dehors des repas, vous sortirez déjà du rouge. Il ne vous reste qu'à manger équilibré sans trop de souci, en privilégiant les légumes, les fruits, les laitages allégés et les féculents sans trop de graisses (limitez huile, beurre et fromages).

BOUGEZ, ÉLIMINEZ !

Ajoutez à cela un peu d'exercice physique : préférez les escaliers aux escalators ; le petit trajet que vous faisiez en bus, pourquoi ne pas le faire à pied ? Vous aurez un corps de rêve !

☆ INFO +

RÉGIMES SPÉCIAUX

Les régimes ne servent pas tous à maigrir. Ils peuvent aussi permettre de rectifier des mauvais fonctionnements du corps comme l'hypertension ou encore des manques en vitamines, en fer, en magnésium.

RÉGIMES VÉGÉTARIEN ET VÉGÉTALIEN

Il existe également des modes d'alimentation différents, comme les régimes végétarien et végétalien. Le régime végétarien ne comprend pas de viande et compense en augmentant la consommation de poisson, d'œufs et de produits laitiers. C'est un régime sain que vous pouvez choisir pour des raisons philosophiques ou écologiques mais qui rend la vie un peu compliquée quand vous mangez à la cantine, au restaurant ou chez des amis. Et votre mère devra faire preuve d'inventivité pour concocter des petits plats qui satisferont toute la famille ! Quant au régime végétalien, en plus de la viande, il supprime le poisson, les œufs et tous les produits animaux. C'est un régime très déséquilibré, à proscrire absolument à votre âge.

☆ CONSEILS

Si vous avez vraiment des kilos en trop, parlez-en à votre médecin, lui seul peut vous aider sans risque pour votre santé. Il faut alors se conformer strictement à ses prescriptions et s'armer de persévérance. N'hésitez pas à demander de l'aide :
- à vos parents pour qu'ils mettent hors de portée les aliments interdits qui pourraient vous tenter ;
- aux copains et amis pour ne pas craquer à la cantine et au café.

Soyez compatissante avec vous-même, offrez-vous des petits plaisirs pour compenser ceux que vous ne pouvez pas trouver dans la nourriture : petits cadeaux pour être plus belle, sorties au cinéma plutôt qu'au restaurant… Et n'hésitez pas à vous dorloter : bain moussant, crème pour le corps, maquillage !

VOIR AUSSI
ANOREXIE, KILOS.

CLIQUE ! CLIQUE ! CLIQUE !

RÉGIMES
VRAI OU FAUX

L'eau fait maigrir. FAUX. L'eau ne fait pas mincir malgré ce qu'en disent certains fabricants d'eau en bouteille. En boire, c'est bien et nécessaire, cela peut aider à éliminer les toxines mais ne vous fera pas perdre de poids. Les sodas, truffés de sucre, sont eux complètement déconseillés et risquent de vous faire réellement grossir.

Vous avez 2 kg de trop, vous devez faire un régime. FAUX. Une alimentation équilibrée et un peu de sport, et cela devrait suffire. Vos grammes de trop vont soit disparaître, soit se transformer en muscle.

Les régimes peuvent avoir des effets néfastes sur la santé. VRAI. En suivant certains mauvais régimes, on se prive d'une quantité ou d'un type d'aliments et donc de vitamines ou de nutriments indispensables à son organisme, surtout si l'on est comme vous en période de croissance. En cas de véritable problème de poids, consultez un médecin nutritionniste.

Faire un régime, ça ne coûte rien. VRAI, si vous suivez les prescriptions d'un médecin nutritionniste qui vous indiquera comment rééquilibrer votre régime alimentaire et dont la consultation sera remboursée par votre assurance-maladie (ou celle de vos parents). Mais FAUX si vous croyez les vendeurs de poudre de perlimpinpin ou d'appareils sophistiqués qui vous convaincront que vous pouvez maigrir sans efforts et sans changer vos mauvaises habitudes alimentaires.

ALLÉGEZ
VOS PETITS PLATS

Tomates farcies aux… céréales.

Ouste la chair à saucisse grasse ! Lavez, évidez et épépinez des grosses tomates et gardez la chair. Faites gonfler du boulgour dans de l'eau salée puis, dans une poêle, faites-le revenir avec des oignons émincés, des lamelles de jambon cru, la chair des tomates, du sel, du poivre, des épices ou des aromates selon vos goûts. Garnissez les tomates et passez au four à 180 °C (th. 6) pour 30 min.

Une quiche sans pâte.

Mélangez 3 œufs, 20 cl de lait, 1 cuillerée à soupe de farine, un peu de fromage râpé, sel et poivre. Faites revenir des lardons à la poêle jusqu'à la fonte du gras que vous jetterez. Ajoutez des échalotes émincées, des champignons, et laissez réduire. Beurrez et farinez le moule, versez les lardons, les échalotes et les champignons puis recouvrez avec l'appareil (c'est-à-dire le mélange œufs, lait, etc.). Au four à 180 °C (th. 6) pour 45 min.

Des pâtes au pesto.

Huile d'olive et parmesan remplaceront beurre et gruyère dans vos pâtes. Préparez la sauce en hachant 3 poignées de roquette, 1 cuillerée à soupe de pignons, 2 de parmesan, de l'ail, du sel, du poivre et 3 cuillerées à soupe d'huile d'olive. Déposez 1 cuillerée de pesto sur chaque assiette de pâtes cuites *al dente*.

Des blinis au yaourt.

Mélangez 1 yaourt, 1 œuf, 1 pot de farine, 1 demi-sachet de levure chimique et 1 pincée de sel. Laissez reposer 30 min au frais. Dans une poêle antiadhésive, déposez des cuillerées à café de pâte (pour des mini blinis). Quand des trous se forment à la surface, retournez-les.

RÊVE

Respect

RÉVOLTE

RÈGLES

BIENVENUE DANS LA COUR DES GRANDES !

C'est l'écoulement de sang qui se produit par le sexe de la femme lorsqu'il n'y a pas eu fécondation : on l'appelle << règles >> parce qu'il survient de façon régulière, chaque mois. Les premières règles surviennent au cours de la puberté et les dernières lors de la ménopause.

☆ S'INFORMER

308

Les règles marquent le début d'un processus que l'on appelle le « cycle menstruel » (parce qu'il dure un mois environ) et qui se met en route chez la jeune fille entrant dans la puberté. Ce cycle dure en moyenne 28 jours et se reproduit tous les mois si l'on n'est pas enceinte.

Entre les règles, que se passe-t-il ? Pendant la première partie du cycle (les 14 premiers jours environ), la muqueuse qui tapisse l'intérieur de l'utérus s'épaissit pour se préparer à accueillir un ovule fécondé. Pendant ce temps, un ovule mûrit dans l'ovaire. Il en est expulsé autour du 14ᵉ jour du cycle (c'est l'ovulation). Puis l'ovule descend vers l'utérus : c'est à ce moment-là qu'il peut rencontrer un spermatozoïde et être fécondé. Dans ce cas, il rejoint l'utérus pour s'y nicher,

devient embryon et commence à se développer. Si l'ovule n'a pas été fécondé, la muqueuse utérine, devenue inutile, se détache, produisant un saignement. Le sang, l'ovule et les débris de la muqueuse sont alors expulsés par le vagin. Ce sont les règles.

LES PREMIÈRES RÈGLES

Sous l'effet de la sécrétion d'hormones, le corps de la jeune fille, qui abrite depuis sa naissance tous les outils nécessaires à la conception d'un enfant, se « réveille ».

Les premières règles surviennent quand la puberté est déjà commencée : la formation des seins et l'apparition des poils sur le pubis en sont souvent les premiers signes. Mais elles ne signifient pas la fin de la puberté car le corps continue à se transformer.

Les règles apparaissent ordinairement entre 11 et 16 ans, exceptionnellement plus tôt ou plus tard, suivant le développement physiologique de chaque fille, quand son corps est prêt.

ELLES SONT ARRIVÉES... ET PUIS PLUS RIEN !

Au début, le cycle est parfois très irrégulier (entre 25 et 35 jours). On peut même attendre plusieurs mois après la première fois pour les voir réapparaître ! Le corps apprend ce rythme nouveau petit à petit. À chaque fille de découvrir le sien… Souvent les premières règles ont lieu sans ovulation, mais il faut malgré tout considérer que, dès ce moment-là, une grossesse est possible et se protéger en cas de rapport sexuel.

ÇA FAIT MAL, DOCTEUR ?

Vous pouvez avoir des règles plus ou moins abondantes, qui durent plus ou moins longtemps (entre 2 et 8 jours). Celles-ci s'accompagnent parfois de douleurs mais ce n'est pas toujours le cas. Vous pouvez avoir des maux de ventre, de tête, les seins douloureux, vous sentir fatiguée, pas « bien dans votre assiette ». Si ces douleurs sont trop difficiles à supporter, n'hésitez pas à en parler à votre médecin qui vous prescrira des calmants. Surtout, il ne faut pas prendre de l'aspirine pendant vos règles : cela fluidifie le sang et risque donc d'augmenter les saignements.

DES JOURS COMME LES AUTRES

Les règles ne sont pas du tout une maladie. Il n'y a aucune raison de changer votre façon de vivre. La plupart des femmes travaillent pendant leurs règles, les championnes gagnent même des médailles !

C'EST SALE !

Mais non ! Les règles ne sont pas sales. Vous vous sentez peut-être mal à l'aise et éprouvez le besoin de vous laver plus souvent. Pourtant, il suffit de vous laver comme vous le faites habituellement, matin et soir. Pas besoin de toilette intime plus approfondie, mais n'oubliez pas de changer régulièrement votre serviette ou votre tampon (attention ! on est parfois tellement à l'aise avec un tampon que l'on risque de l'oublier).

☆ INFO +

LES AUTRES NOMS DES RÈGLES

Autrefois on disait les « menstrues ». Ce n'est pas très beau ! Pour en parler à demi-mot, toutes les filles inventent leur petit vocabulaire : les ragnagnas, les tagadas, les ours, les guss, les emmerdes, les doches, les Anglais débarquent, le beaujolais nouveau est arrivé, les BDF (bidules de filles) ou un discret « je les ai »…

☆ COMPRENDRE

La découverte des premières règles est un moment plein d'émotion dans la vie d'une fille : on se sent un peu bouleversée, triste de quitter la petite fille que l'on a été, fière d'entrer dans la vraie vie, celle des grands, de commencer sa vie de femme.

ET DIRE QUE J'AVAIS HÂTE QUE ÇA ARRIVE !

Vous devez aussi vous habituer à tous les petits inconvénients qui accompagnent les règles : vous vous sentez moins libre dans votre corps. Et si vous avez attendu ce moment avec impatience, vous êtes parfois un peu déçue : vous vous demandez pourquoi les filles qui en parlaient, avant que cela ne vous arrive, avaient l'air si fières ! Pourtant, vous sentez bien aussi que c'est un moment important : vous devenez grande, il y a la promesse des enfants que vous aurez peut-être plus tard.

C'est aussi le signe que votre corps marche bien, que vous êtes en forme, qu'il se prépare. Pas étonnant qu'avec toutes ces émotions contradictoires, vous ayez un peu de mal à vivre, que vous vous sentiez un peu perdue, irritable, déprimée parfois aussi !

JE NE VEUX PAS QUE TU LE DISES À PAPA !

Il est normal que vous souhaitiez garder cette information pour vous et votre mère. C'est un sujet qui vous regarde, vous n'êtes pas obligée d'en parler avec votre père ou vos frères. Faites les choses à votre manière, comme vous préférez.

☆ CONSEILS

- Pour être tranquille, vous pouvez avoir toujours dans votre sac une petite pochette contenant serviettes, tampons, mouchoirs en papier et même slip de rechange.
- Cochez dans un calendrier le jour de vos règles. Cela vous évitera d'être prise au dépourvu et vous permettra de mieux connaître le rythme de votre corps.
- Si vous allez voir un gynécologue, pensez à noter la date de vos dernières règles avant d'aller au rendez-vous : c'est une question qu'il pose souvent, ainsi que la durée moyenne de votre cycle (28, 30 ou 32 jours ?), même si ce dernier est encore un peu irrégulier.

☆ BONS PLANS

SERVIETTES OU TAMPONS ?

- Aujourd'hui, les serviettes sont très discrètes (mais non, elles ne se voient pas sous votre jean !), confortables et très absorbantes. Vous pouvez changer de gamme entre le début et la fin de vos règles. Essayez plusieurs modèles pour trouver celles qui vous conviennent.

- Les tampons sont très pratiques : vous pouvez vous mettre en maillot de bain, nager, comme si de rien n'était. Vous pouvez en utiliser même quand vous êtes vierge. L'hymen, la membrane qui obstrue le vagin, est en effet percé d'un orifice qui laisse écouler le sang et permet l'introduction d'un tampon.

☆ SAVOIR-VIVRE

Discrétion et pudeur s'imposent : ne laissez pas de traces de votre passage dans la salle de bains ou les toilettes, et ne laissez pas traîner serviettes ou tampons !

VOIR AUSSI

CONTRACEPTION,
FÉCONDITÉ,
GYNÉCOLOGUE,
PUBERTÉ.

310

INFO +

Comment mettre un tampon ?
Choisissez de préférence un jour de règles abondantes et un tampon avec applicateur. Ce sera plus facile. Debout, un pied sur la cuvette des toilettes, penchez-vous un peu en avant pour que le tampon entre bien dans l'axe de votre vagin. Détendez-vous. Tenez le tampon au niveau de l'anneau et introduisez-le doucement par le bout arrondi. Le cordonnet de retrait doit pendre hors du tube. Poussez le tube extérieur jusqu'à ce que vos doigts touchent votre corps. Tout en tenant les anneaux, poussez le tube intérieur à l'intérieur du tube extérieur. Le tampon va se mettre bien en place. Si vous le sentez, c'est qu'il n'est pas placé suffisamment en profondeur. Retirez-le et utilisez un autre tampon. Si cela ne vous convient pas, vous ferez un nouvel essai un peu plus tard ! Attention : il faut changer de tampon toutes les 3 heures au moins, comme pour les serviettes, pour éviter infections… et mauvaises odeurs !

RELIGION

DONNER SENS AU MONDE...

On ne sait pas exactement d'où vient le mot « religion ».
Les premiers auteurs chrétiens ont pensé qu'il avait la même origine
que le verbe « relier » : la religion serait un système qui relie le monde
des hommes à celui des dieux. Ce faisant, il relie aussi les hommes
entre eux et au monde qui les entoure.

☆ S'INFORMER

La religion est un ensemble de croyances et de pratiques qui organisent la relation des hommes avec un ou des dieux, et la vie des hommes avec l'ensemble de l'univers. Elle est toujours une manière de donner sens au monde et de proposer des règles de vie.

HISTOIRE ET RELIGIONS

Il existe toutes sortes de religions suivant les pays, les histoires et les cultures. Longtemps, les religions ont été liées aux civilisations. Certaines religions ont d'ailleurs disparu quand la civilisation qui les portait a disparu ; c'est le cas de la religion des Romains, des Égyptiens ou des Gaulois.

DESTINÉES À TOUTE LA TERRE

Aujourd'hui, les grandes religions monothéistes (qui croient en un seul Dieu)

– le judaïsme, le christianisme et l'islam – sont répandues dans le monde entier parce qu'elles souhaitent s'adresser à tous les hommes, quels que soient leur pays et leur culture.
Le déplacement des populations d'un pays à l'autre fait que, dans la plupart des pays, plusieurs religions cohabitent.

CHEZ NOUS

En France, il y a des chrétiens, des musulmans, des juifs et quelques bouddhistes. Il y a aussi des gens qui n'ont pas de religion ou qui ont abandonné celle qu'on leur avait enseignée. On les appelle « athées », ce qui veut dire qu'ils ne reconnaissent pas de dieu.

☆ INFO +

QU'EST-CE QUE LA LAÏCITÉ ?

Longtemps dans l'histoire, la religion a été une affaire

publique : on avait la religion de son pays ou de son roi. C'est encore vrai dans certains pays musulmans. Mais plus dans les sociétés qui ont instauré le droit de choisir sa religion (ou de ne pas en avoir). En France, depuis plus de deux siècles, chacun a le droit de pratiquer librement sa religion. Depuis 1905 et la loi de séparation des Églises et de l'État, la République ne reconnaît et ne finance plus aucune religion ; on dit que l'État français est laïc. Autrement dit, la religion est une affaire privée.

☆ COMPRENDRE

Autrefois, tout le monde avait une religion, le plus souvent celle de son enfance, de ses parents. Les gens y croyaient plus ou moins, mais la religion n'était pas vraiment remise en cause.

GRAINES D'EXTRÉMISTES !

Aujourd'hui, c'est un peu le contraire. Beaucoup de gens croient en Dieu mais se méfient de la religion ; ils ont souvent l'impression qu'elle est contraire à la liberté, qu'elle impose des choses ou en interdit. Il est courant d'entendre dire que les religions engendrent des guerres et des massacres, et l'on soupçonne facilement les croyants de devenir des intégristes et des fanatiques à la première occasion.

ILS N'ONT PAS TOUT COMPRIS !

Même s'il est vrai qu'il y a des guerres au nom de Dieu, c'est généralement une fausse interprétation de la religion qui conduit à la violence, car la plupart des religions

prêchent au contraire l'amour des autres, le respect et la paix. De nos jours, on appelle encore souvent « guerres de religion » des conflits qui ont des motifs économiques et politiques bien plus que religieux. En fait, dans ces guerres, on utilise Dieu comme prétexte pour se battre.

JE PEUX COURT-CIRCUITER LA RELIGION ?

On peut être en quête de Dieu tout en refusant les contraintes ou les défauts de la religion (qui sont finalement les défauts des hommes), mais on se prive alors de la réflexion et de l'enseignement de tous ceux qui ont vécu avant soi et on ne peut partager avec personne sa manière de vivre sa foi.

UNE DÉCISION PERSONNELLE

Les parents qui ont une religion l'enseignent à leurs enfants. Quand les enfants grandissent

et commencent à comprendre la foi, les valeurs et les pratiques de la religion, ils peuvent décider de les reprendre à leur compte. Bien sûr, ils peuvent aussi complètement changer de religion, ou devenir croyants alors que leur famille est athée.

LA RELIGION N'EST PAS UN PATCHWORK !

Aujourd'hui, certains sont tentés de choisir leur religion comme au supermarché : on prend une croyance ici, une pratique là, on laisse sur les rayons telle chose qui dérange. Mais se faire une religion à la carte a des inconvénients : on ne peut partager ses croyances avec personne et c'est la meilleure façon de croire en des choses contradictoires.

C'EST DU SÉRIEUX

La religion donne du sens à la vie, maintenant et même après

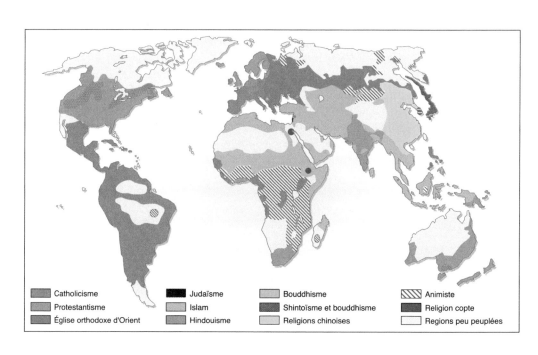

Catholicisme — Protestantisme — Église orthodoxe d'Orient — Judaïsme — Islam — Hindouisme — Bouddhisme — Shintoïsme et bouddhisme — Religions chinoises — Animiste — Religion copte — Regions peu peuplées

la vie terrestre. Pas vraiment le lieu pour inaugurer un « bidouillage d'amateur » ! Peut-être vaut-il mieux faire confiance à une religion qui existe depuis longtemps : cela vous évite, en particulier, de tomber entre les mains peu recommandables d'une secte. Et cela ne vous empêche pas de vous intéresser aux autres religions ; on peut partager des tas de choses avec les croyants qui ont une religion différente.

MA RELIGION
EST LA BONNE !

Vous avez bien raison d'en être convaincue : si vous pensiez que votre religion n'est pas la meilleure ou qu'elle ne dit pas la vérité, il faudrait sérieusement songer à en changer !
Mais n'oubliez pas que les croyants des autres religions ont le droit de penser exactement la même chose. Avoir une religion ne vous autorise absolument pas à l'imposer aux autres. C'est cela, respecter la liberté de conscience.

VOIR AUSSI

DIEU.

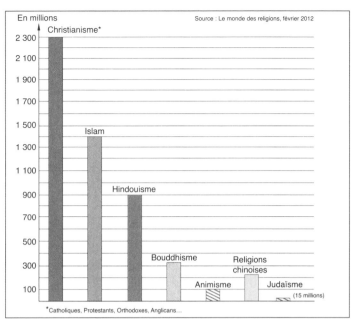

En millions   Source : Le monde des religions, février 2012

*Catholiques, Protestants, Orthodoxes, Anglicans…

À SAVOIR

Intégrisme et fondamentalisme

De nos jours, on parle beaucoup de ces phénomènes religieux radicaux. Ces deux notions sont apparues au début du XIXe siècle : l'intégrisme vient du catholicisme et le fondamentalisme du protestantisme. Les intégristes refusent la société moderne et souhaitent un retour au temps où la religion catholique organisait toute la société.
Les fondamentalistes défendent une lecture littérale de la Bible, affirmant par exemple que le monde a bien été créé par Dieu en 6 jours. Ils cherchent à intervenir dans la vie politique pour recréer une société dominée par la religion.
Le judaïsme et l'islam ont aussi leurs mouvements radicaux. Chez les juifs on parle d'ultra-orthodoxes et chez les musulmans on a forgé le mot « islamiste ».
Ces mouvements prétendent retrouver la vérité de la religion et la réimposer au monde. Ils cherchent à la fois à revenir aux origines de la religion qui aurait été dévoyée au cours de l'histoire et à remettre la société en accord avec ces principes religieux. Ils remettent généralement en cause, à des degrés divers, les libertés individuelles et en particulier celles des femmes. Les plus radicaux vont souvent jusqu'à la violence : attentats mais aussi défiguration ou lapidation des femmes adultères ou supposées l'être, etc.

RESPECT

TU ME RESPECTES, JE TE RESPECTE !

Respect vient d'un mot latin qui signifie << regarder >> : c'est une affaire de regard, sur les autres et sur soi-même. Le début du mot, le << re >>, insiste sur le fait que l'on regarde l'autre << à deux fois >> en lui accordant une attention profonde : on le tient pour important et digne d'intérêt.

314

Tout le monde a besoin de se sentir respecté et le réclame, particulièrement les jeunes qui craignent souvent de ne pas être bien traités ni suffisamment pris en considération. « Respect ! », dit-on pour marquer son admiration ou pour signaler que l'on ne veut pas être mal traité.

RESPECT POUR CEUX QUE L'ON AIME

Le respect est une attitude que vous devez à toutes les personnes que vous côtoyez, celles que vous aimez et que vous souhaitez voir heureuses. Vous respectez leurs désirs, leurs manières de vivre et de voir la vie, leur intimité aussi. Vous voyez en elles des individus dignes d'intérêt, même si vous n'êtes pas toujours d'accord avec elles, si vous leur trouvez des défauts, si par moments elles vous semblent insupportables !

RESPECT POUR LES VIEUX !

Le respect est aussi une manière de vous comporter à l'égard des gens plus âgés : les parents, les professeurs et autres adultes qui savent plus de choses que vous, qui ont de l'expérience, qui veillent sur vous et ont pour mission de vous guider afin qu'à votre tour vous deveniez adulte. Et même quand on est adulte, on doit du respect à ses aînés, à ses supérieurs hiérarchiques, à ceux qui sont chargés de faire respecter les lois.

RESPECT POUR LES PLUS FAIBLES

On respecte aussi les plus faibles, ceux qui sont handicapés, qui n'ont pas toujours les moyens de se faire respecter eux-mêmes.

RESPECT... POUR TOUT LE MONDE !

Mais le respect est encore plus exigeant : on le doit à toute personne, quels que soient ses qualités et ses défauts. Ce qui ne veut pas dire qu'il faut respecter tous ses actes, mais qu'au-delà de ce qu'elle peut faire de bien ou de mal, elle a une dignité à laquelle on doit des égards. C'est pour cela que l'auteur d'un délit ou d'un crime, même grave, a le droit d'être défendu par un avocat et jugé selon les règles de la justice. Parce que le respect implique de regarder au-delà des apparences et des actes ; c'est un comportement, un idéal de vie qui s'apprend dès l'enfance.

Le respect n'est pas seulement une formalité ou une question de politesse. On peut respecter une personne en paroles (ce n'est déjà pas si mal !) et la mépriser au fond de soi. Respecter quelqu'un, c'est croire qu'il a de la valeur, des qualités ; il mérite qu'on l'écoute et que l'on se soucie de lui.

TU M'ÉTONNES,
JE TE RESPECTE

Mais c'est aussi accepter que l'autre ne soit pas toujours comme vous souhaiteriez qu'il soit. Le respect suppose de ne pas vous l'approprier comme un objet qui pourrait vous être utile. Il faut lui laisser son identité, sa personnalité, sa manière de voir. Chaque personne est unique et, malgré tout l'intérêt que vous lui portez, vous ne pourrez jamais la connaître complètement.

CET INCONNU
À NE PAS PIÉTINER

Même celui que vous aimez reste toujours un peu mystérieux, malgré l'intimité que vous partagez avec lui. Le respecter, c'est accepter cette part d'inconnu qui reste en lui et que vous ne pourrez jamais éclaircir ni posséder. C'est lui reconnaître un droit au secret, à l'intimité, à la solitude.

SILENCE, ON RESPECTE !

C'est aussi pour cela que le respect suppose parfois de savoir se taire, se faire toute petite devant l'autre quand il est bouleversé, quand il souffre, quand il a besoin d'être seul. Devant la souffrance, le respect consiste parfois à accepter d'être impuissante, de ne pas pouvoir consoler ni réparer, de ne pas tout savoir de l'autre, de lui laisser son secret s'il préfère le garder.

Le respect des autres commence par celui des choses :
- De la pelouse, qui doit profiter à tout le monde.
- De l'ascenseur, sur lequel on ne fait pas de graffitis.
- De l'environnement, en ne jetant pas ses papiers par terre.
- Du collège ou du lycée, en n'écrivant pas sur les tables.
- D'un livre prêté, en le rendant propre et sans inscription.
- De la chambre de sa sœur, où l'on ne pénètre pas sans autorisation.
- Du courrier, que l'on n'ouvre pas quand il n'est pas à son nom.
- Du code de la route, pour éviter des accidents mortels.

VOIR AUSSI
CRITIQUES,
PUDEUR.

315

CONSEILS

▲ Pour se faire respecter
- Refuser la vulgarité dans sa manière de parler et dans son apparence.
- Se montrer respectable, en s'interdisant d'étaler sa vie intime devant tout le monde.
- Respecter les autres, respecter leurs affaires.
- Refuser la compagnie de ceux qui ont des attitudes ou des gestes irrespectueux.
- Se montrer exigeante, mais toujours avec délicatesse.
- Ne pas avoir peur de dire ses désaccords et d'énoncer ses valeurs.

▲ Quand on n'est pas respectée
- Ne pas l'accepter en silence.
- Mettre les choses au point tout en restant polie.
- Réclamer justice quand on a été blessée, auprès d'un adulte si cela est nécessaire (parents, professeur).

RESPONSABILITÉ

J'ASSUME !

✩ S'INFORMER

Être responsable, c'est se reconnaître auteur de ses actes : c'est bien moi qui ai fait cela, j'en suis responsable.

J'ASSUME, J'SUIS LIBRE !

La responsabilité est indissociable de la liberté : vous n'êtes responsable que de ce que vous avez fait librement ; si l'on vous a obligé à le faire, vous ne pouvez pas en être déclarée responsable. Le malade mental, qui ne comprend pas le sens de ce qu'il fait, n'est pas jugé responsable. C'est pour cela que les criminels déclarés fous ne sont pas condamnés, mais internés pour être soignés en hôpital psychiatrique.

C'EST MA FAUTE, JE RÉPARE

Il y a différentes sortes de responsabilité. La responsabilité devant la société vous oblige à respecter les lois sous peine d'être punie, par exemple réparer les dégâts que vous avez causés lors d'un accident où vous êtes en tort. La responsabilité morale, plus personnelle, vous oblige à vous conduire dignement, à ne

pas porter préjudice à autrui, à ne pas tricher, à ne pas mentir, etc.

GROSSE BÊTISE

Bien sûr, quand on est jeune, il est difficile d'assumer toutes les conséquences de ses actes. C'est pour cela que vos parents sont responsables de vous à double titre : ils ont à votre égard un devoir de garde et d'éducation, mais ils doivent aussi répondre de vos actes jusqu'à votre majorité. Si vous renversez une personne avec votre scooter, ce sont vos parents qui devront rendre des comptes à la justice et payer des dommages et intérêts à la personne blessée.

✩ INFO +

Sur le plan pénal, vous êtes considérée comme totalement responsable de vos actes à votre majorité. Mais dès 13 ans, si vous avez commis un acte contraire à la loi, vous pouvez encourir une sanction pénale, une peine de prison (rarement appliquée et inférieure de moitié à celle d'un adulte), une

amende, un travail d'intérêt général. Entre 16 et 18 ans, vous pouvez être mise en détention provisoire et encourir une peine égale à celle d'un adulte. Mais jusqu'à 18 ans, les jeunes sont mis dans des prisons séparées de celles des adultes et peuvent continuer leur scolarité.

✩ COMPRENDRE

Depuis toute petite, vous apprenez à être responsable : en faisant attention à vos affaires, puis en gérant votre argent de poche, en vous occupant de votre chat, en faisant des petites courses toute seule. Bien sûr, sortir plutôt que faire vos devoirs, monter sur la mobylette de votre copine sans casque… reste tentant : la responsabilité, cela s'apprend peu à peu !

J'SUIS GRANDE, MAINTENANT

À votre âge, vos parents vous confient de plus en plus de responsabilités. Vous pouvez faire du baby-sitting, acheter seule vos vêtements, gérer votre emploi du temps et vos devoirs. Si vous avez des petits frères et sœurs, votre mère vous demande de l'aider : emmener votre petite sœur à l'école ou l'aider à faire ses devoirs, voilà de sacrées responsabilités, vous pouvez en être fière !

C'EST PAS FUN ?
CONFIANCE !

Vous trouvez peut-être que tout cela est lourd : c'est génial de voir que vos parents ont confiance en vous, mais il y a sans doute des moments où vous voudriez que l'on fasse les choses à votre place, comme avant ! Pourtant, c'est le signe que vous devenez une personne libre et autonome à qui l'on peut faire confiance et qui va bientôt pouvoir se débrouiller toute seule. Désormais, vous êtes responsable de votre avenir et de votre vie : c'est peut-être un peu effrayant, mais c'est formidable ! Ce qui ne doit pas vous empêcher de dire à vos parents que vous trouvez qu'ils sont trop exigeants si ce qu'ils vous demandent est trop lourd à porter.

RESPONSABLE DE SA ROSE

Il faut aussi apprendre à assumer les choix que vous faites ou décider d'attendre si vous trouvez que c'est trop difficile. Par exemple, s'engager dans une histoire d'amour est une grande responsabilité, car vous pouvez faire souffrir l'autre. En aimant quelqu'un, en étant aimée en retour, vous rendez l'autre un peu vulnérable, parce que son bonheur dépend de vous. Il vous fait confiance, vous en devenez responsable, comme le Petit Prince de Saint-Exupéry qui découvre qu'il est responsable de la rose qu'il aime.

RESPONSABLE...
PLUS TARD !

Vous avez le droit d'hésiter, de ne pas vouloir vous engager trop vite. Être responsable en amour, c'est d'abord prendre conscience de la force des liens que cela crée. Vous avez bien sûr le droit de tomber amoureuse ! Seulement, gardez cette idée dans un coin de votre tête pour ne pas vous embarquer dans une histoire qui vous engage alors que vous n'y êtes pas encore prête.

VOIR AUSSI
CONFIANCE, DROIT, LIBERTÉ, MAJORITÉ, PARENTS, SANCTION.

317

CONSEILS

Pour apprendre à être responsable, le mieux c'est de prendre des responsabilités... à sa mesure :

▲ Ranger sa chambre et prendre soin de ses affaires.

▲ Prendre en charge la nourriture et les soins d'un animal domestique.

▲ L'amitié, la vraie, rend responsable d'une amie : on la soutient quand elle ne va pas bien et, quand elle se conduit mal, on n'hésite pas à le lui dire.

▲ Être déléguée de classe.

▲ S'engager dans une association, dans le scoutisme, dans un club sportif, etc.

RÊVE

MESSAGE CODÉ

☆ S'INFORMER

Les rêves sont des productions psychiques qui surviennent pendant le sommeil. Vous ne vous souvenez pas de tous ceux que votre cerveau élabore en une nuit ; pourtant, ceux que vous pouvez raconter en vous réveillant montrent qu'il se passe dans votre tête des histoires étonnantes, des aventures merveilleuses ou terrifiantes. Vous y jouez toutes sortes de personnages, qui sont souvent très loin de vous ressembler !

QUEL MÉLANGE ABRACADABRANT !

Vous pouvez vivre des émotions intenses, être bouleversée ou terrifiée lorsque le rêve vire au cauchemar. Vous pouvez rêver de personnes que vous n'avez pas vues depuis des lustres, en mélangeant allègrement les lieux et les histoires, en inventant des situations impossibles.

CES SONGES OÙ L'ON PENSAIT LIRE L'AVENIR

Autrefois, on croyait que les rêves étaient prémonitoires : ils annonçaient de manière déguisée ce qui allait se passer dans la réalité. Quand on rêvait

318

de la mort de quelqu'un, on se réveillait certain qu'un deuil allait frapper pour de bon autour de soi. Quand on rêvait d'un enfant, on commençait presque à préparer le berceau de celui que l'on allait attendre ! On imaginait qu'à travers les rêves, une puissance divine parlait pour avertir les hommes des dangers qui les guettaient ou leur prédire l'avenir.

SANS QUEUE NI TÊTE !

À d'autres époques, on a considéré les rêves comme de pures absurdités, avec l'idée que, dans le sommeil, c'est notre raison qui s'endort en laissant notre esprit libre de batifoler, d'inventer des monstres ou des situations illogiques et folles. De nos jours, on se penche très sérieusement sur ces films intérieurs déroutants. Mais on n'a pas pour autant élucidé tous les mécanismes du rêve et personne n'est capable de vous dire ce dont vous rêverez la nuit prochaine !

☆ INFO +

On rêve en général pendant la période du sommeil que

l'on appelle le « sommeil paradoxal », c'est-à-dire environ 10 à 15 minutes toutes les 100 minutes. En tout, on rêve plus de 100 minutes par nuit. Les rêves sont très importants : ils évacuent la fatigue psychique. Même si on ne s'en souvient pas, tout le monde rêve, excepté les personnes qui prennent des somnifères qui font dormir d'un sommeil lourd, sans rêves.

☆ COMPRENDRE

Grâce à Freud, un médecin autrichien qui a inventé la psychanalyse au début du XXᵉ siècle, on sait aujourd'hui que les rêves sont des scénarios que notre inconscient bâtit pour exprimer de vraies émotions qui nous ont bouleversés, blessés ou effrayés.

L'EMPREINTE DE VOS ÉMOTIONS

Vos rêves disent d'une manière déguisée les tensions, les joies, les inquiétudes que vous avez éprouvées plus ou moins récemment. Ils mettent en scène, dans un langage codé, vos désirs, vos espoirs et, plus profondément, l'image que vous avez de vous-même.

DRÔLES D'ÉCHAFAUDAGES !

Ces histoires imaginaires utilisent des choses banales que vous avez bel et bien vécues dans la journée, et aussi des sensations que vous ressentez en dormant : si vous avez froid, vous avez des chances de vous imaginer sur une banquise ! Si vous avez fait aujourd'hui quelque chose dont vous n'êtes pas fière, vous rêverez peut-être d'une autre situation où vous vous êtes sentie coupable… à moins que vous n'inventiez de toutes pièces un scénario où l'on vous accuse d'un crime !

PAS DE HONTE À AVOIR !

Vos rêves peuvent parfois vous troubler, vous bouleverser, vous faire honte, vous laisser triste ou mal à l'aise au réveil. Il arrive qu'un rêve vous poursuive dans la journée, même si vous ne savez pas bien le raconter, à cause d'une impression étouffante qui demeure en vous. Ou bien vous faites régulièrement le même rêve, angoissant ou bouleversant, si bien qu'il finit par vous tarauder. C'est peut-être le signe d'un malaise qui occupe le 10ᵉ sous-sol de votre esprit.

UN ASCENSEUR INDISPENSABLE

Quand vous vivez des choses intenses ou éprouvantes, les rêves fonctionnent comme une soupape de sécurité pour dire les sentiments et les émotions que vous ne savez pas ou n'osez pas exprimer à l'état de veille. C'est pour cela que vous n'avez pas à en avoir honte : on fait tous des rêves bizarres, incohérents ou affreux, dont on n'est pas responsable et que l'on ne voudrait surtout pas voir se réaliser. Considérez plutôt vos rêves comme quelque chose de très utile : un ascenseur (pas toujours très confortable !) capable de faire remonter vos

INFO +

La psychanalyse s'appuie sur le décryptage des rêves pour aider une personne qui en ressent le besoin à comprendre ce qui se dit dans ses rêves et pourquoi elle y revit des choses douloureuses. Travailler avec un psychanalyste sur ces messages permet souvent de mieux comprendre l'origine de ses souffrances, pour prendre du recul et dominer ses difficultés.

angoisses du 10ᵉ sous-sol au rez-de-chaussée, pour qu'elles trouvent la sortie et vous laissent tranquille.

319

VOIR AUSSI
INCONSCIENT, SOMMEIL.

ÇA S'EST DRÔLEMENT RAFRAÎCHI CES DERNIERS TEMPS, HEIN ?

★ RÉVOLTE ★

J'EN AI MARRE, MAIS MARRE

☆ S'INFORMER

« Tu vas dormir, maintenant. – Non ! » : voilà l'un des premiers dialogues passionnés du petit enfant avec ses parents. La révolte est un sentiment très précoce !

QUAND LA RÉVOLTE GRONDE

Mais c'est souvent à votre âge que la révolte devient plus virulente, plus générale, plus implacable : révolte contre toutes les autorités qui ne comprennent rien et qui vous empêchent de juger ou d'agir par vous-même. Pour qui se prennent-ils, ces adultes eux-mêmes capables du pire, quand ils prétendent imposer aux jeunes des manières de vivre ou qu'ils réclament leur obéissance ?

PARENTS SCANDALEUX

D'abord, il y a la révolte contre vos parents qui ne comprennent pas ce que vous vivez, au point que vous doutez qu'ils fassent le moindre effort pour cela. Vous leur reprochez d'être trop présents ou trop indifférents, d'adorer les interdictions absurdes. De parler de grands principes sans jamais les appliquer. Ou tout simplement de se satisfaire de la médiocrité de leur vie ou du monde qui les entoure.

INCENDIE GÉNÉRAL

Plus largement, vous vous insurgez contre la terre entière qui ne ressemble pas aux rêves que vous vous en faisiez. Mensonge, injustice, égoïsme, violence, compromissions… il n'y a qu'à allumer la télévision pour frémir de rage des pieds à la tête devant toute cette pourriture. Mais où sont-elles, les valeurs dont les adultes parlent avec des trémolos dans la voix : la générosité, la justice, la recherche de la vérité, la non-violence, etc. ? Ramassis d'hypocrites ! de lâches ! de traîtres !

UN CHAUDRON BOUILLONNANT

La révolte, c'est tout cela : indignation violente, colère, refus d'obéir à des gens en qui vous n'avez plus confiance. C'est le cœur transformé en chaudron où bouillonnent toutes sortes d'émotions explosives. L'envie de tout casser… ou de vous murer dans votre chambre en claquant la porte de toutes vos forces pour vous défouler.

☆ ILS ONT DIT

« Ce monde je l'ai fait pour toi, dit le père.
Je sais tu me l'as déjà dit, dit l'enfant,
J'en demandais pas tant.
Il est foutu et je n'ai plus qu'à le refaire
Un peu plus souriant pour tes petits-enfants. »
Maxime Le Forestier

☆ COMPRENDRE

Le monde est très imparfait, c'est vrai. Il y a beaucoup de motifs d'être révolté, à la fois par les scandales dont les hommes sont responsables (guerre, mensonge, traîtrise, etc.) et par ceux contre lesquels personne ne peut rien (maladie,

320

mort). C'est à votre âge que l'on découvre vraiment tous ces scandales, et vous avez parfois envie de foudroyer tout le monde sur place tellement ils vous mettent en colère.

NE SOYEZ PAS INJUSTE !

Il y a de très bonnes raisons de vous révolter contre l'injustice, le mensonge, l'égoïsme ou la cruauté du monde qui vous entoure. Ce sont de saines réactions si elles vous conduisent à tout faire pour changer les choses. Mais la révolte, même juste, même altruiste, ne vous donne pas tous les droits. Vous ne pouvez pas faire porter la responsabilité de tous les maux de la terre aux adultes. Eux aussi souffrent d'être parfois impuissants, incapables de changer les choses. Et s'ils ne sont pas infaillibles, ils ne sont pas non plus corrompus jusqu'à la moelle !

DÉMOLIR OU RECONSTRUIRE ?

Quand elle est complètement stérile, la révolte est une impasse. Dire non à tout, crier que le monde est laid et injuste, refuser systématiquement d'obéir, pire, se montrer violente… n'a jamais fait avancer les choses. Un flot de paroles incendiaires et un tourbillon de pensées dévastatrices sont toujours moins efficaces qu'un petit geste positif. Il y a des tas d'adultes qui ne se résignent pas devant les problèmes et qui essaient de faire quelque chose. Ils savent que ce n'est pas une solution

de s'enfermer dans son bunker avec sa révolte et de tirer au bazooka sur tout ce qui bouge. Démolir est une chose, construire en est une autre !

ACTION !

Bref, la révolte est une excellente chose si elle vous incite à passer à l'action. À découvrir comment vous pouvez jouer votre petite musique dans le grand concert du monde, pour le rendre plus beau. Cela implique de savoir aussi dire oui, d'apprendre à négocier, à accepter vos limites, de bien vouloir sortir d'une révolte destructrice pour passer à la saine colère qui peut déplacer des montagnes !

VOIR AUSSI

FUGUE, HYPOCRISIE, PARENTS, POLITIQUE.

CONSEIL

Les parents à la lanterne !

Besoin d'autonomie, sens critique qui s'éveille, questions tous azimuts sur votre identité… Vous êtes à un âge où les rapports avec les parents sont tendus. Rien de plus normal que d'avoir parfois envie de faire la révolution, de tirer sur eux à boulets rouges dès qu'ils osent une remarque. C'est un mauvais moment à passer, pour vous comme pour eux. Cela ne veut pas dire que les ponts sont définitivement coupés entre vous ou qu'il faut les rayer de votre cœur. Vous avez l'impression que vos relations ne sont que cris et explosions ? Pourtant, c'est en exprimant votre colère que vous débloquerez la situation, même si ce n'est pas pour demain. Il vaut mieux parler, protester, exploser que vous murer dans un silence stérile ou claquer la porte… pour de bon.

ROMPRE

JE NE T'AIME PLUS !

☆ S'INFORMER

Que vous soyez ensemble depuis longtemps ou non, voilà qu'il ne vous paraît plus possible de continuer.

POURQUOI ?

Il peut y avoir mille raisons à cela : il en aime une autre et vous a trompée ; c'est vous qui êtes tombée amoureuse d'un autre. Ou tout simplement vous êtes bien obligée de vous avouer que ce n'est plus ce que c'était, que vous avez envie de retrouver votre liberté, bref que vous ne l'aimez plus.

COMMENT SAVOIR QUE C'EST FINI ?

La première question à vous poser, c'est de savoir si, à vos yeux, c'est bien fini entre vous. S'il en aime une autre et ne vous l'a pas dit, ou si c'est vous qui en aimez un autre, vous avez de bonnes raisons de penser qu'il est temps d'arrêter !
Mais sinon, à quoi le sait-on ? Juste des petites choses qui doivent vous alerter : plus très envie de le voir, besoin de liberté, envie secrète de plaire à d'autres garçons, ennui,

lassitude. Vous ne le trouvez plus aussi extraordinaire, vous n'avez plus rien à partager, bref, le feu de l'amour s'éteint, ce n'était qu'un feu de paille !

CELA DEMANDE DU COURAGE

Reste le plus difficile : même si vous êtes sûre de vous, rompre va forcément être douloureux et laisser un goût amer. D'abord parce que vous vous souvenez des débuts de cet amour, des moments merveilleux que vous avez vécus. Peut-être aussi parce que vous vous sentez triste d'y avoir cru comme au grand amour. C'est toujours difficile de voir un rêve se terminer.

☆ COMPRENDRE

Une rupture, ce n'est jamais facile, même si c'est moins dur de quitter quelqu'un pour un autre, parce que vous regardez déjà vers l'avenir. Quitter quelqu'un pour « rien », c'est préférer la solitude à la médiocrité et au mensonge. Cela demande plus de courage.

NE PAS FAIRE SEMBLANT

Mais dans tous les cas, c'est important, pour vous-même et pour l'autre, de refuser de faire semblant. Il vous faut affronter le moment de la rupture. Ne cédez pas à la lâcheté en vous mettant aux abonnés absents, en ayant toujours quelque chose de mieux à faire que de le voir, en ne répondant plus au téléphone, en l'évitant. Ne vous abaissez pas non plus à le faire dire par une copine ou un copain, c'est humiliant pour votre ancien amoureux et vous aussi vous en garderez sans doute un sentiment de honte.

RESPECTER CELUI QU'ON A AIMÉ

Dans la mesure du possible, quand cela ne se produit pas violemment au cours d'une dispute, vous avez tout à gagner à ménager votre ancien amoureux et en particulier à le traiter avec respect. Vous l'avez aimé, il vous a aimée, ne salissez pas cela. Même si c'est fini, il a gardé les qualités que vous lui trouviez, il n'est pas

trop seule. Si les choses se passent bien, si lui-même n'était plus trop amoureux non plus, vous pouvez envisager de rester amis, mais ce n'est pas facile et il vaut sans doute mieux attendre un peu.

Une rupture, même quand vous l'avez choisie, cela vous force à réfléchir sur l'amour. Quand vous êtes tombée amoureuse, vous avez peut-être cru que c'était « l'homme de votre vie » et voilà que vous décidez de le quitter. Il y a de quoi se poser plein de questions. Était-ce une illusion ? Est-ce que l'amour peut durer ? Que faut-il pour cela ? Sans doute n'êtes-vous pas encore prête pour aimer de façon durable… et les garçons de votre âge non plus ! Mais c'est normal de rêver d'un amour qui dure. Et cela viendra, même si ce n'est pas forcément pour tout de suite.

323

devenu brusquement nul et sans intérêt ! De plus, il est déjà assez malheureux de vous perdre, n'en rajoutez pas, il a le droit de garder de vous le souvenir d'une fille juste et respectueuse.

EN FACE

De toute façon, mieux vaut vous méfier de vos émotions et si vous ne vous sentez pas capable de tenir le coup, préférez la lettre ou le mail. Le texto, c'est peut-être un peu court ! Mais le mieux, c'est de lui parler en face car, de toute façon, même après une lettre ou un mail, vous risquez d'avoir encore à le croiser ou même à le côtoyer régulièrement.

MAIS OÙ ET COMMENT ?

Choisissez un lieu « neutre », pas trop intime, comme votre chambre ou la sienne, pour manifester la distance que vous voulez mettre entre vous, et aussi pour ne pas être tentée de revenir en arrière, s'il vous supplie de continuer ou si l'émotion vous rattrape. Si vous craignez une réaction

violente de sa part, choisissez plutôt un lieu comme un café ou un lieu public où vous ne serez pas seuls. Prenez un ton simple, neutre, mais bienveillant, pour dire les choses clairement, sans faire porter la responsabilité à l'un ou à l'autre. Quand on ne s'aime plus, ce n'est pas forcément la faute de l'un ou de l'autre, et c'est parfois aussi un peu celle de chacun. S'il réagit violemment, restez calme et coupez court à la conversation, vous ne pourrez rien faire de plus tant qu'il est sous le coup de l'émotion.

ASSUMER

Bien sûr, vous allez vous sentir coupable de lui faire de la peine et il faudra du temps pour vous en remettre. Mais ce serait encore plus irresponsable de continuer si le cœur n'y est plus. L'important, c'est d'être claire avec vous-même et avec lui et de ne pas chercher à revenir en arrière une fois que c'est fait, parce qu'il est trop malheureux ou parce que vous vous sentez

VOIR AUSSI

AMOUREUSE.

SANCTION

PRIVÉE DE SORTIES !

Une sanction n'est pas nécessairement une punition. Au sens le plus général,
elle est la conséquence d'un comportement. On dit, par exemple, que les résultats
aux examens << sanctionnent >> le travail de l'année : vous réussissez
si vous avez bien travaillé et vous échouez dans le cas contraire.
Mais on emploie plus souvent le mot << sanction >> dans un sens négatif.
Une sanction punit le manquement à un règlement ou à un ordre.

☆ S'INFORMER

Des règles, il en existe dans tous les domaines : loi nationale, conventions internationales, mais aussi règlement du lycée, discipline familiale, code de la route, règles d'un jeu… Or toutes les règles, si elles sont bien faites, prévoient des sanctions pour punir ceux et celles qui s'avisent de les enfreindre. Parce que si l'on ne punit pas les manquements à la loi, on tue la loi : elle n'a plus ni sens ni raison d'être, on peut s'en moquer ou la contourner de tous les côtés.

☆ COMPRENDRE

Être punie n'est jamais agréable : vous commencez souvent par vous estimer victime d'une injustice absurde. Au mieux, si vous êtes lucide au point de reconnaître que vous avez réellement eu tort, vous grommelez tout de même que la punition est écrasante par rapport à la faute. C'est l'amour-propre qui se rebelle !

QUI AIME BIEN, CHÂTIE BIEN

Pourtant, lorsqu'on punit quelqu'un, ce n'est pas parce qu'on le méprise. Bien au contraire, c'est parce qu'on pense qu'il mérite des égards. La sanction est une marque de respect. Vous trouvez cette affirmation idiote ? Pourtant, donner une sanction, c'est reconnaître que le fautif est responsable de ses actes. C'est une façon de lui montrer que ses actes ont de l'importance. La sanction l'invite à s'améliorer, pour le bien des autres et pour son bien à lui. C'est donc lui prouver que l'on tient à lui !

IL S'EN FICHE OU QUOI ?

Que penseriez-vous d'un professeur qui laisserait tout faire à ses élèves sans jamais les punir ? Vous vous diriez (avec raison) qu'il se moque de ce qui peut leur arriver ou de ce qu'ils vont devenir. Et si vos parents fermaient les yeux sur tout ce que vous faites, vous finiriez par avoir l'impression… qu'ils ferment les yeux sur vous. Qu'ils ne vous voient pas, que vous êtes transparente et sans importance pour eux ! Alors, lorsqu'ils vous infligent une sanction bien sentie, prenez-la au moins comme la preuve que vous leur tenez à cœur !

LOURDE OU LÉGÈRE ?

Bien sûr, le problème de la sanction, c'est qu'elle doit être juste. Il n'est pas facile pour celui qui punit de proportionner la sanction à la gravité de la faute. Deux copines qui font une bêtise ensemble ne reçoivent pas forcément la même punition de la part de leurs parents respectifs. De même, les sanctions pénales (celles que la loi inflige aux délinquants) ne sont pas les mêmes d'un pays à l'autre.

RÉFLÉCHIR AVANT DE PUNIR !

La justice n'est jamais parfaite puisqu'elle dépend toujours d'un jugement humain. Et surtout chaque acte est unique, commis dans des circonstances bien précises, ce qui explique que l'on doit toujours réfléchir avant de décider d'une sanction. Faut-il punir de la même façon la personne qui vole parce qu'elle n'a rien à manger et celle qui pique un CD dans un supermarché, même si la valeur de l'objet volé est la même ?

SELON LES CIRCONSTANCES

Bien sûr que non. C'est d'ailleurs pourquoi la loi, qui est intelligente, ne dicte pas une sanction uniforme à appliquer bêtement dans tous les cas. Elle prévoit toujours une sanction maximale et une sanction minimale, et c'est au juge de décider de l'importance de la peine.

MIEUX VAUT PRÉVENIR…

L'ombre même de la sanction peut servir à éviter la faute. Savoir que vous serez exclue du lycée si vous êtes surprise à tricher lors des contrôles peut suffire à vous dissuader de faire une telle bêtise. C'est ce qu'on appelle la « peur du gendarme ». La menace de la sanction est faite pour aider celles qui n'auraient pas toujours le courage d'être honnêtes naturellement à respecter les règles malgré tout.

… ET MIEUX VAUT GUÉRIR !

Quelquefois, la peur de la sanction ne suffit pas à prévenir le mal… Dans ce cas, la sanction tombe et elle sert à guérir la faute. Eh oui ! le mot n'est pas trop fort. La sanction aide celui ou celle qui la reçoit à prendre conscience qu'il aurait pu faire mieux. Elle lui permet aussi de se faire pardonner et de se pardonner à lui-même. Bref, elle lui permet un nouveau départ, elle lui offre une nouvelle chance de prouver qu'il est quelqu'un de bien.

VOIR AUSSI
AUTORITÉ, LOI, RESPONSABILITÉ.

325

CONSEILS

Quand la sanction vous semble injuste :

▲ Prenez le temps de réfléchir, d'imaginer comment vous réagiriez si quelqu'un d'autre était coupable.

▲ Si vous persistez à croire que la sanction est injuste, le mieux est d'aller trouver celui qui vous a punie pour en parler.

▲ Si c'est trop difficile, vous pouvez demander de l'aide et faire intervenir une sœur ou un frère auprès des parents, une amie ou la déléguée de classe auprès d'un professeur.

▲ Vous pouvez aussi proposer une autre sanction : moins lourde si vous la trouvez injuste, plus intelligente si vous pensez pouvoir mieux réparer le mal que vous avez fait.

▲ Et n'oubliez pas qu'il peut y avoir des remises de peine en cas de conduite irréprochable. Même si vous êtes privée de sorties pour un mois, vous pourriez peut-être bien assister à la soirée de Léa dans 15 jours, moyennant quelques efforts !

SECRETS

CHUT !

☆ S'INFORMER

Il y a toutes sortes de secrets, des faux et des vrais, des drôles et des graves, des tendres et des lourds… Il y a ceux que tout le monde connaît : Amélie sort avec Sébastien, le prof de maths drague la prof de sport. Ces secrets-là galopent dans les couloirs, entre les cours : on se les transmet en riant, chacun ajoute son petit commentaire ; c'est ainsi que l'histoire s'enjolive et passionne les curieux et les bavards.

IL COURT, IL COURT

Il y a le secret que l'on raconte tout bas au téléphone à une copine qui raccroche aussitôt pour en appeler une autre et ainsi de suite ; le secret fait le tour de la bande ou de la classe. Mais c'est drôle de continuer à croire que c'est un secret ! On l'appelle un « secret de polichinelle », en souvenir de la marionnette qui fait des confidences aux enfants dans le dos du gendarme alors que celui-ci entend tout.

TOP SECRET

Mais il y a aussi des secrets plus graves, plus importants parce qu'ils concernent ce qui a le plus de valeur dans votre vie ou parce qu'ils parlent de ceux que vous aimez le plus. Quand vous êtes amoureuse, vous avez souvent envie au début que cela reste un secret.

JARDIN PRIVÉ

Vous pouvez avoir besoin de partager votre émotion avec votre meilleure amie, parce que vous avez le cœur trop plein et qu'il fait bon le laisser s'épancher un peu. Mais la confidence doit s'arrêter là : vous n'avez pas envie que votre vie intime soit exposée aux commentaires de tout le monde. C'est ce qu'on appelle votre « jardin secret », là où vous cachez vos sentiments, vos émotions, vos angoisses et vos soucis, vos espoirs et vos déceptions, comme dans un journal intime.

CES SECRETS DONT ON SE PASSERAIT

On préférerait que certains secrets n'existent pas : par exemple, des secrets de famille, dont vous ne savez pas trop ce qu'ils contiennent mais qui sont lourds de souffrances et de rancœurs. Vous savez qu'il y a un secret autour de l'oncle Antoine, tout le monde baisse la voix quand on prononce son nom, on ne le voit plus, mais personne n'en parle ouvertement. La famille a parfois des secrets douloureux qui se devinent, quand les parents se sont séparés ou à propos d'un cousin ou d'une tante qui a disparu. Il faut beaucoup de délicatesse si vous voulez demander des explications, mais parfois il vaut mieux le faire plutôt que ne rien demander et imaginer n'importe quoi.

SECRÈTES BLESSURES

Il y a aussi des choses qu'on voudrait oublier ou garder secrètes. Les victimes qui sont rackettées, maltraitées, abusées sexuellement voudraient pouvoir effacer ce qui s'est passé parce qu'elles ont peur, parce qu'elles ont honte. Alors elles

enfouissent au plus profond d'elles-mêmes ces secrets qui hantent leur esprit des années après.

☆ COMPRENDRE

Chacun a droit à son intimité, à son jardin secret. Même quand on s'aime très fort, entre amies, entre amoureux, c'est normal de garder encore des secrets, parce que l'on ne peut jamais tout dire de soi : chacun garde toujours une part de mystère.

MOTUS ET BOUCHE COUSUE !

Quand une amie vous confie un secret, rien de plus important que de savoir le garder. Parce que c'est une grande marque de confiance qu'elle vous donne : ce n'est pas seulement une histoire qu'elle vous raconte, c'est une partie d'elle-même qu'elle vous livre.

PARLER, C'EST ÉCORCHER

Divulguer ce secret ? Pure trahison : ce serait mettre à nu les sentiments de votre amie et la laisser fragile, exposée aux regards des autres, sans la protection du secret. Le secret peut être une paire de lunettes noires sur des yeux qui pleurent, un pansement sur une plaie à vif, un coin d'ombre pour se reposer sans risque et sans contrainte.

UN TRÉSOR PRÉCIEUX

Confier un secret crée des liens très forts avec votre confident. C'est d'ailleurs quelquefois trop lourd, un secret ; il peut faire souffrir celui qui le reçoit et qui ne sait pas quoi en faire. Il peut se sentir prisonnier de ce secret qu'il voudrait à son tour partager, même s'il sait qu'il n'a pas le droit de trahir votre confiance.

SECRET TROP LOURD

Il y a certaines circonstances où vous devez savoir divulguer un secret, pour le bien de la personne qui vous l'a confié. C'est très difficile, c'est même souvent un cas de conscience douloureux. D'un côté, vous savez que vous trahissez la confiance de l'autre et que vous risquez de vous brouiller avec lui. Mais, par ailleurs, vous avez l'intime conviction d'agir pour son bien, et même de lui sauver la vie dans certains cas. Drogue, grossesse précoce, menace de fugue, idée suicidaire… il y a des cas où il faut briser le secret. L'essentiel, c'est d'écouter votre conscience et de penser au bien de l'autre, même si cela doit passer par une brouille définitive.

MUETTE COMME UNE…

Mais dans tous les autres cas, c'est-à-dire la plupart du temps heureusement, un secret reçu doit avoir le pouvoir magique de vous transformer en carpe ou en tombe, au choix ! Le meilleur moyen de garder un secret ? Ne pas dire que vous en avez un !

VOIR AUSSI

CONSCIENCE

327

SEINS

TROP OU PAS ASSEZ...

Un sein est constitué d'une glande mammaire enrobée de tissu adipeux (graisse) et d'une membrane de soutien qui lui donne sa forme. La pointe du sein s'appelle l'aréole. La glande mammaire est d'ordinaire très réduite, elle se développe pendant les grossesses pour sécréter du lait à chaque naissance.

☆ S'INFORMER

Un petit renflement au niveau du sein, sous l'aréole, qui gonfle à peine le tee-shirt et voilà : vous avez le droit aux remarques taquines de votre entourage, pas toujours faciles à supporter ! « Ça y est, tu as les seins qui poussent ! », dit-on en croyant flatter l'intéressée qui se passerait bien de ce genre de réflexion.

J'AI QU'UN SEUL SEIN !

Ce petit signe discret d'entrée dans la puberté apparaît vers 11-12 ans. Souvent, il a l'humour de ne se manifester que d'un seul côté pendant quelques mois. Pas de panique : l'autre sein rattrape son retard, et la poitrine est symétrique ! Les seins mettent en effet plusieurs années à atteindre leur taille définitive. Chez la plupart des filles, cela arrive autour de 15 ans.

À CHACUNE SA POITRINE

La poitrine, c'est comme le reste du corps, comme les yeux, le nez ou les cheveux. À chacune la sienne, généreuse ou menue, ronde comme une pomme ou pointue comme une poire… Tant pis si vos seins n'ont pas la forme dont vous rêviez ! Vous n'y pouvez rien !

ET LE BISTOURI ?

Cela dit, il y a des cas où la poitrine est un véritable handicap, quand elle est vraiment trop lourde, par exemple. Cela peut même causer des douleurs dans le dos, empêcher de faire du sport. Dans ce cas-là, on peut envisager une intervention chirurgicale : elle est même remboursée par la Sécurité sociale. Mais s'il s'agit juste d'un problème esthétique, vous ne serez pas remboursée. Que votre poitrine ne corresponde pas exactement

à celle dont vous rêviez n'est pas une raison suffisante pour demander une opération coûteuse qui, comme toute opération, n'est jamais sans risques pour la santé.

AU SECOURS, J'AI DES POILS !

Mais en dehors de leur forme, il y a mille et une raisons de vous poser plein de questions sur vos seins. Si vous constatez que quelques poils apparaissent autour de vos aréoles, par exemple, rassurez-vous ! C'est une chose qui arrive à beaucoup de filles. Il suffit de s'épiler.

UN CANCER ? CE N'EST PAS DE VOTRE ÂGE !

Si vous sentez une boule sous l'un ou l'autre des seins, il faut aller consulter un médecin. Ne vous inquiétez pas, il s'agit d'un kyste sans gravité. Le cancer du sein chez une adolescente est extrêmement rare.

☆ CONSEILS

PRENEZ-EN SOIN !

- Rien de tel qu'une pratique régulière de la natation pour avoir une belle poitrine. Ce sport muscle les pectoraux qui soutiennent les seins (ceux-ci ne comportent aucun muscle).
- Si vous êtes adepte de sports un peu violents pour la poitrine (tennis, équitation, etc.), portez un soutien-gorge spécial, surtout si vous avez beaucoup de poitrine.
- La peau des seins est fragile et extrêmement sensible aux coups de soleil. Attention aux expositions sur la plage !

☆ COMPRENDRE

Petite, vous rêviez d'avoir une belle poitrine. Pourtant, quand elle arrive, il est difficile de s'y habituer : vous vous sentez toute gauche, parfois vous avez même un peu honte. Vous craignez aussi le regard des garçons, les remarques pas très fines dont les frères sont capables, sans oublier leur bonne blague qui consiste à faire claquer l'élastique du soutien-gorge sur le dos. Derrière ces plaisanteries de potaches se cache une véritable gêne devant ce symbole de la féminité. Eh oui ! Vous êtes en train de devenir une vraie femme, et vous pouvez en être fière.

UN PEU DE PUDEUR !

Mais ce privilège vous confère aussi des obligations. Les garçons sont particulièrement sensibles à une belle poitrine.

Il suffit de regarder la publicité pour comprendre combien les seins sont un objet de séduction auprès des hommes. Vous voilà donc dotée d'un pouvoir de séduction nouveau : vous ne pouvez plus vous comporter avec l'insouciance d'une petite fille. Désormais, votre règle d'or doit être « pudeur et discrétion » ! Porter des décolletés provocants attirera certainement autour de vous une nuée de garçons, mais peut-être aussi des gestes, des attitudes qui vous mettront dans l'embarras.

☆ MAUVAIS PLANS

- Ne pas porter de soutien-gorge. Les seins s'affaissent.
- Porter des soutiens-gorge trop petits quand on est gênée par une poitrine qu'on trouve trop grosse. Ils abîment les seins… et c'est laid : il y a souvent des bourrelets qui dépassent !

VOIR AUSSI
COMPLEXES,
PUBERTÉ.

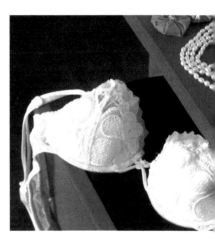

BONS PLANS

Choisir ses soutiens-gorge

▲ Allez dans un magasin spécialisé, au moins une fois : vous aurez affaire à une professionnelle qui vous aidera à ne pas choisir une taille trop petite ou trop grande. Critère principal : le confort. Un soutien-gorge ne doit pas vous faire mal, et vous devez pouvoir oublier que vous en portez un (même si, la première fois, cela fait une drôle d'impression !).

▲ Le nombre (70, 80, 85, etc.) correspond au tour de votre dos, sous la poitrine, la lettre (A, B, C, etc.) à la profondeur du bonnet, c'est-à-dire à la grosseur de vos seins.

▲ Évitez les soutiens-gorge trop bon marché. Ils ne tiennent pas grand-chose et s'abîment rapidement.

▲ Les soutiens-gorge se lavent régulièrement (au moins 2 fois par semaine, davantage si vous transpirez). La machine à laver les abîme : prenez votre courage et un peu de lessive à deux mains, ou enfermez-les dans des sacs spéciaux « linge fragile » avant de les mettre dans la machine.

★ SEXE ★

TOUT CE QUE VOUS N'AVEZ JAMAIS OSÉ DEMANDER SUR...

On peut parler du sexe d'un point de vue anatomique ou chromosomique, mais on peut aussi prendre le terme « sexe » dans un sens un peu familier : autrement dit, les pratiques en matière de vie sexuelle, tout ce qu'on fait ou ce qu'on peut faire dans ce domaine.

☆ S'INFORMER

La relation sexuelle est un ensemble de gestes et de caresses que chaque couple découvre ou invente en fonction de ses goûts, de son histoire et de la culture dans laquelle il vit. Selon les civilisations, les habitudes sont différentes, ce qui est accepté dans certaines peut choquer dans d'autres. Chaque couple doit apprendre à découvrir les gestes et les caresses qui permettront aux deux partenaires d'atteindre ensemble le grand bonheur.

L'ART AMOUREUX

Vous découvrirez petit à petit que le corps humain est un merveilleux instrument qui peut vibrer de mille manières. Les civilisations orientales ou asiatiques ont su illustrer cette incroyable variété, comme le montre le fameux *Kama-sutra*, traité indien du Vᵉ siècle sur l'art d'aimer qui est célèbre pour ses représentations des « positions amoureuses ». Mais, en réalité, l'art amoureux est beaucoup plus simple que cela. Plus que de chercher à prendre du plaisir dans toutes les positions imaginables, il s'agit de partager ensemble un grand moment d'intimité et de bonheur.

L'ACTE SEXUEL

L'acte sexuel commence par des préludes amoureux qui permettent aux deux partenaires de parvenir au comble de l'excitation. Puis a lieu la pénétration du pénis de l'homme dans le vagin de la femme. L'homme éprouve du plaisir par le mouvement de va-et-vient qu'il exerce et qui aboutit naturellement, après un temps plus ou moins long, à l'éjaculation qui termine l'acte sexuel. La femme éprouve un plaisir plus ou moins intense, essentiellement par l'excitation du clitoris sur lequel le corps et le sexe de son partenaire exercent une pression, des frottements pendant tout le rapport sexuel.

LES DIFFÉRENTES PRATIQUES SEXUELLES

Il existe de nombreuses pratiques sexuelles. La fellation (excitation du sexe de l'homme avec la bouche) et le cunnilingus (excitation du clitoris de la femme avec la bouche) sont des caresses sexuelles très intimes qui peuvent prendre place dans les préludes amoureux. Elles peuvent aussi être « poussées jusqu'au bout », c'est-à-dire jusqu'à l'orgasme du partenaire. Ces pratiques peuvent choquer certains, alors que d'autres y trouvent un plaisir intense. La sodomie, ou pénétration du pénis dans l'anus, une pratique peu courante contrairement à ce que laissent penser les films pornographiques. La masturbation est une pratique qui consiste à se procurer soi-même du plaisir en se caressant le sexe.

✩ COMPRENDRE

Les caresses sont une première manière de faire connaissance avec le corps de l'autre, de découvrir sa sensibilité et ses secrets, d'entrer en communion dans un même désir. Chaque couple trouve petit à petit son mode de communication et ses rites à condition que cet apprentissage se fasse dans une grande liberté réciproque. On a toujours le droit (et même le devoir) de refuser des caresses que l'on « ne sent pas » ou qui mettent mal à l'aise. Ce n'est pas toujours facile d'en parler et pourtant la parole vraie et sincère, sans fausse honte, est indispensable pour se comprendre et comprendre l'autre.

LA DÉCOUVERTE DU PLAISIR

C'est souvent par la masturbation que l'on apprend comment fonctionne son propre corps et ce qui lui donne du plaisir. Beaucoup d'adolescents ont honte de se masturber, alors que la plupart, filles et garçons, le font. Cette pratique, qui consiste à se procurer du plaisir en se caressant soi-même, permet de mieux se connaître mais pas d'appréhender toute la dimension de rencontre et d'échange que l'on peut trouver quand on est deux.

UNE HISTOIRE DE DON

Car ce qui compte dans une relation sexuelle, c'est bien le mot « relation ». Le plus important, dans les caresses que l'on peut inventer et échanger, c'est ce qu'elles racontent à l'autre. C'est pour lui dire l'attrait, le désir que l'on éprouve pour lui, le souci que l'on a de

son plaisir et l'envie de partager avec lui un moment intense de communion que l'on ose et que l'on devient créative. Ce ne sont ni des gestes appris ni des techniques stéréotypées qui peuvent dire ce que vous ressentez de personnel et d'unique à son égard, mais bien la générosité et la tendresse qui se dégageront de toute votre attitude. Le plaisir se vit et s'invente à deux. Parce que la vie sexuelle, c'est avant tout une histoire de don.

VOIR AUSSI

PORNOGRAPHIE, PREMIER RAPPORT SEXUEL.

331

SEXISME

FEMMES DE TOUS LES PAYS...

Le sexisme est une attitude discriminatoire à l'égard d'un sexe, ordinairement à l'égard des femmes. Ce n'est pas la misogynie, définie comme la haine ou le mépris des femmes.

☆ S'INFORMER

332

Les femmes ont longtemps été soumises aux hommes. Écartée de l'instruction, mariée très jeune sans son consentement, une fille passait de l'autorité de son père à celle de son mari. Elle devait remplir son rôle « naturel » de mère au foyer, en laissant aux hommes le soin des affaires publiques.

La condition des femmes a commencé à s'améliorer dans les sociétés occidentales chrétiennes, parce que la religion a affirmé qu'elles étaient les égales des hommes.

VOTE FOR WOMEN !

En définissant les droits de l'homme, la Révolution française de 1789 a un peu oublié ceux de la femme. Quand le suffrage « universel » est instauré en 1848, les femmes en sont exclues. La révolution industrielle du XIXᵉ siècle leur donne une place dans les usines, mais dans des conditions souvent épouvantables. C'est alors que se développent des mouvements de femmes réclamant l'égalité. En Grande-Bretagne, les « suffragettes » commencent à revendiquer le droit de vote, qu'elles obtiennent à grand-peine en 1928.

DEBOUT LES FEMMES !

En envoyant les hommes au front, la Première Guerre mondiale permet aux femmes de montrer qu'elles savent faire marcher les affaires en leur absence. En 1949, Simone de Beauvoir publie *Le Deuxième Sexe*, gros livre où elle analyse les causes de la domination des femmes par les hommes dans l'Histoire. À la fin des années 1960, le mouvement féministe se structure et obtient le droit à la contraception, le droit de travailler et d'ouvrir un compte en banque sans l'autorisation du mari, l'égalité dans l'autorité parentale, l'égalité des salaires à qualification égale.

LE COMBAT N'EST PAS FINI

Dans bien des pays du tiers-monde, la condition des femmes reste difficile du fait de la pauvreté et des mentalités. Beaucoup de filles ne vont pas à l'école et sont placées comme bonnes dans les familles riches ou vendues comme prostituées. En Inde ou en Chine, on tue encore parfois des petites filles à la naissance parce qu'un garçon peut travailler et recevoir l'héritage de sa famille, alors qu'on doit offrir une dot pour marier sa fille.

QUELQUES DATES
EN FRANCE

1903 : 1ʳᵉ femme prix Nobel, Marie Curie

1924 : création du bac pour les filles

1944 : droit de vote des femmes

1947 : 1ʳᵉ femme ministre, Germaine Poinso-Chapuis

1965 : autonomie financière de la femme mariée, égalité des époux pour gérer les biens du ménage

1967 : droit à la contraception

1972 : « le » major à l'entrée de la 1ʳᵉ promotion mixte de l'École Polytechnique est une fille !

1975 : autorité parentale partagée à égalité

1980 : 1ʳᵉ femme à l'Académie française, Marguerite Yourcenar

1983 : loi sur l'égalité professionnelle

1991 : 1ʳᵉ femme Premier ministre, Édith Cresson

2000 : loi sur la parité favorisant les candidatures féminines aux élections

2007 : 1ʳᵉ femme au second tour de l'élection présidentielle, Ségolène Royal.

☆ COMPRENDRE

Vous avez l'impression que tout cela est de l'histoire ancienne ? C'est vrai qu'en France le sexisme est effacé de la loi. Mais aujourd'hui encore, moins de femmes que d'hommes occupent des postes à responsabilités, alors qu'elles sont en moyenne plus diplômées. Leurs salaires restent globalement inférieurs de 19 % environ à ceux des hommes, et elles sont davantage touchées par le chômage.

EH, LES FILLES, C'EST PAS JUSTE !

Au Parlement européen, il n'y a que 37 % de femmes. En 2000, la loi sur la parité a été votée pour renverser la tendance : elle oblige les partis à proposer plus de candidates aux élections. C'est une « discrimination positive » : les hommes pourraient crier au sexisme à leur tour ! Certaines femmes ont d'ailleurs critiqué ce sexisme à l'envers.

Sources : Le Parlement européen

AU FOUR ET AU BOULOT ?

Reste qu'aucune loi ne peut changer du jour au lendemain des habitudes anciennes. Même si les hommes participent davantage aux tâches ménagères et à l'éducation des enfants, il est toujours difficile pour une femme de mener de front sa vie de famille et sa carrière. Ce qui a heureusement disparu, c'est le climat de guerre des sexes qui a marqué les années 1970, menaçant de diviser la société en deux camps. C'était oublier qu'entre les hommes et les femmes le sentiment le plus naturel est l'amour !

VOUS AVEZ DIT PAREILS ?

Aujourd'hui, on essaie de construire une société où l'on se comprend mieux, où l'on a les mêmes droits et les mêmes devoirs. Mais il faut rester vigilante parce que les acquis sont fragiles. La lutte contre le sexisme ne doit cependant à aucun prix nous faire tomber dans l'uniformité. Stricte égalité devant la loi, oui ; absolue égalité de dignité, oui ; mais il y a des différences à ne pas gommer. Un homme est un homme, une femme est une femme : c'est comme cela que l'on s'aime !

VOIR AUSSI
FEMMES.

CONSEILS
▲ Si vous voulez l'égalité avec les garçons, il faut en accepter les inconvénients : ne pas rechigner devant le rendez-vous citoyen !
▲ L'égalité n'empêche pas la courtoisie. Vous avez le droit d'apprécier qu'un garçon vous aide à porter votre valise.

SHOPPING

VIVEMENT LES SOLDES !

Faire du shopping, ce n'est pas seulement aller s'acheter des vêtements. C'est aussi et surtout « faire les magasins » : regarder les vitrines, découvrir ce qui est à la mode, essayer des tas de choses, rêver de pouvoir tout s'acheter, défiler devant les copines et piquer des fous rires ensemble. C'est une activité proprement féminine (même si certains garçons aiment cela), une manière de se délasser, un temps pour se faire plaisir.

ENTRE COPINES, EXCLUSIVEMENT !

C'est aussi l'occasion de se raconter des secrets de filles, de faire des projets pour la prochaine soirée, de chercher son look. Avec les copines, vous vous amuserez sans doute plus qu'avec votre mère, parce que vous pouvez traîner et avoir plusieurs avis. Elles vous aident à discerner ce que vous aimez, ce qui vous va (attention néanmoins à la bonne copine qui vous fait acheter du XXL en prétendant que c'est juste la bonne taille !).

BESOIN OU ENVIE ?

Quand vous faites du shopping, de deux choses l'une : soit vous avez une idée précise de ce que vous voulez (essayez quand même d'être flexible : après tout, entre le pantalon noir dont vous avez rêvé et celui-ci, gris anthracite, qui vous va comme un gant, il n'y a qu'un demi-ton d'écart !), soit l'occasion fait le larron et vous repartez avec une petite robe d'été ou un pull, un soutien-gorge ou des chaussures… Des fantaisies dont vous n'aviez pas vraiment besoin, mais qui font plaisir : le shopping marche aussi aux coups de cœur !

☆ INFO ?

SUR INTERNET

Aujourd'hui, la majorité des grandes enseignes a un site internet sur lequel on peut acheter directement en ligne. De plus, il existe des sites spécialisés dit « de ventes privées » qui vous proposent des prix très attractifs ! Une bonne manière de faire des affaires ! Attention toutefois, comme vous ne pouvez pas essayer les vêtements, assurez-vous de pouvoir les retourner gratuitement, et de vous les faire rembourser.

☆ COMPRENDRE

Faire du shopping est un jeu qui se pratique à plusieurs, pour se donner des idées et du courage. Vous entrez dans les boutiques rien que pour voir, même dans celles qui vous intimident ; vous essayez des vêtements que vous n'avez pas l'intention d'acheter, vous testez les rouges à lèvres sur la main, vous respirez les parfums (attention, pas trop à la fois, vous ne sentiriez plus rien). Bref, vous vous donnez, le temps de quelques heures, le droit de rêver.

QUELQUES RÈGLES QUAND MÊME !

Cela ne doit pas vous empêcher de respecter quelques règles de savoir-vivre. Évitez de faire déballer une dizaine de paires de chaussures ou de robes quand vous savez que vous n'en prendrez aucune. Après votre départ, les vendeuses ne doivent pas avoir l'impression qu'une tornade a balayé leur magasin !

ACHETER, ÇA S'APPREND

On peut aussi faire du shopping pour apprendre à acheter. Accompagner une amie qui sait déjà choisir constitue un bon apprentissage qui vous permet de faire connaissance avec les marques, les matières et les tailles. Et quand vous voulez commencer à acheter vos vêtements seule, il est rassurant d'y aller avec une ou deux copines de confiance : elles sauront vous dissuader d'acheter quelque chose qui ne vous va pas, même si vous en avez très envie, ou un vêtement qui ferait double emploi avec ceux que vous avez déjà, ou encore un habit trop cher qui ferait exploser le budget que vous vous êtes alloué !

LE SHOPPING NE DOIT JAMAIS VIRER AU DRAME !

Règle n° 1 pour que le shopping reste un plaisir et ne devienne pas un cauchemar : n'achetez jamais un vêtement dans lequel vous ne vous sentez pas à l'aise, même s'il est à la mode, que toutes vos copines en ont, que votre mère vous dit qu'il vous va à ravir et que la vendeuse la soutient énergiquement : il finira au fond d'un placard. C'est particulièrement vrai pour les chaussures. Elles vous font

mal ? Renoncez tout de suite, même si vous les adorez : sinon, vous finirez, de toute façon, par abandonner la partie, les pieds pleins d'ampoules.

Quand vous commencez à acheter vos vêtements seule :
- Fixez-vous un prix maximal à ne pas dépasser. Si vous êtes du genre très dépensière, faites-vous accompagner par une amie, dites-lui votre budget et obligez-la à vous dire non quand vous commencez à le dépasser.
- Faites le tour de votre garde-robe pour évaluer objectivement ce dont vous avez impérativement besoin : chaussures, manteau, jupe, pantalon, hauts. Quand vous craquez sur un vêtement, interrogez-vous.
À quelle occasion le porter ? Avec quels autres de vos vêtements va-t-il aller ? Comment se lave-t-il ? Est-il de bonne qualité ou va-t-il ressembler à un chiffon au bout de trois lessives ? Risque-t-il de déteindre, de rétrécir, d'être difficile à repasser ?
- Apprenez à repérer les boutiques où vous aurez le plus de chances de trouver votre bonheur, en fonction de vos goûts et de votre morphologie : vous éviterez de perdre du temps à piétiner dans des magasins où vous

n'achèterez jamais rien. Mais restez quand même suffisamment curieuse pour éviter la routine !
- Profitez des soldes : allez repérer ce qui vous plaît quelques jours avant et attendez que les articles soient démarqués.
Attention cependant à votre taille. Si vous faites un 38-40 et 37 ou 38 de pointure, vous risquez fort de ne plus trouver grand-chose si vous attendez trop !
- Jour des soldes : évitez de devenir un prédateur en chasse, une lionne prête à mordre pour défendre le petit top qu'elle vient d'arracher des mains d'une autre. Faire une bonne affaire, d'accord ; perdre tout savoir-vivre, bof.
- N'achetez jamais un vêtement sans l'avoir essayé !

VOIR AUSSI
LOOK.

335

SIDA

SE PROTÉGER, C'EST POSSIBLE !

Sida (Aids en anglais) veut dire « syndrome d'immunodéficience acquise ». Un syndrome est un ensemble de symptômes ; immunodéficience signifie que le système immunitaire est déficient et ne peut plus protéger le corps des attaques microbiennes.

✩ S'INFORMER

Le sida est une maladie provoquée par un virus appelé VIH (HIV en anglais) – « virus de l'immunodéficience humaine » – qui détruit progressivement le système immunitaire. Lorsqu'une personne est contaminée, elle ne tombe pas tout de suite malade. Le virus se propage dans son organisme, qui commence par résister en produisant des anticorps. Quand ceux-ci sont détectables dans le sang, la personne est séropositive.

QUAND LE CORPS SE TROUVE SANS DÉFENSE

On peut être séropositif pendant des années sans avoir de symptômes. Mais le virus continue son travail de sape des défenses immunitaires jusqu'à ce que la personne ne puisse plus se défendre du tout. La moindre infection bénigne (comme une grippe) peut alors être mortelle.

PAR LE SANG ET LES RAPPORTS SEXUELS

Le VIH se trouve dans le sang, le sperme ou les sécrétions vaginales des personnes contaminées. La transmission sexuelle est de loin la plus fréquente : un seul rapport suffit pour être contaminée. La transmission sanguine passe surtout par les seringues contaminées qu'utilisent les toxicomanes, mais la vente libre et la distribution gratuite de seringues ont considérablement diminué ce risque. La transfusion sanguine a contaminé beaucoup de malades en France avant 1985, jusqu'à ce que soient appliquées des mesures sanitaires draconiennes. Une femme enceinte peut aussi transmettre le virus à son bébé.

LE SIDA N'EST PAS LA PESTE

Ce sont les seuls modes de transmission de la maladie. Il n'y a donc aucun risque de contagion par d'autres types de contacts physiques avec un séropositif (baiser, poignée de main) ou par un objet qu'il aurait touché (verre, toilettes, téléphone, eau de la piscine, etc.).

DOUTE ? UNE VÉRIFICATION S'IMPOSE

Après une relation sexuelle non protégée, ou après une blessure avec un objet souillé du sang d'une autre personne, il faut aussitôt (si possible dans les 48 heures) consulter un médecin, se présenter aux urgences d'un hôpital ou dans un centre de dépistage. Suivant la gravité du risque, un traitement de 4 semaines peut être prescrit pour tenter d'empêcher l'infection par

le VIH. Mais ce traitement
lourd ne réussit pas toujours.
Il faut attendre 3 mois pour
faire un test et être sûre de
ne pas avoir été contaminée :
c'est le temps que met le corps
pour développer des anticorps
détectables dans le sang.

TRAITEMENTS :
RALENTIR SANS GUÉRIR
Les traitements contre le sida
permettent de soulager les
malades et de leur assurer de
meilleures conditions de vie,
mais ils ne font que ralentir
le processus de destruction
du système immunitaire.
La trithérapie est certes très
efficace pour retarder les effets
du virus, mais elle ne guérit
pas définitivement du sida :
les personnes séropositives
doivent se soigner toute leur
vie. Ce traitement est très
contraignant et a souvent des
effets secondaires pénibles.
Par ailleurs, il est très cher et
seuls les pays riches peuvent
soigner leurs malades
correctement. En France,
les personnes séropositives
sont prises en charge à 100 %
par la Sécurité sociale.

☆ INFO +

En 25 ans, plusieurs millions de
personnes sont mortes du SIDA
dans le monde. Depuis 2007 et
grâce à une meilleure politique
de prévention, le nombre de
morts par an diminue peu à
peu (1,5 million de morts en
2013, soit 11,8 % de moins
qu'en 2012). 36,7 millions de
personnes dans le monde vivent
avec le VIH et près de 70 %
d'entre elles viennent d'Afrique
subsaharienne. En France, 10 %
des nouvelles contaminations
concernent les 15-25 ans.
Sources : UNAIDS

☆ COMPRENDRE

Les personnes séropositives
peuvent mener une vie normale
tant que leur santé le leur
permet. Il faut beaucoup
les entourer : elles ont besoin
de se sentir accueillies et
de pouvoir partager la vie
quotidienne de ceux qu'elles
aiment.

CE N'EST PAS
UNE PUNITION
Il n'existe pas de malades frappés
justement ou injustement
par le sida : hétérosexuels,
homosexuels, transfusés,
enfants, adultes sont tous des
victimes, des personnes à aimer
pour ce qu'elles sont et qu'il faut
apprendre à voir autrement
que comme des malades.

PRÉCAUTION OBLIGATOIRE
En France, les spécialistes
de la maladie déplorent une
recrudescence des cas de
contamination. Malgré
les campagnes d'information,
trop de personnes contractent le
VIH, souvent par manque
de prudence. Certains
imaginent que le sida est
de l'histoire ancienne, une
maladie que l'on peut soigner.
C'est faux : il reste une maladie
incurable très grave, même s'il
n'est plus mortel à 100 %.
La seule façon de se protéger
est de s'abstenir de rapports
sexuels ou de vivre une relation
amoureuse fidèle et stable.
Si ce n'est pas le cas, il faut
utiliser un préservatif.

VOIR AUSSI
IST, PRÉSERVATIF.

337

★ SOLIDARITÉ ★

★ JE SUIS SOLIDAIRE... MAIS DE QUOI ? ★

☆ S'INFORMER

Au sens propre, la solidarité désigne ce qui fait que deux parties d'un mécanisme fonctionnent ensemble. Les anneaux d'une chaîne sont solidaires : si l'un est supprimé, l'autre ne tient plus.

BESOIN DES AUTRES

Ce qui vaut pour les anneaux d'une chaîne vaut aussi pour les hommes ! Ils dépendent les uns des autres. D'abord, très concrètement, pour vivre : vous avez besoin du boulanger pour avoir du pain ; lui a besoin du maçon pour construire sa maison, lequel a besoin du médecin lorsqu'il est malade. Chacun par son métier est utile aux autres. Mais la solidarité des hommes entre eux est aussi morale : ils ont besoin de communiquer, de tisser des liens, d'être reconnus et aimés. Ils sont faits pour vivre en société plutôt que sur une île déserte !

POUR LE MEILLEUR ET POUR LE PIRE

La solidarité est aussi un choix quand on décide d'assumer ensemble une responsabilité, par exemple, celle de se marier et d'avoir des enfants.

La famille est le premier lieu où se vit la solidarité. Un homme et une femme qui se marient deviennent solidaires, ils se doivent assistance « pour le meilleur et pour le pire », dit le Code civil ! Vos parents sont solidaires de vos actes tant que vous ne pouvez pas les assumer : si vous êtes mineure et que vous causez des dommages à quelqu'un, vos parents devront payer.

TOUS À LA RESCOUSSE

Dans votre bande, vous êtes solidaires les uns des autres : vous vous entraidez, vous prenez la défense de celui ou celle qui est attaqué(e), vous partagez les joies et les peines de chacun(e). Il y a aussi une forme de solidarité à l'égard de gens que l'on ne connaît pas, les victimes de guerres ou de catastrophes naturelles qui sévissent à l'autre bout de la planète : aujourd'hui, grâce à l'information, vous vous sentez proche de gens géographiquement très lointains. On dit que notre planète est un « village » ; or, dans un village, la solidarité n'est pas un mot vide de sens !

UN AUTRE MOT POUR LE DIRE

La solidarité est un engagement volontaire au nom de certaines valeurs : la justice, le souci des autres, la conscience que l'on a tous les mêmes droits, qu'il faut s'entraider. Autrefois, on utilisait le mot « charité », qui signifie « amour ». Mais il a été détourné de son sens premier et il est devenu synonyme d'assistance, voire de pitié ou de mépris, comme si ceux qui reçoivent de l'aide étaient des êtres inférieurs. Par le mot « solidarité », on désigne une entraide d'égal à égal, où chacun est reconnu pour sa valeur : chacun reçoit et chacun donne.

☆ COMPRENDRE

Vous avez besoin de vos parents, de votre famille, de vos amis, de tous ceux qui vous aiment et vous permettent de vous épanouir. Découvrir la solidarité, c'est prendre conscience que les autres aussi ont besoin de vous et qu'ensemble on est plus fort.

RÉSERVÉE AUX CATASTROPHES ?

Générosité et solidarité sont sûrement des mots qui vous tiennent à cœur. Mais vous ne voyez peut-être pas comment les appliquer à votre échelle. Car à trop regarder la télévision, on pourrait croire que la solidarité est réservée aux événements spectaculaires. Pourtant, non. Vous n'êtes pas obligée d'attendre qu'une tornade ravage la maison des voisins pour être « solidaire » !

DISCRÈTE MAIS EFFICACE

Vous pouvez être solidaire en refusant de laisser tomber la copine qui déprime et qui n'est pas franchement drôle en ce moment ; inviter dans votre bande la nouvelle qui se sent seule ; être déléguée de classe pour défendre les élèves. Parfois, c'est plus difficile. Par exemple, lorsque la voix de la solidarité vous souffle de prendre la défense du bouc émissaire de la classe et, pour cela, de vous désolidariser du groupe pour être solidaire de la victime.

INCONDITIONNELLE ?

Eh oui ! la solidarité demande du courage, et de la réflexion aussi. Vous n'avez pas à être solidaire de n'importe quoi. Si la classe défend un élève devant un professeur alors que vous estimez qu'il est en tort, vous n'êtes pas obligée d'être solidaire. Si votre bande joue à piquer les verres lors d'une virée dans un café, vous êtes en droit de vous désolidariser. La solidarité n'est pas l'obligation de faire comme tout le monde ! Il s'agit de se battre, oui… mais pour la bonne cause.

INFO +
La solidarité n'est pas qu'une histoire d'argent, mais elle passe aussi par une entraide financière.
Dans notre société, il existe des systèmes de solidarité. La Sécurité sociale en est un : tout le monde verse des cotisations en fonction de ses revenus, et ceux qui sont malades reçoivent cet argent pour payer une grande partie de leurs dépenses.
Il y a aussi une solidarité financière entre ceux qui ont un travail et ceux qui n'en ont pas : les chômeurs reçoivent une allocation financée par les cotisations de ceux qui travaillent.
Les retraites sont aussi une forme de solidarité entre les générations.

339

★ SOLITUDE ★

★ J'ME SENS SI SEULE !

✩ S'INFORMER

À votre âge, il n'est pas rare de se sentir très seule. On est complexée, souvent timide, on ne se sent vraiment à l'aise avec personne, on a le sentiment de n'être jamais comprise ni acceptée. Pour peu que votre meilleure amie – la seule avec laquelle vous vous sentez bien – déménage, la solitude peut devenir écrasante. Vous vous dites que vous n'avez pas d'amis, que vous êtes nulle et sans intérêt, que personne ne pense à vous inviter, alors que les autres ont plein de copains et sortent tout le temps. Vous pourriez bien disparaître, personne ne s'en rendrait compte !

SATURDAY NIGHT BLUES

Rien de pire que la soirée du samedi soir quand les parents sont sortis et que votre petite sœur dort tranquillement. Vous imaginez des tas de fêtes sympas auxquelles vous n'avez pas été invitée, vous pensez au garçon qui vous plaît et qui va certainement sortir avec une autre. Bref, vous êtes persuadée que tous les autres s'amusent.

Vous vous sentez seule, terriblement seule, et vous avez du mal à vous dire que cela va s'arranger un jour.

SEULE AU MILIEU DE TOUS

Et que dire de cette solitude que vous éprouvez au milieu de tous, au sein de votre famille, ou même de vos copains ? Elle vous saisit à la gorge au milieu d'une fête de famille, d'une soirée ou dans un café alors que vous êtes avec des amis… Vous êtes entourée de monde et pourtant vous avez le sentiment d'être affreusement seule. Les mots passent sur vous sans vous atteindre. Vous n'avez pas les mêmes préoccupations que tous ces gens, vous avez des soucis, vous crevez de n'être pas aimée… Mais eux ne se rendent pas compte de cette souffrance, tout à leur insouciance (du moins le croyez-vous). Alors vous jetez un voile pudique sur cette grande douleur pour la cacher tant bien que mal aux gens que vous aimez, pour qu'ils continuent de croire que tout va bien.

✩ COMPRENDRE

La solitude peut devenir un gouffre dont vous n'arrivez plus à sortir : vous avez l'impression que vous ne comptez plus pour quiconque, que tout le monde vous laisse dans votre coin.

J'SAIS PAS COMMENT FAIRE

Aller vers les autres devient un véritable calvaire. Vous ne savez plus comment les aborder, ni quoi leur dire. Vous vous trouvez gauche, ridicule, alors qu'enfant le contact avec les gens était si facile pour vous ! Ils vous trouvaient mignonne, drôle ; maintenant vous avez l'impression d'être transparente ou de les ennuyer. En outre, la solitude est souvent un cercle vicieux : quand vous êtes seule, vous intimidez les autres, et personne n'ose trop vous aborder, alors qu'il suffirait peut-être de faire le premier pas pour que tout s'arrange.

FACILE À DIRE !

Pour l'instant, si vous vous sentez seule, vous ne voyez sans doute pas comment vous en sortir. Vous faire des amis ?

La belle affaire ! Si c'était facile, cela se saurait ! Les parents ? Ils ne se rendent pas compte de ce que vous vivez (cela, c'est ce que vous croyez, mais ils sont rarement aveugles et font probablement tout ce qu'ils peuvent pour vous entourer). Alors, que faire ?

ÇA NE DURERA PAS !

C'est un moment de la vie très difficile à passer. Mais ne vous inquiétez pas : vous ne resterez pas seule toute votre vie ! L'année prochaine, dans votre nouvelle classe, il y aura certainement une ou deux personnes que vous trouverez sympathiques. Vous allez peu à peu prendre confiance en vous, faire de nouvelles rencontres. La solitude frappe beaucoup d'adolescentes, qui ne sont ni plus laides, ni plus bêtes, ni moins intéressantes que les autres, et sans que cela présage en rien de leur vie future.

UN MAUVAIS MOMENT À PASSER

Bientôt, dans la vie active et bien remplie qui sera la vôtre, vous oublierez presque ces moments de solitude qui vous rendent si malheureuse aujourd'hui. Vous vous en souviendrez avec émotion, et espérons que cela vous donnera envie d'entourer de beaucoup de douceur ceux qui vivront ce moment difficile de la vie.

☆ CONSEILS

JE SUIS LA SEULE

Peut-être vous sentez-vous seule parce que vous avez réellement des goûts différents des filles de votre âge. Vous aimez la poésie, pas la télé ; la musique classique, pas la techno ; l'astrophysique, pas le shopping. Cherchez des gens qui vous ressemblent, ils n'ont peut-être pas votre âge, et alors ?

POUR ADOUCIR SA SOLITUDE

Il n'y a pas de remède miracle contre la solitude, seulement quelques pistes pour essayer d'en sortir…

- Inscrivez-vous dans un cours de sport, de danse, de musique, et parlez avec les gens qui sont avec vous : ils ne se doutent pas que vous vous trouvez nulle !
- Organisez des soirées chez vous. Qui inviter ? Toute la classe. Mais si, vous aurez du monde ! Quand il s'agit de s'amuser, tout le monde est partant.
- Proposez à des filles de votre classe de faire vos devoirs ensemble.
- Abordez cette autre fille un peu solitaire que vous croisez souvent : à deux, vous serez plus fortes et déjà moins seules.

VOIR AUSSI

BLUES, TIMIDITÉ.

341

SOMMEIL

LES BONNES NUITS FONT LES BEAUX JOURS

☆ S'INFORMER

À votre âge, vous ne dormez plus autant qu'un enfant, mais vous avez besoin de plus de sommeil qu'un adulte. Il vous faut encore au moins 9 heures de sommeil par nuit. Pourtant, certaines d'entre vous se demandent à quoi sert cette horripilante perte de temps ; d'autres se complaisent dans des grasses matinées sans fin, quitte à ne vivre qu'une demi-journée ! Sans compter celles qui aimeraient dormir et souffrent d'insomnies.

REMISE À NEUF

Le sommeil est une nécessité vitale. Il élimine la fatigue physique et reconstitue l'énergie. C'est aussi pendant ce temps de repos que se fabrique l'hormone de croissance (dormir fait grandir !). Du point de vue intellectuel, la nuit porte conseil, comme chacun sait ! Elle favorise la mémorisation des connaissances, vous libère des tensions de la journée et vous permet ainsi de retrouver équilibre et sérénité. Les gens qui ne dorment pas assez manquent de concentration et sont souvent irritables.

SILENCE RADIO !

Pendant le sommeil, le fonctionnement de votre organisme ralentit : vous respirez plus lentement, votre température baisse, votre corps s'immobilise, vous devenez insensible aux informations extérieures, images, sons et odeurs.

MARCHAND DE SABLE ET SOMMEIL DE LOIR

Il existe deux sortes de sommeil, qui alternent au cours d'une nuit : le sommeil « lent » pendant lequel vous êtes calme avec une respiration régulière ; et le sommeil « paradoxal » où votre corps est dans un état de détente complète alors que votre rythme cardiaque et respiratoire s'accélère, et que vous faites d'imperceptibles mouvements. C'est dans cette phase paradoxale que vous faites le plus de rêves et les rêves les plus étonnants. Un cycle du sommeil dure environ 90 à 100 minutes et comprend une phase lente et une phase paradoxale. Une nuit comporte 4 à 5 cycles.

MARMOTTES ET INSOMNIAQUES

Tout le monde n'a pas les mêmes besoins de sommeil. Ils varient selon l'âge, les habitudes, la personnalité. Il y a celles qui dorment peu et s'en portent bien, et les grosses dormeuses. Celles qui sont du matin et celles qui sont du soir. Celles qui ont du mal à s'endormir et celles qui se réveillent souvent ou trop tôt le matin.

1 MOUTON, 2 MOUTONS...

La difficulté à s'endormir est fréquente au moment de l'adolescence, surtout chez les filles. Elle peut être due à l'anxiété typique à cet âge de grands bouleversements. Vie amoureuse, peur de l'avenir, questions tous azimuts... sont autant d'éléments qui peuvent perturber votre sommeil et provoquer des insomnies sans gravité.

3 768 MOUTONS... RAS-LE-BOL !

En revanche, des insomnies plus graves et répétées peuvent être le signe de difficultés psychologiques qui nécessitent de consulter un médecin. Dans tous les cas, c'est lui qui peut juger de l'opportunité de prendre des somnifères et pas la copine complaisante qui veut bien vous « prêter » les siens !

☆ COMPRENDRE

En matière de sommeil, vous êtes à l'âge du décalage horaire. Le soir, l'envie de dormir ne vous démange pas. Et le matin, sortir de votre lit relève du cauchemar !

L'ÂGE DU NOCTAMBULISME

Vous travaillez souvent tard le soir. Essayez de mieux vous organiser pour ne pas trop veiller au-dessus de vos manuels (si, si, c'est possible !). Mais il n'y a pas que le travail pour écourter vos nuits. La grande « coupable » est plutôt votre formidable envie de vivre, votre impression que la nuit est destinée à la fête ! Si bien que le week-end, vous sortez à l'heure où les chauves-souris s'éveillent, pour vous coucher au chant du coq.

PAS ENVIE D'ÉTEINDRE !

Même quand vous restez tranquillement chez vous après avoir bouclé vos devoirs à une heure raisonnable, vous retardez l'heure du couvre-feu, parce qu'il y a toujours mieux à faire que d'aller se coucher. Résultat : vous manquez de sommeil, et vous compensez cela par de bonnes grasses matinées le week-end, au grand désespoir de vos parents !

COMME UN ZOMBI

Il est essentiel de prendre le temps de récupérer, mais n'abusez pas des grasses matinées ! Profitez des jours où vous pouvez vous coucher tôt pour obtenir votre compte de sommeil. Vivre la nuit et dormir le jour est partiellement envisageable pendant les vacances, mais pas en période scolaire : vous risquez de souffrir d'un manque chronique de sommeil qui vous fatiguera, vous rendra irritable et nuira aussi bien à votre travail qu'à votre joie de vivre.

VOIR AUSSI

FATIGUE, RÊVE, SORTIES.

343

BONS PLANS

Le sommeil est une affaire de rythme et de rites. Il faut trouver les vôtres.
▲ Vous bâillez ? Vous vous frottez les yeux ? Vous ressentez une douce torpeur vous envahir ? Sautez dans votre lit ! Sinon, vous êtes repartie pour un cycle de veille.
▲ Pour favoriser la venue du sommeil, chacune a ses méthodes, mais un bain, un bon livre ou un peu de musique valent mieux qu'un somnifère !
Vous pouvez aussi essayer le verre de lait, la tisane ou le carré de chocolat.
▲ En revanche, ne mangez pas trop au dîner, ne vous couchez pas tout de suite après le repas et ne faites pas d'exercice violent juste avant de vous coucher.

PERMISSION DE MINUIT

Les sorties, c'est un terme général pour désigner toutes les activités
que vous faites en dehors de la famille, avec des copains, le soir ou le week-end :
cinéma, restaurant, concert, soirée...

☆ C'EST QUOI ?

Petite virée au café ou grande soirée chez une copine, les sorties en tout genre donnent de la saveur à votre vie quotidienne. Comme son nom l'indique, une sortie est ce qui vous fait sortir : de la famille, de la maison, de l'habitude, du travail.

POUR TOUS LES GOÛTS

Il y en a pour tous les genres et toutes les humeurs. La sortie détente, genre soirée plateau-repas devant la télévision d'une copine. La sortie sportive à la piscine, voire ultrasportive à VTT toute la journée, celle que vous achevez plutôt contente… de rentrer vous coucher !

SORTIR EN MÊME TEMPS QUE LE FILM

Il y a aussi l'incontournable soirée au cinéma. Quand un bon film sort le mercredi, si vous voulez être à la page, il faut sortir en même temps que

lui ou presque, histoire d'être l'une des premières à le voir. Sans oublier la sortie culturelle au musée ou au théâtre, « prise de tête » pour certaines, « enrichissante » pour d'autres. Parce que oui, vraiment, il en faut pour tout le monde.

☆ COMMENT ?

À votre âge, les sorties sont le moyen de vous construire une vie personnelle en dehors de la maison. C'est le moment de rencontrer des gens nouveaux, des amis d'amis amenés là par leurs amis qui sont les vôtres (vous suivez ?), et qui élargissent le cercle de vos copains.

C'ÉTAIT TOP !

C'est le moment aussi de faire des expériences nouvelles. Une copine vous invite à passer la journée dans un parc d'attractions, une idée saugrenue que vous n'auriez

jamais eue seule ; vous y allez en traînant les pieds et pleine d'*a priori*… et vous en revenez transformée en inconditionnelle des montagnes russes !

FUITES

DANS LE PORTEFEUILLE

Le grand problème des sorties, c'est que la plupart d'entre elles n'ont pas la bonne idée d'être gratuites. Bien sûr, on peut s'en tirer relativement bien. Vous n'êtes pas obligée d'aller écouter les concerts de toutes les stars célèbres dont la tournée passe par votre ville, ces concerts dont le billet d'entrée vous prive de sortie pendant 3 mois ! Mais que ce soit le cinéma ou un pot au café, tout a un prix.

1 HAUT OU 2 CINÉMAS ?

Si bien que le budget « sorties » entre en rude concurrence avec d'autres dépenses : disques, vêtements, chocolat, etc. C'est un problème bassement matériel, mais qui suffit à freiner votre envie de sortir… Eh oui, parce que sans argent on ne sort pas ou on ne s'en sort pas !

NON, MA CHÉRIE, PAS CE SOIR !

Autre frein à vos sorties : l'autorisation parentale. La plupart des parents exercent une surveillance vigilante sur la fréquence des sorties. Sans parler de ceux, stricts, qui ont du mal à comprendre que leur fille a grandi, surtout si c'est l'aînée. Si vous sortez 3 soirs de suite, il y a de fortes chances pour qu'ils vous prient (fermement !) de rester à la maison le quatrième, soucieux de vous voir dormir un peu, même si vous êtes en vacances !

MARCHANDAGE SERRÉ

Ils font aussi attention à l'heure de votre retour. Vous avez sans doute l'expérience des négociations plus ou moins orageuses pour obtenir la permission de minuit et demi au lieu de celle de minuit ? Ne croyez pas qu'ils sont incompréhensifs, rabat-joie et anti-fête : ils sont juste un peu inquiets. Alcool, accidents, agressions, drogues… ils ont peut-être des scénarios catastrophes dans la tête, on entend tellement d'histoires de ce genre !

SANG D'ENCRE

Alors, même s'ils vous font parfaitement confiance, même s'ils sont heureux de savoir que vous vous amusez, ils peuvent avoir peur de l'environnement dans lequel vous êtes et qu'ils ne connaissent pas, peur de vous savoir sur le chemin du retour en pleine nuit… Bref, il y a de quoi les empêcher de dormir sur leurs deux oreilles en attendant votre retour, surtout si vous dépassez l'heure convenue. Vous aimez sortir, ils aiment vous entendre rentrer !

SOYEZ DIPLOMATE !

- Prévenez vos parents à l'avance d'un projet de sortie : ils pourraient avoir prévu de vous demander de garder la petite sœur ce soir-là.
- Ne prévoyez pas de sortie le jour d'une grande fête de famille.
- Faites des choix : pour ne pas vous retrouver privée de la soirée phare de votre semaine, évitez de sortir les jours qui précèdent.
- Donnez à vos parents les indications pour vous joindre en cas de besoin absolu.
- Respectez scrupuleusement votre horaire de retour et appelez si vous avez du retard.
- Ne mentez pas en faisant croire que vous êtes chez une amie alors que vous n'y êtes pas.
- Pour les horaires, ayez des objectifs raisonnables. Gagner une demi-heure tous les 6 mois signifie que, même s'ils veulent vous voir rentrer

à 22 heures à 14 ans, ils vous accorderont 1 heure du matin quand vous en aurez 17. Ce qui n'est pas si mal !

VOIR AUSSI

ALCOOL, DROGUE, FÊTE, RESPONSABILITÉ.

345

SORTIR AVEC

TU VEUX SORTIR AVEC MOI ?

C'est une jolie expression qui veut dire que vous avez noué une relation privilégiée avec un garçon, celui qui vous accompagne dans vos sorties. C'est une notion qui reste volontairement floue mais, pour beaucoup de monde, cela veut dire en tout cas que vous êtes un peu amoureux, que vous vous embrassez sur la bouche.

✿ S'INFORMER

Vous l'avez remarqué, il vous a regardée. Vous l'avez trouvé mignon, il vous a souri. Vous vous êtes souvent retrouvés en classe ou dans une bande de copains et vous avez eu envie de vous voir davantage. Il vous émeut, il fait battre votre cœur, vous avez envie de partager avec lui de la tendresse, des émotions, de vivre quelque chose ensemble, rien que tous les deux. Et puis, un jour, il vous demande : « Tu veux sortir avec moi ? », et vous acceptez avec bonheur.

PLUS QU'UN AMI

Sortir ensemble, c'est vivre une relation privilégiée, sans forcément parler du grand amour et de relations sexuelles. Bien sûr, il y a des émotions, des regards, des caresses et des baisers, un désir de vous toucher, mais vous ne voulez

pas forcément « aller plus loin », ni tout de suite ni peut-être plus tard.

OCCUPÉ !

Cela peut devenir une histoire d'amour, comme cela peut s'arrêter ; vous ne savez pas encore, et parfois vous n'avez pas envie de savoir tout de suite. Mais les amoureux sont déjà considérés comme un « couple » par leurs amis. Quand vous sortez avec un garçon, il n'est plus libre, et les autres filles sont priées de ne pas trop lui tourner autour !

AUCUN ÂGE LIMITE !

Il n'existe pas d'âge pour sortir avec un garçon. Beaucoup de filles commencent au collège, mais il n'y a pas de quoi s'inquiéter si on « tarde » à avoir un copain. Même si vous entrez au lycée sans être jamais sortie avec un garçon, cela n'a rien

d'anormal. Dans ce domaine, il n'y a pas de normes !

✿ COMPRENDRE

Pour sortir avec un garçon, l'important est d'attendre d'en trouver un qui vous plaise vraiment. Cela peut sembler être une évidence ; pourtant, trop de filles se lancent dans une amourette parce que toutes leurs copines l'ont fait et qu'elles ne veulent pas avoir l'air bête. Sortir avec un garçon suppose que vous vous entendiez bien avec lui, que vous ayez des choses à partager, des goûts en commun. C'est la condition pour être bien en sa présence, pour avoir envie de partager de la tendresse et des moments de bonheur ensemble.

POT DE COLLE !

Même si ce n'est pas forcément pour la vie, ni même pour un

an, c'est déjà un engagement qui mérite d'être sincère. Sinon, vous allez vite vous sentir mal à l'aise, souhaiter être partout ailleurs que dans ses bras, inventer n'importe quel prétexte pour rater vos rendez-vous, etc. Bref, vous prendre la tête, et finir par mépriser ce pot de colle transi d'amour qui vous suit partout et vous téléphone toutes les 2 heures ! Être exaspérée n'est pas vraiment le but de l'histoire.

SANS TROP ROUCOULER

Si vous l'aimez et que vous avez envie que l'histoire dure, évitez de passer votre temps à vous embrasser. Vous vous en lasserez vite ! Mieux vaut chercher à vivre des tas de choses variées ensemble. Le choix est vaste. Sports, loisirs, activités artistiques et, pourquoi pas, une entraide pour faire vos devoirs : cela vous fera peut-être aimer les maths ou le français au passage !

LES AUTRES :
ILS EXISTENT ENCORE

Rester active permet en même temps de continuer à voir les autres, les amis. Sinon, l'habitude est vite prise de s'isoler constamment en tête à tête au risque de rétrécir tristement l'horizon… et de finir par s'ennuyer ensemble. À votre âge, il y a tellement de découvertes à faire qu'il vous faudra forcément du temps avant de savoir si vous voulez vous engager dans une vraie histoire d'amour. Chaque chose vient en son temps. En attendant, il est important de garder les yeux grands ouverts sur le monde. C'est d'ailleurs vrai à toutes les étapes d'un amour !

☆ SAVOIR-VIVRE

QUAND VOUS SORTEZ
AVEC UN GARÇON

- Ne faites pas une crise de nerfs chaque fois qu'il se réserve des soirées ou même des week-ends entre copains. Et essayez de vous ménager aussi des temps libres, pour respirer et garder votre indépendance !
- Évitez les démonstrations excessives en public, au lycée ou dans la rue, comme dans les parcs publics ou au cinéma.
- Ne racontez pas votre vie amoureuse à tort et à travers.
- Ne considérez pas celles qui n'ont pas de copain comme des cas sociaux tragiques, respectez leur situation, qu'il s'agisse d'un choix ou non.

VOIR AUSSI

AMOUREUSE, CHAGRIN D'AMOUR, ROMPRE.

347

CONSEILS

Avoir un copain est une chance qui peut vous permettre d'appréhender le monde amoureux des garçons :

▲ en découvrant qu'un garçon peut être timide, fragile, ému, doux et tendre, même sous une écorce de gros dur ;

▲ en vous rendant compte aussi qu'il ne fonctionne pas comme une fille : il ne s'embarrasse pas de discours et va droit au fait, il ne manie pas bien les mots doux, il ne capte pas les sous-entendus, il est plus simple et plus direct qu'une fille ;

▲ en évitant d'être malheureuse et en gardant à l'esprit qu'un garçon peut sortir avec une fille, être sincère et ne pas avoir envie d'être toujours avec elle !

DRESS CODE
DU RENDEZ-VOUS AMOUREUX

Vous allez au ciné ?

Pour la tenue, pas de chichis. Dans le noir, votre prétendant ne va pas trop vous voir. En revanche, la dégustation de la salade de carottes râpées pleines d'ail que votre père vous a préparée avant votre rendez-vous nécessitera l'usage d'une brosse à dents. L'ail, en plus de faire fuir les vampires, a la propriété d'être… détectable, même dans le noir.

Samedi soir, vous l'accompagnez à un match.

On porte quoi dans un stade ? Une minijupe ? Non, sinon vous risquez d'être l'attraction du public, souvent très masculin. Faites simple, fonctionnel, discret : un pull, un jean, un drapeau, une couche de maquillage sur la totalité du visage avec l'inscription : « Allez les gars ! »

Un dîner en tête à tête ?

Essayez de connaître ses centres d'intérêt. Sortez une robe plutôt qu'un jogging s'il vous a dit qu'il détestait le sport. Tentez la chapka en fausse fourrure s'il arrive tout juste du Groenland, le treillis s'il veut être militaire, le scaphandre s'il pratique la plongée… Une attention délicate qui peut tout de même présenter des inconvénients pour manger.

Autres accessoires hautement conseillés.

• Des lunettes de soleil pour pleurer discrètement de bonheur lorsqu'il vous dira, même si vous le saviez, que vous êtes formidable.
• Un dictionnaire, si c'est un intello.
• De l'aspirine, s'il est bavard.

JE SAIS PAS QUOI MEEEEEEETTRE !

PREMIER RENDEZ-VOUS
LES MAUVAIS PLANS À ÉVITER

Le jour de vos anniversaires. Que ce soit le sien ou le vôtre, vos portables ne vont pas cesser de sonner, et vos parents sont impatients de vous faire souffler vos bougies. Pas idéal pour avoir un peu d'intimité.

La chandelle. Un copain débarque alors que vous avez LE rendez-vous crucial avec Ben dans une heure. Évitez de l'emmener avec vous, cela n'aiderait pas vos projets amoureux. Proposez-lui de le retrouver après pour tout lui raconter.

La maison. Sauf si vos parents, vos frères et vos sœurs sont discrets, s'ils ne sont pas du genre à vous faire honte en sortant dès le premier jour les photos de vous, enfant, où vous êtes toute nue dans la baignoire…

Et aussi… La sortie à la fête foraine alors que vous sursautez au moindre bruit, le film d'épouvante quand un mulot vous rend déjà hystérique de peur… bref, évitez de vous retrouver dans les situations où vous savez déjà que vous serez minable.

349
⭐

SPORT

CHACUN CHERCHE SON SPORT...

☆ S'INFORMER

« Sport » est un mot anglais issu de l'ancien français « desport », qui signifie « amusement ». Autrement dit, le sport, individuel ou collectif, est d'abord un plaisir ! Mais c'est un plaisir qui joint l'utile à l'agréable puisqu'il développe le corps. C'est pourquoi il a été transformé en plaisir « obligatoire » par les parents et par le système scolaire, soucieux du bien-être physique des jeunes !

SANS RESSORT POUR LE SPORT

Seulement, à votre âge, ce plaisir est parfois une corvée. Vous vous sentez souvent fatiguée à cause de toutes les transformations physiques de la puberté. Vous êtes aussi un peu fragile parce que votre corps est encore en pleine croissance, les maux de dos vous guettent… Il faut faire attention au type de sport que vous pratiquez.

PRÉCAUTIONS RITUELLES

De toute façon, toute pratique sportive demande de respecter certaines règles pour éviter de se blesser et pour pouvoir en profiter : faire des exercices d'échauffement avant de commencer, bien boire avant, pendant et après l'effort, prendre le temps de récupérer et se nourrir correctement pour compenser la dépense d'énergie.

LE SPORT N'AIME PAS…

Faut-il rappeler que le tabac, l'alcool ou encore le cannabis ne font pas bon ménage avec le sport ? Toutes ces substances freinent les performances… et ne donnent pas vraiment envie de se bouger et de se dépenser !

☆ INFO +

Près de la moitié des 12-19 ans font régulièrement du sport. Les filles sont nombreuses à en pratiquer un dans l'idée de maigrir, alors que les garçons en font plus souvent… pour gagner !

☆ COMPRENDRE

Pourquoi faire du sport ? Pour entretenir son corps, être « bien dans sa peau »… mais surtout par plaisir, eh oui ! Après une séance de sport, on se sent tout de suite mieux, détendue, calme, et souvent même plus optimiste. Parce que le sport n'apporte pas que des bienfaits physiques.

L'EXIGENCE DE LA QUALITÉ

C'est aussi une manière d'être et de vivre. C'est l'apprentissage de l'effort, de la discipline personnelle et de la persévérance. Tous les sportifs vous le diront : personne n'est spontanément doué. Par exemple, aucune danseuse étoile n'est jamais née avec des chaussons aux pieds : on n'a jamais vu un bébé faire ses premiers pas sur les pointes ! Avant d'être vraiment gracieuse, combien d'années faut-il à une danseuse pour travailler la souplesse de son corps ? Cela vaut pour tous les sports : la volonté de devenir performante suppose de l'entraînement, de la volonté, de la patience. Autrement dit, le sport n'éduque pas seulement le corps.

C'EST UN JEU !

Dans le sport, il y a aussi les compétitions avec soi-même : pour améliorer son niveau, et avec les autres. Mais c'est toujours dans un esprit de jeu et de plaisir : on dit de quelqu'un qu'il a un esprit sportif quand il est bon joueur et qu'il respecte les autres. Parce que le sport suppose de se soumettre à certaines règles, de respecter son partenaire et d'accepter l'action collective. D'ailleurs, on se fait souvent des amis dans une activité sportive, et l'on y passe de bons moments. Les matchs, les randonnées, les balades à rollers sont des moments intenses de vie, d'amitié et de plaisir.

LE SPORT, QUELLE HORREUR !

Bien sûr, il y a celles qui ne sont absolument pas sportives, pour lesquelles se bouger est un véritable supplice. Le cours d'éducation physique est le pire cauchemar des filles qui ne savent pas monter à la corde lisse et qui détestent les séances d'habillage et de déshabillage dans des vestiaires à l'odeur douteuse ! Et il y a celles que le sport ennuie ; alors elles prétendent que c'est dangereux. La preuve : les sportifs ont toujours un problème, ils passent leur temps à se casser et à se faire réparer. C'est bien connu, ils vont de foulure en entorse, de plâtre en béquilles !

UN PEU, RIEN QU'UN PEU !

Si vous êtes de celles qui détestent le sport... essayez quand même, juste un peu, pour voir comme cela peut faire du bien ! Toute seule ou avec une copine, un petit jogging régulier dans les bois et, qui sait ? vous en redemanderez peut-être. Et cela ne vous mènera pas forcément aux urgences de l'hôpital le plus proche ! L'important est de trouver votre sport, celui où vous vous sentirez à l'aise dans vos baskets. Inutile effectivement de vous acharner sur le tennis si vous êtes incapable de toucher une balle !

NE MALMENEZ PAS VOTRE CORPS !

Les accros du sport, en revanche, ne doivent pas oublier

d'être prudentes et de ménager leur dos et leurs articulations : il n'y a pas de pièces de rechange ! À haute dose, certains sports sont mauvais : une pratique assidue du step, par exemple, provoque des fissures du tibia ou du péroné. Quand on fait beaucoup de sport, on peut être tentée de prendre des produits qui permettent d'améliorer ses performances. Danger ! Le dopage est une drogue qui nuit à la santé… et fausse le jeu.

UN INVESTISSEMENT POUR LA VIE

Ne vous dites pas que vous ferez du sport plus tard. Si vous n'en prenez pas l'habitude maintenant, vous n'en trouverez jamais le temps à l'âge adulte. Mais surtout, cela vaut vraiment le coup de bien muscler votre corps, vos jambes, vos fesses, votre dos, vos épaules en même temps que vous grandissez et prenez des formes plus adultes. Votre corps s'en souviendra toute votre vie et, même si vous arrêtez pendant des années, il vous sera toujours plus facile de reprendre.

UNE TAILLE DE RÊVE

Non, le sport ne fait pas maigrir, contrairement à ce que pensent beaucoup de filles pour qui c'est son principal intérêt. Le muscle est plus lourd que la graisse. Donc, quand on fait du sport, on prend du muscle : sur la balance, on grossit… Néanmoins, on paraît plus mince parce que les muscles remplacent peu à peu la graisse. Le corps est plus sculpté, plus travaillé. Mais, pour cela, il faut au moins 3 heures de sport par semaine !

☆ BON PLAN

Les abonnements dans les clubs multiactivités tournent autour de 600 € par an.
Mais les municipalités proposent souvent aussi des cours de sport à des prix défiant toute concurrence avec les clubs privés. Renseignez-vous à la mairie de votre ville !

VOIR AUSSI

COMPLEXES.

CONSEIL
Spécial grandes sportives

Passionnée pour un sport ? Déjà performante ? Vous avez la possibilité de suivre un cursus scolaire aménagé pour permettre des entraînements fréquents. Certains collèges et lycées proposent des classes spécialisées de la 6e à la terminale : les sections sportives scolaires. Elles sont organisées au niveau régional. Pour y entrer, il faut vous adresser au rectorat de votre région ou à la direction départementale de la Jeunesse et des Sports. Demandez conseil à votre fédération sportive.
Pour connaître les établissements proposant ces sections sportives et recevoir toute la documentation, vous pouvez vous adresser au secrétariat de la Jeunesse et des Sports, au ministère de l'Éducation nationale ou au Centre d'information et de documentation jeunesse (voir adresses en fin d'ouvrage).

SORTIES
Sortir avec SPORT

MISSION
VENTRE PLAT
FASTOCHE, LA MUSCU !

GAINEZ !

Les pompes, vous n'avez jamais réussi ?
Qu'importe ! Mettez-vous sur la pointe
des pieds, en appui sur vos avant-bras.
Rentrez votre ventre, gardez le dos et
les jambes bien droits – nuque, dos
et jambes doivent être bien alignés.
Comptez jusqu'à 10 puis relâchez en
posant un genou à terre. Et recommencez jusqu'à... ce que vous soyez
fatiguée.

TONIFIEZ !

Allongée sur le dos, ramenez vos genoux
au-dessus de votre poitrine, vos jambes
doivent former un angle droit, lombaires
bien plaquées au sol, bras en coussin sous
la tête. Comptez jusqu'à 20 puis décollez
vos épaules et rentrez le ventre sans tirer
sur votre tête. Revenez à la position initiale.
Répétez trois fois l'exercice. Vous pouvez
également faire cet exercice jambes semi-
fléchies perpendiculaires au sol.

DES FESSIERS EN BÉTON ARMÉ

GAINEZ !

Debout, placez-vous en fente avant : reculez une jambe et fléchissez en laissant vos bras le long du corps. Descendez comme si vous alliez poser votre genou au sol, puis remontez en position complètement verticale. Recommencez cet exercice une dizaine de fois de chaque côté. Même pas fatiguée ? Tentez la douzaine !

TONIFIEZ !

À quatre pattes, visage parallèle au sol, tendez une jambe à l'horizontale, comptez jusqu'à 10, puis passez à l'autre jambe. Répétez l'exercice plusieurs fois puis passez la vitesse supérieure, levez puis baissez la jambe tendue dix fois de chaque côté. Respirez, soufflez.
Allez hop, à la douche !

Le conseil du coach !

Au début de la séance, allez à votre rythme sans forcer. Après l'effort, on s'étire !

SUICIDE

SOS AMOUR !

Comme dans homicide ou infanticide, le suffixe « -cide »
veut dire meurtre : le suicide est le fait de se donner la mort à soi-même.

☆ S'INFORMER

Il y a plusieurs manières de mettre sa vie en danger. Il faut distinguer les tentatives de suicide qui sont souvent des appels au secours (mais qui peuvent malheureusement aboutir à la mort), les conduites suicidaires et les comportements à risques (drogues, alcool, sports ou jeux dangereux, excès de vitesse, etc.) qui peuvent aussi être des appels au secours ou des manières de ne pas vouloir décider soi-même si l'on vivra ou non.

SOUFFRANCE SANS VOIX

C'est toujours la manifestation d'une grande souffrance qui peut avoir plusieurs causes : fragilité et solitude, échec sentimental ou scolaire, conflit avec sa famille, détresse sociale. À un moment donné, on ne se sent plus capable de faire face, sans pour autant savoir appeler à l'aide de manière assez claire.

☆ INFO +

Chaque année en France, 10 500 personnes se suicident. Chez les 15-24 ans, c'est la deuxième cause de mortalité après les accidents de la route. On compte environ 220 000 tentatives de suicide par an ; 3,7 % des jeunes de 15-19 ans ont déjà fait une tentative dans leur vie (2,1 % des garçons et 5,4 % des filles). La moitié de ceux qui ont fait une tentative recommencent dans l'année qui suit.

☆ COMPRENDRE

On ne peut jamais vraiment comprendre un suicide ; c'est ce qui est terrible pour ceux qui restent et se sentent forcément coupables de n'avoir pas pu l'empêcher. Il peut, bien sûr, y avoir un événement qui déclenche le drame : chagrin d'amour, difficultés familiales, perte d'un proche, sentiment d'échec qui fait que la vie paraît soudain invivable. On ne se

sent plus le goût ni la force de continuer. L'espérance et les désirs sont éteints, laissant derrière eux le sentiment que plus rien n'a de sens.

FEUX DE DÉTRESSE

Souvent, une personne qui se suicide ne recherche pas tant la mort que la fin de ses souffrances ou le moyen d'interpeller ses proches, de leur demander de l'aide, ou même paradoxalement d'exister parce qu'elle se sent trop seule, pas assez reconnue, transparente. Ce peut être aussi parce qu'elle ne se reconnaît aucune valeur, pas même le droit de vivre.

DÉMISSION DE LA VIE

Mais, au fond, le suicide reste toujours un mystère, et celui qui s'en va emporte son secret avec lui. On voit des gens rencontrer les pires difficultés, vivre les pires souffrances, et tenir le choc ; et d'autres décider de s'arrêter en route, sans que l'on puisse savoir pourquoi.

TRAGÉDIE ET CULPABILITÉ

Quand cela arrive à quelqu'un de votre lycée, de votre classe, c'est un coup de tonnerre qui met tout le monde K.-O. Vous n'y croyez pas ; vous connaissiez le garçon ou la fille et vous avez du mal à vous dire que vous ne le reverrez plus. Vous essayez de savoir pourquoi il a fait ce geste. Certains sont parfois étrangement fascinés par ce « courage » d'avoir osé affronter la mort, cela les met mal à l'aise. Ses copains comme ses profs (sans parler de sa famille) se demandent ce qu'ils ont fait ou pas fait, ce qu'ils auraient dû faire. Mais ces questions sont des impasses. Alors que faire quand on ne peut plus rien faire ? Pleurer d'abord, il ne faut pas hésiter à se laisser aller à son chagrin, ou même à sa colère. Et puis en parler et se faire aider si cela est trop difficile. La plus belle preuve d'amitié que vous pouvez donner à un copain qui s'est suicidé, c'est de continuer à faire ce que vous aimiez faire ensemble, et de réussir votre vie.

IL N'Y A JAMAIS D'IMPASSE

L'adolescence est une période de grande fragilité où l'on se sent souvent seul et incompris. On peut être tenté d'en finir avec ce malaise. La voix du désespoir est alors très forte, mais il ne faut pas se laisser entraîner dans sa spirale. Il y a toujours une lueur d'espoir quelque part. Il faut s'accrocher à toutes ces petites choses qui donnent du prix à la vie. Et

ne pas hésiter à appeler au secours. Parce que rien n'est insurmontable : ni un chagrin d'amour, ni un deuil, ni des difficultés familiales ou scolaires. Souvent, un suicide procède d'une formidable envie de vivre, mais de vivre une autre vie, plus belle, où l'on serait aimé, reconnu. Cette vie-là, elle existe, vous pouvez la construire. Si cela vous paraît trop dur, il y a des gens pour vous y aider : parents, amis, tous ces proches qui vous aiment même s'ils ne savent pas vous le dire.

☆ INFO +

LES DIFFÉRENTS « PSYS » À CONSULTER

- Le psychiatre est un médecin spécialiste, formé pour traiter ses patients par l'écoute et la prescription de médicaments. Ses consultations sont prises en charge par la Sécurité sociale.
- Le psychologue n'est pas médecin. Il a fait des études de psychologie (DEA ou DESS). Il pratique des tests pour aider

à définir la personnalité ou les capacités de son patient, et peut aussi traiter les souffrances psychologiques.
- Le psychanalyste est un médecin ou un psychologue qui a suivi une formation à la psychanalyse, comprenant une psychanalyse personnelle et une formation à l'analyse des patients. Toutefois, c'est un traitement « réservé » aux adultes : il est extrêmement rare qu'une adolescente suive une psychanalyse.
- Le psychothérapeute propose un traitement, une aide psychologique. Il peut être psychologue, psychiatre ou psychanalyste, avoir ou non une formation suffisante. Il n'y a pas de titre reconnu de psychothérapeute : il faut donc être prudente et se renseigner avant de consulter une personne qui affiche ce seul titre.

357

VOIR AUSSI

DEUIL, MORT.

CONSEIL

Elle ne joue pas la comédie !

Si une copine vous dit clairement qu'elle pense au suicide. Si elle émet des insinuations un peu spectaculaires du genre : « Je suis un poids pour tout le monde, bientôt vous serez débarrassés de moi. » Si elle s'intéresse aux somnifères, aux armes. Si elle vous donne subitement des objets qui lui sont chers, ne croyez pas qu'elle bluffe pour faire l'intéressante. Peut-être est-ce juste une sonnette d'alarme : sans vouloir se tuer, elle vous dit ainsi qu'elle a mal. N'importe : quand on entend une sonnette d'alarme, on doit réagir au quart de tour. Parlez-en le plus rapidement possible à un adulte que vous connaissez bien et qui a sa confiance.

★ SUSCEPTIBILITÉ ★

JE NE SUIS PAS SUSCEPTIBLE !

Littéralement le mot latin dont vient << susceptible >> désigne
<< celui qui prend les choses par-dessous >>, ce qui signifie d'abord celui
qui prend mal les choses, mais aussi celui qui ne sait pas prendre de la hauteur
et qui prend tout au premier degré. En gros, être susceptible,
c'est se vexer facilement pour pas grand-chose, voire pour rien.

☆ S'INFORMER

Quand vous êtes susceptible, vous ne supportez pas bien la critique. C'est une question de nature : il y a des gens plus susceptibles que d'autres, comme s'ils étaient plus fragiles.

SYMPA !

C'est aussi une question d'âge. Beaucoup de jeunes ont une susceptibilité à fleur de peau. Vous-même, vous supportez peut-être assez mal que les gens se moquent de vous, vous critiquent ou vous fassent des remarques. Si votre grand-mère vous dit qu'il y avait des fautes d'orthographe dans votre dernière lettre, vous êtes vexée au point de vous dire que vous ne lui écrirez plus jamais. Si votre père répond simplement : « Tout à l'heure ! » quand vous le dérangez dans la lecture de son journal, vous pensez qu'il se fiche de ce que

vous avez à lui dire. Si vous voyez des agressions partout et si vous êtes terriblement offensée par ce que vous imaginez être des marques de mépris, vous y êtes : c'est cela, la susceptibilité.

☆ COMPRENDRE

Être susceptible à votre âge, c'est normal. Vous avez quitté le monde protégé de l'enfance. Vous découvrez un monde qui n'est pas toujours tendre, loin de là ! Les gens sont bourrés d'exigences, certains sont dotés de redoutables langues de vipère, les critiques fusent, les attaques verbales vont bon train… Pas étonnant que vous vous sentiez vulnérable, étant donné l'incroyable capacité des gens à casser du sucre sur le dos des autres, sans épargner qui que ce soit, même leurs « meilleurs amis » !

CES DOUTES QUI DÉSTABILISENT

À cela s'ajoutent les doutes que vous pouvez éprouver en cette période de grandes transformations. Vous n'êtes pas toujours sûre d'être aimée ni aimable, vous avez peur de vous tromper, vous ne vous comprenez pas toujours très bien vous-même, vous vous sentez sans protection… et vous devez pourtant inventer la suite de votre histoire.

JE VOUDRAIS ÊTRE TELLEMENT MIEUX !

En même temps, vous avez une haute idée de ce que vous devez être, vous voudriez faire de grandes choses et aimeriez que votre valeur soit reconnue. Alors, quand vous avez l'impression de ne pas être prise au sérieux ou respectée, vous pensez forcément que ces objectifs sont loin d'être atteints ! Du coup, blessée, vous répliquez violemment à des agressions qui n'en étaient pas, vous n'arrivez pas à vous faire comprendre, vous prenez la mouche pour un rien et vous récoltez les moqueries (souvent gentilles d'ailleurs) des adultes qui soupirent : « Ne sois pas si susceptible ! »

L'ARME INFAILLIBLE

Si vous êtes de celles qui réagissent ainsi, essayez de remédier au problème avec l'arme infaillible par excellence, l'humour. C'est un trésor : quand vous réussissez à rire de vous ou de ce qui vous arrive, vous êtes sauvée.

Vous vous mettez hors de portée des moqueries des autres puisque vous vous moquez de vous-même. Mais cela nécessite de savoir prendre du recul, ce qui n'est pas forcément inné. Patience : c'est une capacité qui s'acquiert avec le temps !

VOIR AUSSI
COMPLEXES, CRITIQUES.

BONS PLANS

▲ Ne réagissez pas au quart de tour : quand quelqu'un vous parle, ce n'est pas forcément pour vous agresser… c'est peut-être même quelqu'un de bien intentionné qui essaie de vous dire quelque chose gentiment. Ce serait dommage de vous fâcher et de l'envoyer promener !

▲ N'attachez pas trop d'importance à ce que les gens disent de vous, c'est souvent tellement contradictoire et superficiel ! Pour répondre aux moqueries, le mieux est encore… de s'en moquer.

▲ Ne tombez pas non plus dans la paranoïa. Quand les gens rient, ce n'est pas forcément de vous. Si deux copines sont en train de se parler à l'oreille, elles ne disent pas obligatoirement des horreurs sur votre compte. Si votre amie a oublié de vous prévenir que la bande se retrouve au café après le cours, ce n'est pas exprès pour que vous ne veniez pas ! Quand on vous dit que vous êtes susceptible, ce n'est pas un reproche… c'est de la compassion devant un trait

de caractère qui fait plus souffrir la personne en question que son entourage.

TÉLÉPHONE

ALLÔ, T'ES OÙ ?

Depuis 1876, date de son invention, le téléphone a beaucoup changé. Plus besoin d'actionner une manivelle ni de passer par une opératrice, même le bon vieux téléphone fixe a pris un coup de jeune : plus de fil, rappel automatique, répondeur incorporé, et même quasi-gratuité quand on utilise une ligne internet haut débit.

LA RÉVOLUTION PORTABLE

Aujourd'hui, la plupart des gens ont un téléphone portable. C'est pratique : vous pouvez prévenir que vous arrivez en retard, informer ceux qui viennent vous chercher de l'endroit précis où vous êtes, etc. Mais attention ! le portable reste un appareil qui coûte cher.

FORMULES AU CHOIX

Vous avez différentes formules à votre disposition : cartes, forfaits ou mini-forfaits, forfaits bloqués. Avec une carte, la minute est plus chère, mais il est plus facile de contrôler votre consommation. Avec un forfait, vous comptez moins vos minutes, mais attention : dès que vous dépassez l'horaire autorisé, la minute devient très chère. Les mini-forfaits, eux, offrent des minutes bon marché sans vous obliger à une consommation minimale de 2 heures par mois. Le mieux, si vous n'êtes pas sûre de résister à la tentation, c'est le forfait bloqué : au-delà du temps compris dans le forfait, il faut attendre le mois suivant pour téléphoner. Attention, en revanche, aux prétendus forfaits illimités en SMS… qui ne permettent plus d'en envoyer quand vous avez atteint votre quota d'heures.

OUVREZ L'ŒIL, ET LE BON !

Quelle que soit la formule à laquelle vous vous abonnez, lisez votre contrat mot à mot. Posez-vous en particulier les questions suivantes : que se passe-t-il en cas de perte ou de vol ? Est-ce que l'on me donnera automatiquement un autre appareil ou faut-il souscrire une assurance spécifique ? Pour combien de temps suis-je engagée ? Est-ce que j'aurai droit à des avantages pour remplacer mon portable au bout d'un ou deux ans de forfait ?

EN CAS DE VOL OU DE PERTE

Portez plainte et informez immédiatement le service clientèle de votre opérateur téléphonique qui suspendra votre ligne. Certains smartphones sont aujourd'hui équipés de système de géo-localisation. Une fois activé, cela permet de savoir où se trouve son téléphone depuis un ordinateur. Pratique si vous le perdez !

À QUOI SERT VOTRE PORTABLE ?

Objet culte ou gadget, le portable a acquis des tas de fonctions : il contient un réveil, un agenda électronique, il photographie, filme, enregistre et permet également de se connecter sur Internet. Les filles l'habillent de petits accessoires et d'étuis décoratifs.

TÉLÉPHONITE

On en oublierait presque que le téléphone est d'abord un moyen d'échanger des informations, et bien plus encore. Avec les portables, c'est tellement facile d'appeler pour tout et rien. Le téléphone est devenu un moyen de passer un moment avec celui ou celle qui est loin, ou de partager ses états d'âme et ses secrets. Et là, les femmes sont généralement plus douées que les hommes… Quant aux adolescentes, elles sont imbattables !

LE PORTABLE EST-IL DANGEREUX ?

Certains médias accusent le portable de provoquer des maux comme des migraines, des pertes de mémoire, des tumeurs au cerveau, ou même la maladie d'Alzheimer ! Aucune étude scientifique n'a pu prouver de tels effets. Cela dit, il s'agit d'une technologie récente et il faudra du temps pour en mesurer vraiment les effets. En attendant, on ne sait jamais : évitez de l'avoir toujours collé à l'oreille. Elle risque de devenir toute rouge !

S'il est préférable d'adopter un code de bonne conduite pour le téléphone fixe familial afin d'éviter les conflits à répétition à propos de la durée d'utilisation et du coût qui s'ensuit, le portable a aussi ses lois : vous êtes tenue de vous conduire de manière à ne pas déranger les autres et à ne pas jeter votre argent (ou celui de vos parents) par les fenêtres.

ALLÔ, TU ME VOIS ? J'ARRIVE !

Vous avez certainement des tas de choses à dire… qui peuvent attendre que vous rencontriez la personne concernée. Pas besoin, par exemple, d'appeler les copines pour leur dire que vous arrivez, alors que vous êtes à deux pas du lieu de rendez-vous. En revanche, si vous sentez que vous allez être très en retard, il est délicat de prévenir : et là, vive le portable !

EST-CE QUE JE TE DÉRANGE ?

Vous pouvez joindre quelqu'un n'importe quand et n'importe où sur son portable. C'est bien pratique… pour vous ! Mais cela peut le déranger.
S'il décroche, ayez la délicatesse de lui demander si vous ne l'importunez pas. Si c'est le cas, proposez de rappeler plus tard. Si vous tombez sur son répondeur, évitez de lui laisser un message assassin, du genre : « C'est pas vrai, t'es jamais joignable ! » Tout le monde a le droit d'éteindre son portable de temps en temps !

« VOUS ÊTES BIEN SUR LE PORTABLE DE ZOÉ… »

Évitez, en revanche, de le couper toute la journée : sinon, ce n'est pas vraiment la peine d'en avoir un. Sans compter que vos interlocuteurs risquent

361

TEST

Êtes-vous une vraie fille ? Si vous n'avez jamais appelé vos copines sur le chemin du retour de l'école alors que vous veniez de les quitter, si vous n'avez jamais passé une soirée assise par terre dans votre chambre au téléphone avec votre meilleure amie, si vous n'envoyez pas des SMS à toute heure du jour et de la nuit, si vous téléphonez uniquement lorsque vous avez vraiment quelque chose à dire, interrogez-vous sérieusement : êtes-vous une vraie fille ? Oui, bien sûr, c'est une blague. Mais avouez qu'on a toutes un peu les mêmes manies…

de se lasser de n'entendre que votre message d'accueil, surtout si vous avez voulu faire de l'humour et qu'il dure 3 minutes 30 (si, si, c'est long !).

RALLUMEZ-LE APRÈS LE FILM !

En revanche, votre portable doit impérativement être éteint en classe, au cinéma, au théâtre, au restaurant, à l'église. Mais aussi quand vous écoutez une amie qui a besoin de se confier, quand vous dînez en famille ; bref, dans toutes les occasions où il est important de vous consacrer entièrement aux personnes

à portable. Certains se repassent en boucle ces films pour se distraire ! Non seulement cette pratique est interdite et punie par la loi, mais elle est extrêmement choquante : elle banalise la violence et en fait même une sorte de monstrueux concours.

QUAND VOUS OUBLIEZ DE VERROUILLER LE CLAVIER

Ballotté dans un sac ou pressé dans une poche, le portable appelle tout seul comme un grand le dernier numéro composé. C'est le meilleur moyen de vider votre forfait, d'exaspérer la personne appelée quand cela recommence toutes les 30 secondes… à moins que cela ne l'amuse de pouvoir espionner toute votre conversation et votre vie pendant de longues, longues minutes… que vous payez.

RÉPERTOIRE

Copiez votre répertoire sur un ordinateur ou un carnet d'adresses au cas où vous perdriez votre portable.

qui sont avec vous. C'est plus qu'une question de politesse : c'est une question de cœur !

PORTABLE EN CLASSE

Il va de soi (?) qu'on éteint son portable pendant les cours : ce serait dommage de révéler votre sonnerie à toute la classe… et de perturber le cours ! Il va également de soi (?) qu'on ne passe pas les cours à envoyer des SMS : ce serait dommage d'être venue au cours et de n'avoir rien entendu… et rien appris !

HAPPY SLAPPING

Parfois les téléphones portables deviennent des outils de violence. Le phénomène du *happy slapping* (« Joyeuses claques » en anglais) est apparu en Grande-Bretagne en 2004 et se répand en France. Il s'agit de provoquer une bagarre, une agression, un passage à tabac, voire un viol, et de le filmer avec son téléphone portable. Les vidéos circulent après sur Internet ou de portable

---

SAVOIR-VIVRE

▲ Il y a des heures décentes pour téléphoner : pas avant 9 heures et pas après 22 heures. Éviter aussi les heures autour des repas.
▲ Quand la communication est coupée, c'est la personne qui a appelé qui doit rappeler.
▲ Ne dérangez pas tout le wagon en racontant votre vie au téléphone dans le train ou dans le bus…

TÉLÉVISION

T'AS VU HIER À LA TÉLÉ ?

✫ S'INFORMER

La télé, ce n'est pas très ancien. La première diffusion d'images a eu lieu en 1926. Des émissions publiques ont aussitôt été lancées : en 1927 par la BBC en Grande-Bretagne, en 1930 par CBS et NBC aux États-Unis. Les émissions régulières n'ont commencé qu'à la veille de la Seconde Guerre et il a fallu attendre 1970 pour avoir droit aux images en couleurs.

GRATUITES, PAYANTES

Longtemps, il n'y a eu que 3 chaînes en France. Puis, les chaînes hertziennes se sont diversifiées (TF1, France 2 et France 3, Canal +, Arte et M6). Les années 1980 voient le boom des chaînes numériques par câble et satellite. Elles sont dites payantes : on doit s'abonner pour les recevoir. Cet abonnement s'ajoute à la redevance que tout détenteur d'un poste doit payer chaque année. Aujourd'hui, une nouvelle génération de télévision s'est installée : la TNT (télévision numérique terrestre), qui propose des chaînes gratuites en qualité numérique.

TOUJOURS PLUS

La télévision est partout : dans presque toutes les familles, dans tous les pays, même les plus pauvres, et jusque dans les bidonvilles. Elle est aussi de plus en plus regardée : l'institut Médiamétrie, qui mesure l'audience des émissions, indique que notre consommation s'accroît régulièrement.
En 2012, un Français a passé en moyenne 3 h 50 par jour devant son petit écran !

✫ COMPRENDRE

La télé est la meilleure et la pire des choses. C'est une formidable ouverture sur le monde, sur des quantités de connaissances, mais cela peut aussi devenir une véritable addiction. Tout dépend de la manière dont on l'utilise.

UN MERVEILLEUX OUTIL

La télévision peut être un véritable outil d'information et de réflexion. Il existe une multitude d'émissions étonnantes et passionnantes, même si elles sont rarement mises en avant par les magazines de télé.

UN COBRA HYPNOTISEUR !

Mais personne ne peut ignorer le piège de la télévision. Pour vous mettre en état d'hypnose, elle est redoutable : c'est un cobra domestique logé sous votre toit, alors méfiance ! Certains jeunes se laissent envoûter dès leur retour de cours, et finissent vautrés sur le canapé pendant des heures durant à zapper d'une émission idiote à une autre. Le pire, c'est que cette attitude est propice au grignotage et aux kilos en trop !

ET ALORS ?

Où est le problème, direz-vous ? Après tout, je suis libre de mon temps. Si je veux me laisser hypnotiser, cela ne regarde que moi ! C'est vrai, en un sens. Mais la télévision donne une image déformée du monde. Elle est si proche, si facile d'accès que l'on finit par croire que la vraie vie, c'est elle.

VIOLENCES BANALES

Or, la télé, c'est aussi une somme incroyable de violences qui nous est régulièrement jetée à la figure : guerres, attentats, enfants mourant de faim, femmes battues ou agressées… les journaux télévisés ne nous ménagent pas et se complaisent même dans les faits divers les plus ignobles. Quant aux séries télé, elles ne sont pas toutes inoffensives et certaines font de la violence leur pain quotidien. Résultat : vous risquez de finir par croire que la vie est comme cela, que la violence est inévitable et qu'il ne faut pas trop s'en offusquer !

LES INFOS

Il est donc impératif de multiplier vos sources pour vous informer de la manière la plus objective possible. Radios, journaux quotidiens (la plupart sont consultables sur Internet), magazines hebdomadaires qui analysent l'actualité plus en détail, les moyens ne manquent pas. L'important, c'est que vous gardiez un esprit ouvert et que vous ne voyiez pas le monde qu'à travers ce petit écran qui a tendance à le fausser grandement !

MONTREZ QUI EST LE CHEF !

C'est pour cela qu'il est essentiel de maîtriser rigoureusement votre consommation télévisuelle, en vous fixant des créneaux horaires stricts. Il y a trop de choses passionnantes à faire dans la vie pour passer votre temps devant l'écran. D'autant plus qu'après des heures de télévision, on a souvent les nerfs en pelote…

et du mal à s'endormir. L'idéal est d'enregistrer votre série ou votre émission préférée pour la regarder quand vous voudrez. Vous pourrez même vous l'offrir comme récompense quand vous aurez terminé vos devoirs.

✩ INFO +

La télé ne vous veut pas que du bien. Elle n'est d'abord là ni pour vous informer ni pour vous distraire. Elle est en premier lieu une formidable entreprise financière destinée à faire consommer les gens, par la pub bien sûr, mais aussi à travers les modèles qu'elle représente.

TIMIDITÉ

J'OSE PAS...

☆ S'INFORMER

La timidité est une difficulté à parler en public et plus largement un manque d'aisance dans la vie en société. Une fille timide se sent gauche, elle a peur que les regards convergent vers elle, peur de se mettre en avant. Du coup, elle manque d'audace : elle n'ose pas répondre aux questions des profs, danser en soirée, téléphoner à quelqu'un qu'elle connaît mal, adresser la parole la première à un garçon.

TU AS PERDU TA LANGUE ?

La timidité paralyse dès l'enfance certaines filles, qui se cachent dans les jupes de leur mère, s'enfuient dans leur chambre dès qu'un visiteur pointe son nez et sont incapables de réciter un poème en public. Mais beaucoup sont gagnées par la timidité au moment de l'adolescence : elles perdent soudain leur confiance en elles et ont une peur exacerbée du jugement des autres. Intimidées, elles se mettent à trembler, à bégayer, à transpirer ; elles ont les mains moites, la gorge sèche ; elles ne trouvent plus qu'un filet de voix, elles rougissent ou deviennent livides.

POURTANT, JE SAVAIS PAR CŒUR !

Une personne timide est particulièrement handicapée lors des examens, surtout à l'oral. Même si elle connaît bien le sujet, elle a du mal à rassembler ses idées et à s'exprimer clairement, elle hésite, « perd ses moyens » et ne sait pas mettre en valeur ses connaissances.

☆ INFO +

CHANGEMENT DE COULEUR !

Sous le coup de l'émotion, la pression sanguine augmente et produit une dilatation des vaisseaux du visage : le sang afflue sous la peau et rosit les joues. Ou, au contraire, les vaisseaux sanguins se contractent et apportent moins de sang au visage : on devient alors livide. Cela dépend du tempérament de chacune.

☆ COMPRENDRE

Tout le monde est timide, ou plutôt intimidé, dans des situations où il se joue quelque chose d'important. Lorsque l'on passe un examen, que l'on se présente à un entretien d'embauche, il est normal d'être très émue.

QUAND ELLE VOUS TÉTANISE

Mais si vous êtes excessivement timide, au point de ne pas pouvoir prendre la parole dans votre groupe de copains, de vous sentir foudroyée sur place quand le professeur vous envoie au tableau, ou d'être incapable de vous faire des amies, il faut peut-être vous faire aider.

LA TIMIDITÉ, DEHORS !

Ne laissez pas s'installer une timidité qui vous empêche de profiter de la vie. D'autant plus qu'elle peut se dominer. La preuve : lorsque vous êtes passionnée par un sujet ou un projet, vous l'oubliez, et vous osez faire ou dire des choses dont vous ne vous seriez jamais crue capable.

PEUR DE MAL FAIRE

Parmi les artistes ou les hommes politiques, il y a de grands timides qui ont su maîtriser ce handicap, qui ont appris à parler en public, à supporter le regard des autres, à se tromper aussi. La timidité est souvent le signe que l'on veut trop bien faire ou que l'on a peur de l'échec. Il suffit parfois de remettre les choses à leur juste place pour se sentir moins intimidée : le professeur qui vous interroge ne vous veut pas de mal et, si vous ne savez pas répondre, ce n'est pas une catastrophe.

DES OREILLES BIENVEILLANTES VOUS ÉCOUTENT !

Personne ne vous demande d'être parfaite. Vous, est-ce que vous jugez systématiquement mal les gens qui parlent devant vous ? Non, même quand ils ne s'expriment pas comme des livres. Quand vous parlez, vous bénéficiez de la même bienveillance. Vous aussi, vous avez droit à l'erreur !

☆ BONS PLANS

Pour cacher votre timidité quand vous faites un exposé :
- Installez-vous bien sur la chaise, sans rester tout au bord comme si vous étiez assise sur des charbons ardents. Vous avez le droit de vous appuyer contre le dossier !
- Ne gardez pas vos notes en main, posez-les sur le bureau : sinon, la feuille risque de trembler.

- Évitez de tenir un stylo que vous agiteriez nerveusement. Faites plutôt quelques mouvements de bras comme les Italiens… sans en faire trop quand même !
- Ne vous balancez pas sur la chaise et veillez à ce que vos jambes restent immobiles.
- Raclez-vous la gorge pour ne pas avoir la voix étranglée.
- Si possible, ayez une bouteille d'eau à portée de main pour éviter d'avoir la gorge sèche… et vous donner la contenance d'un conférencier professionnel.
- Parlez lentement pour ne pas bafouiller et avoir l'air sûre de ce que vous dites.
- Regardez l'assistance sans fixer quelqu'un, mais en balayant lentement la classe d'un regard circulaire, comme font les profs : regardez-les vous regarder !
- Tant pis pour la transpiration qui mouille votre chemisier. Vous avez le droit d'avoir chaud.
- Tant pis aussi pour le rouge qui monte aux joues. Une fille qui rougit, c'est charmant.

VOIR AUSSI
COMPLEX.ES.

CONSEILS

Pour vous entraîner à lutter contre la timidité
▲ En famille, répondez au téléphone, ouvrez aux visiteurs, adressez la parole à l'oncle bourru dont vous avez un peu peur.
▲ En classe, levez le doigt au moins une fois par jour, adressez la parole à la fille qui vous intimide, allez parler à la fin du cours avec le professeur dont le cours vous passionne.
▲ Prenez des cours de diction, faites du théâtre, du yoga, de la relaxation.
▲ Pensez au baby-sitting. Vous occuper d'enfants vous apprendra à parler avec autorité et assurance !

TÉLÉVISION
Timidité
TÉLÉPHONE

ÊTES-VOUS TIMIDE ?

MISS RÉSERVÉE OU MISS ASSURÉE ?

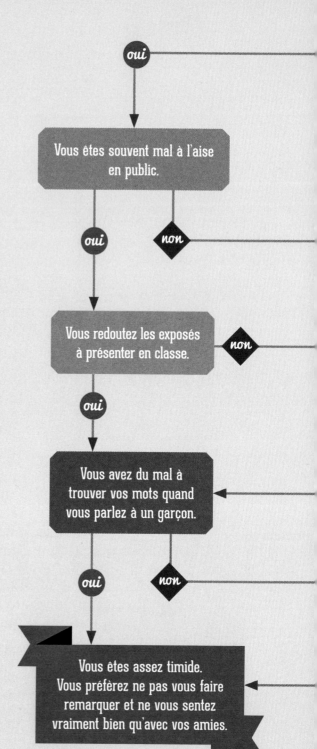

oui

Vous êtes souvent mal à l'aise en public.

oui   non

Vous redoutez les exposés à présenter en classe.

non

oui

Vous avez du mal à trouver vos mots quand vous parlez à un garçon.

oui   non

Vous êtes assez timide. Vous préférez ne pas vous faire remarquer et ne vous sentez vraiment bien qu'avec vos amies.

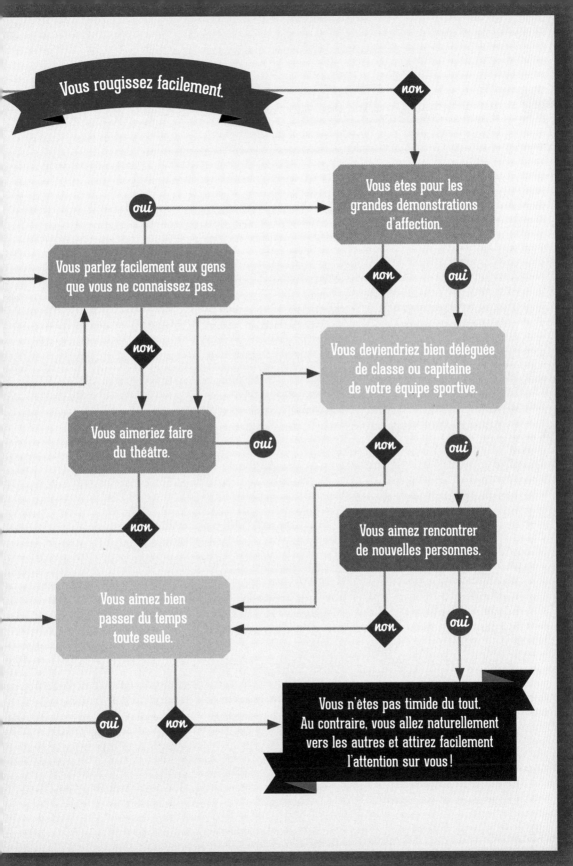

Vous rougissez facilement. — *non*

oui → Vous êtes pour les grandes démonstrations d'affection.

Vous parlez facilement aux gens que vous ne connaissez pas.

non → Vous aimeriez faire du théâtre. — *oui*

Vous deviendriez bien déléguée de classe ou capitaine de votre équipe sportive.

non

oui → Vous aimez rencontrer de nouvelles personnes.

non

Vous aimez bien passer du temps toute seule.

oui *non*

oui

Vous n'êtes pas timide du tout. Au contraire, vous allez naturellement vers les autres et attirez facilement l'attention sur vous !

★ TRANSPIRATION

À VUE DE NEZ, IL EST... TARD !

☆ S'INFORMER

La transpiration est un phénomène naturel qui permet d'éliminer les toxines et de rafraîchir le corps : les glandes sudoripares, qui se trouvent sous la peau, sécrètent de la sueur qui perle sur la peau et s'évapore en la rafraîchissant. C'est ainsi que s'échappe de notre corps une partie de l'eau que nous consommons. On transpire quand il fait chaud, quand on fait un effort physique, mais aussi quand on est ému. On transpire des mains, des pieds, du visage et surtout des aisselles car les glandes sudoripares sont nombreuses à cet endroit.

370

DOUKTUPUDONKTAN ?

Pendant l'enfance, la transpiration est inodore. Mais, au moment de l'adolescence, elle devient plus abondante et surtout prend une odeur qui n'est pas très agréable, particulièrement sous les bras, les poils des aisselles retenant la sueur, ce qui favorise le développement des bactéries. Quant aux pieds, constamment enfermés dans les chaussures, ils dégagent eux aussi une odeur âcre. Certaines filles transpirent plus que d'autres parce qu'elles sont plus nerveuses, plus sensibles au stress ou simplement parce que c'est leur nature : cela n'a rien à voir avec un manque d'hygiène !

☆ COMPRENDRE

Même si la transpiration est un phénomène naturel, elle n'en paraît pas moins désagréable et inconfortable. Les mains moites et les auréoles sous les bras ne font généralement pas très bon effet. Certaines odeurs de transpiration sont difficilement supportables pour les autres… mais aussi pour soi-même. Vous avez donc raison de chercher à ne pas incommoder les autres, particulièrement dans des lieux confinés comme le train, l'ascenseur… ou les salles de cours. C'est une question de savoir-vivre et de respect des autres.

ET QUE ÇA BRILLE !

En général, une bonne hygiène permet de remédier à ces petits problèmes. Une douche quotidienne (deux fois par jour en saison chaude, si vous en éprouvez le besoin) élimine en grande partie les odeurs. Changer de linge tous les jours est également indispensable (et surtout n'oubliez pas les chaussettes !). Enfin, un bon déodorant est souvent nécessaire.

VAPO, STICK OU BILLE ?

Pour vous sentir tout à fait fraîche, vive les déodorants ! Mais comment choisir ? Spray ou stick, c'est une question de goût. Le spray se prête et s'emprunte, pas le stick ni la bille qui entrent en contact avec le corps ! L'important est de choisir un produit discret, qui ne soit pas trop parfumé afin qu'il n'entre pas en concurrence avec votre parfum. Si votre peau est sensible, prenez-le sans alcool, surtout si vous vous épilez. Mais il sera sans doute moins efficace.

FILEZ DU BON COTON !

Si vous avez tendance à beaucoup transpirer, il vaut mieux choisir des vêtements en matières naturelles (coton, laine, soie, lin) plutôt que des textiles synthétiques (acrylique, viscose, polyester, nylon…) qui favorisent la transpiration et gardent les odeurs. En principe, ces petits conseils devraient suffire à vous mettre à l'aise et à vous sentir fraîche.

CAS PARTICULIERS

Si vous faites partie des malheureuses qui, après avoir appliqué tous ces conseils, transpirent encore beaucoup, au point d'en être elles-mêmes incommodées, pas de panique ! C'est le meilleur moyen de transpirer encore plus. Ensuite, pas de honte : vous n'y êtes pour rien, inutile de culpabiliser. Il faut d'abord cerner le problème.

ALLÔ, DOCTEUR ?

Si vous transpirez beaucoup, sans trop d'odeurs, il n'y a pas grand-chose à faire si ce n'est prévoir un T-shirt de rechange dans votre sac. Si vos mains sont toujours moites et que cela vous gêne, parlez-en à votre médecin, il vous prescrira des traitements spécifiques pour mieux réguler votre transpiration.

JE PUE, L'HORREUR !

Si cela ne se voit pas, mais que cela se sent, il faut simplement prendre le problème à bras-le-corps. Inutile de vérifier toutes les cinq minutes, par un geste que vous croyez discret, mais que tout le monde aura remarqué, que vous ne sentez pas mauvais sous les aisselles ! Glissez plutôt dans vos poches des lingettes déodorantes : de quoi vous sauver la mise entre deux cours ! Si vous êtes toujours gênée, parlez-en à votre médecin ou à votre pharmacien (demandez-lui le déo qui sauve la vie).

☆ BONS PLANS

JE PUE DES PIEDS !

Si vous avez un problème de transpiration des pieds, utilisez un déodorant spécial pour les pieds… et un produit pour les chaussures. Préférez les chaussettes en coton ou, mieux encore, en fil d'Écosse, aux tissus synthétiques dans lesquels les pieds macèrent.

LE DÉO QUI VOUS SAUVE LA VIE

Il existe un déodorant miraculeux qui neutralise les odeurs de transpiration les plus âcres. C'est le « traitement anti-transpirant, efficacité 7 jours », vendu librement en pharmacie sous forme de tube (fréquent) ou de bille (extrêmement rare). Utilisée tous les jours (c'est ça, l'astuce), cette crème blanche à l'odeur très agréable vous fera oublier tous vos soucis ! Un tube coûte environ 10 € et dure plus d'un mois. Parlez-en à votre pharmacien qui vous indiquera la marque !

371

CONSEIL
Évitez autant que possible d'utiliser un déodorant qui contient de l'aluminium. Même si ce produit est efficace, il n'en reste pas moins toxique et peut provoquer certaines maladies comme le cancer du sein. Ce type de déodorant peut également irriter la peau des aisselles si vous les épilez. Dans ce cas, préférez un déodorant plus naturel, voire bio, quitte à en mettre plusieurs fois par jour.

VIOL

C'EST TOUJOURS UN CRIME !

☆ S'INFORMER

Dans le Code pénal (article 222-3), la loi définit le viol comme « tout acte de pénétration sexuelle, de quelque nature qu'il soit, commis sur la personne d'autrui par violence, contrainte, menace ou surprise ». Un viol n'est donc pas seulement une relation sexuelle imposée par la force ou sous la contrainte d'une arme. Refuser d'entendre votre refus d'aller plus loin lors d'un échange amoureux, vous imposer un rapport sexuel que vous ne souhaitez pas vraiment, c'est déjà un viol.

UN CRIME DEVANT LA LOI

Le viol est un exemple particulièrement révoltant de la violence de l'homme, lorsqu'il fait usage de sa force et de sa brutalité pour contraindre plus faible que lui à se plier à ses désirs. Pourtant, la loi française qui fait du viol un crime à part entière est récente : elle date du 22 juillet 1992. Auparavant, on ne retenait contre le coupable que les coups et blessures et ce que l'on appelait pudiquement l'« attentat à la pudeur ».

DES VICTIMES AU FÉMININ ?

Le viol ne concerne pas uniquement les femmes : les enfants et les hommes peuvent aussi en être victimes. Dans tous les cas, il s'agit d'un usage scandaleux de la force à l'égard d'un plus faible que soi.

☆ COMPRENDRE

Le viol est un acte révoltant parce que c'est le manque de respect le plus total que l'on peut manifester à l'égard d'une personne. En fait, c'est une négation de la dignité humaine, non seulement à l'égard de la victime, mais aussi chez le coupable puisqu'il se conduit comme une bête.

QUAND LA HONTE ATTEINT LA VICTIME

C'est d'ailleurs une situation tellement répugnante que les victimes se sentent souvent éclaboussées par le côté dégradant de l'acte et couvertes de honte alors qu'elles ne sont pas coupables. Elles se sentent salies, niées dans leur existence et leur dignité au point que souvent elles n'osent pas en parler, même à leurs proches. On estime que 20 à 25 % seulement des viols sont dénoncés et font l'objet d'une plainte.

UNE LONGUE TRADITION DE MALVEILLANCE

Il faut dire aussi que l'opinion commune a longtemps laissé entendre que les femmes violées n'étaient pas forcément des victimes tout à fait innocentes. Il leur fallait prouver qu'il y avait vraiment eu viol ; elles étaient souvent accueillies avec incrédulité, voire ironie, dans les commissariats. Parfois, on les soupçonnait même d'avoir un peu cherché leur malheur par une tenue vestimentaire ou une attitude provocantes.

PRISES AU SÉRIEUX

Aujourd'hui les choses ont changé, d'abord parce que la loi a défini le viol comme un vrai crime, et aussi parce que l'on a fait des efforts pour mieux recevoir les victimes qui portent plainte : accueil par des femmes dans les commissariats, soutien psychologique, etc. Peut-être aussi se rend-on mieux compte que le viol touche aussi de très jeunes filles, des enfants et des hommes.

POUR RETROUVER
LE BONHEUR

Quand une personne a vécu cette horreur, il vaut mieux qu'elle se fasse aider pour se remettre de ce traumatisme psychologique. Sinon, elle risque de traîner toute sa vie un souvenir insupportable qui l'empêchera de vivre des relations normales avec les autres et une sexualité heureuse.

POUR S'EN SORTIR
ET PROTÉGER LES AUTRES

Il est important aussi de porter plainte. Cela permet de se faire reconnaître comme victime et aussi d'aider la justice à arrêter l'agresseur, pour le punir et surtout pour l'empêcher de commettre d'autres viols. C'est une manière de se sentir utile dans son malheur, ce qui peut aider à le dépasser. Mais il s'agit d'un acte difficile. Aussi la loi accorde-t-elle aux victimes un délai important pour prendre une décision : on a 10 ans pour porter plainte et, si l'on est mineure au moment du viol, on compte 10 ans à partir de la majorité.

☆ CONSEILS

POUR ÉVITER
LES SITUATIONS À RISQUES

- Vous faire raccompagner quand vous rentrez tard le soir.
- Éviter les rues désertes.
- Ne pas vous laisser entraîner par une bande de garçons dans un lieu retiré.

- En soirée, éviter les tête-à-tête et rester en bande.
- Éviter l'alcool et ne jamais prendre de drogue : cela fait perdre la conscience du danger. Dans les boîtes de nuit ou les soirées, ne jamais boire un verre que vous ne vous êtes pas servi vous-même.
- Quand un adulte, même connu, se fait pressant, l'éviter et en parler à un adulte de confiance.
- Ne jamais faire de stop, même à plusieurs !
- Mais ne voyez pas non plus des violeurs partout !

SI CELA ARRIVE

- En parler à ses parents, à un adulte de confiance ou à une copine.
- Se faire aider en appelant un service téléphonique (voir numéros en fin d'ouvrage).
- Porter plainte le plus tôt possible, en apportant des indices de preuve : vêtements déchirés ou souillés qui peuvent permettre d'identifier le violeur. La procédure s'accompagne

d'un examen médical qui permet de recueillir des éléments de preuve.
- Se faire examiner par un médecin ; demander des tests de grossesse et de dépistage du sida et des autres IST.

☆ INFO +

CE QUE DIT LA LOI

Le viol est un crime qui peut valoir à l'agresseur jusqu'à 15 ans de réclusion criminelle. Si la victime a moins de 15 ans et/ou que des liens familiaux ou des rapports d'autorité unissent le violeur et la victime, ce sont des circonstances aggravantes susceptibles d'alourdir la peine. La tentative de viol est punie de la même façon s'il y a un début d'exécution interrompu par des événements extérieurs.

373

VOIR AUSSI

**MALTRAITANCE,
PÉDOPHILE.**

À SAVOIR

La drogue du violeur

Dans les soirées, il est impératif de vous méfier des boissons que l'on ne sert pas devant vous. N'importe qui peut y avoir versé une dose de GHB ou « drogue du violeur ». Ce produit incolore sans goût et sans odeur passe inaperçu. Il provoque un profond endormissement et son pouvoir hypnotique est tel qu'il anéantit toute velléité de résistance physique et psychique, et provoque une amnésie au réveil : la personne qui en a consommé ne garde que de vagues souvenirs sous forme de flashs. Le violeur peut donc accomplir son crime sans encombre et disparaître.

VIOLENCE

PARLER AVANT DE TAPER

Il existe toutes sortes de violences : violence physique ou verbale, violence spontanée ou préméditée, racket, ragots, violences sexuelles, maltraitances ; mais aussi violence de la guerre, de la torture, de l'injustice.
Et puis il y a des violences naturelles : violence du volcan ou de l'inondation qui détruit hommes et maisons.

374

LES CANONS… DE LA MODE

On peut aussi appeler « violence » tout ce que la société nous assène à travers les médias et la publicité, tout ce que l'on nomme le prêt-à-penser.
Les diktats de la mode, qui veut que les filles soient grandes, maigres et bronzées, sont une violence à l'égard de toutes celles qui ne sont pas conformes à ce modèle. Même chose pour les idéaux de vie : on voudrait vous imposer comme un carcan un modèle unique de réussite (être belle, gagner beaucoup d'argent, tout en réussissant sa vie de couple et sa vie de famille !).

TOUT LE MONDE EST MÉCHANT ?

Autrement dit, la violence est partout, dans la nature et dans la société, et surtout au cœur de chaque être humain. Vous êtes sans doute impressionnée par les récits que vous offrent quotidiennement les médias, en particulier concernant la violence des jeunes. Il faut tout de même les prendre avec précaution : les médias adorent raconter des histoires horribles, sans toujours prendre la peine d'analyser honnêtement ce qui s'est passé, ni de préciser si c'est un événement courant ou exceptionnel.

POUR LES DROITS DU PLUS FAIBLE

Car la violence n'est pas une fatalité. Au cours de l'histoire, les sociétés se sont efforcées de la canaliser et de la maîtriser pour rendre la vie collective possible. D'accord, elles ont elles-mêmes exercé beaucoup de violences, mais aujourd'hui on reconnaît qu'une société civilisée doit refuser la violence et faire en sorte d'en protéger ses membres.

Les lois sont faites pour cela.

NON, TU N'ÉTRANGLES PAS MARIE !

La lutte antiviolence commence en famille, par l'éducation.
Vos parents vous ont appris à maîtriser votre violence naturelle, à respecter vos camarades, à ne pas leur taper dessus pour leur prendre leurs jouets. À régler un conflit autrement qu'en mordant vos frères et sœurs. Ils vous ont appris à vous expliquer, à traduire votre violence en langage civilisé.

LA NON-VIOLENCE

La non-violence est une attitude qui prend pour modèles de grandes figures religieuses comme Jésus-Christ ou Bouddha. Elle consiste à s'interdire de répondre à une agression par une agression. Elle a inspiré des hommes célèbres du XXe siècle : Gandhi en a fait un instrument dans sa lutte contre la domination anglaise sur l'Inde, Martin Luther King y a eu recours pour combattre le racisme aux États-Unis. Plus qu'une arme politique, la non-violence était à leurs yeux une manière de vivre, de respecter les autres et de gérer les conflits par la négociation.

De la violence, nous en avons tous en nous. Tout ce qui contrarie nos désirs, notre volonté d'être reconnu et aimé peut réveiller en nous-même cette violence. Elle peut naître parce qu'on se sent méprisé ou injustement traité. Les garçons sont plus spontanément violents que les filles, mais elles savent aussi faire mal, en paroles et parfois même en actes.

UN ENGRENAGE FÉROCE

Seulement, on sait bien que la violence entraîne la violence, comme un engrenage qui happe dès qu'on y met le doigt. Souvent, les gens violents sont des gens qui ont été eux-mêmes maltraités ; on peut très bien être tour à tour victime et coupable de violence. C'est important de prendre conscience de ce cercle vicieux et de vouloir en sortir.

LES POINGS HORS LA LOI

Mais c'est une entreprise difficile. C'est pourquoi la loi donne un cadre qui doit aider à refuser la violence. Elle interdit et sanctionne le recours à la force dans le règlement des conflits entre les personnes, elle protège les faibles contre l'agression des forts. Elle le

fait plus ou moins bien parce qu'elle est une loi humaine, mais c'est à cela qu'elle est destinée.

PARLER AVANT DE GRIFFER

La loi ne suffit pas : chacun doit apprendre à maîtriser sa violence. Cela veut dire ne pas réagir au quart de tour, prendre du temps et de la distance, se mettre à la place de l'autre. Il existe néanmoins un moyen efficace à la fois pour se défendre et se faire respecter, à pratiquer en deux étapes :

Étape n° 1, réfléchir : pourquoi vous sentez-vous agressée, pourquoi avez-vous envie de frapper, de quoi voulez-vous vous venger ?

Étape n° 2, parler : quand vous avez expliqué vos griefs et écouté ceux de l'autre, il devient difficile de retourner à la violence, de regarder cette personne dans les yeux et de frapper !

HALTE À LA VIOLENCE

Ce n'est pas toujours facile d'apprendre à canaliser sa violence, surtout quand l'on voit beaucoup de violences dans les médias. Certains s'y habituent tellement qu'ils la banalisent complètement.

Pour eux, la violence devient un moyen de communication comme un autre. Ils n'ont aucun remords à provoquer une bagarre ou une agression. Le phénomène du *happy slapping* a révélé que certains jeunes se réjouissent de filmer des scènes violentes et de les regarder en boucle ! Ils s'amusent de scènes monstrueuses ! Quand vous êtes témoin de violences, c'est très important de réagir et de ne pas fermer les yeux. Parlez-en à des adultes de confiance avant que cela ne dégénère. Pour lutter contre la violence qui se répand dans les collèges et les lycées, certains établissements ont mis en place des « médiateurs ». Ce sont des adultes, ou des élèves formés pour désamorcer les bagarres et aider chacun à s'expliquer calmement.

QUAND ON EST VICTIME DE VIOLENCE

On n'a pas forcément les moyens de se défendre toute seule, mais ce n'est pas une raison pour ne rien faire.
Il faut en parler à un adulte, ou appeler SOS Violence ou Allô Enfance Maltraitée (voir numéros en fin d'ouvrage).

VOIR AUSSI

FEMMES, MALTRAITANCE, TÉLÉPHONE, VIOL.

À SAVOIR

Violences faites aux femmes

Une femme meurt tous les deux jours et demi en France sous les coups de son compagnon ou de son mari. Les violences faites aux filles sont également plus répandues qu'on ne le croit dans notre pays des droits de l'homme. Agressées verbalement ou physiquement, battues, violées, elles paient parfois cher leur désir de vivre leur vie comme elles l'entendent sans se soumettre aux diktats des hommes. Il est même arrivé à des filles des cités de se faire violer par toute une bande de garçons (on appelle cela du joli nom de « tournantes »), voire de se faire brûler vives, pour avoir éconduit un soi-disant amoureux. Ces violences ne sont pas inéluctables : les filles ont le droit d'être libres et respectées. C'est à elles de le faire savoir et de ne jamais laisser passer une agression sans la dénoncer.

VIOLENCE
Transpiration
VOL

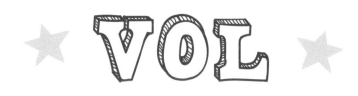

LA MAIN DANS LE SAC

Le vol est le fait de s'emparer du bien d'autrui
subrepticement ou par la force.

✫ S'INFORMER

Il existe différents types de vols. Le vol « simple » est le vol à la tire. Quelqu'un détourne votre attention pour vous dérober votre portefeuille ou d'autres effets personnels. Le vol « aggravé », c'est par exemple le vol à l'arraché : on vous arrache votre sac ou votre portable en passant près de vous ; ou les vols commis par effraction, comme les cambriolages. Et enfin il y a les vols « qualifiés », plus graves parce qu'ils peuvent causer beaucoup plus de dommages. Il s'agit des vols commis par le recours à la violence, comme les braquages.

LE MASCARA EMPOCHÉ

Avec les nouvelles technologies, les types de vols se sont multipliés : de nos jours, un voleur un peu doué dans le domaine de l'informatique peut pirater des numéros de carte de crédit pour les utiliser lui-même.

Mais il existe des vols bien moins sophistiqués et beaucoup plus courants, qui n'exigent pas d'être une pro des technologies : se servir de biscuits ou de boissons dans un supermarché, y dérober des collants, du rouge à lèvres ou des CD. C'est la même chose au lycée, quand on se sert dans la trousse de sa voisine ou que l'on s'attribue le sac de sport d'une autre.

✫ INFO +

CE QUE DIT LA LOI

Le vol est un délit puni par la loi. La sanction varie en fonction de sa gravité et des moyens employés. Pour un vol simple, on encourt jusqu'à 3 ans d'emprisonnement et 45 000 € d'amende. Un vol commis avec violence est puni de 5 ans de prison et 75 000 € d'amende. Mais il peut y avoir des circonstances atténuantes ou aggravantes. Pour les vols avec

violence, les peines encourues dépendent du préjudice causé à la victime. Elles peuvent aller jusqu'à la réclusion criminelle à perpétuité, si la victime a subi des actes de barbarie ou est décédée. Le vol est alors considéré comme un crime.

✫ COMPRENDRE

« Qui vole un œuf vole un bœuf », dit le proverbe. En effet, le vol d'un petit objet ou d'une petite somme révèle déjà une attitude qui peut conduire à des vols plus graves. Voler, c'est ne pas respecter le bien de l'autre, et par là même ne pas respecter l'autre.

J'FAIS DE TORT À PERSONNE !

Bien sûr, quand on vole dans un supermarché, cet « autre » est indéterminé : ce n'est pas une personne, il n'a pas de visage. Même chose lorsque l'on vole du matériel scolaire ou que l'on voyage sans billet dans les transports en commun : on n'a pas l'impression de faire du tort à quelqu'un.

LE BIEN PUBLIC, C'EST CHACUN DE NOUS

Et pourtant… c'est à soi-même que l'on fait du tort. Pour ne pas subir de préjudice du fait des nombreux vols, les supermarchés en tiennent compte dans leurs prix de vente, qu'ils augmentent en proportion : chacun paie ainsi pour ceux qui volent. Quand on vole au lycée, à la cantine, quand on ne paie pas son titre de transport, on vole la société qui finance ces services, que ce soit l'éducation ou les transports publics : c'est comme si l'on se volait soi-même.

VOLER : UN DROIT POUR SOI

Mais surtout le vol est un acte qui contredit la logique des relations entre les hommes : comment vivrait-on si tout le monde se l'autorisait ? On ne pourrait pas se faire confiance les uns aux autres. Personne ne serait certain que ce qu'il possède est en sécurité. Ce serait invivable. Autrement dit, quand on vole, on s'accorde en privilège spécial et exclusif le droit de le faire, en sachant très bien que l'on ne peut pas faire de ce comportement une règle de vie valable pour tout le monde.

CES PRÉTEXTES QUI N'EN SONT PAS

Bien sûr, on se donne des tas de bonnes raisons : on n'a pas assez d'argent de poche, on est moins bien lotie que les autres, les chaînes de supermarchés sont trop riches et vendent trop cher, etc. Mais ces beaux prétextes ne suffisent pas à justifier un vol quel qu'il soit. D'ailleurs, ce ne sont pas forcément les gens qui ont le plus besoin d'argent qui volent ; il y a aussi des voleurs parmi les gens très riches !

QUAND LE VOL DEVIENT UNE MALADIE

L'envie de voler peut être forte lorsque l'on a très envie de quelque chose. Mais si elle devient permanente, si l'on se met à voler n'importe quoi, même sans avoir envie ou besoin des objets dérobés, c'est une sorte de maladie que l'on appelle kleptomanie et qui exprime généralement une souffrance psychique plus profonde. Il faut alors se faire

aider d'un thérapeute pour trouver l'origine du trouble et neutraliser ces pulsions de vol.

379

VOIR AUSSI
RACKET.

CONSEILS

Quand on a été victime d'un vol :

▲ Au collège, au lycée, le plus simple est d'en informer le conseiller d'éducation qui s'efforcera de trouver le coupable et de vous faire restituer l'objet. C'est lui qui décidera s'il faut porter plainte.

▲ Quand c'est un vol dans la rue, lors d'un spectacle, dans les transports en commun, vous pouvez porter plainte au commissariat de police, surtout s'il s'agit d'un objet de valeur ou d'une somme importante. Pour cela, il faut vous faire accompagner de vos parents si vous n'êtes pas majeure.

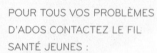

EN FRANCE

>>> MES NUMÉROS UTILES <<<

POUR TOUS VOS PROBLÈMES
D'ADOS CONTACTEZ LE FIL
SANTÉ JEUNES :

▲ **Fil Santé Jeune**
Tél. : 0 800 235 236 ou depuis
un portable : 01 44 93 30 74
7 j/7, de 9 h à 23h ;
appel anonyme et gratuit d'un
poste fixe ou d'une cabine
téléphonique dans toute
la France.
http://www.filsantejeunes.com/

ALCOOL - DROGUE - TABAC

▲ **Les Alcooliques Anonymes**
Tél. : 09 69 39 40 20.
Permanence téléphonique
7 j/7, 24 h/24.
www.alcooliquesanonymes.fr

▲ **Drogues Info Service**
Tél. : 0 800 23 13 13.
Appel anonyme et gratuit d'un
poste fixe dans toute
la France. 7 j/7, de 8 h à 2 h.
D'un téléphone portable :
01 70 23 13 13. Prix d'une
communication ordinaire.
Site Internet : www.drogues-
info-service.fr/

▲ **Écoute Cannabis**
Tél. : 0 980 980 940
Prix d'une communication
locale. Cellule ouverte 7 j/7 de
8 h à 2 h.
www.drogues-info-service.fr

▲ **Écoute Alcool**
Tél. : 0980 980 930.
Prix d'une communication
locale.
7 j/7, de 8h à 2h.

BÉNÉVOLAT

▲ **France bénévolat**
127, rue Falguière (hall B1).
75 015 Paris.
Tél. : 01 40 61 01 61.
Site internet : www.
francebenevolat.org
Mais aussi plus près de chez
vous, vous pouvez vous
renseigner auprès de :
- votre mairie,
- votre paroisse (l'église la plus
proche de votre domicile) ou
une organisation religieuse dont
vous vous sentez
proche.

DROITS

Pour se renseigner sur
les conseils municipaux
d'enfants et de jeunes,
contacter :

▲ **l'Association nationale
des conseils d'enfants et
de jeunes (Anacej)**
105, rue Lafayette.
75 010 Paris.
Tél. : 01 56 35 05 35.
Site internet : www.anacej.
asso.fr

VIOLENCE - MALTRAITANCE

▲ **Allô Enfance Maltraitée**
Tél. : 119. Appel anonyme et
gratuit dans toute la France,
24 h/24.
Site Internet : www.allo119.
gouv.fr

SOLITUDE – MAL ÊTRE

▲ SOS Amitié

Tél. : 01 42 96 26 26 pour Paris.
Trouvez le numéro du poste
près de chez vous sur le site
internet.
Écoute 7 j/7, 24 h/24
Appel anonyme ; coût d'une
communication locale.
Site Internet : www.sos-amitie.
com

▲ Suicide Écoute

Tél. : 01 45 39 40 00.
Écoute 7 j/7, 24 h/24.

RACISME

▲ SOS-Racisme

51, avenue de Flandre.
75019 Paris.
Tél. : 01 40 35 36 55.
Site Internet : www.sos-racisme.
org
Du lundi au vendredi, de 9 h
à 18h.

▲ Mrap (Mouvement contre le racisme et pour l'amitié entre les peuples)

43, boulevard Magenta.
75 010 Paris.
Tél. : 01 53 38 99 90.
Site Internet : www.mrap. asso.
fr
Du lundi au vendredi de 10 h à
12 h 30 et de 14 h à 17 h 30.

▲ Licra (Ligue internationale contre le racisme et l'antisémitisme)

42, rue du Louvre.
75 001 Paris.
Tél. : 01 45 08 08 08.
www.licra.org
Du lundi au jeudi de 10 h à 18
h et le vendredi de 10 h à 17h.

INCESTE

▲ Viol Femmes Informations

Tél. : 0 800 05 95 95.
Du lundi au vendredi de 10 h
à 19 h, appel anonyme et
gratuit. S'adresse aussi aux
enfants et aux jeunes victimes
d'agressions sexuelles et leur
propose une aide juridique.

IST

▲ Sida Info Services

Tél. : 0 800 840 800.
7 j/7 ; 24 h/24.
Appel anonyme et gratuit de
toute la France.
www.info-ist.fr

SECTES

Pour apprendre à reconnaître les
méthodes des sectes, consulter le
site ministériel :
www.miviludes.gouv.fr
Pour vous informer ou vous
faire aider si un membre de
votre entourage est entré dans
une secte, vous pouvez vous
adresser à l'**Unadfi, Union
nationale des associations
de défense des familles et de
l'individu victimes de sectes**.
Basée à Paris, elle a des antennes
dans toute la France.
Tél. : 01 34 00 14 58.
Du lundi au vendredi, de 10 h à
13 h, 14 h à 17 h.
Site : www.unadfi.org

# INDEX
>>> DES MOTS DU DICO <<<

CRÉDITS PHOTOGRAPHIQUES

Achevé d'imprimer en septembre 2017
Par Dimograph en Pologne
N° d'édition : J17158
Dépôt légal : octobre 2017